U0107052

浙江大学"双一流"建设专项经费·经典文化传承与引领

浙江省哲学社会科学重点研究基地运行经费

中央高校基本科研业务费·重点研究平台建设计划

浙江大学教育基金会钟子逸基金

浙江省哲学社会科学重点研究基地

浙 江 大 学 宋 学 研 究 中 心　　主办

宋學研究

第五辑

龚延明　主编　　冯国栋　执行主编

浙江大学宋学研究中心　编

ZHEJIANG UNIVERSITY PRESS
浙江大学出版社

· 杭州 ·

图书在版编目（CIP）数据

宋学研究. 第五辑 / 龚延明主编;浙江大学宋学研
究中心编. —杭州:浙江大学出版社,2024.5
ISBN 978-7-308-24744-3

Ⅰ.①宋… Ⅱ.①龚… ②浙… Ⅲ.①中国历史—宋
代—文集 Ⅳ.①K244.07—53

中国国家版本馆 CIP 数据核字(2024)第 057233 号

《宋学研究》第五辑

龚延明 主编　冯国栋　执行主编

责任编辑	蔡　帆
责任校对	徐凯凯
封面设计	项梦怡
出版发行	浙江大学出版社
	（杭州市天目山路 148 号　邮政编码 310007）
	（网址:http://www.zjupress.com）
排　　版	浙江大千时代文化传媒有限公司
印　　刷	杭州高腾印务有限公司
开　　本	787mm×1092mm　1/16
印　　张	17.25
字　　数	370 千
版 印 次	2024 年 5 月第 1 版　2024 年 5 月第 1 次印刷
书　　号	ISBN 978-7-308-24744-3
定　　价	98.00 元

编辑委员会

目　　录

哲学与宗教

宋学大讲堂

华夏群星闪耀时

——宋代士大夫的家国情怀

（讲稿）

北京大学　赵冬梅

谢谢龚先生，谢谢虞部长，谢谢在座的各位领导，欢迎在场还有线上的各位师友，非常高兴在这个时间点上还能够来到杭州，跟大家分享我学习宋史的一点心得。

我们先来看几张地图。在这个地图上我们首先看到的是唐代的疆域，接下来我们会看到汉代的疆域，再接下来是南宋的疆域。在南宋的疆域上边，同时并立的民族政权有金、西夏、蒙古、西辽、吐蕃等等，这些都是在我们今天的大中华的范围之内的。

南宋非常小，北宋比南宋大一些，可是它也是与多个民族政权同时并立的。从北宋到南宋，也就是从公元 960 年到公元 1279 年的这个时间段内，虽然我们把宋也作为中国传统上的一个主要王朝来介绍、记忆，但是在这个时间段内，如果我们严肃地看，事实上它是中国历史上又一次"南北朝时期"，无论北宋还是南宋，就版图而言都是非常可怜的，都是空间概念上的小帝国。

然而这样一个空间概念上的小帝国，对华夏文明的发展却有着跨越时空的深远影响力，这种影响力我称它为"小帝国的大风范"。

关于"小帝国的大风范"，民国时期那些卓有见识、非常有学术敏感度的学者们，已经做出了他们的判断。比如严复说："古人好读前四史，亦以其文字耳。若研究人心、政俗之变，则赵宋一代历史最宜究心。中国所以成为今日现象者，为善为恶姑不具论，而为宋人之所造就，什八九可断言也。"严复认为宋代是一个塑造了后代中国的时代，在宋代发生的一些变化，改变了后来中国的样子，塑造了后来中国的样貌。

持同样观点的还有钱穆先生。钱穆先生说："论中国古今社会之变，最要在宋代，宋以前，大体可称为古代中国；宋以后，乃为后代中国。……就宋代而言之，政治经济、社会人生，较之前代莫不有变。"

钱穆先生和严复先生都是具有非常敏锐的学术判断力的民国时期的大学者，他们认为在宋代发生了一些重要的变化，这些变化的重要性就在于它塑造了后来中国的样子。但是这个变化究竟是好是坏？严复说"为善为恶姑不具论"。对于宋代所发生的变化的价值评判，在这两段叙述当中我们是看不到的。

另外一位民国时期的大学者陈寅恪先生的说法就更进了一步，他对在宋代发生的变化做了一个非常积极正面的价值判断。陈先生说："华夏民族之文化，历数千载之演进，造极于赵宋之世。后渐衰微，终必复振。"陈先生说这个话是在 20 世纪 40 年代初全面抗日战争时期，他本人当时正在桂林避难。在全面抗日战争时期，20 世纪 40 年代的时候，陈先生说"华夏民族之文化，历数千载之演进，造极于赵宋之世"，也就是说截至 20 世纪 40 年代，华夏文明的巅峰期仍然是宋代。"后渐衰微，终必复振"，一直到今天，我想我们还仍然是在"复振"的路上。

我的祖师爷邓广铭先生有一个相对而言又收回来一点的判断，他说："宋代的文化，在中国封建社会历史时期之内，截至明清之际的西学东渐的时期为止，可以说，已经达到了登峰造极的高度。"

邓先生这个说法稍微往回收了一些，如果我们综合看来，把经济、技术、外来文化的因素加进去的话，它是一个更加综合性的判断。但是就今天我学宋史的感受来讲，如果我们谈政治文化、谈文化的话，那么毫无疑问我个人还是站陈先生这边，同意"华夏民族之文化，历数千载之演进，造极于赵宋之世"。宋代文明是华夏文明的造极期。我个人是站在政治文化研究者的角度来认同陈先生的观点的。

简单地看，宋代作为华夏文明的造极期，有一个非常突出的标志，是什么？就是"此间有，千古风流人物"。这些千古风流人物照耀了过去，照耀了现在，而且我相信只要有汉字在，只要有汉字所承载的华夏文明在，那么再过一千年，这些人物仍然能够照耀我们的文明，而且我相信它也会照耀人类文明。因为这中间有一些美好的东西，它是属于全人类的。

这是 2020 年故宫"千古风流人物展"的一个展板，展览者用现代流行的方式，做了一个苏轼的"朋友圈"。当中可能有一些归纳我未必同意，可是如果我们不看它的归纳，单看这些人名的话，你会同意我的判断——这是一个"华夏群星闪耀时"。在这里，我借用了茨威格的书名，茨威格说的是"人类群星闪耀时"。而当我们回望华夏的历史星空的时候，宋代毫无疑问是一个华夏群星闪耀时。在这张图上，我们能够看到苏轼、苏洵、苏辙、司马光、吕公著，我们能够看到欧阳修、范仲淹、富弼，还有画家李公麟，等等。就是在这样一张图上，在这样一个时间段内，我们都能够看到华夏群星璀璨的样貌。如果我们把这个时间段扩大至两宋的话，那么这些闪耀在华夏星空中的群星其实是更加璀璨的。宋代毫无疑问是一个中国历史上的华夏群星闪耀时。

那么，这些华夏群星，他们究竟是谁？他们是宋代的士大夫。刘子健先生在《中国转向内在》里面曾经这样介绍。"宋朝的士大夫究竟是一个怎样的群体？"刘先生自问自答："他们是受过儒家经典及相关知识教育的无数个人，因此有时又被称为'士'。通过荐举或科举考试，他们成为文官集团中的终身成员或曰职业官僚。如此这般，他们构成统治阶级。"他们确实是那个时代的统治精英，他们通过科举获得官位，但更重要的是，他们所承载的是华夏传统最优秀的那一部分文明。

宋代士大夫的核心和主流指的是科举出身的新型官僚。

按照我们今天教科书上的一般讲法，科举始于隋，但是科举真正改造中国社会是从宋代开始的。我们可以看一些数据，比如说北宋的时候，它的71名宰相当中科举出身的占到了92%，副宰相当中科举出身的占到了91%。而北宋的蔡襄曾经说过"今世用人大率以文词进"，就是大部分是科举出身、文章写得好的人，是真正的士大夫。"大臣，文士也；近侍之臣，文士也；钱谷之司，文士也；边防大帅，文士也；天下转运使，文士也；知州郡，文士也。"蔡襄的话，我们把它简而化之，就是"文士"——那些读书读得好的士大夫——他们在宋代是包打天下的。

何怀宏先生在《人累科举》当中有一个总结，他比较了宋代社会和唐代社会，科举的出现是如何改变中国社会的样貌的。何怀宏先生说："唐代虽行科举，但进士在总人口中所占比重极小，基本上还是一个贵胄社会，或如陈寅恪所言，是一个有赖于门第的旧贵族与借助于科举的新贵族并存及相争的社会。"这是唐代。

那么到了两宋时期就发生了一个重要的变化，"宋代考试行糊名、誊录、锁院等"，"糊名、誊录、锁院"就是考试当中的一些防作弊措施。"糊名"就像我们高考的时候要把卷头盖住，"锁院"其实我们今天高考或高级别的考试也在运行，高考出题的人要被关起来，等到考完了才能放出来。"誊录"是我们今天所没有的，高级别的考试那张最后的卷子其实要经过特殊处理，由抄书的人用统一的字体抄了之后，才能抵达判卷的官员。"宋代考试行糊名、誊录、锁院等"，通过这些理性技术手段的应用，可以达到"取士全然不问门第"，关键就是看自己。由此产生的宋代士大夫，他们是一群新人，"多出草野，贵族就无论新旧而皆消亡，社会渐转成一个完全的科举社会了"。

严复说宋前后不一样，一个重要的不一样是，宋以前的社会它其实还是带有贵胄色彩的，但是到宋以后就是一个科举社会了，是一个可以实现"朝为田舍郎，暮登天子堂"的"中国梦"的社会。

宋代这群通过科举考上来的士大夫，其实是一群新人，他们不同于旧贵族。旧贵族的规则是家族决定个人，士大夫则是可以个人决定家族的。当然，进入王朝的中后期以后，家族对个人的发展很显然还是会起到非常重要的作用。可是总体而言，宋代是个人决定家族。它的统治集团是一群新人，新人创造了新政治、新文化。"华夏群星闪耀"，这是我们看到的一个现象，它的本质是什么？它的本质就是士大夫创造出来了帝制时期儒家政治的最好成绩，这个最好成绩是在北宋仁宗时期开始显现出来的，在此之前是一个萌芽涵养期。

士大夫政治就是以士大夫为主流的官僚集团所造就的新型政治形态、新型政治文化，那么这群人的特点和他们所创造的政治文化的特点是什么？

用苏轼《六一居士集叙》里边的总结是这样的，他们"以通经学古为高，以救时行道为贤，以犯颜纳说为忠"。他们是有学问的，是儒家学术的继承者和创造者，这叫作"以通经学古为高"。他们又是国家的治理者，他们"以救时行道为贤"。在君主的面前，他们是臣子，有君臣之别，但是他们对君主是怀着大忠之义的，他们从道不从君，他们是把道（真理）摆在君之上的，这叫作"以救时行道为贤"。他们的忠诚是一种更高境界的忠诚，他们不惜犯皇帝之颜，让皇帝不开心，也要把自己认为是对的东西贡献出来，这叫作"以犯颜纳说为忠"。

以上是苏轼的总结，我把它分成以下几点：一是他们有非常高的儒学修养，他们以儒家的修身齐家治国平天下为个人的理想，他们是有着家国情怀的忠臣孝子，在家为孝子，在国为忠臣，而他们对于国家的忠诚是一种大忠之义，大忠指的是他们的忠诚对象不是皇帝个人，而是江山社稷——皇帝所代表的江山社稷。

皇帝虽然在统治，但是皇帝是代表着列祖列宗在统治的。其实皇帝才应该是大公，是大私无私的，最大的私反而是没有私。臣子有大忠之义，他们忠于江山社稷，忠于国家，所以才不惜犯颜纳说。而他们的大忠之义、犯颜纳说能够产生，是因为他们有着道统自觉，他们以真理的继承人、儒家的继承人为自己的最核心认同。

除此之外，这样一群人又是国家的官员，他们绝不是像我这样简单的书生，就只是读书写文章，他们是实干家，是能够做事的官员，他们做事的能力值得赞美。用刘子健先生的话来说："他们是在文臣中的儒臣，守原则，重理想。""宋代知识分子共同珍视的价值观念集中在国家事务和社会福利两大领域。……对'道'（我们可以简单翻译成真理）的最高追求始终要重于他（们）对官僚生涯的渴望。他（们）是官员，却从不把自己局限在衙门的日常争讼之中，而是保持着广泛的兴趣，关心国家政策、道德水准、精英行为、哲（儒）学倾向、社会福利和教育。一言以蔽之，（这群人）他（们）关怀儒家的理想生活之道。"这就是士大夫和士大夫所创造的政治。

下面我们就来看一些具体的说法和做法。

朱熹有一个总结，说宋朝忠义之气"却是自范文正公作成起来也"。范文正就是范仲淹，从范仲淹的身上，我们看到了这群新人以一种崭新的形象出现在中国的传统政治舞台上，他们表现出全然不同于过往的一种全新的精神状态，一种集体的自信。

他们有着基于道统自觉的自尊自信，秉承着大忠之义，对他们来讲事奉皇帝是要以道事君，从道不从君。倘若君违离了道的话，那么一个真正的士大夫是应当把君劝回来、拉回来的。

欧阳修这样总结范仲淹的一生，说他事奉皇帝和上级（事上）、对待事和人（遇人），靠的是自信，而这个自信所凭借的是他对真理的自觉。也就是说，他不是依据利害来做取舍，他要看这事对还是不对。"其事上遇人，一以自信，不择利害为趋舍。"他做什么事情都必尽其力，一定要尽力去推行。"这个事情由我负责，我就应当这样做。至于这事能不能做成，有些因素是我不能决定的，即便是圣贤也不能保证所做的每件事情都成功，我又怎么能（因为可能的挫败而）苟且呢？"（"其所有为，必尽其力，曰'为之自我者当如是，其成与否，有不在我者，虽圣贤不能必，吾岂苟哉？'"）这就是范仲淹"事上""遇人"的态度。

接下来我们先看范仲淹的"事上"——对待皇帝和上级的态度。他的"事上"所秉承的是一种理性而有温度，对事不对人的态度。比如说对待皇太后。仁宗初政时期有十年是刘太后在摄政。太后摄政、母后临朝，是一种临时状态，它是非正常的。正常的状态，依据当时的伦理秩序，应该是皇帝在上，哪怕这皇帝只是一个小孩。太后摄政，未来必须还政于皇帝。这是范仲淹依据伦理秩序做出的判断，他将依据这一判断行事。

于是就发生了这样一件事。太后临朝听政的时候，有一年，在冬至大朝会之前，礼宾官已经准备好了一个仪式，要让皇帝亲自率领百官拜见太后。如此一来，皇帝将作为群臣之首当众拜见太后。皇帝拜太后，以子拜母，在宫中出于孝道行私礼，是没有问题的。但如果冬至大朝会上皇帝率百官为太后寿的话，那就是国礼了。按国礼，天子无北面，不能拜任何人，包括太后。范仲淹表示了反对，他说："天子无北面，且开后世弱人主以强母后之渐。"

根据当时所公认的伦理秩序，天子是面南背北之人，没有北面拜人之礼。如果当时这样做了的话，就会开一个恶例，削弱皇帝的地位，强化母后的地位，这是违反原则的，所以这件事情不能做，范仲淹反对。当时刘太后是皇权的实际掌控者，而范仲淹敢于坚持原则，对太后提出反对意见。

等到太后过世后，范仲淹又能够从大局出发，保全太后的大德。刘太后死后，仁宗才知道原来太后不是他亲生母亲，他亲生母亲另有其人。在这种情况之下，母子之间其实是很容易生出嫌隙来的。在这个时候，就有"言事者希旨"，有些人就开始钻空子，"多求太后时事，欲深治之"，在搜罗太后掌政时期的"黑料"了。这样不利于高层的团结，很可能会造成分裂和动荡。

当此之时，又只有范仲淹提出来说："太后受托先帝，保佑圣躬，始终十年，未见过失。"也就是说，在过去十年的摄政过程中，太后的大节是好的，是应当肯定的，至于小问题，死者为大，深究无益，范仲淹建议"宜掩其小故以全大德"。

我们将范仲淹在太后生前、死后的说法、做法两相比照，就可以明白范仲淹真正在意的是什么，是真理，是秩序。他与太后之间没有私憾，所以在太后炙手可热、掌握大权的时候，范仲淹敢于批评；而等太后死了，那些小人要搞太后的"黑料"的时候，范仲淹又能从大局出发，维护太后的身后声誉，而维护前任领导人的声誉，其实也就是维护高层的团结。仁宗接受了范仲淹还有其他一些人的建议，下诏"中外勿辄言皇太后垂帘日事"。

这就是范仲淹的事上之道，他是理性的、温和的，真正有格局的，对事不对人的。

我们接下来看"遇人"——对百姓、对事物的态度，宋朝的优秀士大夫是能够忧民之忧，以"不扰"为善政的。

王安石在《百年无事札子》当中这样总结宋朝的施政，"出政发令之间，一以安利元元为事"。"安利元元"是什么？就是能够保持国家与社会之间的平衡。任何政权都追求长治久安，只不过这个长治久安的具体内容会有差异。但是，长治久安毫无疑问是一切政权所追求的长远目标，传统国家也不例外。而如果要达到这个目标，就必须要在国家与社会之间达到一个平衡。

宋人讲"安利元元"，我们举一个具体的例子。欧阳修比范仲淹小，但他们在政治上属于同一代人。欧阳修年轻的时候曾经被贬官到了夷陵，一个小县城，地方偏僻，他找不到书看，到处找有字的东西，于是就把当地的案卷拿出来看，结果看得他脊背发凉，他看到了很多冤假错案。当看到这些他前任所造成的冤假错案的时候，他的反应是什么？他的反应不是要去追究前任，而是自省、自警，他觉得这种情况是非常可怕的。因为他知道，凡是与老百姓有关的事情都不是小事情，所以他后来做官遇事都非常谨慎认真，"自尔遇事不敢忽也"，凡是关系老百姓的事情，都不能随随便便，而要认真对待。

我们今天是把欧阳修作为一个文学家来看待的，他的诗和散文写得都好。欧阳修在他活着的时候也确实既是政坛领袖，又是文坛领袖。但是很有意思的是当晚辈们来拜见的时候，欧阳修很少跟他们谈文学，他都是跟他们谈政事。因为他觉得对于士大夫而言,为官的那一面更为重要。

欧阳修的政绩观是非常特别的,他做官不求声誉,也就是说他不在乎政绩,他在每一个地方做官都是静悄悄的,但是等到他离去以后,老百姓都会怀念他。因为他秉承的是这样一种原则,他说"治民如治病",治理地方就像给人治病一样,"不问吏才能否、设施如何",不管你做什么,不管你有没有表现出来什么样的才能,"但民称便即是",老百姓说好才是真的好。

这样一种能忧民之忧,"以不扰为善政"的态度,其实是一种非常典型的儒家的态度。

我想再举两个例子。欧阳修和范仲淹属于同一代人,他们的政坛前辈李沆和王旦,都做过宰相。李沆喜读《论语》,有人问他为什么,他说:"为宰相,而《论语》中'节用爱人、使民以时'两句,尚未能行,圣人之言,终身诵之可也。"做宰相、治理国家最重要的是什么?就是"节用爱人、使民以时",用今天的话来讲,就是维护整个社会生产生活秩序的稳定,保持国家与社会之间的平衡。

李沆的"同年"——跟他同一年考中进士的王旦做宰相的时候,薛奎被任命为江淮发运使。江淮发运使的工作职责是把东南六路的财赋转运到首都去。因为这个时候中国的经济重心已经南移,东南地区是国家的大粮仓,但政治中心还在北方,所以把东南物资转运到北方去就成了一项重要工作。薛奎临行前去拜别王旦,向宰相辞行。"旦无他语",王旦没有说别的,只说了一句话,"东南民力竭矣",东南老百姓受到的剥削已经够重的了。薛奎听到这个话,退下来感慨说"真宰相之言也"。为什么这是真宰相之言,因为他关心的是整个国家的长远和整体利益。

张士逊做江西转运使——这也是负责财政工作的官员,拜别王旦的时候向王旦求教,王旦跟他说的话是"朝廷榷利至矣",也就是国家的专卖收入已经达到了(老百姓所能承受的)极限了。于是张士逊"迭更是职,思旦之言,未尝求利",后来张士逊做过几任转运使,从来没有额外追求增收,他只是完成他职责所规定的事情,完成国家所规定的收入额度,保护了他治下的一方土地。张士逊竭力在国家与社会、朝廷与天下苍生之间保持了一个平衡。当时的人说"此运使识大体",这个转运使知道大体。"这个转运使识大体","这真是宰相该说的话",这个转运使、这个宰相,他们所关心的是什么?是江山社稷,是这个政权的长远利益。要想长治久安就必须努力在国家利益与社会利益之间找到并保持平衡,要关心老百姓的福祉,能忧民之忧,以不扰为善政,社会发展了,政府收入才能增加。

在"遇人"方面,宋朝的士大夫还是积极的行动者。再举一个范仲淹的例子。范仲淹有一句名言是"为官者公罪不可无，私罪不可有"。公罪和私罪的区别在哪里？私罪是因谋私而违反制度规定乃至法律所犯的罪过，公罪是因为要做（公）事而犯的错误。范仲淹说"为官者公罪不可无，私罪不可有"，也就是说，做官的人绝不可以谋私，他应当是"先天下之忧而忧，后天下之乐而乐"的。但如果你是"先天下之忧而忧，后天下之乐而乐"，你就要对事负责，要努力地去做事，在努力做事的过程中，有时难免会犯错误。"公罪不可无"的核心是不能懒政，要积极作为。

范仲淹是这样说的，也是这样做的。他在杭州主政的时候，遇上了大饥荒。范仲淹采取了不同于传统和常规的救灾方式。传统的救灾是要苦哈哈的，与民同苦，而范仲淹的做法是"与民同乐"。他"纵民竞渡"，鼓励老百姓进行水上文体娱乐活动，他本人则"日出宴湖上"，每天在西湖上泛舟。他很快乐，居民也很快乐，这是范仲淹的一项救灾举措，他在大搞娱乐业。此外，他还鼓励建筑活动，"又谕诸佛寺兴土木"，鼓励寺庙大兴土木，"又新厰仓吏舍，日役千夫"，官府也投资修仓库、修衙门、修宿舍。"日役千夫"，直译就是每天都役使一千个劳动力，以我们今天的知识，很容易就能明白，这是每天提供了一千个工作机会。

范仲淹在杭州这样救灾，显然是因为杭州这个地方富裕，民间富民的力量是非常强大的，还有寺庙的力量也很强大，所以范仲淹要把这些力量动员起来，给饥民创造工作机会，让饥民通过自己的劳动体面地获得收入，解决生计问题。这其实就是"以工代赈"。

范仲淹的这种做法有没有风险呢？有。因为这不是传统的救灾方式。传统的救灾，是老百姓面如菜色，官员也要搞得面目黧黑，亲自去施粥，这才"像"。而范仲淹在杭州是一种很欢乐、很体面的救灾。果然，他受到了弹劾。"监司劾杭州不恤荒政，伤耗民力。"范仲淹向朝廷辩白，说他之所以这样做，就是"欲发有余之财，为贫者贸易饮食"，并且说"荒政之施，莫此为大"。

范仲淹以工代赈的做法，因地制宜，他自己承担了政治上的风险，最终是非常有效的，"是岁惟杭州晏然，民不流徙"。范仲淹的做法对路，所以杭州"民不流徙"，它保障了杭州平稳度荒，而范仲淹也没有受到朝廷的指责。这说明当时的朝廷是能够容纳这种多元的做法的，政治上有宽容度。

像范仲淹这样的士大夫，在那个时代不是个例。当然，我并不是要说当时所有的士大夫都好，在吏治比较好的时代，也不是没有坏人、坏事的，可是它在大的层面是好的，底线是在的。

我还想再举一个例子。这是人类救灾史上、人类文明史上都值得被铭记的"富弼青州救饥"。富弼比范仲淹小 15 岁,他娶的是晏殊的女儿,而范仲淹是他的媒人,但他们在政治上可以算是同辈人。富弼的青州救饥是非常了不起的,它体现了理性的伟大力量,以及宋朝士大夫超强的组织力。

苏轼的《富郑公神道碑铭》记录了这件事。黄河决口,河北灾民大量流向山东。富弼当时担任青州知州,还管着其他的一些州。

第一,他要找粮食。他劝说辖区内收成比较好的五个州的富民捐献粮食,得到了十五万斛。就这样,他得到了最重要的赈灾物资——粮食,吃的有了。然后,他把民间捐赠的粮食和官府存粮放在一起,"随所在贮之",不是集中管理,而是分散储存。

第二,他要找房子。"得公私庐舍十余万区,散处其人,以便薪水",他从民间和官府征集到了十余万处可以居住的地方,然后他把这些灾民分散开来,同样,不是集中管理。

第三,他要找人。具有管理能力的人,在任何时候都是重要资源。过去肯定更加稀少,大规模的赈灾,人力资源是非常重要的。富弼下令"自前资、待阙寄居者,皆给其禄,使即民所聚,选老弱病瘠者廪之",只要是当时生活在山东地面上的,甭管处于什么状态,凡是有管理能力的官员,都登记起来,使用起来,发工资,让他们参与救灾的组织管理工作。

第四,征用自然资源。用国家的行政强制力,命令当地富民开放私有山林湖泊,"山林河泊之利有可取以为生者,听流民取之,其主不得禁"。这是紧急时期政府在行使公权力。

第五,发布奖赏政策。"官吏皆书具劳,约为奏请,使他日得以次受赏于朝。"紧急时期的征用,未来国家会给补偿、荣誉。由此,国家把人民团结成为一个整体。

第六,"率五日辄遣人以酒肉糗饭劳之,出于至诚"。每五天都要派人去,用酒肉等好吃好喝的来慰劳办事的人员。

第七,"流民死者为大冢葬之,谓之丛冢,自为文祭之",给死者以尊严。饥荒时期的死亡是难以避免的,但是生者对死者有表达哀悼的责任,因为,所有人都是一个整体。

以上七点,发生在 11 世纪的中国,放到整个人类的赈灾史上都是熠熠生辉的。宋朝中国的官员,有这样的觉悟,有这样的组织能力,有这样的推行力,这是非常了不起的。富弼赈灾的结果如何?转过年来(1049 年),"麦大熟,流民各以远近受粮而归",富弼在青州,"凡活五十余万人"。五十多万河北灾民在山东得到了救赈。皇帝派人去慰劳富弼,要给他升官,富弼说"救灾,守臣职也",拒绝接受,能够完成青州救饥的壮举,在富弼看来,比当宰相还要荣耀。富弼在此之前曾经做到副宰相级别,在此之后又做到宰相,是一个了不起的大臣。

富弼创造性地发展了大规模饥荒的赈救方法。在此之前，救灾者"皆聚民城郭中，煮粥食之，饥民聚为疾疫及相蹈藉死，或待次数日不食得粥，皆僵仆，名为救之，而实杀之"。这种做法，适用于小规模的饥荒，用来应对几十万人规模的饥荒，是行不通的。而富弼采取了一种新的办法："自公立法，简便周至，天下传以为法，至于今，不知所活者几千万人矣。"这就是宋代的士大夫、官僚，他们敢为天下先。

第二年富弼离职，接替他的就是范仲淹，这是范仲淹所任的最后一个职位。范仲淹到青州后，给他曾经的同事韩琦写过一封信。在信中，他说：

> 某上巳日方至青社，继富公之后，庶事有伦，守之弗坠。但岁饥物贵，河朔流民尚在村落，因须救济，数日间入城者六七千人，无非饥穷，其来未已。二麦须稔，方可复苏。四向亦有寇盗，齐博间稍炽。三两日来，时有雨泽，但未沾足，亦有望也。忧责非轻，岂衰老可当？受国重恩，不忍辞避。（我在上巳日［三月三］才到青州。有富公的创造在先，各项事务都建立了制度，我严格遵守。只是年成不好，物价上涨，还有部分河北流民滞留在村落之中，为了取得救济，这几天进城的人达到了六七千，只是因为饥饿穷困，恐怕后续还有。等到夏天麦子丰收，日子就好过了。附近各州有打劫的，齐州、博州最严重。过去这两三天，时不时地下场雨，虽然还不够，但还是有希望的。这份责任重大，哪里是衰老之人承担得起的？只是我深受国家重恩，不忍推辞，不忍逃避。）

当范仲淹在 1051 年春天抵达的时候，仍然有赈灾的压力，作为一个地方长官，他"先天下之忧而忧，后天下之乐而乐"，祈望雨水充足，夏粮丰收。他知道责任重大，"岂衰老可当"，但是他还是承担了，因为"受国重恩，不忍辞避"，因为这是他们心心念念的天下国家。

大家应该都读过范仲淹的《岳阳楼记》，那些话是他从内心深处发出来的，是他的心声，或者也可以说，他把他们所践行的理想用文字表达了出来，而在这个表达之后，他们更加坚定了"先天下之忧而忧，后天下之乐而乐"的信念。

我把范仲淹的这封信跟大家分享出来，一个很重要的原因是第二年范仲淹就过世了。庆历新政失败之后，范仲淹离开了中央领导岗位，辗转地方。但是他没有灰心，没有放弃，他知道"岂衰老可当"，但是他又说"受国重恩，不忍辞避"，他是真的鞠躬尽瘁、死而后已。这就是宋朝优秀士大夫的代表，他们的共同努力，使宋王朝取得了帝制时期儒家政治的最好成绩。

最后，让我们一起来看看这最好成绩背后的皇帝因素和政治传统。在宋朝，科举出身的文官成了官僚的主流和主体，这是一群中国政治史上的"新人""新官僚"，这群"新人"在传统中国的政治舞台上创造了一种新文化和新政治风气,就是士大夫政治。宋朝取得了帝制时期儒家政治的最好成绩,那么,这个最好成绩的取得有着怎样的原因呢?

这些原因包括宋朝政治的宽容。关于宋朝的宽容政治有一个说法,是说太祖曾经留下一块秘密的誓碑,只有新即位的皇帝,才能够被引领着去看。这块誓碑上是太祖的政治遗嘱,它的内容包括:不杀钱氏子孙,不杀大臣,不杀言事官。大臣是高官,是国家最宝贵的治理资源。言事官是什么?批评者。不杀批评者,保住批评者的性命,才能够得到真正的批评。

太祖誓碑的内容被揭示出来已经很晚了,是南渡以后,高宗到了南方才知道有这一回事。学术界对于太祖誓碑的物质实体究竟有没有,一直都有讨论,我本人不曾介入讨论,而且我认为誓碑的物质实体有没有其实并不重要,但是它的精神实质是在的。不杀大臣、不杀言事官的政治传统,宋朝不仅是有的,而且是践行了的,当然岳飞被杀是一个丑陋的例外。

不杀大臣,不杀言事官,所昭示的是一种宽容的政治传统。这种宽容是非常了不起的,跟唐朝相比,跟明清相比,其差别不可以道里计。所以说宋朝的政治是最接近儒家理想的政治,在儒和法之间,宋朝应当说取了一个中道,这是宽容政治。宋朝还有一个政治传统就是"异论相搅",不同意见可以在朝堂之上并存讨论。

士大夫政治为什么能够产生?除了皇帝的宽容以外,还有一个因素,那就是思想的自由。陈寅恪先生曾经说过,"六朝及天水一代,思想最为自由"。真正有创造力的时代一定是思想自由的时代。六朝的自由,从某种程度上来讲,是一个打破僵化的旧思想的自由,而宋朝的自由则是一个在外来思想长期冲击以后、重新找到自我、树立自我的具有创造性的自由。正是在这样一个自由的时代,才出现了"华夏群星闪耀"的美好。

谢谢大家。

2022 年 11 月 27 日

传奇性与日常化

——"唐宋"视野下的宋代文学

（讲稿）

复旦大学　朱　刚

作为中国历史上的一个朝代，宋代可以被看成一个相对独立的时段，所谓"宋代文学"就是这一时段内的文学。但实际上，只有专谈政权兴亡史的时候，可以限定在这样的时段，若涉及社会制度、宗教民俗、科技文化等其他话题，这时段的界限是经常会被突破的，当然突破到什么程度，要看各领域具体的发展情形所呈现的阶段性，不能一概而论。就文学领域来说，20世纪以来的研究传统，是经常把唐朝和宋朝合在一起，称为"唐宋文学"的。这并不是把两个邻接的朝代简单地合并而已，它意味着一种考察的视野，事实上这种"唐宋"视野从宏观方面决定了我们认知宋代文学的总体图景。

一、古典文学研究中的"唐宋"视野

20世纪初的"新文学运动"，是我们划分古典文学和现代文学的界线，这"古典文学"一旦结束，就成为总结、考察的对象，开始时，它有责任给"新文学"提供源流，周作人先生就写过一部书叫《中国新文学的源流》。与此同时，为了给"文学革命"提供历史依据、历史先例，从中唐延续到北宋的一次文体改革（主流文体从骈体变为散体）被胡适命名为"古文运动"，成了文学史研究的重要课题。这"古文运动"就把唐、宋联成了一体。当然，提到古典文学的时候，一般人都会首先想到"唐诗""宋词"，而所谓"宋词"，本就起源于唐，所以专业学者的笔下，更多地采用"唐宋词"这样的表述。在史学界，兼治"唐史""宋史"两部断代史的学者不算太多，但在古典文学领域，在我攻读宋代文学博士学位的时候，包括导师王水照先生在内，几乎所有的前辈都是兼习唐、宋的。总之，有许多历史的、人事的原因，使古典文学研究长期保持了一种"唐宋"视野。

由于历史顺序是先唐后宋，所以"唐宋"视野对唐代文学研究的影响，没有其对宋代文学研究的影响那么显著。面对宋代的文学现象,我们习惯于上溯唐朝,去寻找其形成的脉络。从方法论上说,这未必没有问题:宋代文学是从宋代社会产生出来的,还是从唐代文学发展出来的,或许也值得反思。不过,唐宋之间的一系列文学演变,在此视野下呈现得相当清晰,大致景观如下。

首先是诗歌,传统上就有唐音、宋调对举的说法,因为唐诗抒情性很强,形象鲜明,而宋诗喜欢议论,爱用典故,两者风貌不同,所以"唐宋诗之辨"一直是文学批评的悠久话题,钱锺书先生著《谈艺录》,第一条就展开这一话题,他说唐诗以"风神情韵"胜,宋诗以"筋骨思理"胜,已成定评。当然,前人重在辨析和体会两种诗风,现代的文学史研究则要把两者之间的演变过程解释清楚。既然是演变过去的,那就要联系两个朝代的不同情况来加以考察,构画出一些阶段去进行说明。

其次是文章,上面已提及,中唐至北宋期间的"古文运动",使主流文体从骈体转变为散体。虽然"运动"一词有过于现代之嫌,有些学者认为不合适,但在文体由骈而散的转变过程中,韩、柳、欧、苏等文章大家表现出明确的自觉意识,他们列举出种种理由,来提倡散体"古文",反对骈俪。为了突出这种自觉性,我们至今仍保存"运动"这一术语,而且这一"运动"从9世纪到11世纪,延续了200年以上。

再次就是唐代新兴的宴乐歌词,当时称为曲子词,后来发展为宋词。这是宋代文学最具代表性的体裁了,但如上所述,专业学者往往称为"唐宋词",比如吴熊和先生的名著《唐宋词通论》。确实,作为歌辞文学,绝大部分宋词填的是唐代就有的曲调,那些曲调怎么产生,与同样作为歌辞的乐府诗相比,词有什么特点,等等,对这些基本问题的考察,是必须要上溯到唐代的。

以上是诗、文、词这样三种"雅文学"的体裁,此外还有"俗文学",即戏曲小说的兴起。传统上,我们经常说"宋元戏曲小说",因为对话本、南戏、杂剧的有关记载涌现于宋元时代,但20世纪初敦煌藏经洞的打开,使人们见到了唐五代时期的大量通俗说唱文本(一度被称为"敦煌变文")。这样,在俗文学方面,唐和宋又联在一起了,"唐宋视野"内出现了一种更大的演变走向,即中国文学的重心由雅转俗的总体趋势。

伴随着各种体裁的演变,文学作品的作者方面的变化也被关注到了,唐代犹多贵族士大夫,北宋后则以科举士大夫为主,南宋更有一些知识庶民参与写作。作者的主体部分,其身份由贵族而转向科举士大夫、知识庶民,根据这种社会阶层流动的事实,去解释"唐宋诗之辨"或"古文运动",或者还有待更多尝试,但跟文学重心由雅转俗的总体趋势,却可以肯定是相应的。

总之,唐诗变成宋诗,骈文变成古文,词的兴盛,通俗文学的崛起,作者的身份变化:

粗略地说，20世纪学者对宋代文学的总体认知，从最基本的层面，可以概括为这五点。很明显，在这样的概括背后，有个"唐宋视野"，就是把唐宋两代联在一起，从文学发展、演变的角度加以把握的。通过文学史教学，这样一个总体图景作为基础知识被传授。

毫无疑问，在这个视野里，唐代文学的存在是影响到我们对宋代文学的看法的，假如我们暂时屏蔽唐，而专注于宋，那么宋代文学在我们眼里呈现出来的，可能会跟这个图景有所差异。就好像我们在认识一个新的朋友前，先已熟悉他的哥哥，我们总是以哥哥的面貌为参照去看这位弟弟。所以我说，作为方法论，这也许值得反思。尤其在今天，当我们谈论"宋学"的时候，有必要更多地考虑，如何在宋代社会的语境下阐释宋代文学。

"唐宋视野"的特点在于关注"演变"过程，如果相对静态地对举唐、宋，宋代其实也有相当显著的优势。比如，社会制度方面最受文学研究者关注的对象，估计是科举制度，因为正是科举制度的逐步完善，使唐、宋两代作者的主要身份发生了改变。唐宋科举的核心是进士科，而进士科在此期间恰恰也经历了一种重要的转变：由"诗赋取士"转向"经义取士"。由于"诗赋取士"等于为社会设置了一个文学竞赛的公共平台，所以科举与文学发展的关系问题，是历来颇受关注的。但是，科举制度在宋代，已不是孤立地发挥作用。它是一种以考试方式来选拔官员的制度，因为是以考试方式，故向前可以联系到教育，又因为选出的是官员，则向后也联系到官制，而学校教育和文官制度的发达恰恰又是宋代的优势，那么对个人而言，这三者前后衔接，就展现了一条依靠自己的努力能够稳步上升的途径。所以，限于士的阶层来说，一个宋朝的年轻人已经可以走上跟今天的青年相似的人生道路：先去学校上学，学好了去考试，考上了就会有个职务，做得好便能升级……这个情形跟今天已基本近似。从社会治理的角度说，由"学校—科举—文官制度"配套而成的这种上升机制的建立，是非常巨大的进步。它向所有士人开放，提供稳定的出路。试想，有这条出路的时代，和没有这条出路的时代，人们的生活方式或者说人生道路会有多大差异？在这个意义上，宋代可以和它以前的全部历史相区割，而跟我们今天（当代）相联结。我想，这也是我们重视"宋学"的意义所在。

为什么要强调这个上升机制呢？当我们讲一代文学的时候，指的是以作者、作品、时代三种要素为核心构成的一个整体，这个整体实际上展现着一个社会的精神风貌。每个作品、每个作者的情况，当然千差万别，各自特殊，但整体的风貌却必然跟人们的比较普遍的生活方式有关。传统上，大部分作者来自士的阶层，而宋代的士人拥有一条稳定的上升途径，这就使他们的人生道路整体相似，显得常规化。我们知道，中国传统的正史，二十五史，大部分篇幅是由人物列传构成的，而自《宋史》以后，这些列传的形态就很相似,大抵是"某人,哪里人,哪年考上进士,然后担任什么职务,官至什么级别",多数都是这样。但更早的史书列传,就不是这样的,以前能"跑"进史书列传的人,经常以各种各样出人意料的方式"跑"进来,颇具传奇性。大家都说司马迁的列传写得精彩,除了他的写作水平外,也因为他的传主本身登上历史舞台的方式都有点奇特,实际上那代价是多数人找不到出路,"没世而名不称",留名于史的便都有一番"风云际会"的奇遇。由此,也会使整个社会都在羡慕、传颂和欣赏这种传奇性的出世经历。反过来,若有相对稳定的出路,则传奇性就会逐渐消退,而与宋代文学整体特性相关的一种倾向便显露出来,即所谓"日常化"。这"日常化"是专业学界谈论宋代文学时最重要的话题之一,下面我们就来谈谈这个话题。

二、从传奇性到日常化

我把"日常化"跟"传奇性"对举,先做个简单的说明。我们今天的教育制度,设置了小学、中学、大学、研究生院,这样一套逐级上升的机制,步履其间,只要没在某个环节被淘汰,平庸如我,也可以逐步获得优质教学资源,如期获取一个博士学位。如果没有机会进入这样的上升机制,某个人依靠各种寻师访道、曲径通幽,然后以特别的成就获得了某个机构授予的博士学位,那么他的这一段人生,就是各种"奇遇"联结起来的故事,就具有相当的传奇性。再进一步设想,如果一个社会缺乏健全的上升机制,那简直就是培养传奇性的温床。虽然传奇性是一个对文学写作很有利的因素,但社会治理水平的落后所带来的这种传奇性,既不可复制,也没有谁真愿意到一个缺乏秩序感的世界去历险。当然,我们前面说的常规化的上升机制,也是逐步建立起来的。中国在中古时期出现了门阀贵族阶层,教育和政治资源被相对集中起来,虽不公平,稍显有序。待科举制度设立,则常规化的程度大幅提高。到宋代,可以说这个机制基本成形。

在"唐宋视野"里,诗歌发展的顶点是"盛唐"。严格来说,这"盛唐"很难成为真正的史学概念,它本来就是一个诗歌批评的术语,移用于史学,大抵指唐玄宗领导的开元、天宝时期。此时贵族势力已趋解体,而"科举—文官"体制尚未完善,朝廷就成为宗室、外戚、宦官活跃的舞台,李林甫、杨国忠、高力士显赫一时。这一点也不奇怪,秦汉以来常见的情形就是如此,因为这几类人最容易接近权力,只要朝廷在人才选拔上出了问题,他们一定乘虚而入,而且也会意图堵塞士人们正常升进的通道,从而使大部分士人不能循正常途径满足自己的人生期待,"盛唐"也因此成为传奇性登峰造极的时代。"盛唐"的代表性诗人李白,正可看成传奇性的标志,他的生和死都是故事,长庚入梦而生,长江捉月而死，其实来去不明；他在长安的出现也是一个传奇，贺知章一见面就呼他"谪仙人"，瞬间声名暴起。可以说，李白一身都是故事，一生都是传奇，他在一辈子怀才不遇中幻想着风云际会的奇遇，无与伦比的想象力是李白诗最显著的特色。

李白的情况可能比较极端，但唐代的科举之路确实过于狭窄，能走通这条路的士人不多，所以传奇性经历被这个时代所崇尚，流行于唐代的一种文言小说，名称就叫"传奇"。到了北宋以后，科举的录取人数年均超过了百人，于是我们看到大部分诗文作者都有了通过科举出仕的文官身份，他们的人生道路，随着"学校—科举—文官"制度的成熟而显得常规化。这情形看来也有利有弊：一方面我们感到宋代是最优待文人的一个朝代，另一方面宋代文人自己就慨叹"诗穷而后工"，日子太好过了，就写不出好诗。当然并不会因此便不写诗，实际上现存宋诗的数量是唐诗的好多倍。常规化生活状态下写作的诗歌，所谓"日常化"倾向，几乎是迎面而来的。

作为宋诗基本特征的"日常化"倾向，是日本学者吉川幸次郎在其名著《宋诗概说》中总结出来的。此书由岩波书店初版于1962年，至1990年便重印了18次，据说在战后向欧美一边倒的日本，唤起了文化的"乡愁"。吉川认为："宋代人的生活环境，与中国此前的生活环境有划时代的变化，而与现代的我们比较接近。"可见他所说的"日常化"，是指宋人诗歌所描写的日常生活，至今仍延续到我们的周边，因此相关的感受，犹能为今人所共鸣。当吉川先生以杜甫、白居易为先驱，以欧阳修、梅尧臣为代表来论述"日常化"时，我们仿佛推见：如果要说"非日常化"，那就应以李白为最。很大程度上，"日常化"可以被理解为与李白的"传奇性"相反的倾向。

那么，"日常化"也就意味着"传奇性"的消失。我们可以举出一个例子，就是宋初"白体"诗人李昉、李至的《二李唱和集》。此二人在宋太宗时期担任很高的官，做到正副宰相，他们互相唱和，学习白居易的诗风，成此百余首诗歌的集子。按身份说，他们对朝政负有指导、决策的责任，但从诗歌内容来看，并非如此。实际上，阅读这个《二李唱和集》需要很大的耐心，两位高官好像在有意逃避政治责任，利用尸位素餐而获得的闲暇进行诗歌唱和。这固然可以说贤于声色狗马，却决不能让人感觉到诗意盎然。除了偶尔出现安边无术、难报主恩等自谦之语外，他们唱和的内容无非是看书、抄书、生病、齿落、须白、喝酒、下棋、访友、栽竹、养花、喂犬、苦热请假等日常生活，还有移床向阳、卧床看书等细节，以及江南"麦光草"做的席子、一种稀见的海红花，诸如此类琐碎之物。这种诗歌形式的无聊日记，由于用语"浅切"，便号称"白体"，但白居易以诗歌干预时政的精神在这里荡然无存，充其量只是对白诗"闲适"一面的缺乏诗意的发展。他们在宋诗的起步阶段便充分展现了"日常化"倾向，但这是尸位素餐带来的平庸的日常。

这样说,目的不在于指责二李诗写得不好,而是要提起一个至关重要的问题:在越来越常规化的人生道路上,在不得不倾向"日常化"的诗歌吟咏中,如何能够超越平庸?这个问题对现代人也有效,可以说,宋代诗人已经开始跟现代人一样地面对这个问题。有时候,他们写常见的意思,也要追求生新的表达效果,如惠洪《冷斋夜话》举例说:

> 造语之工,至于荆公、东坡、山谷,尽古今之变。荆公曰:"江月转空为白昼,岭云分暝与黄昏。"又曰:"一水护田将绿绕,两山排闼送青来。"东坡《海棠》诗曰:"只恐夜深花睡去,高烧银烛照红妆。"又曰:"我携此石归,袖中有东海。"山谷曰:此皆谓之句中眼。

王安石和苏轼的这些诗句,确实都有很精彩的构思:不说月光皎洁、岭云浓重,而说月光把夜空变成了白昼,岭云把暝色分给了黄昏;不说诗人瞭望屋外的青山,而说山色破门而入,自己送进来;夜里赏花需要燃烛,却说燃烛是因为怕花睡去;从海边取了一块石头而已,却说带着此石就是带着东海走。黄庭坚借用禅宗的说法,把这种构思称为"句中眼",犹如我们常说的"独具只眼",常见的意思也因此被写出了新颖的效果。

不过这是少数诗人能够掌握的本事。从更大范围来说,宋人超越平庸的努力,往往体现为对价值的寻求,这就会得益于同时代文化的其他门类的发展。比如,"以天下为己任"的政治责任感、"穷理尽性以至于命"的哲理性、"无一字无来处"的学问化倾向,等等,都能帮助宋代诗人从平庸的日常中自拔,但那也就需要诗人密切关注政治、思想、学术等诸多方面的进展。许多诗人在体现出"日常化"倾向的同时,怀抱另一种价值追求,比如钱锺书先生在《宋诗选注》中论陆游诗,就概括出两个方面,一是对浙东乡村日常生活的细致描写,二是始终不渝的收复中原之志,后者是陆游诗更被肯定的价值。

真正具有创造性的作者和作品,是决不平庸的。下面我们从士大夫作者和通俗文学作品中,各取二例,考察其自拔于平庸的勇气。

三、苏轼与苏辙

宋代的士大夫作者中,苏轼(1037—1101)是难得富有传奇色彩的人物,其弟苏辙(1039—1112)好像没有什么传奇故事,其经历显得很常规,但实际上二苏是一直同进退的,所以我们正好可以放在一起考察。王水照先生曾经对苏轼的创作进行分期,我们在此基础上,把苏辙合并进来,分成如下六个人生阶段。

1. 进士贤良:熙宁二年(1069)"变法"前。

苏氏兄弟在嘉祐二年(1057)同登进士第,又在嘉祐六年(1061)同举贤良方正科,获得参与政治的机会。到熙宁变法前夕,他们正好为父亲苏洵守孝完毕,从家乡返回朝廷。他们在这个阶段的作品,主要有制科进卷《应诏集》,三苏合编的《南行集》,以及二苏兄弟的《岐梁唱和集》。

2.不同政见者:熙宁二年至元丰二年(1079),"乌台诗案"。

王安石变法引起了新旧党争,苏氏兄弟为旧党,在党争中失势,相继离京外任。苏轼做过杭州通判,密州、徐州和湖州的知州,苏辙做过陈州的州学教授,齐州和应天府的掌书记。他们在外任期间写诗讽刺新党、新法,而苏轼独被御史台弹劾,下狱。这里面有个重要的原因是,苏轼任职的杭州是个出版中心,他在杭州出版了一个诗集,叫做《钱塘集》,影响特别大。案结后,兄弟皆被贬官。

3.贬居:元丰三年至七年(1084)。

"乌台诗案"后,苏轼贬居黄州,自号"东坡居士",三赋赤壁。苏辙贬居江西筠州,自号"东轩长老",其《东轩记》标志着人生思想的成熟。从文学创作的角度说,贬居期就是丰收期。

4.元祐大臣:元丰八年至元祐八年(1093)。

宋神宗驾崩后,太皇太后高氏主政,起用旧党。苏轼官至翰林学士,苏辙由御史中丞而进至门下侍郎(执政官),俱为元祐大臣。但此时的二苏,政见亦与宰相司马光分歧。到了元祐的后期,经常是苏辙在朝,苏轼外出担任地方官,到过杭州、颍州、扬州、定州。苏辙的特别经历,是一度出使契丹,他在契丹看到兄长的文集已流传到那里。

5.再贬:绍圣元年(1094)至元符三年(1100)。

高太后去世后,宋哲宗绍述父志,再起新党,大规模贬谪元祐臣僚。苏轼贬至惠州、儋州,苏辙再贬筠州,复贬雷州、循州。兄弟二人在贬居中合作了一个"和陶"诗集。他们最后一次见面是在绍圣四年,苏轼从惠州去儋州的途中遇到了苏辙,二人一起到雷州,然后苏轼渡海离去。

6.夜雨萧瑟:元符三年至政和二年(1112)。

宋徽宗登基之初,赦回逐臣。苏轼归自海南,于建中靖国元年(1101)卒于常州,年六十六。苏辙归至河南颍昌府,此后闭门深居十二年,自号"颍滨遗老",至七十四岁去世。晚年苏辙的重要作品,有苏轼墓志铭、欧阳修神道碑,及其自传。

从以上简历可见,二苏几乎终生卷在党争的漩涡之中,起起落落,但总是同进同退。《宋史》也注意到这一点,它说:"辙与兄进退出处,无不相同,患难之中,友爱弥笃,无少怨尤,近古罕见。"值得注意的是他们都有两种身份,一是学士与执政,二是"居士"与"遗老"。

先看第一种身份,学士与执政。这个身份使他们获得史籍的连续性记载,比如《续资治通鉴长编》中,数百上千次地记录他们的职务、活动、言论等,基本上可以据此连缀起他们的仕途轨迹。此外,他们还各自留下了编年的诗文集,《东坡集》和《栾城集》,这使他们的生平、创作情况大致清晰可考。在士大夫作家中,这当然不是孤立的现象,但有意思的是,无论史籍记载还是编年的诗文集,起点都在其进士登第的前后。进士登第使人一步跨入历史,在此之前只有一些传说,之后才有清晰的历史记载。这方面有个很好的比照对象,就是在填词的成就上可与苏轼齐名的柳永,他的科举之途走得艰难,而且没留下编年的诗文集,只有按调编辑的词集传世,所以柳永的生卒年都不可考。我们只知他活跃于 11 世纪的上半叶,其生平晦暗不明,围绕他的只有一些传说故事,"奉旨填词""诗酒玩江楼""名妓吊柳七"等等,让人疑信参半。可以确信无疑的是他杰出的才华,这使柳永的身世具备了与李白相似的传奇性,但苏轼、苏辙与此全然不同。虽然围绕着苏轼也有不少传说故事,但我们有足够的史料依据,把历史上的苏轼与故事里的苏轼区分开来。实际上,故事所围绕的苏轼,主要是他的另一种身份,即"东坡居士"。

"居士"与"遗老"是苏氏兄弟的第二种身份,来自他们的自号。除了元祐间大约十年的仕途顺境,出仕后的二苏,大部分时间担当了异议者和逐臣的角色,所以这种与社会主流疏离的自号,更能体现他们自己的身份认同。东坡自云:"问汝平生功业,黄州惠州儋州。"回顾人生时,他点出的是三处贬居之地,无论理解为自嘲还是自豪,都说明了他的自我认同是在主流之外。后人评他:"一生与宰相无缘,到处有西湖作伴。"总是跟当朝宰相分歧,这不是疏离政治,而是疏离主流,如《元城语录》云:

> 士大夫只看立朝大节如何,若大节一亏,则虽有细行,不足赎也。东坡立朝大节极可观,才高意广,惟己之是信。在元丰则不容于元丰,人欲杀之;在元祐则虽与老先生(司马光)议论,亦有不合处,非随时上下人也。

这本身是一种政治态度、政治节操,所以不能说他疏离政治;但总是跟宰相分歧,并始终坚持,乃是"反主流"的人生。通过反主流,东坡赢回了人生的传奇性。有些故事突出了他的这一形象,比如侍妾朝云说他"一肚皮不合时宜",就是反主流的最好呈现。

苏辙的性格跟兄长不同。苏轼喜欢表达,喜欢交流,一个人待不住,而苏辙可以一个人长期坚持坐禅,他比较内向。从文艺上说,苏轼很全面,诗、词、文、书、画都达到一流水准,而苏辙只写诗文,基本不写词,从不绘画,也无书法方面的名声。所以苏轼的影响肯定是更大的,围绕他的故事也多。但从反主流的角度说,苏辙其实是更坚定的,他在熙宁初期比苏轼更早地表明了反新法的立场，晚年闭门深居，长达十二年，对徽宗、蔡京的政治死不认同，可谓壁立千仞。这里不讨论他们的政见对错，只说明他们对抗主流、坚持己见的勇气，有利于文学创作。

四、济颠与花和尚

宋朝是通俗文学兴起的时代，由于通俗作品不像士大夫的诗词文那样，具有明确的"作者"（著作权人）意识，其文本被随时改进以适应时需，所以我们只能谈作品，没法谈作者。而且，我们现在能够读到的多是元明以后的刊本，很难获得一个严格意义上的"宋话本"，只能肯定某些小说是以"宋话本"为基础演变出来的。被当作高僧语录收到《续藏经》中的《钱塘湖隐济颠禅师语录》，就是一望而知的一个话本，虽然目前能找到的最早刊本是明代隆庆三年（1569）所刻，但话本中的一系列故事，牵涉南宋禅林的人事背景，许多细节不是明人能编出来的，它们一定是在南宋开始被编成，所以从内容上说，我推测这是一个南宋的话本。当然，具体文本，在宋明之间，有被改订的可能。

这是长期流行在杭州湖山之间的济颠故事的最早形态，但已经是真正的文学作品，不只是记录好玩的故事而已。济颠就是道济禅师，南宋禅林实有此僧，属于临济宗杨岐派，话本中出场的其他禅僧也多属此派，法系如下：

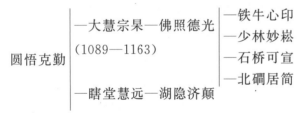

这张图里，多有杭州径山、灵隐、净慈等最高一级寺院的住持，可以说南宋中期的杭州禅林，本以此派为主流。但道济禅师虽也属于此派，却疯疯癫癫，喝酒吃肉，视戒律为无物，招致灵隐寺住持的反感，将他逐出。于是济颠安身于净慈寺，平日游行市井，与各式人物交往，解决他们遇到的困难。因为他的疯颠表象之下，其实掩藏着神通，所以留下一连串的传奇故事。

然而，话本的重点并不在叙述这些故事有多么神奇，它整体上要塑造一个济颠的形象，是不被正统佛教界所理解的破戒疯僧。这疯僧把他的同行们称为"贼秃"，不愿与之交往，其主要的支持者是"二十四太尉"（出场6名）、"十八行财主"，而所谓太尉，实是贵戚获得的武官身份，并不领导军队，成天都在市井之间游手好闲。南宋禅林的主流与科举文官的精英文化交融,走上了国家化、体制化的道路,但济颠却从主流脱身,发展出以贵戚、武官、财主和市民为主的社会关系,并在其中如鱼得水。这一点很有意思,他所在的世界与科举士大夫文化构成了雅俗对立,而这个世界的自我表达方式,就是通俗文学。中国佛教史上,随时都会出现个别反主流的疯颠僧形象,但通俗文学蓬勃兴起的南宋,才能养育出济颠这个疯颠僧的最高代表。在这个时代,围绕济颠的一系列故事被编制起来,形成通俗话本而流传至今。其所包含的荒怪神奇内容,固然显示了"俗"的世界在高度理性的士大夫主流文化压迫下的扭曲状态,但这个"俗"的世界的存在,及其自我表达手段(通俗文学)的渐趋成熟,使济颠不会像前代的疯僧那样被湮没。不难想象,因为反主流,济颠必在其生前付出高昂的代价,由此才会疯颠,但随着通俗文学的发展壮大,他的传奇性获得彰显。

罗烨《醉翁谈录》记载的南宋"杆棒"类小说中,有《花和尚》《武行者》,我们看不到相关文本,不过大家都不怀疑,其主人公就是《水浒传》中的鲁智深和武松。《水浒传》最后部分写"鲁智深浙江坐化",居然有上面法系图中的大慧禅师出场:

> 直去请径山住持大惠禅师来与鲁智深下火;五山十刹禅师,都来诵经。迎出龛子,去六和塔后烧化。那径山大惠禅师手执火把,直来龛子前,指着鲁智深,道几句法语是:鲁智深,鲁智深,起身自绿林。两只放火眼,一片杀人心。忽地随潮归去,果然无处跟寻。咦!解使满空飞白玉,能令大地作黄金。

这个情节,想必南宋时就已有了。"五山十刹"制度形成于南宋,但南宋史籍中并无确切记载,我们只知道这个制度被完全照样地搬到了日本的京都和镰仓。大慧宗杲是南宋影响最大的高僧,在小说设定的鲁智深活动时代(北宋末),他还没担任径山住持,但小说中需要宗教领袖一类形象时,往往会拉大慧出场。他的身份,加上禅宗的逆向思维的话语方式,使鲁智深"得正果"的结局获得确认。如果我们相信《水浒传》中的鲁智深故事基本上来自《花和尚》小说,则其主人公的真实身份,乃是遁入宗教的逃犯。《武行者》的主人公想来也是如此。被排除在主流社会之外的这些"好汉",犯下各种"恶行",但通俗文学凭借禅宗的话语方式,让他们获得"正果",因为反主流而事实上必然是相当扭曲的人生,变成了江湖传奇。这种传奇不只是好玩的故事,已经是伟大的文学。熟悉《水浒》的读者不难想起,花和尚鲁智深的故事几乎贯穿始终。

五、小结:反主流与传奇性的回归

上面举出的例子中,苏轼、苏辙是真实的历史人物,湖隐济颠的形象是实有的人物被传说化的，而花和尚可能完全出于虚构。他们的共同点，可以概括为"反主流"：苏氏兄弟以其大部分生涯担当了异议者和逐臣的角色；济颠宣称他不与"贼秃"为伍，呈现为疯僧的形象；花和尚如果就是鲁智深，则起初大概是低级武官，后来成为逃犯，不得不遁入宗教，经历了一场轰轰烈烈的反叛，又奇异地获得正果。

为什么要突现他们对抗主流的一面呢？让我们回到"日常化"的话题。前面说过，由唐而宋，社会治理方面的进步，使士人生活的世界中，"传奇性"逐渐消失，常规化程度提升，诗歌表达也因此带上"日常化"倾向。不过这种社会治理方面值得骄傲的进步，对文学创作来说也造成一定的困境，因为它确实会使大家都彼此相似，越来越缺少独特个性，而文学创作总是跟个性是否丰富有关的。社会进步带来的文学性缺失，是正常现象，就好像上古时期那么动人的神话后来消失了，一样的道理。通俗地说，就是日子越过越好了，但是诗意失去了。当然，那种由社会治理上的不完备、无序性导致的"传奇"人生，是不可复制的，也没有谁会希望社会重新回到无序状态去。比如战乱时代经常文学发达，但总不能因此希望战乱吧？在拥有较高生活水准，并守护社会秩序的同时，如何保持和丰富我们的个性，才是需要思考的问题。宋人是世界上最早一群面对这个问题的人，他们当中有一个部分，以"反主流"的方式来应对困境。我们看到，无论是士大夫作者，还是通俗话本描写的形象中，都有"反主流"的例子，他们的人生因为对抗主流而付出了巨大的代价，收获的则是传奇性的回归。可以说，"反主流"使他们赢回了传奇性，而这是伟大的文学不可缺少的支撑。在越来越常规有序的世界中，反主流的思维方式、见解主张、人生态度以及行为，成了跟文学的发展具有密切关系的因素，成为真正的文学性得以生长的新的土壤。远离众口一辞的世界，而彰显不屈的个性，无疑会有一点破坏作用，但在时移世易，破坏性影响淡出后，人们会记得一部传奇，成为人类精神遗产的一部分。这种精神遗产的丰富度，也印证着社会的宽容度和文化的多样性，牵涉到我们对有宋一代的整体评价。

当然"反主流"本身也不是目的，我认为其要旨在于保持个性。总体而言，一方面，社会治理和科学技术的进步，使人们的生活水准越来越高，但生活方式也越来越同质化、模式化，有精神贫乏的危险。另一方面，我们教育和文化的理想，却是尊重个性化的，希望每个人都能充分实现其个性化。这里有矛盾之处，宋代文人已经能启示我们怎样去解决这个矛盾，我以为这是研读宋代文学的长远意义。

职官与选举

试论明代浙江进士家族分布

——基于《明代登科总录》数据库的分析*

江西师范大学　邱进春

何谓"家族"？一般的理解是：以血统关系为基础而形成的社会组织，包括同一血统的几辈人。至于这个"几辈"到底是多少辈，是否等同于"宗族"等问题，不同语境下有不同的说法，本文对此不展开讨论。我们将家族的范围限定于男性血缘系统（不含母族、妻族），上至高祖、下至玄孙的九族之内，①在这个范围内，有两位及以上的成员考中进士，可称为进士家族。郭培贵提出，五代直系亲属内有两名以上进士的家族即为进士家族，大体与这个标准相符。②

我们通过《明代登科总录》数据库高级检索，可以很轻松地找出同县的同姓进士。然而同县同姓之人未必就是一个家族，我们需要一些文献记载来提供依据：族谱的记载，科举录中的三代履历，墓志、行状等人物传记对世系的记载，进士名录（如《明三元考》《类姓登科考》及地方志中的选举表等）对人物关系的记录。凡是有明确文献资料表明，其关系在五服之内，即可视为同一家族。个别家族存在籍贯变化，比如在外省服役、入赘、冒籍等等，但只要世系明确，也视为同一家族。

家谱记载对家族认定的价值重大，但古代家谱保存下来的数量有限，现存家谱跟进士相关的家族更少。此外现存古代家谱不少是后人依据各种资料编纂而成，并非直接在前代家谱基础上续修，因此其可靠程度要打折扣。科举录中三代履历的记载，比较直接地反映了进士人物的血缘关系，《登科录》一般记录祖、父、兄弟的名字和出身、历官，而《齿录》或《同年录》《履历》更为丰富，上至曾祖，下至子侄甚至孙辈，都会被记录。但

---

*　本文为国家社科基金项目"中国历代登科总录"（项目号：03BZS008）阶段性成果。

① 参（清）陈立：《白虎通疏证》卷八《论九族》，清光绪元年淮南书局刻本。

② 见郭培贵：《明代进士家族相关问题考论》，《求是学刊》2015 年第 6 期。

是需要注意的是：科举录中有的祖、父是本生，有的是继嗣；兄弟则更复杂，亲兄弟、堂兄弟甚至是同族同辈，需要辨别。有的科举录中标注为兄弟，但依据三代履历进行推演，并非同祖，那只能算是同宗兄弟。个别《同年录》中记载的兄弟甚至连同宗都算不上，存在攀亲浮夸现象，应该排除在进士家族之外。墓志、行状等资料中对人物世系的记录有详有略，相对更为精准。依据科举录编著的进士录有的会记载人物的关系，有的则不提，记录有误的情况不为少见。① 方志中对人物关系的记载有时也出错，比如光绪《上虞县志》卷四《选举·明·万历二十五年丁酉》："徐如翰，子麟子。"但依据《万历二十九年进士登科录》："曾祖文卿。祖子麟，训导，累封奉直大夫、知州。父希濂。"徐如翰不是"子麟子"，而是"子麟孙"，徐希濂子。因此，在认定同姓进士关系时，需要对这些传记资料进行综合分析，辨析真伪。

根据《明代登科总录》数据库，我们对进士的家族分布进行统计分析，大致有这么几种情况：第一，大多数家族只考取过一个进士；第二，在进士家族中，考取两个进士的家族最多，或者是兄弟，或者是父子、叔侄、祖孙②；第三，三代以上考取进士的比较少，有的是连续祖孙三代，有的则中间跨代。浙江的进士家族同样体现出这几个特点。以下先对浙江进士家族的总数及其地域分布进行总体上的统计分析，然后分府县对各家族加以论述，之后对明代浙江进士家族的形成原因进行探讨。

一、总体统计分析

从单个家族的进士数量角度分析，浙江共有进士家族 355 个，③其中 2 位进士的205 个，3 位进士的 64 个，4 位进士的 33 个，5 位进士的 19 个，6 位进士的 13 个，7 位进士的 6 个，8 位进士的 6 个，9 位进士的 4 个，10 位进士的 1 个，12 位进士的 2 个，13 位进士的 2 个。各府数量的分布见表 1：

---

① 见邱进春：《清钞本〈类姓登科考〉的几个问题》，《江西师范大学学报》2013 年第 5 期。
② 祖孙中也有跨代的，有的还跨得比较远，相差数代，但其间的世系清晰，不出五服，也计入进士家族。
③ 郭培贵统计明代全国进士家族 2088 个，其中浙江进士家族最多，为 366 个（共有进士 915 人），见《明代进士家族相关问题考论》，《求是学刊》2015 年第 6 期，第 146 页。

表 1　明代浙江进士家族按考中进士人数分府统计

排名	府名	2人	3人	4人	5人	6人	7人	8人	9人	10人	11人	12人	13人	总计
1	绍兴府	60	12	10	7	5	1	2	0	0	0	0	2	99
2	宁波府	39	8	4	5	2	1	2	2	0	0	1	0	64
3	嘉兴府	29	12	1	3	2	1	1	1	1	0	0	0	51
4	杭州府	19	6	5	1	2	1	0	0	0	0	0	0	34
5	湖州府	20	6	3	1	1	1	0	0	0	0	1	0	33
6	台州府	11	9	4	1	1	0	1	0	0	0	0	0	27
7	金华府	14	4	1	1	0	0	1	0	0	0	0	0	21
8	严州府	7	3	3	0	0	0	0	0	0	0	0	0	13
9	处州府	4	2	0	0	0	0	0	1	0	0	0	0	7
10	衢州府	2	0	1	0	0	0	0	0	0	0	0	0	3
11	温州府	0	2	1	0	0	0	0	0	0	0	0	0	3
合计		205	64	33	19	13	6	6	4	1	0	2	2	355

　　全省 11 个府,居前三的绍兴府、宁波府和嘉兴府合计 214 个进士家族,占 60%,其中绍兴府在总数上遥遥领先于其他各府,将近全省进士家族总数的三分之一。其他各府都有进士家族产出,杭州府、湖州府大体处于平均水平,台州等六府不及平均数。

　　各县进士家族,数量最多的是绍兴府余姚县,共 47 个。其次是宁波府鄞县 35 个、慈溪县 26 个,绍兴府会稽县 21 个,杭州府仁和县 18 个,绍兴府山阴县 16 个,台州府临海县 15 个,湖州府归安县 14 个,嘉兴府平湖县、秀水县都是 13 个。产出 9 个进士家族的有杭州府钱塘县、严州府淳安县、绍兴府上虞县、嘉兴府嘉善县。8 个进士家族的有嘉兴府海盐县。7 个进士家族的有湖州府乌程县、金华府兰溪县、杭州府海宁县(卫)。6 个进士家族的有嘉兴府嘉兴县、湖州府长兴县;5 个进士家族的有台州府黄岩县、金华府金华县、湖州府德清县。4 个进士家族的有杭州府萧山县。3 个进士家族的有温州府乐清县、台州府天台县、金华府永康县、处州府缙云县。2 个进士家族的有绍兴府新昌县,严州府建德县、桐庐县,台州府太平县,衢州府常山县、西安县,宁波府象山县,金华府东阳县、浦江县、义乌县,处州府丽水县。只有 1 个进士家族的有台州府宁海县、仙居县,宁波府定海县,嘉兴府崇德县、桐乡县,湖州府孝丰县,处州府景宁县、松阳县。

　　从考中进士的延续代数来统计分析,也就是兄弟考中的一代 47 个,二代 207 个,三

代 55 个,四代 27 个,五代 13 个,六代 6 个。[①] 具体分布见表 2:

表 2 浙江进士家族延续代数分府统计

排名	府名	一代	二代	三代	四代	五代	六代	总计
1	绍兴府	18	54	10	11	4	2	99
2	宁波府	9	36	10	5	3	1	64
3	嘉兴府	5	31	8	4	2	1	51
4	杭州府	3	24	4	1	2	0	34
5	湖州府	4	19	7	1	1	1	33
6	台州府	3	14	8	2	0	0	27
7	金华府	0	15	4	1	1	0	21
8	严州府	3	6	3	1	0	0	13
9	处州府	2	4	0	0	0	1	7
10	衢州府	0	3	0	0	0	0	3
11	温州府	0	1	1	1	0	0	3
合计		47	207	55	27	13	6	355

47 个一代进士家族中,人数最多的是鄞县戴鳌、上虞陈绾两个家族,都是兄弟 4 人,不过戴鳌 4 兄弟是亲兄弟(同父),陈绾是堂兄弟。同父 3 兄弟的有 2 家,嘉兴县乐元声、秀水县卜大同家族。同父 2 兄弟的有 30 家,其中 3 家兄弟同榜:会稽陈钦、陈镐兄弟同登成化二十三年榜;上虞县徐宗孺、徐人龙同登万历四十四年榜;鄞县张文埏、张文煇同登崇祯七年榜。在二代以上的进士家族中,也存在同父兄弟多人登第乃至同榜的情况。比如山阴周礽家族,兄弟五人:祯、祥、礽、祚、禩。除周祥早卒外,[②]其余四人皆中进士。临海秦文家族,同父三兄弟登第。山阴朱篪、朱簠同登嘉靖五年榜,乌程沈演、沈漼同登万历二十年榜。

二代进士家族 207 个,占总数的一半多。其中,存在父子登第的有 113 家,存在祖孙登第的 13 家,其余为叔侄登第。由此可见,父子相传而成为进士家族,是最为常见的模式。这也表明,在家庭教育中,父亲作为家庭的主心骨,对子女的影响力是最为直接。

① 郭培贵统计的明代浙江进士家族数据:一代 48 个,二代 249 个,三代 50 个,四代 14 个,五代 4 个,六代 1 个。见《明代进士家族相关问题考论》,第 148 页。

② (明)李默:《群玉楼稿》卷七《明征仕郎工科左给事中定斋周君墓志铭》,明隆庆六年建安李氏刻本。

三代进士家族 55 个,其中直系连续三代(父子孙)中进士的只有 11 家,其余或者祖孙跨代,或者非直系。三代及以下进士家族共 310 个,约占总数的 87%。

四代及以上的进士家族 46 个,只占到总数的 13%。其中直系连续三代的有 3 家:鄞县钱奂家族、乌程闵世翔家族、海盐刘术家族。连续四代的有 5 家:余姚孙燧家族、胡轩家族,山阴张以弘家族,嘉善项忠家族,乐清侯廷训家族。连续五代的只有仁和县江玭家族。其地域分布详见表 3。

表 3　明代浙江四代以上进士家族(44 个)分布

府(总数)	县	数量	家族(以首位进士为代表)
绍兴府 (17)	余姚县	6	孙泓(六代 13 人),邵宏誉(五代 8 人),邵有良(四代 5 人),毛吉(四代 8 人),姜荣(四代 5 人),胡轩(四代 4 人)
	山阴县	5	祁仁(五代 6 人),张以弘、朱节(四代 6 人),何诏、吴便(四代 4 人)
	会稽县	3	陶恽(五代 13 人),章敞(六代 7 人),胡智(五代 6 人)
	新昌县	2	俞振才、俞铎(四代 5 人)
	萧山县	1	来天球(四代 6 人)
嘉兴府 (7)	平湖县	3	陆淞(五代 10 人),屠勋(四代 9 人),沈琼(四代 7 人)
	嘉善县	2	项忠(五代 6 人),钱继登(四代 5 人)
	海盐县	1	刘玮(六代 6 人)
	嘉兴县	1	包鼎(四代 8 人)
宁波府 (9)	鄞县	7	钱奂(六代 8 人),陆瑜、杨守陈(五代 9 人),章绘、张懋贤、董琳(四代 5 人),丰庆(四代 4 人)
	慈溪县	2	冯岳(五代 12 人),姚堂(四代 7 人)
湖州府 (3)	乌程县	2	闵珪(六代 12 人),沈熺(四代 6 人)
	长兴县	1	臧琼(五代 7 人)
台州府 (2)	临海县	1	项匡(四代 4 人)
	黄岩县	1	徐新(四代 4 人)
杭州府 (3)	仁和县	1	江玭(五代 6 人)
	海宁县	2	查焕(五代 6 人),祝萃(四代 7 人)
金华府(2)	东阳县	2	卢睿(五代 5 人),赵叶(四代 7 人)

续 表

府（总数）	县	数量	家族（以首位进士为代表）
严州府(1)	淳安县	1	吴倬（四代 4 人）
温州府(1)	乐清县	1	侯廷训（四代 4 人）
处州府(1)	缙云县	1	李棠（六代 9 人）

可以看出来，进士家族集中分布于浙东北杭州湾一带，浙西、浙南的密度较低，进士总数的分布与进士家族的产出之间，存在正相关的联系。[①]

从姓氏分布看，共 109 家上榜，陈、王、沈三姓最多，见表 4。

表 4　按照姓氏分布统计

排名	姓氏	家数	排名	姓氏	家数	排名	姓氏	家数
1	陈	21	7	吴	10	13	蔡、戴、范、何、邵、汪、项、谢、严、赵	4
2	王	19	8	叶、李	9	14	姜、林、刘、卢、倪、秦、翁	3
3	沈	17	9	孙	8	15	包、柴、高、葛、顾、管、韩、侯、郎、罗、吕、潘、戚、商、史、唐陶屠闻、许、应、虞、袁、詹	2
4	张	14	10	郑	7	16	卜、曹、查、程、丁、方、费、丰、郭、洪、季、江、蒋、来、梁、凌、鲁、马、毛、茅、闵、钮、彭、祁、全、盛、施、石、水、舒、司、马、宋、汤、谭、魏、韦、夏、薛、余、岳、臧、钟、诸、祝、邹	1
5	徐	12		金、钱、杨、姚、章、朱	6			
6	陆	11		董、冯、胡、黄、俞、周	5			

二、分府统计分析

（一）绍兴府

绍兴是浙江进士家族第一大府，不仅数量最多，质量也非常高。从产出进士的总数

---

① 明代浙江进士总数的分府统计，可以参考吴宣德《明代进士地理分布》第 70 页。

来看,据吴宣德的统计,绍兴府明代进士总数仅次于南直隶苏州府;余姚县是浙江第一大进士县,在全国排名第三,仅次于福建莆田县和晋江县(373)。① 在此基础上,绍兴府形成进士家族 99 个,其中余姚县 47 个,同样都是浙江第一。浙江进士家族中延续六代的家族共 6 个,绍兴府就占了 2 家,即余姚县孙泓家族和会稽县章敞家族。而单个家族人数最多的 2 个家族也来自绍兴府,即孙泓家族、陶恽家族,均为 13 人。绍兴进士家族之盛,于此也可见一斑。以下我们分别罗列绍兴府各县进士家族,并对各县中较为突出的家族稍作分析。

1. 余姚县

余姚县共有进士家族 47 个,②分别是:

六代进士(1):孙泓,13 人。

五代进士(1):邵宏誉,8 人。

四代进士(4):毛吉,8 人;姜荣、邵有良,5 人;胡轩,4 人。

三代进士(7):陈焕、诸正,5 人;叶选、胡恭、张璿,4 人;蒋坎、张时泽,3 人。

二代进士(26):陆渊,4 人;史立模、陈雍、顾遂、谢迁,3 人;邵德容、宋晃、孙应奎、管见、卢璘、吕本、吴智、徐谏、杨荣、叶洪、杨宏科、陈咏、舒本谦、柴广敬、翁迪、陈克宅、沈应文、邹儒、王华、闻人诠、周如斗,2 人。

一代进士(8):邵稷、陆梦熊、汪惇、陈云鹏、蔡钦、杨世芳、王乔龄、孙应奎,2 人。

孙泓家族不但是余姚第一,也是浙江最大的进士家族,人数多,延续时间长。从永乐二十二年(1424)孙泓登第开始,延续六代,至崇祯十年榜孙家绩,合计考中 13 位进士,几乎贯穿了整个明代。

孙泓家族在明以前就是余姚望族,宋代就已经出过进士。据李本撰《孙公升行状》载,"其先为睦州人,后唐有仕为三司使讳岳者,卒葬余姚烛湖北麓,子孙因家余姚"③。七传至宋代,孙应时登宋登淳熙乙未进士,累官至通判邵武军,应时初从陆九渊学,入仕后又与朱熹为知交,"倡道东南,称烛湖先生,孙氏遂著"。深厚的家学,为后世科举之盛奠定了坚实的基础。

① 相关数据见吴宣德《明代进士地理分布》,香港:香港中文大学出版社,2009 年,第 69、70、81 页。
② 刘京臣在《大数据视阈中的明代登科录研究——以余姚进士家族为中心》(《清华大学学报[哲社版]》2019 第 2 期,第 101—201 页)运用大数据技术,结合已经数字化的登科录、方志、族谱等资料库,在对余姚的进士家族进行了统计,特别对孙氏、邵氏家族内部结构进行挖掘,其研究方法和结论令人耳目一新。刘京臣统计的余姚进士家族为 36 个,个别家族人数的统计也与本文有所不同。
③ (明)李本:《孙公升行状》,(明)焦竑:《献征录》卷三六,上海:上海书店出版社,1987 年,第 1498 页。

入明，应时七传至孙泓、孙溥兄弟。孙泓永乐庚子中举，①永乐二十二年甲辰科登进士，历官监察御史，开启了余姚孙氏明代进士家族的大门。

溥生新，新生燧，②孙燧为孙泓从孙。弘治五年（1492），孙燧以《易经》中浙江乡试第三名经魁，弘治六年（1493）中进士，终官至右副都御史、巡抚江西，死于宸濠之乱，赠礼部尚书，谥忠烈，是为第二代。孙氏历来为余姚县民籍，嘉靖初年，因孙燧而赐世袭锦衣卫千户，③故其后人改籍贯为锦衣卫官籍余姚县人。

燧生三子：长子堪，以荫入官锦衣卫，嘉靖丙戌举武科第一，官至都督佥事；次子墀，官至尚宝司卿；④季子升，中嘉靖十四年榜眼，官至南京礼部尚书。嘉靖二十三年榜孙坊及其兄嘉靖二十九年榜孙佳，方志等未记载其与燧之间的关系，但是我们依据《进士登科录》所载三代履历及相关传记资料，可以推断出他们是同一家族。孙坊、孙佳"曾祖孟宏，赠礼部尚书；祖彬；父炼"，兄弟中载有"兄：……堪，前府都督佥事；墀，大理寺寺正；升，翰林院编修"等。孙燧祖名孟宏，⑤《孙公升行状》载作溥。孙坊之父孙炼与孙燧实为同祖（溥）堂兄弟，则孙坊、孙佳是孙燧之侄、孙升之堂弟。另，孙坊、孙佳的籍贯与孙升等人相同，均为锦衣卫官籍余姚县人，表明孙燧整个家族都受到朝廷的恩赐，而非仅仅只是孙燧的子孙。是为第三代，堂兄弟3进士（不含武进士）。

孙堪子钰，也中武进士，官都督同知。⑥ 升生五子：长子鑨，嘉靖三十五年进士，官至吏部尚书；次铤，解元，嘉靖三十二年进士，庶吉士，官至南京礼部右侍郎；次钧，后改名錝，隆庆二年进士，官至太仆寺卿；次鑛，万历二年会元，终官至太子少保、南京兵部尚书；次镶。⑦ 是为第四代，亲兄弟4进士。

鑨子如法，万历十一年进士，历官刑部主事，上疏言封贵妃事，触怒神宗，谪为潮阳典史，病归卒；⑧如洵，万历四十一年进士，终官至山东参政。⑨ 墀孙如游，万历二十三年

---

① 光绪《余姚县志》卷一九《选举表》。
② 见《孙公升行状》。
③ （明）林大春：《孙忠烈纪遗》，《献征录》卷六一，第2601页。
④ 《献征录》卷三六，第1498页。
⑤ 见《明代登科总录》，第4154页。
⑥ （明）孙鑛：《从兄剑峰公钰行状》，《献征录》卷一○七，第4809页。
⑦ 见《孙公陞行状》，赵南星《味檗斋文集》（清畿辅丛书本）卷一一《明吏部尚书赠太子太保孙清简公墓志》。按，《明史》卷二二四《孙鑨传》载孙陞"四子：鑨、铤、錝、鑛"，实误。孙陞有五子：鑨、铤、钧（后改名錝）、鑛、镶。
⑧ 传见（明）过庭训《本朝分省人物考》卷五一《绍兴府·补遗》。
⑨ 传见嘉庆《山阴县志》卷一四《乡贤二》。

庶吉士,熹宗朝官至太子太保、礼部尚书、文渊阁大学士。① 是为第五代,兄弟 3 人。

如游孙嘉绩,崇祯十年进士,历官兵部郎中,鲁王监国绍兴时官至兵部尚书、东阁大学士。② 是为第六代。

总计孙氏一门,自永乐至明末崇祯,六代共考取进士 13 人,另有武进士(含武状元) 2 人。其中解元 1,会元 1,榜眼 1;官至内阁学士者 2 人,尚书 3 人(不含内阁兼职),侍郎、巡抚各 1 人。明沈德符称赞孙氏一族"国朝二百余年来,海内仅此一家而已"③。

邵氏家族也是余姚望族,自始祖邵忠南宋时移居余姚起,④"族属蕃衍,先多显达人"⑤。刘京臣利用光绪《余姚邵氏宗谱》,确定邵氏有 17 人中进士,不过依据我们判断进士家族的标准,可以分成四个进士家族:邵宏誉家族(五代 8 进士)、邵稷(一代 2 进士)、邵有良家族(四代 5 进士)、邵德容(二代 2 进士)。邵宏誉与邵稷属道四房,邵有良属亚三房,邵德容属道一房,血缘关系超出五服之外。

邵宏誉是余姚邵氏第七世,永乐二十二年进士,官至按察司副使。宏誉孙邵黉,弘治三年进士,官至布政使;邵宏誉弟宏学之孙蕃,成化二十年进士,官至按察司副使。邵蕃孙邵漳,嘉靖二十三年进士,主事;宏誉五代孙邵一本,隆庆二年进士,知县;蕃曾孙邵梦弼,万历八年进士,官至福建佥事。宏誉第六代孙邵应龙,崇祯十年进士,应龙为一德子,一德为一本堂弟。⑥ 不过邵应龙的籍贯,需要考证一下。《国朝历科题名碑录初集》(以下简称《碑录》):"姜应龙,直隶淮安府盐城县籍,浙江绍兴府余姚县人。"光绪《余姚县志》卷十九《选举表》未加辨别,直接引用了其记载:"崇祯六年癸酉:姜应龙,本姓邵,顺天榜,《进士碑录》淮安盐城籍……崇祯十年丁丑:姜应龙,信阳知县。"淮安府盐城县属南直隶,应龙不在浙江乡试,则当在应天府乡试,为何中顺天榜?殊为可疑。《崇祯十年丁丑科进士履历便览》载应龙籍贯为"北直隶河间府盐山县籍,余姚县人",与中顺天榜一说相符。北京国子监现存有此科题名碑,不过字迹有些模糊,从体例上看,碑文对进士籍贯的记载简单,直省加县名,不记录府名,姜应龙名下"直隶盐山县",《碑录》编者在抄录碑文时,误将"盐山"看成"盐城",由此误北直隶为南直隶。明清《淮安府志》《盐城县志》,均未见收姜应龙或邵应龙者。康熙《畿辅通志》卷一七《选举·进士·明·崇

① 《明史》卷二四〇《孙如游传》。

② 翁洲老民:《海东逸史》卷六《列传》三《孙嘉绩传》,民国《四明丛书》本。

③ (明)沈德符:《万历野获编》卷一三《三世得谥》,北京:中华书局,1989 年,第 349 页。

④ 见刘京臣文,第 107 页。

⑤ (明)李本:《陕西按察司副使邵公蕃墓志铭》,《献征录》卷九四,第 4091 页。

⑥ 见刘京臣文,第 110 页,及光绪《余姚县志》卷一九《封荫附》:"邵一德,以子应龙封泉州府推官。"

祯·丁丑科刘同升榜》收姜应龙，作盐山人。康熙《盐山县志》卷六《进士》："姜应龙，字青门，崇祯丁丑科，授福建泉州府推官，国朝任山东信阳县知县。"康熙《信阳县志》卷七《职官·县令·国朝》："姜应龙，盐山人，进士。"由此可见，姜应龙当为北直隶盐山县籍。至于其改姓的原因，尚未见相关材料。宏誉第七代孙邵秉节，崇祯十三年进士，晚明历官太常寺卿。从永乐至崇祯，邵宏誉家族延续五代共有 8 人中进士。

嘉靖二十三年榜邵稷和嘉靖三十八年榜邵峻是堂兄弟，与邵漳同辈，为邵氏第十一世。

邵有良为邵氏第八世，和宏誉属于同宗叔侄关系，成化二年进士，官至知府。有良兄有信之子邵坤，弘治九年进士，历官知县。坤弟邵震之子邵烨、堂弟邵蒙子邵炼，兄弟同登正德十六年进士，均官至按察司副使。邵炼子邵基中嘉靖十四年进士，历官御史。

邵德容是邵氏第十世，正德九年进士，历官主事、知州。邵德荣侄邵陛，隆庆二年进士，刑部侍郎。

如果从宗族的角度来看，余姚邵氏自第七世起，连续八代都有子弟考中进士，共计17 人，总数和延续代数均居浙江第一。不过其科考名次和宦绩，远不及孙氏家族。

毛氏家族延续四代共 8 人中进士，比较集中于景泰至嘉靖年间。余姚闻人氏在明代共闻人晟、闻人韺、闻人诅、闻人诠、闻人德行等 5 人考取过功名，但根据相关资料，我们暂只能确定闻人韺和闻人诅为父子关系，其他 3 人的世系则无法考证，故未予计入。

其余可以称为科举盛事者，比如宋大勺、宋大武与陈升、陈墀两对同胞兄弟同榜（嘉靖二十年榜）；连续直系三代中进士的有张时泽－张岳－张集义，叶遵－叶逢春－叶宪祖，陈焕－陈升－陈镱，姜子羔－姜镜－姜逢元、姜一元等 4 家；连续四代者，有胡轩－胡安－胡维新－胡敬辰，孙燧－孙升－孙鑨－孙如法、孙如洵 2 家。

2. 会稽县

会稽县共产生 21 个进士家族，全省排名第 4，分别是：

六代进士（1）：章敞，7 人。

五代进士（2）：胡智，6 人；陶怿，13 人。

三代进士（1）：商廷试，4 人。

二代进士（13）：董复、司马相，3 人；罗万化、王舜鼎、钮清、谢泽、季骏、沈性、韩大章、秦涣、范可奇、徐大化、陈鹄，2 人。

一代进士（4）：姚会嘉、余煌、陈钦、翁汝进，2 人。

　　陶悖家族相传为陶渊明后裔,元代陶岳始居会稽县陶堰,隐居不仕。① 陶岳第三子陶义,元末为鹭洲书院山长,入明被征不起,由此耕读传家。传至第四代陶性,拜同邑进士季骏学《春秋》,"尽得其精义,陶氏以《春秋》专门,自公始也"。陶性于成化乙酉乡试中举,但后来七次会试均落榜,这是陶氏家族第一位举人。陶性堂弟陶悖,受其教育,以《春秋》中弘治三年进士,官至广东参议,这是陶氏第一代进士。

　　第二代为弘治九年榜陶谐,弘治乙卯科浙江解元,官至兵部左侍郎,卒赠兵部尚书,谥庄敏。陶谐父陶恺,是陶悖堂弟,②则陶谐为陶悖从侄。陶谐三子:师善、师贤、师盖。陶师善这一辈未有考中进士者,但其下一代则呈爆发式增长。

　　陶师贤子陶大临(官至吏部侍郎兼翰林侍读学士,赠礼部尚书,谥文僖)和陶大顺(右副都御史、巡抚广西),分别于嘉靖三十五年、嘉靖四十四年登第。同辈中还有嘉靖二十年陶大年(谐弟讲之孙、师齐子,官至江西右参政),嘉靖二十三年陶大有(祖谐,父师文,官至山西按察司副使)。另外,陶悖弟陶愫一支的后裔,在这一代也出了兄弟进士,即嘉靖二十六年陶承学(官至南京礼部尚书,卒赠太子少保,谥恭惠)、嘉靖三十八年陶幼学(父廷奎)。据《嘉靖二十六年进士登科录》载:"陶承学……曾祖愫。祖试,训导。父廷奎,岁贡生……兄大有,刑部主事……大年,南京兵部郎中。"③可知陶承学为陶大有、陶大年同族兄弟。此为陶氏第三代进士,合计兄弟6人,其中两对亲兄弟。

　　第四代进士为陶大顺子嘉靖四十四年陶允淳(官至尚宝司丞),大临子万历二年陶允宜(官至苑马寺少卿),承学子万历十七年陶望龄(官至国子监祭酒,谥文简)

　　第五代进士:大顺孙万历三十八年陶崇道(官至福建左布政使),承学孙崇祯十六年陶履卓(祖龄子,历官行人)。

　　陶氏家族五代,也产生进士13人,其中榜眼陶大临,会元、探花陶望龄,科举成绩相当突出。仕途上亦高官辈出,陶幼学、陶崇道官至布政使,陶望龄官至国子监祭酒,陶大顺官至巡抚,陶谐、陶大临官至侍郎,陶承学官至尚书。

　　会稽章氏家族延续代数也达到6代,与孙氏同,但其总数稍低,在科举名次与宦绩上也远远不如孙氏、陶氏等大家族。胡智家族五代6人,在科举名次与宦绩上更次。

　　会稽也有同胞兄弟同榜者:成化二十三年榜陈镐、陈钦。

------

① 见(明)陶望龄《陶文简公集》卷一一《世传第六》,明天启七年陶履中刻本。下文关于陶氏家族关系的表述,均以此为据,若有其他论据,则另出注。

② 见《明代登科总录》,第4079页。

③ 见《明代登科总录》,第8029页。

　　3.山阴县

　　五代进士（1）：祁仁（6人）。

　　四代进士（4）：朱节（6人），张以弘（6人），吴便、何诏（4人）。

　　三代进士（3）：张天复（4人），祁清、王经（3人）。

　　二代进士（8）：周礽（5人），朱应（3人），汪镃、朱南英、刘楝、王国桢、王忠陛、沈钦（2人）。

　　一代进士（1）：王元敬（2人）。

　　祁仁家族延续最长，不过宦绩稍逊。祁氏“世居越之山阴西庄村”，当属富裕之家，有祁茂兴、子安父子捐资建桥。① 祁子安之孙祁福以贡生历官重庆府学教授，“从弟仁、子司员承家学，皆以进士起家”②。祁司员先于成化十四年登科，官至知府；祁仁中成化二十年榜，历官礼部主事卒。司员孙祁清，嘉靖二十六年进士，官至陕西右布政使。清孙祁承爜中万历三十二年榜，官至江西右参政。承爜子祁彪佳，天启二年进士，南明时官至应天巡抚，殉国，赠少保、兵部尚书；清曾孙、彪佳从弟祁熊佳，崇祯十三年进士，官南平知县，后归隐。

　　山阴朱氏进士家族比较突出的有两个，一为白洋朱氏，一为东武朱氏，两个家族都有一人官至一品。

　　白洋朱氏“先世姑苏人，有荣一公者幕越州……择白洋而居焉”③。第一位进士为正德九年榜朱节，历官御史，府志载朱节与簠、簋为堂兄弟。④ 簠、簋是举人朱导之子，兄弟同登嘉靖五年榜，簋历官御史，簠官至知府。朱节孙瑞凤，万历二十三年进士，官至知府。朱簋曾孙朱燮元登万历二十年进士，终官至少师兼太子太师、兵部尚书兼右都御史、总督。燮元侄朱兆柏中天启五年进士，官至少詹事，盛子邺《类姓登科考》载朱兆柏

---

①　嘉靖《山阴县志》卷二《桥渡·兴安桥》。

②　嘉靖《山阴县志》卷八《人物传》。

③　（明）王思任：《谑庵文饭小品》卷五《袁州知府鸣和朱公墓志铭》，清顺治十五年王鼎起刻本。

④　万历《绍兴府志》卷四五《人物志十一》：“朱导，字显文，山阴人，弘治己酉领乡荐……二子簠、簋及犹子节、簦，并取科第，为显官……山阴称孝义之族者，必曰白洋朱氏云。”另康熙《山阴县志》卷二十《选举志二·举人·明·正德十一年丙子科》：“朱簠，簋之子。”误。

为篪曾孙,误。朱篪生以京,以京生璘。璘三子:启元、鸿瀚、燮元;有十孙,兆宁、兆柏等。① 朱燮元有四子兆宁、寿宜、兆宪、兆宣。② 可见朱兆柏为篪玄孙,燮元侄。合计四代共 6 进士。东武朱氏"先世有尚主者,居称朱尉里。后省元仲获起明经,徙郡城。三传素庵公和,徙东武里"。传至朱公节,历官泰州知州,生三子(应、赓、厦),长子应和仲子赓兄弟登第,朱赓隆庆二年进士,终官至少保兼太子太保、吏部尚书、文华殿大学士;朱应万历二年进士,历官主事。赓子朱敬循万历二十年登第,官至左通政。

山阴张氏也产生了两个进士大家族,一为张以弘家族,连续四代考中 6 人;另一为张天复家族,连续三代考中 4 人,含状元 1 人。张以弘家族世居山阴白鱼潭里,③第一代进士为成化五年榜张以弘,官至参议。第二代三兄弟登科。以弘子景琦中成化二十三年进士,官至知府;景旸中弘治十二年进士,也官至知府。侄景明中弘治三年进士,官兴王府左长史,辅佐朱厚熜(即后来的嘉靖皇帝),武宗驾崩,朱厚熜为世子,景明协助其"摄国事,中外肃然",由此生病,于嘉靖正式登基前去世,赠太子少保、礼部尚书、文渊阁大学士。景琦子张元冲,于嘉靖十七年登第,官至江西巡抚。元冲子张一坤,万历二年进士,官至江西右布政使。

张天复一族世居山阴南和里,后迁常禧里。张天复中嘉靖二十六年进士,历官甘肃行太仆寺卿。天复子张元忭中隆庆五年状元,不过其仕途不顺,仅官至左春坊左谕德兼翰林院侍读,卒年五十一岁。元忭生张汝霖、张汝懋,分别中万历二十三年榜、万历四十一年榜,汝霖官至参议,汝懋历官御史。

山阴进士家族中还有一家比较突出,周祁家族同胞兄弟 4 人考中。周氏为山阴钱清镇富户,祁之父周廷泽没有功名,但"富而好施",有建桥办学等诸多义举,④生五子,祯、祥、祁、祚、襌,除周祥早卒外,其余兄弟四人均考中进士。周祯于弘治十五年登第,官至翰林院检讨。周祁正德三年登科,官至郎中。周祚正德十六年进士,官至给事中。周襌嘉靖五年进士,官至右金都御史提督操江。后周祁子周浩又于嘉靖十四年登第,官

---

① (明)倪元璐《倪文贞集》卷九《封少师兵部尚书仰思朱公暨配赠夫人赵氏合葬墓志铭》:"公讳璘,字文玉,别号仰思,越之山阴人……祖篪,擢甲科,官监察御史。父以京,为柳州郡倅……柳州生二子,公其家胤也……是为万历二十年,岁在壬辰,季公少师遂以茂龄成进士……三子:长启元,宰尤溪,有声;次鸿瀚;季即少师讳燮元,今官黔蜀楚滇西粤五部总督、左柱国、少师、兵部尚书兼右都御史。诸孙为:大金吾兆宁,宫谕兆柏……兆宪、兆宣凡十人。"《四库全书》本。

② (明)刘宗周:《刘蕺山集》卷一三《特进左柱国少师兵部尚书都察院右都御史总督贵湖川云广五省军务兼巡抚贵州等处地方恒岳朱公墓志铭》,《四库全书》本。

③ 《刘蕺山集》卷一三《大中丞张浮峰先生暨配胡淑人合葬墓志铭》。

④ 周廷泽事迹,见万历《绍兴府志》卷八《山川志》、四五《人物志·乡贤·皇明》等处。

至云南副使。

4. 上虞县

上虞县的进士家族表现一般，没有连续三代以上的，总数也没有 5 人以上的。二代家族（4）：葛浩、倪涷（3 人），郑舜臣、朱衮（2 人）。一代家族（5）：陈绾（4 人），陈大经、徐宗孺、谢师成、张文渊（2 人）。

上虞县陈姓进士不少，能够梳理出家族关系的有两支，一为陈绾家族，一为陈大经家族。从家族源头看，两支同源，祖上同为江西德兴县人，宋南渡始家上虞。① 因为资料不足，难以确定其世系，只能暂归为两个家族。

嘉靖十四年榜陈绍和三十二年榜陈绾属于同胞兄弟，陈顼之孙，述之子；嘉靖二十三年榜的陈绛，陈顼之孙，父名陈述，可见陈绛是陈绍的堂兄弟。清盛子邺《类姓登科考》卷一·十一真："陈绾，浙江上虞人，字用章，二甲，绛弟，同胞三进士。"误，二人并非同胞兄弟。另外，与陈绛同榜的陈信，《登科录》载其为陈绛弟，然其三代（曾祖敬夫、祖汝勉、父大练），与陈绛的三代（曾祖大滂、祖顼、父述）并无重合，当为同族兄弟。以上共四人，同胞兄弟 2 人，堂兄弟 1 人，族兄弟 1 人。

陈大经为弘治三年进士，同胞弟陈大纪登弘治九年榜，《登科录》载其曾祖倞，祖敬舆，父世英，兄弟还有大绪、大纯、大绩、大绅、大绶等。从字辈上看，陈信父大练，与大经、大纪为同辈。因此，从陈氏宗族的角度看，大经兄弟是陈绍兄弟的族叔。

5. 萧山县

四代（1）：来天球（6 人）。

二代（3）：黄九皋、徐洪、叶砥（2 人）。

萧山来氏自南宋以后世居长河（今划入杭州市滨江区），人丁兴旺，在宋代即有中进士者，成为"萧之冠族"②。至明衍为各房，子孙获得科举功名者众多，中进士者 8 人，符合进士家族标准的 6 人。

第一代进士为来天球，属萧山来氏第九世，中弘治三年榜，官至陕西按察使。堂兄珪，弟璘。第二代进士是天球孙来经济，中隆庆二年进士，官至四川按察司副使。第三

---

① 《献徵录》卷一百，黄佐《广东韶州府知府陈公绍墓表》："公姓陈氏，讳绍，字用光，所居对百楼山……上世居台之银城，唐建州守请徙饶，三世孙德徙德，生尚书祠部郎庆。庆八世孙远，宋进士，建炎扈跸南渡，遂家越之上虞云。"第 4455 页。（明）王鏊《震泽集》卷二七《知将乐县陈君墓志铭》："君讳大经，字正之，姓陈氏。陈世家江西之德兴，宋南渡始家上虞。高祖某隐九峰山……"光绪《上虞县志校续》卷四《选举表》："陈道安……字谓性，永乐初荐人材不就，隐居四都九峰山。"《四库全书》本。

② （明）陶望龄：《陶文简公集》卷八《贵州参议继山来公暨配周宜人墓志铭》。

代有3人,天球曾孙来宗道(经邦子),万历三十二年进士,官至少保兼太子太保、户部尚书、文渊阁大学士;珪曾孙来汝贤,嘉靖十一年进士,历官主事;璘曾孙来三聘,万历十一年进士,官至江西右布政使。第四代为崇祯十三年榜来集之,曾祖日升是汝贤堂弟,也就是说,集之是宗道等从曾孙。以上四代共6人。另有万历三十五年榜来斯行、天启五年榜来方炜,属于萧山来氏同宗。

6. 新昌县

新昌县2个进士家族,均出自俞氏一宗。俞氏始祖为俞珣,自唐定居于新昌五峰,成为世家大族,“自唐至今,科第绵延,可谓盛矣”①。明清时期子孙散居新昌各处,祖宗祠堂三四十座,遍布在城各坊及真诏村、董村等地,可见其人丁繁衍之兴旺。据县志所载墓地与牌坊,归属该氏族之下的明代进士有侍郎俞钦、尚宝司卿俞振英、按察司副使俞振才、左布政使俞铎、侍郎俞深、御史俞集、忠臣俞志虞,以及俞时及、俞时歆等。我们基于《明代登科总录》中的资料,对该氏族所有明代进士的关系进行梳理,发现两条主线。

一支始于正统四年榜俞铎,字振文,官至云南布政使,曾祖本初,祖彦雍,父叔晦,兄銮。弟铁、钫、铃。铎子成化十一年榜俞深,官至工部侍郎。铎孙、深侄正德六年榜俞集,官至监察御史,父名溥,一作浦。集子嘉靖二十六年榜俞时及,官至府同知;集侄嘉靖二十三年榜俞时歆,官至刑部主事,父柔。本支连续四代共5人中进士。

另一支始于成化十一年榜俞振才,本名鐤,官至湖广按察司副使,曾祖本清,祖用直,父叔安,弟鏃、镡、良佐、良臣。振才与俞铎字辈相同,但曾祖不同,算是同宗不同族,因此我们将其分为两个家族。振才堂弟成化二十年榜俞振英,官至尚宝司卿。该榜《登科录》未见流传,县志载其与振才为兄弟,②据俞则全的三代履历,振英父名叔光。叔光和振才父叔安,即县志所谓逵、适,可见振才和振英是堂兄弟。振才侄嘉靖二年榜俞朝妥,官至工科都给事中,祖叔安,父振忠,是振才亲弟。振英孙嘉靖十四年榜俞则全,官至广西参议,父朝寰。朝妥孙崇祯七年俞志虞,官至监察御史,殉国,谥节愍。本支同样四代5人中进士。

另据登科录和方志,该氏族在明代还有两位进士,一是景泰二年榜俞钦,字振恭,曾祖明德,祖用贞,父廷献,弟锓;另一为嘉靖二年榜俞振强,曾祖尚纯,祖用信,父廷佐,弟

① 民国《新昌县志》卷六《氏族·俞氏》。

② 民国《新昌县志》卷一三《列女·明》:“胡氏,俞本清妻……生四子:然、点、默、埙……脱簪珥为延师讲学费。二孙逵、适皆领乡荐,曾孙振才、振英皆第进士。”

拱洪、振怀、振台、振豪。从字辈来看，俞钦、俞振强与俞铎、俞振才等为兄弟，但他们的三代履历没有重叠之处，连兄弟栏都互不记录，这说明他们也是同宗不同族，因此我们没有将俞钦、俞振强归入上面两个家族中去。

（二）宁波府

宁波府在明代也是进士大府，在浙江居第二位，拥有进士家族64个，仅次于绍兴府。其中鄞县表现尤为突出，产生了多个延续五代及以上的大家族，钱氏进士绵延六代，杨氏、陆氏绵延五代，俱值得称道。各县进士家族具体数量如下：鄞县35，慈溪县26，定海县1（薛三才），宁波卫1（叶世英），象山县2（王涣、史起龙）。

1.鄞县

鄞县是宁波府治所在，自宋起即为人文渊薮，至明亦盛，"鄞人业进士，一举数人至十人，极天下之郡邑希俪焉"①。据吴宣德的统计，明代鄞县进士有252人，在浙江位居第四。35个进士家族，在浙江仅次于余姚县。

六代（1）：钱奂（8人）。

五代（2）：杨守陈、陆瑜（9人）。

四代（4）：张懋贤、章绘、董琳（5人），丰庆（4人）。

三代（5）：屠滽（6人），沈一贯（5人），李堂、包荤（4人），金亮（3人）。

二代（17）：管思易、李循义、黄绶（3人），徐待、黄隆、黄宗明、高萃、全元立、卢瑁、俞得儒、水卿谟、林祖述、金泽、杨文卿、叶应骢、范钦、范润（2人）。

一代（6）：戴鳌（4人），郑复言、张文烻、陈瑞、闻渊、王杰（2人）。

"吾乡世族，前明称杨张屠陆四家，而芍药洰钱氏实与之匹……绵绵绳绳，科第鼎贵，文章政事，彪炳其间……可谓世家之极盛者也"②，钱奂家族世居芍药洰，被称为芍庭钱氏，自正统至崇祯，绵延六代产出进士，不过人数只有8人。钱奂曾祖钱安，洪武朝曾任韩府纪善；祖恂；父柘，历官进贤县县丞。③ 钱奂于正统元年中进士，官至湖广、广西左布政使。奂子钱瓒为弘治十二年进士，官至按察司副使；瓒从弟钱琜景泰五年进士，历官福建右布政使，为第二代进士。瓒子钱峄中嘉靖二十三年进士，历官按察司副使，为第三代进士。瓒曾孙钱若赓，中隆庆五年进士，官至知府，为第四代进士。若赓子

① （明）张邦奇：《张邦奇集·纡玉楼集》卷一〇《至道九老图序》，明刻本。
② （清）张伯行：《正谊堂文集》卷一〇《钱忠节公祠堂记》，清乾隆刻本。
③ 按，成化《宁波郡志》卷八《人物考·钱安传》误载钱奂为钱安孙，其实是曾孙。

钱敬忠中天启二年进士，亦官至知府，为第五代进士。若赟孙钱肃乐中崇祯十年进士，南明兵部尚书、东阁大学士，殉国，为第六代进士。钱氏以《诗经》传家，惟钱瑞治《礼记》，钱敬忠治《春秋》。

杨守陈家族自北宋后世居鄞县镜川，为名门望族，至明代枝繁叶茂，而杨守陈一族尤为发达。守陈"曾祖讳浩卿，富而勇于义；祖讳范，学行卓然，为时明儒"①，属于比较传统的富而后教的家族。至其父自惩，克传家学，"宣德中以《易》应乡举"，屡考不中，后出仕为泉州府仓副使，不入流的小官。弟见素府君自念、韦庵府君自忞。自惩生三子，守陈、守阯、守隰；自念二子，守防、守随；自忞四子，守隈、守邳、守諴、守隅。② 堂兄弟共9人，继承家学，其中4人均以《易》中进士。杨守陈，景泰庚午浙江解元，第二年登第成进士，官至吏部右侍郎。杨守随中成化二年进士，官至工部尚书。杨守阯以解元中成化十四年榜眼，官至南京礼部尚书。杨守隅成化二十年中进士，官至广西右布政使。守陈子杨茂元乡试第五名，会试第四名，成化十一年登科，官至刑部右侍郎；杨茂仁成化二十三年进士，官至四川按察使。景泰成化年间，两代人共6人接连登科，且均官至大僚，使得镜川杨氏在当地成为最显赫的家族。"一门科第禄位之重，弘治、正德间无过于鄞县杨氏者。"③第三代茂仁堂侄杨美益中嘉靖二十六年进士，官至太仆寺少卿。第四代茂仁从孙杨承闵嘉靖三十五年进士，官至知府。第五代为茂仁曾孙杨德政，万历五年进士，官至福建按察使。共计9人，个个官至四品以上，实在难得。据明徐应秋《玉芝堂谈荟》载，其家有"金榜题名四世十科进士，玉阶听履一门三部尚书"④的堂联，并非浮夸。

陆瑜家族同样五代9人登甲科，不乏中榜眼、官尚书者。鄞县陆氏徙自慈溪，陆瑜高祖元徙居鄞县月湖西里⑤，故称月湖陆氏。陆瑜曾祖讳义，在元时历官台州千户，由此"徽其家声而望于鄞"⑥。陆瑜幼年跟从同乡孙尚珩（举人、教谕）学习，以《书经》登宣德八年进士，官至刑部尚书。陆瑜从孙陆偁，在府学读书时很有名气，被杨守阯看重，将

① （明）何乔新：《椒邱文集》卷三〇《嘉议大夫吏部右侍郎兼詹事府丞谥文懿杨公墓志铭》，《四库全书》本。
② （明）杨守阯：《碧川文选》卷七《镜川杨氏先茔神道碑铭》，明嘉靖四年陆钶刻本。
③ （明）王世贞：《弇山堂别集》卷三《盛事述三·门宗仕宦》，《四库全书》本。
④ （明）徐应秋：《玉芝堂谈荟》卷二，《四库全书》本。按："三尚书"其实只有两位，守陈是死后追赠礼部尚书。
⑤ （明）何乔新《椒邱文集》卷二九《故荣禄大夫刑部尚书谥康僖陆公神道碑》。
⑥ （明）张邦奇《张邦奇集·靡悔轩集》卷四《明故中顺大夫福建按察司副使封通议大夫都察院右副都御史陆公神道碑铭》。

女儿许配给他。① 杨氏家传《易经》之学，陆偶不以《书经》而以《易经》登第（弘治六年榜），显然是得到杨氏的亲传。陆偶堂弟陆健同样以《易经》登科，两人均官至按察司副使。陆偶生五子，鈇、钶、镳、铨、钛，其中三人中进士。陆钶中正德九年榜，官至巡抚；陆钛中正德十六年榜眼，官至副使；陆铨中嘉靖二年榜，官至广东右布政使。第四代为钶堂侄陆泰，嘉靖三十二年进士，选庶吉士，官至福建提学副使。第五代泰堂侄陆懋龙，万历八年进士，官至湖广右参政；陆世科，万历三十五年进士，官至南京大理寺卿。

张氏家族世居"宁波府城之西南二十里许曰槎湖"，称槎湖张氏，"元季以赀雄于乡，而尚礼崇儒"②，成为鄞县四大家族之一。槎湖张氏在明代祖孙四代共产生进士5人，最为有名的是张时彻和张邦奇叔侄，均官至南京兵部尚书。

屠氏世居鄞县甬东，称鉴桥屠氏，祖孙三代有6人成进士。第一代进士屠滽于成化二年登第，官至太子太傅、吏部尚书，由此屠氏门庭大显。第二代为堂兄弟4人中进士：正德六年榜屠倞与屠侨同榜，侨官至太子太保、左都御史；屠倬中嘉靖二年进士，屠隆中万历五年榜。第三代屠大山（滽从孙），与从叔屠倬同榜登第，官至南京兵部左侍郎、应天巡抚。

除以上几个巨族之外，戴鳌家族也有闪光点。戴氏世居鄞县桃源，至戴浩于永乐庚子中举，官至知府，③浩子欈也以明经发身，官连城县教谕。戴浩为官清廉，后又遭火灾，家业有所衰落，对戴氏科举造成一定的影响。故戴鳌兄弟五人中，老二戴鼇主动放弃学业："食指众矣，产故鲜寡，乃又皆业儒也，将奚给乎？儿恐大人之窘于资，而诸兄弟终业儒也，儿请以一身肩家事，俾诸兄弟得终业儒，可乎？"④由此戴氏家产得以复兴，为其兄弟的科举之路提供了物质保障。老大戴鳌中弘治十二年进士，官至知府；老三戴鼎中正德九年榜，官至四川巡抚；老二戴鲸中嘉靖二年榜，官至福建参议；老五戴鼇中嘉靖十四年榜，官至工部主事。戴鳌为一母同胞4进士，实属难得。

鄞县范氏进士为同宗，其中最为有名的是城西范钦家族，虽然只二代3人，但范钦官至侍郎，建天一阁，藏书"至数万卷，尤多秘本，为四明藏书家第一"⑤，影响深远。其后裔入清以后科甲相传不绝。

---

①　（明）张邦奇：《张邦奇集·靡悔轩集》卷四《明故中顺大夫福建按察司副使封通议大夫都察院右副都御史陆公神道碑铭》。

②　（明）张邦奇：《张邦奇集·靡悔轩集》卷一二《叔父塈云先生行状》。

③　康熙《鄞县志》卷一五《品行考·列传·明二·戴浩》。

④　（明）张时彻：《芝园集·定集》卷四二《明故宣义郎东江戴君合葬墓志铭》，明嘉靖刻本。

⑤　康熙《鄞县志》卷一六《品行考五·列传·明三》。

鄞县也有兄弟同榜:同胞兄弟张文㜎、张文辉同崇祯七年榜,堂兄弟屠侨、屠倥同正德六年榜。

2.慈溪县

五代(1):冯叔吉(12人)。

四代(1):姚堂(7人)。

三代(4):刘本(8人),费铠、姜国华、王崶(3人)。

二代(18):秦淦(6人),陈茂义(5人),王纯、冯成能、韩孙爱、李应辰、罗信佳、袁茂英、周旋、王用、王复、赵文华、郑重、孙懋、孙忱、张楷、沈光大、沈元(2人)。

一代(2):叶维荣、董允升(2人)。

慈溪冯氏源远流长,进士众多,明代能够纳入进士家族的有12人,集中在明中后期(嘉靖至崇祯之间)。第一代进士为堂兄弟2人:嘉靖五年榜冯岳、嘉靖十七年榜冯璋。冯岳官至南京刑部尚书,冯璋官至福建副使。第二代进士为冯叔吉,是冯岳从弟冯燮之子,中嘉靖三十二进士,官至湖广左布政使。第三代也是堂兄弟2人:叔吉子若舒,中万历二十年进士;侄若愚,中万历二十三年榜。第四代有堂兄弟6人中进士,其中若愚子3人:元飏,天启二年榜,官至兵部尚书;冯元飏,崇祯元年榜,官至天津巡抚;元飇,崇祯十六年榜,南明右金都御史。兄弟三人在明末均以国事病卒,成为忠臣表率。元飏从兄冯盛宗,中隆庆五年进士;冯任,中万历三十五年进士,官至巡抚;冯起纶,万历四十七年进士,南明官至布政使。第五代为若舒孙冯昆,崇祯十六年进士。

姚堂家族也是科举世族,"姚之先以科第起家者,自宋元之交始,一时举凡十一人……至我朝复盛于正统天顺间……又七人矣"①。姚氏在明代四代共7人中进士,其中第二代弘治六年榜姚镆仕途显赫,巡抚延绥、提督两广、总制三边军务,终官至太子少保、兵部尚书,成为一代名臣;第三代为姚镆子姚涞,以家传《诗经》学高中嘉靖二年会试第二名,殿试成状元,不过享年不永,仅官至翰林院侍读学士,病卒。

从兄弟同榜:嘉靖十七年刘廷仪、刘廷诰。

(三)嘉兴府

嘉兴府明代进士总数列浙江第三,51个进士家族,同样位列第三。平湖县13家,秀水县12家,嘉善县9家,海盐县8家,嘉兴县6家,崇德县1家(吴之屏),桐乡县1家(钱贡)。"檇李为东南名郡,其世家以数十,而项与屠最大两家,皆以八座贵,其系多才贤,

---

① (明)刘瑞:《五清集》卷六《联桂芳记》,明刻本。

方蒸蒸起未艾，天下莫不称之。"①所称屠氏在平湖，与宁波屠氏同宗两支；而项氏也是两支，则在本府秀水和嘉善两县。

1. 平湖县

五代（1）：陆淞（10 人）。

四代（2）：屠勋（9 人），沈琼（7 人）。

三代（3）：冯汝弼、孙玺、赵汉（3 人）。

二代（6）：姚体信（3 人），孙迪、马维铭、陆万垓、曹禾、俞南金（2 人）。

一代（1）：金汝砺（2 人）。

平湖陆氏"故巨族，光禄之父程乡公复以文鸣吴越间"②，其家赀之富，可从陆杲罢官归乡之后的作为略窥一斑："乃倡诸子置田八百亩归景贤祠，岁收其入以周族人，谓之族田；又置田五十亩归世德祠……谓之祭田……置田二百亩以给稍廪，谓之学田；以宗族日繁，更徭不支，置田三百亩分赡之，谓之役田。"③能够捐田一千三百五十亩作为公有资产，非巨富之家做不到。关于平湖陆氏家族的世系和登第情况，高寿仙利用族谱、登科录、地方志等资料，做了比较充分的研究，④具有重要的参考价值。陆氏分支较多，能够成为进士家族的只有一支，即陆钺后裔。陆钺以监生历官知县，生子二人，陆淞、陆淳。陆淞以解元登弘治三年进士，官至南京光禄寺卿，此为第一代进士。淞四子，登科者 2 人：陆杰中正德九年进士，官至侍郎、巡抚；陆杲中嘉靖二十年进士，官至主事，此为第二代进士。杲四子，亦 2 人登科：陆光祖，嘉靖二十六年榜，官至吏部尚书；陆光祚，嘉靖三十八年榜二甲第一名（传胪），官至提学副使。这里需要说明一下，陆光祚是陆杲第三子，过继给陆概，⑤故《嘉靖三十八年进士登科录》家状中载"父概"，而不是"父杲"。杲堂侄陆梦韩（钺曾孙），嘉靖三十五年会试第六，历官按察司佥事，是为第三代进士。杰曾孙陆鳌中天启五年榜，⑥官至按察使；杲曾孙、光祚孙陆锡恩中万历二十三年榜，历官员外郎，是为第四代进士。第五代进士为光祚曾孙 2 人：锡恩子天启五年榜陆澄源，官至员外郎；锡命子崇祯七年榜陆清源，历官御史，后殉国。以上合计五代 10 人。

与陆淞家族同属一宗的还有天启五年榜陆锡明，与陆鳌、陆锡恩同辈；以及崇祯七

---

① （明）董份：《项公笃寿墓志》，《献征录》卷九九，第 4391 页。

② （明）张邦奇：《张邦奇集·靡悔轩集》卷一〇《明故封太淑人陆母王氏墓碣铭》。

③ 天启《平湖县志》卷一四《人物志·经济·皇明·陆杲传》。

④ 高寿仙：《社会地位与亲缘关系的交互构建》，《北京联合大学学报》2016 年第 1 期，第 24—35 页。

⑤ （明）徐阶：《世经堂集》卷一七《封安人陆母沈氏墓志铭》，明万历间徐氏刻本。

⑥ 按，《类姓登科考》卷三载陆鳌为陆杰孙，误，当为曾孙。

年榜陆灿,为澄源、清源侄辈。陆氏另一支在成化之后入籍锦衣卫,至陆炜中嘉靖二十三年进士,官至太常寺少卿,其兄陆炳于嘉靖八年中武进士,以护驾功官至太保兼少傅、左都督。从族辈看,陆炳兄弟与陆杰、陆杲为同辈。这几位进士与陆淞家族超出五服,故不计入。

平湖屠氏与宁波鄞县屠氏同宗,"屠氏故陈留人……宋南渡时始来徙浙,盖昆弟者二人。其一过钱塘,居鄞;一止嘉之盐城,后盐城分为平湖,遂世为平湖人"①。鄞县屠氏进士家族见上文。有意思的是,两地屠氏的科举仕宦大体相当。平湖屠氏第一代进士为屠勋成化五年进士,官至太子太保、刑部尚书。第二代兄弟5人登科。勋六子:应埙、应坤、应圻、应坊、应埈、应埏。其中登进士者3人:屠应埙,正德六年榜,官至湖广副使;屠应坤,嘉靖二年进士,官至云南右参政;屠应埈,嘉靖五年进士,选庶吉士,官至右春坊右谕德兼翰林院侍读。勋堂弟屠熙二子登第:屠奎,弘治十二年进士,官至江西参议;奎弟屠垚,弘治十八年进士,官至山东副使。第三代兄弟2人登科,均为应埈子:嘉靖二十九年榜屠仲律,官至知府;万历五年榜屠叔方(入籍秀水县),官至山东副使。第四代应埈孙、仲律侄屠谦,亦以秀水籍登科,隆庆二年进士,官至山东副使。共计四代9进士。

清溪沈氏家族同样是世家大族,明郑晓谓"平湖之族,沈为大世,世有闻人"②。第一代进士为正统七年榜沈琮,官至知府;其弟沈珪正统甲子乡试解元,景泰二年中进士,历官御史,守墓病卒。第二代进士为天顺八年榜沈荣,琮堂弟沈渭之子,官至参政。第三代沈炼,沈渭之孙、荣侄,弘治十二年进士,官至江西右参议。第四代兄弟3人登第:炼子沈圻,中正德六年榜,官至参政;炼侄沈垔,嘉靖五年榜进士,官至知县;垔弟沈烜,嘉靖十四年进士,官至知府。综观沈氏家族,延续四代共7人中进士,集中于正统至嘉靖之间,历官稍显平庸。

2.秀水县

三代(3):项笃寿、陶煦(5人),朱国祚(3人)。

二代(8):吕原(3人),高道素、胡琏、吴鹏、林茂、戴凤翔、范瑠、盛周(2人)。

一代(1):卜大同(3人)。

总体而言,秀水县进士家族的表现一般,值得称道的有朱国祚家族。朱国祚的祖上

① (明)屠应埈:《屠渐山兰晖堂集》卷一二《故中宪大夫湖广按察司副使伯兄九峰公行状》,明嘉靖三十一年屠仲律刻本。

② (明)郑晓:《端简郑公文集》卷六《山阳知县沈君墓志铭》,明万历二十八年郑心材刻本。

似非大族，始祖朱煜本为吴江盛泽三家村人，景泰四年（1453）入赘秀水商河陈氏，于是成为秀水县人。至朱国祚父朱儒，以善医授太医院吏目，后升院使，①成为御医，由此家道大兴。朱国祚二十五岁状元及第，一路青云直上，十五年后即擢任礼部右侍郎，可谓相当顺利。后因事告归，家居十八年。直到天启元年（1621），年六十二岁，以南京礼部尚书兼东阁大学士入内阁，不过在内阁只三年，升少傅兼太子太傅致仕，天启四年（1624）卒于家。国祚侄朱大启中万历三十八年进士，官至刑部左侍郎。国祚孙朱茂曙，崇祯十三年榜进士，历官知县。朱国祚曾孙朱彝尊，入清移居嘉兴县梅会里，成为一代名儒。

项笃寿家族源出嘉善。项笃寿高祖项衡（邦子），衡生忠、质、文，项忠一支留嘉善县，而项质一支徙秀水。② 项忠中正统七年进士，历官左都御史、刑部尚书、兵部尚书，卒谥襄毅，该支进士家族详后。项质生纲，纲中乡举，历官长葛县知县，纲生铨，铨生笃寿。从辈分上看，笃寿为项忠从曾孙。项笃寿于嘉靖四十一年中进士，官至广东左参议。笃寿子德桢，入锦衣卫籍，万历十四年中进士，历官四川参议；项梦原（原名德菜），万历四十七年进士，官至山西副使。德桢子项鼎铉，万历二十九年进士，选庶吉士；项声国，崇祯七年进士，历官知州。秀水项氏官绩不甚显赫，但以藏书闻名。项笃寿"性好藏书，见秘册，辄令小胥传抄，储之舍北万卷楼"，成为著名的藏书家和刻书家。其弟元汴字子京，"以善治生产富，能鉴别古人书画金石文玩物，所居天籁阁，坐质库估价，海内珍异十九多归之"③，是全国著名的收藏家。清末战乱，项氏收藏散失殆尽。

卜氏三兄弟卜大同、卜大有、卜大顺为一母同胞，嘉靖间先后中进士，"名振两浙"④。卜氏世居秀水思贤乡，祖上"以财雄里中"⑤，故卜大同能够以捐赀入国子监，中顺天乡举。

同胞兄弟同榜：弘治三年榜陶煦、陶照。堂兄弟同榜：嘉靖三十二年吕程、吕穆。

3. 嘉善县

五代：项忠（6人）

四代：钱继登（5人）

三代：沈谧（3人）

---

① （清）杨谦：《朱竹垞先生年谱》，清刻曝书亭集诗注本。
② （明）董份：《广东布政使司左参议少溪项公笃寿墓志》，焦竑《献征录》卷九九。
③ （清）朱彝尊：《曝书亭集》卷五三《书万岁通天帖旧事》，《四部丛刊》影印清康熙本。
④ （明）雷礼：《镡墟堂摘稿》卷六《庆卜母贺宜人七十序》，明刻本。
⑤ （明）徐阶：《世经堂集》卷一七《明故中宪大夫福建按察司副使卜君墓志铭》。

二代(6):李奇玉(3人),谭昌言、陈于王、魏大中、叶继美、袁黄(2人)。

秀水项氏家族以收藏闻名天下,嘉善项氏家族则以官宦显。项氏在元代有历官淮西廉访使,讳衢,其曾孙项邦,以太学生授孝感县丞,后改同安、吴江县丞。① 邦孙项忠,中正统七年进士,终官兵部尚书,赠太子太保,谥襄毅,是为项氏第一代进士。忠子项经,中成化二十三年进士,官至江西右参政。其后嗣入嘉兴县籍,入籍原因不详。经子项锡,以嘉兴县籍中嘉靖二年榜进士,官至南京光禄寺卿;经侄项钶,与秀水项笃寿同登嘉靖四十一年榜,历官主事。锡子项治元,中嘉靖三十五年进士,历官员外郎。经曾孙、锡从孙项承芳,万历十一年登第,官至刑部主事。项氏连续五代共6人中进士,如果算上秀水项氏家族,合计11进士。"槜李为东南名郡,其世家以数十,而项与屠最大两家,皆以八座贵,其系多才贤,方蒸蒸起未艾,天下莫不称之。"②

嘉善钱氏四代共5人中进士,以第二代兄弟最为有名。弟钱士晋先中万历四十一年进士,官至云南巡抚;兄钱士升则登万历四十四年榜状元,官至太子太保、礼部尚书兼文渊阁大学士。

直系四代进士:项忠—项经—项锡—项治元。直系三代进士:沈谧—沈启原—沈自邠。

4.海盐县

六代:刘玮(6人)。

二代(7):钱琦(4人),彭宗孟(3人),郑晓、李景孟、钟梁、汤彬、戴凤翔(2人)。

刘玮家族与钱琦家族存在交集。刘玮家族祖先陈留县人,刘恂粤在元代"起家明经,仕江浙省嘉兴路海盐州儒学学正……乃卜居州之淘泾里",成为海盐县人。传至刘凤,生显、泰等九子,刘泰中景泰二年进士,历官御史,是为刘氏第一代进士。第二代,刘显子刘玮,中成化二十年进士,官至广东副使。第三代,玮侄刘演弘治六年进士,官至四川参议。刘玮弟璠入赘钱氏,其子孙冒姓钱,③璠孙钱术,中嘉靖二年进士,复刘姓,官至工部主事,卒,此为第四代。第五代,术子刘炌,嘉靖二十九年进士,官至贵州按察使,娶进士钱芹仲女。第六代,炌子刘世延,万历五年进士,历官南京刑部主事。

钱琦家族"本姓何,始祖贵四,洪武间编成贵阳,适幼子裕初生,即留托养其亲钱氏

---

① 崇祯《嘉兴县志》卷一三《乡达·元》。

② (明)董份:《项公笃寿墓志》,《献征录》卷九九,第4391页。

③ (明)刘世教:《研宝斋遗稿》卷一○《先府君行状初稿》,明天启六年刘祖铎等刻本。

家,长因冒姓钱"①,后代似未复其本姓 。家世不显,至钱琦于正德三年中进士,官至知府,家业始兴。琦侄钱薇中嘉靖十一年榜(历官给事中),琦子钱萱中嘉靖十四年榜(历官礼部员外郎),钱芹中嘉靖十七年进士(历官永州府知府),兄弟三人连续三科登榜,不过其仕途均不够显赫。钱芹和钱术为乡试同年,"当嘉靖改元之岁,吾大父工部公与永州公同举于乡,是偕计者七人,而独两人游甚欢,于是有婚姻约"②,结为儿女亲家。加上钱术祖父刘璠入赘钱家,钱、刘二家以婚姻相联,亲如一家。

直系三代进士:刘术—刘炌—刘世埏。

5. 嘉兴县

四代(1):包鼎(8 人)。

二代(3):李芳、黄錝、许爚(2 人)。

一代(3):乐元声(3 人),孙光启、戚元佐(2 人)。

包氏居嘉兴双溪,"包氏之族非甚繁且炽也,然子孙多修其先人之业,务孝弟,耕田读书",属于传统的耕读传家之寒族。至成化十四年,包鼎和包鼐兄弟同榜登进士,成为名族。不过包鼎虽然官至知府,但过于清廉,"囊无余赀,乃尽赘诸子",其仲子包志赘于华亭杨氏,季子包凭赘于平湖袁氏。包志早逝,死前将二子包节和包孝托付给包凭,凭"涕泗受命,携恤教诲垂二十年,遂各有成立" ③。包节以华亭籍中嘉靖十一年进士,历官御史,以直言谪戍卒;节弟包孝,嘉靖十四年进士,同样历官御史卒。包凭之子包汴,以嘉兴县籍中嘉靖三十八年进士,官至四川右参议。此包氏第二代进士,兄弟三人。第三代进士为包汴之子包柽芳,先于其父登第,中嘉靖三十五年进士,官至贵州提学副使。第四代二人:包孝曾孙包尔庚,以上海县籍中崇祯十年进士,历官给事中;包汴曾孙、柽芳孙包鸿逵,以秀水县籍中嘉靖三十八年进士,历官知县。

包氏一门四代 8 进士,但仕途均不够顺畅,且由于家族资产不够充裕,导致其子孙散居各地,这大概是寒门进士家族的基本特征。

乐氏本姓岳,是岳飞后裔,在宋元换代时改姓乐,至乐元声同胞兄弟三人,前后登第,且都官至大僚,成为当地名族。乐元声以桐乡籍中万历十一年进士,官至南京兵部左侍郎。乐和声中万历二十年进士,终官右副都御史、巡抚延绥,上疏得复姓。岳骏声中万历三十八年进士,官至通政使。

---

① (明)文德翼:《求是堂文集》卷一八《明御史钱公孚于暨黄孺人墓志铭》,清道光十七年刻本。

② (明)刘世教:《研宝斋遗稿》卷九《先妣钱淑人行略》。

③ (明)屠应埈:《屠渐山兰晖堂集》卷一一《包隐君墓志铭》。

（四）杭州府

杭州府作为浙江首善之区，在进士总量和进士家族总量上表现有点弱。进士家族共 34 个。杭州府下属 9 县，进士家族集中在 3 个县：仁和 18 个，钱塘 9 个，海宁 7 个。富阳等无进士家族产生。

1. 仁和县

五代（1）：江玭（6 人）。

三代（3）：陈敏政、沈楠（4 人），钱立（3 人）。

二代（13）：张应祺、汪旂（4 人），许应元、陈洪范（3 人），邵琮、何琮、柴祥、郑厚、严恭、沈和、陆运昌、顾言、沈锐（2 人）。

一代（1）：邵经邦（兄弟 2 人）。

江玭家族是仁和县最大的进士家族，宋南渡而家于仁和，祖上默默无闻，至明代以科第显宦成为世族。第一代进士为景泰二年榜江玭，官至山东参政。玭子江澜，中成化十四年进士，以庶吉士官至南京礼部尚书。澜二子登科：江晓中正德三年榜进士，官至工部右侍郎；江晖中正德十二年榜，庶吉士，官至河南佥事，年仅 36 岁而卒。江晓子江圻，隆庆二年进士，官至广西提学佥事。圻子江铎，万历二年进士，官至右佥都御史、巡抚偏沅。江氏直系五代连续中进士，十分罕见，最高官至尚书，所以家世贵显。

陈敏政家族先世居河南杞县，从宋南渡，寓居上虞，宋末陈瑞徙仁和，传至陈敏政为第七代。[①] 不过，陈敏政却是以湖州长兴籍登宣德二年榜进士，官至南康知府。成化《杭州府志》、嘉靖《仁和县志》等地方志，均载陈敏政先世为湖州长兴县人，"后卜居仁和盐桥东"，成为仁和县人。[②] 敏政子陈良器以仁和籍中成化十七年进士，官至应天府尹，其墓志云其祖先"从高宗南渡，寓会稽，徙仁和，定宅焉，仕宦不绝"[③]。良器无子，以兄良能之子陈宋为继子，宋生陈直，正德十二年进士，未任官卒；良器兄良玉之孙陈克昌，中嘉靖五年榜，官至参政，均为仁和县籍。陈宋妻孙氏墓志载"陈氏之先徙自汴宋居越

---

① （明）孙承恩：《文简集》卷五二《训导陈君并配霍孺人合葬墓志铭》，《四库全书》本；（明）许应元：《陶堂摘稿》卷一二《石丘陈先生继室孙孺人墓志铭》，明嘉靖刻本。

② 成化《杭州府志》卷四三《人物·宦迹·皇朝》："陈敏政，字志行，湖之长兴人，寓杭，登进士，授知县，升南康知府……致仕，卒葬西湖某山。"嘉靖《仁和县志》卷九《人物·明》："陈敏政，字志行，原籍湖州长兴县，登宣德丁未进士，后卜居仁和盐桥东。初授知县……升南康知府……致仕。"

③ （明）刘瑞：《五清集》卷一五《陈府尹墓志铭》。

之上虞，宋之季年再徙仁和，而墓于城西甘溪原，终元之世，以爵号别冢坟者三世凡数人"①，表明陈氏家族自宋末至元，均定居于仁和县，并非长兴县人。另据嘉靖《仁和县志》卷一《牌坊》载："'世进士'牌，在众安桥东，为元至正己亥科乡进士陈文举、宣德丁未科进士陈敏政、成化丙午科乡进士陈宪、成化辛未科进士陈良器、弘治己酉科乡进士陈良心、正德丁丑科进士陈直、嘉靖丙戌科进士陈克昌、嘉靖辛卯科乡进士陈方立。"陈文举是陈敏政的祖父，《湖州府志》《长兴县志》举人表中未见，而被《仁和县志》收录，说明他是以仁和县籍中举的。由此看来，陈敏政可能是在长兴县学读书，然后冒湖州长兴籍考中，其实其家一直在仁和县。

同胞兄弟同榜：嘉靖二十年榜陈洪范、陈洪濛。除江氏直系五代进士外，还有沈氏直系三代：沈楠—沈朝焕—沈宗塙。

2. 钱塘县

三代（1）：吴诚（4人）。

二代（7）：杨周、蔡志、倪谦（3人），汪埍、姚良弼、吴鼎、凌立（2人）。

一代（1）：徐珙（2人）。

倪谦家族从宋南渡，定居钱塘，明初"诏徙江浙诸省民实京师，公之高祖启在徙中，故今为上元人"②。至倪谦以上元籍中应天府乡试，正统四年中探花，官至官南京礼部尚书，卒赠太子太保，谥文僖。倪谦以翰林学士主考顺天府乡试，得罪权贵，被谪戍宣府开平卫四年。其长子倪岳随行受学，以宣府卫学生员的身份，参加顺天府乡试中式，天顺八年中进士，选庶吉士，官至太子少保、吏部尚书，卒赠少保，谥文毅，在仕途上超越了父亲。岳弟倪阜也在顺天府中举，不过是以国子生的身份，成化二十三年成进士，亦选庶吉士，官至四川右布政使。三人均以出色的科举成绩，位至高品，值得称道。由于倪谦家族存在籍贯的变迁，《登科录》记载其籍贯都是上元籍、钱塘人，故有的史料称其为钱塘人，有的则称之为上元人。

同胞兄弟同榜：宣德二年榜徐珙、徐璟。

3. 海宁县

五代（1）：查焕（6人）。

四代（1）：祝萃（7人）。

三代（1）：陈与郊（5人）。

---

① （明）许应元：《隋堂摘稿》卷一二《石丘陈先生继室孙孺人墓志铭》。
② （明）吴宽：《家藏集》卷五九《倪文毅公家传》，《四库全书》本。

二代(4):朱瑞登、孙子良、张宁、葛孔明(2人)。

海宁查氏,始祖查瑜在元时"自休宁徙居海宁之花园"。子查恕学医,洪武二十一年"以医学召入,奏效,拜郡守,辞,授太医院使,赐一品服"①,从此成为医药世家。至第六代查焕,中弘治三年进士,官至山东参政,查氏开始转型为仕宦之族。查焕从侄查约,中弘治十五年进士,官至福建左布政使。约侄查秉彝,嘉靖十七年进士,官至顺天府尹。秉彝子查志立嘉靖三十五年进士,官至河南参政;侄查志隆(举人秉直子),嘉靖三十八年进士,官至山东参政。志立子查允元,万历十四年进士,官至江西参政。总计五代6进士,成为当地望族,人才辈出,延绵不绝。清初史学家查继佐、康熙戊辰榜眼查嗣韩、诗人查慎行、现代著名武侠小说家金庸等等,都是海宁查氏后裔。

祝氏自晚唐五代后迁入"海昌袁花里",在元代有为官和经商者,故"簪缨继起,为宁右族"②。不过元明易代之际,家道似有所衰落,到祝萃登进士之后,祝氏才"以公显"③,家声重振。明初祝鼎为第八世,三子:铨、鉴、钱。钱子淇,"师宗濂洛,倡绝学于海滨"④,以儒学闻名,曾为归化驿丞。淇子祝萃承受家学,中成化二十年进士,官至广东左参政,开祝氏进士家族之先声。萃子祝继皋,嘉靖二年成进士,历官兵部员外郎。第三代进士2人:鉴玄孙祝世廉,嘉靖三十二年进士,官至知府;钱玄孙(淇弟泾之曾孙)祝世乔,隆庆二年进士,亦官至知府。第四代有3人登科:世廉子祝以豳万历十四年进士,官至南京工部右侍郎;继皋孙(世德子)祝以庭万历十七年进士,官至郎中;世乔子祝以岱中万历三十二年榜,未授官卒。总计四代7人。

海宁陈氏在明中前期默默无闻,至万历二年陈与郊登科之后,科甲不断,成为望族。陈与郊祖先姓高,在宋代有举乡贡者高道隆,其七世孙高谅出嗣陈氏,故后裔姓陈。⑤高谅至与郊父中渐,均无功名入仕的记载。陈与郊以进士官至太常寺少卿;弟与相,万历五年进士,官至贵州左参政。与相子陈祖苞、陈玄晖兄弟同登万历四十一年进士,祖苞官至顺天巡抚,玄晖以庶吉士官至山东左参政。祖苞子陈之遴,崇祯十年榜眼,入清历礼部、户部尚书,官至少保、内弘文院大学士。其后裔在清代科举仕宦更盛,官至尚

①　乾隆《海宁县志》卷八《选举志下·荐举·明》。

②　(明)祝以豳:《诒美堂集》卷一六《明中宪大夫浔州府知府槐门祝公暨配安人黄氏行状》,明天启刻本。

③　(明)刘瑞:《五清集》卷一五《祝参政墓志铭》。

④　乾隆《海宁州志》卷一一《儒林·明》:"祝淇,字汝渊,师宗濂洛,倡绝学于海滨,以质行陶其家……子萃学业显闻,遂成望族,淇实启之。"

⑤　参乾隆《海宁县志》卷八《选举上·进士·明·万历二年甲戌科》,乾隆《海宁县志》卷八《选举上·举人·宋》。

书、大学士者多人，康熙、乾隆南巡时曾驻跸其家。①

三代直系：陈与相－陈祖苞、玄晖－陈之遴。陈祖苞、玄晖同胞兄弟举人、进士均同榜。

（五）湖州府

湖州府共有进士家族 33 家：归安 14 家，长兴 7 家，乌程 7 家，德清 5，孝丰 1 家。归安进士家族最多，但最著名的进士家族却在乌程。

1. 归安县

三代（4）：沈子木（5 人），茅坤、钱镇、严敬（3 人）。

二代（8）：严正邦、陆昆（3 人），唐枢、陆澄、陆矩、吴时亮、陈恪、张翼（2 人）。

一代（2）：施浚明、朱汝器（2 人）。

归安沈氏，"为吴兴甲族，其后徙竹墩里，支裔日蕃，称竹墩沈氏云"②，竹墩里一作竹溪里③。传至沈应登，以选贡生历官宁国、青州、凤阳府通判，生五子，其中两人中进士。长子沈子木拜同乡进士、布政使陈应和为师，学《诗经》，④嘉靖三十八年中进士，官至南京右都御史；子木弟子来同样以《诗经》中万历八年进士，官至按察司副使。竹墩沈氏由此成为望族。第二代同样是兄弟登榜，子木生四子，长儆照（通判），次儆焞、儆炌、次敬烜（贡生）。沈儆焞与叔子来同榜，历官南京工部郎中；沈儆炌万历十七年进士，历云南巡抚，终官至南京工部尚书。第三代为儆炌子沈胤培，过继给儆焞，中崇祯四年进士，历官工科给事中，加大理寺卿免归。《两浙輶轩录》云"竹墩沈氏明代两尚书及卿寺"⑤，当指沈子木、沈儆炌、沈胤培祖孙三人。不过沈子木生前并未担任过尚书，在山西巡抚任上曾加兵部右侍郎衔，后由通政使升南京右都御史，卒后追赠官兵部尚书。⑥竹墩沈氏入清以后同样科第兴盛，显宦辈出，子来孙沈上墉即以康熙癸丑进士发身，⑦开其清代科举家族之门。

著名的文学家茅坤先世并无显赫家声，元末由山阴迁居归安埭溪，再迁华溪，"世有

---

① （清）陈其元：《庸闲斋笔记·前言》，《清代史料笔记丛刊》，北京：中华书局，1989 年。

② （明）申时行：《赐闲堂集》卷一九《资善大夫南京都察院右都御史玉阳沈公神道碑铭》，明万历刻本。

③ （明）孙鑛：《居业次编》卷五《南京都察院右都御史玉阳沈公墓志铭》，明万历四十年吕胤筜刻本。

④ （明）孙鑛：《居业次编》卷五《南京都察院右都御史玉阳沈公墓志铭》，明万历四十年吕胤筜刻本。

⑤ （清）阮元《两浙輶轩录》卷八《沈上墉》，清嘉庆刻本。

⑥ 《明实录·万历实录》卷五七二，万历四十六年七月戊子。

⑦ （清）阮元：《两浙輶轩录》卷八《沈上墉》，清嘉庆刻本。

隐德,以诗书农桑相督课",是传统的耕读之家。至茅坤之父茅迁,家境富裕。① 茅坤中嘉靖十七年进士,官至按察司副使。茅坤后迁居武康之苕上,其子茅国缙以武康县籍中万历十一年进士,官至工部郎中。茅坤从孙茅瑞征万历二十九年进士,官至南京光禄寺卿。

同胞兄弟同榜:弘治九年榜陆昆、陆嵩。叔侄同榜:万历八年榜沈子来、沈儆炌。直系三代:钱镇—钱士完—钱元悫。

2.长兴县

五代(1):臧琼(7 人)。

二代(6):姚一元、王瑄、丁应诏、韦厚、周熊、朱汝鳌(2 人)。

长兴的进士家族不多,而臧氏独盛。臧氏自宋来居长兴,传十世为仲和,仲和生思聪,思聪生瓛、琼、瑛。臧琼中成化五年进士,历官刑部郎中。瓛孙臧应奎中正德十二年进士,历官礼部主事,廷杖卒。第三代为应奎侄臧继芳,嘉靖三十二年进士,官至河南副使。第四代为堂兄弟 2 人:继芳子臧懋循,万历八年进士,历官国子监博士;懋循堂弟臧懋中(继华子),万历二十六年进士,官至广西佥事。第五代也是兄弟 2 人,且同榜:懋中子臧昺如、照如,同为万历四十四年榜三甲进士,"一时以为盛事"②。长兴臧氏家族居官均不甚显赫,但其文化成就比较突出。尤其是臧懋循,无意为官,中进士后,主动请求任教职,初授荆州府学教授,后任国子监博士,以"风流任诞"被劾免官,③潜心诗歌创作,编刻戏曲选本、丛书,是当时著名的诗人和戏曲家。

3.乌程县

六代(1):闵珪(12 人)。

四代(1):沈熺(6 人)。

三代(2):董份、潘仲骖(4 人)。

二代(2):沈应龙、张永明(2 人)。

一代(1):严杰(2 人)。

乌程闵氏在明清时期是湖州最为鼎盛的家族,在科第、仕宦、文化等方面成就卓著。闵氏祖先"有仕宋为将仕郎,自汴来家湖州之乌程晟舍里"。闵珪祖父闵绶,生二子:闵

---

① (明)茅元仪:《石民四十集》卷三六《先考工部都水司郎中二岑府君行实上》。

② (明)刘宗周:《刘蕺山集》卷一二《奉政大夫南京吏部文选清吏司郎中醒涵臧公暨配诰封安人吴氏合葬墓志铭》。

③ (清)钱谦益:《列朝诗集小传》丁集上《臧懋循》。

复、闵节。闵节娶尚书严震之孙女,生六子,长子为闵珪。闵珪中天顺八年进士,历江西巡抚、两广总督,官至少保兼太子太保、刑部尚书致仕。这是闵氏第一代进士,第一位尚书,闵氏家族由此步入浙西望族的行列。

闵复子二:珵、珩。珵子五:兰、葵、芹、华、蕙。蕙入赘沈氏,生闵如霖。如霖七岁时,父母双亡,沈氏图谋其家财富,下毒欲鸩杀如霖,被发觉,于是逃归闵家,“依从父检校君芹”①。闵如霖发奋读书,登嘉靖十一年榜进士,选庶吉士,官至南京礼部尚书。从辈分上说,闵如霖是闵珪从孙。这是闵氏第二代进士,第二位尚书。

珪曾孙闵远庆,中万历十四年进士,历官按察司金事,这是第三代进士。第四代兄弟3人登进士:远庆子闵一范、如霖孙闵世翔万历八年同榜;纯庆子闵心镜,天启二年中进士。闵心镜曾祖闵,是闵珪弟闵之子。第三代、第四代进士的历官均不够显赫。

第五代也是兄弟3人,其中2人同榜,且官至尚书:一范子闵梦得,万历二十六年榜,官至太子太保、兵部尚书;世翔子闵洪学与梦得同榜,官至吏部尚书;如霖曾孙闵宗德,万历三十五年榜,官至湖广左布政使。

第六代兄弟3人:洪学子闵及申,中崇祯元年榜,历官礼部郎中;宗德子闵肃,崇祯十六年榜,历官福州府推官;晋德子闵度(如霖玄孙),崇祯十年榜,入清官至提学道。

闵氏总计六代12进士,一门四尚书,至于其他以举人、生员、恩荫出仕者众多,难以尽举,其门风之盛,举国少见。另外,闵氏不仅仕宦出色,在藏书、刻书等方面,也有突出的贡献。②

沈熺家族的祖上“世为乌程人,自八世祖讳德者,由洪城迁马要”③,以“孝弟力田世其家”,至沈端、沈熺兄弟,才以科第发身,成为鼎族。④ 沈端正德己卯科举人,未任官;沈熺中嘉靖五年进士,官至知府。端两子,皆中进士:长子沈节甫,嘉靖三十八年进士,官至工部左侍郎;第五子沈之噫,万历十一年进士,历官员外郎。第三代进士为沈节甫之子,节甫三子,长淙,次淮,次演,其中淮、演兄弟同登万历二十年榜,且同官至大僚:沈淮,三甲第一名,选庶吉士,天启时官至少保兼太子太保、户部尚书、武英殿大学士;沈演,二甲第十四名,官至南京刑部尚书。第四代进士为节甫之孙、淙子沈荣,万历四十一

① (明)袁炜:《闵公如霖行状》,《献征录》卷三六,第1497页。
② 参何槐昌:《明代湖州闵凌套印本》,《图书馆研究与工作》2006年第1期;赵红娟:《晚明望族的编刊活动、编刊者身份心态及其人员聘雇——以湖州闵、凌、茅、臧四大望族为中心》,《古典文献研究》2018年第1期。
③ (明)雷礼:《镡墟堂摘稿》卷一五《贡士沈两川墓表》。
④ (明)朱国祯:《涌幢小品》卷一七《沈镜宇先生》,明天启二年刻本。

年进士,官至右佥都御史、巡抚宣大。马要沈氏延续四代 6 位进士,官至内阁大学士、尚书、侍郎、巡抚者各 1 人,其高官的比例惊人。

直系三代进士:董份－董道醇－董嗣成、嗣昭。

4.德清县

三代:胡友信(3 人)。

二代:沈珫、金明时、章嘉祯(2 人)。

一代:沈松(2 人)。

德清县 5 个进士家族,仕途均不显赫,且均出现于正德之后。

5.孝丰县

明代孝丰县一共考取 5 名进士,其中 4 人出自吴麟家族。吴氏"其先自淮海扈宋南渡,居孝丰。明兴,先生六世诸祖并显,其一历通政司参政,其一守莱州"①。据县志记载,官至通政司参政者为吴侃,官至知府者为吴俊,皆由贡生发身。② 传至吴麟、吴龙,兄弟同登嘉靖五年二甲进士,吴麟官至山东提学副使,吴龙官至福建参政。吴麟子吴维岳、维京也兄弟登科,维岳登嘉靖十七年榜,官至贵州巡抚;维京中嘉靖四十一年榜,历官建宁府推官。

(六)台州府

台州府进士家族 27 个,临海县 15 个,黄岩县 5 个,天台县 3 个,太平县 2 个,仙居县 1 个,宁海县 1 个。

1.临海县

四代(1):项匡(4 人)。

三代(3):王朝卿(8 人)陈员韬、蔡潮(3 人)。

二代(9):秦文(5 人),金贲亨(4 人),侯臣(3 人),叶恩、郭纮、王度、王偁、陈锡、何宠(2 人)。

一代(2):冯银、董韬(2 人)。

临海王氏家族,以科甲发身的第一人是王稳,宣德七年壬子科举人,官至汀州府知

---

① (明)汪道昆:《太函集》卷四一《明故中宪大夫都察院右佥都御史霁寰先生吴公行状》,明万历刻本。

② 见同治《长兴县志》卷六《选举志·五贡》,另进士表载吴侃中吴伯宗榜,当误,该榜并无吴侃,或为洪武初年举人。

府。① 其子孙分为两支,一支在临海,一支在江西新建。子允寿选为宁王府仪宾,入江西新建县籍。允寿子朝卿以新建籍中弘治九年进士,官至知州,无子,以侄谏承嗣。② 谏子王湜、王淑兄弟同登嘉靖三十八年进士,宦途不显。王稳玄孙王宗沐(逸卿孙、训子,与王湜、王淑为兄弟辈)一支在临海,③成绩更为显著。宗沐中嘉靖二十三年进士,由凤阳巡抚官至刑部左侍郎。宗沐三子中进士:士崧万历十一年进士,历官员外郎;王士琦与兄同榜,官至巡抚大同;王士昌(新建吴桂芳赘婿,入新建籍)万历十四年进士,官至福建巡抚。侄(宗果子)王士性万历五年进士,历河南巡抚,终官南京鸿胪寺卿。王氏家族三代8人中进士,其中王宗沐父子4人登第,宗沐与士琦、士昌、士性皆历官巡抚,门庭显耀。

秦氏家族前代不显,至弘治、嘉靖年间,两代兄弟登榜,有中解元、状元者,有官至尚书者,成为簪缨世家。第一代3人,均为秦彦彬子:弘治六年榜秦文,解元,官至河南参政;弘治十二年榜秦礼,官至福建佥事;正德十二年榜秦武,官至刑部员外郎。④ 第二代兄弟2人,均为秦礼之子:嘉靖十一年榜秦鸣夏,选庶吉士;嘉靖二十三年状元秦鸣雷(过继给伯父秦文),官至南京礼部尚书。秦礼一支最为兴盛,除3位进士外,子孙还有4位举人:长子秦鸣春嘉靖七年举人,鸣夏子秦懋德嘉靖三十四年举人,鸣雷子懋绳嘉靖四十年举人,懋约万历四年举人。

金氏家族也是一门父子四人登进士,临海县特别为其建立"父子四进士坊",原址在县庠西。

2.黄岩县

四代(1):徐新(4人)。

三代(2):王弼、黄彦俊(3人)。

二代(2):谢省、蔡余庆(2人)。

其中直系三代进士:黄彦俊-黄孔昭-黄俌。

3.天台县

其中范理家族为三代进士,共4人登科,范理以《诗经》中浙江解元,会试第三名,官至南京吏部左侍郎。二代进士有夏埙(3人)、鲁穆(2人)两家。夏埙官至四川巡抚。

---

① 康熙《临海县志》卷五《选举上·举人·明·宣德七年壬子科》。
② (明)李贤:《明一统志》卷四九《江西布政司·南昌府·列女》,《四库全书》本。
③ 民国《临海县志》卷一九《人物·名臣》载王宗沐为王稳曾孙,误。
④ (明)张凤翼:《资善大夫南京礼部尚书秦公鸣雷行状》,《献征录》卷三六,第1506页。

4．太平县

二代进士戴豪家族 3 人，一代进士林鹗（官至侍郎）家族 3 人。

5．仙居县

仙居应氏家族三代共 6 进士。其祖上似为富家，应匡以岁贡任教谕，娶同县王存忠（成化二十三年进士）女，生大猷兄弟，"存忠以进士授御史，外迁镇江知府，时大猷年十四，特携之往，朝夕自督课"，得其《春秋》真传，二十一岁即中举，后于正德九年成进士，历四川、云南、山东等几任巡抚，终官至刑部尚书。大猷弟应大桂中嘉靖五年进士，官至湖广按察司副使。第二代大猷子兄弟 2 人：嘉靖三十五年榜应存性（官至知府），嘉靖三十八年榜应存卓（官至太常寺卿）。第三代 2 人，均为大猷孙：万历十七年榜应朝卿（存素子，籍临海，官至按察使），万历二十三年榜存卓子应汝化（历官员外郎）。"其乡荐及贡历曹郎守令者又数人，冠裳济美，甲于一郡。"①

6．宁海县

石允常家族三代 3 人，石简官至右副都御史、巡抚云南。

（七）金华府

金华府共有进士家族 21 家：兰溪县 7 家，金华县 5 家，永康县 3 家，东阳县 2 家，浦江县 2 家，义乌县 2 家。其中以东阳卢、赵最为著名。

1．兰溪县

均为二代进士：徐用光（3 人），章懋、唐龙、郑锜、姜璁、赵年、陆震（2 人）。

兰溪章氏在明代有多位进士，能够归入进士家族的仅章懋、章拯叔侄二人。章懋祖先自福建浦城迁至浙江淳安渡渎滩，称渡渎章氏，宋避方腊之乱，徙兰溪纯孝乡，"仍名渡渎章家"②。"族代有令人，国初起人才不就，为叔良甫，公祖也"③，表明章氏至明初在当地也是有名望的家族。章懋成化二年中会元，选庶吉士，官至南京礼部尚书，为一代名儒，学者称其为枫山先生。其侄章拯，弘治十五年进士，由巡抚官至工部尚书。此外，正德十二年榜章侨、万历十一年榜章尚学，当为其同宗，但非五服之内。

唐龙父子登科，声名显赫。唐氏"世家兰溪之篁屿"，在元代有中进士者，明初也有荐举入仕者，属于世宦之族。唐龙祖父良哲，国子生，历官思州府推官。① 唐龙少时拜章懋为师，"得其渊源"②，正德三年中进士，历凤阳巡抚、三边总制，官至太子太保、吏部尚书。唐龙子汝楫，嘉靖二十九年状元，官至谕德，后以严嵩党革职。隆庆二年榜唐邦佐之父名汝献，当与汝楫为同辈，不过二者在《登科录》家状中并无交集，故不计入。

其他家族中，赵年曾孙赵志皋为隆庆二年探花，官至极品（少傅兼太子太傅、吏部尚书、建极殿大学士）；徐用光家学相传，子徐学聚中万历十一年进士，官至福建巡抚，学问渊博，著有《国朝汇典》，至其子原性好收藏，"所收古书画、尊彝金石遗文甚众"，"储书之多，与胡应麟等"，后因失火被焚，其家遂毁。③

2. 金华县

三代（2）：潘璋、冯洙（3 人）。

二代（3）：陈相、梁淮、戚昂（2 人）。

潘璋家族祖上较为显贵，"世为金华著姓"④。潘璋曾祖在洪武年间被荐举入朝，不过未实际任官，父洪历官按察司佥事。潘璋于成化八年中进士，官至陕西提学副使。璋子潘希曾中弘治十五年进士，选庶吉士，官至兵部左侍郎。希曾长子潘徽中嘉靖八年进士，官至福建按察使。潘璋一门直系三代登进士。

冯洙家族世居金华县蓉峰之麓，"最为其邑著族"⑤。冯洙祖父冯杰以岁贡入仕，官至广东按察使；父旸官彭泽知县。属于世宦。冯洙中正德九年进士，历官知州。洙子冯熊登嘉靖二十三年榜，官至广州知府。熊从侄冯亮中嘉靖十一年进士，官至四川按察使。也算一门三代进士。

3. 永康县

永康有 3 个进士家族，徐沂家族为三代 3 进士，程钶、周九皋家族为二代 2 进士。

徐沂家族在元代入居永康，传五代为徐沂，中弘治六年进士，官至广东左参议。从侄徐讚少年丧父，在徐沂和舅程钶的教育帮助下成才，登弘治十八年进士，由巡抚官至工部右侍郎。讚从孙徐师张，中万历二年进士，历官知县。程钶子程文德，中嘉靖八年榜眼，历官祭酒、吏部侍郎，学问渊博，是一代名儒。程文德之妻潘粹，是金华潘希曾之

---

① （明）杨廉：《杨文恪公文集》卷六一《赠文林郎河南道监察御史唐公墓表》。

② （明）严嵩：《钤山堂集》卷三五《光禄大夫太子太保吏部尚书赠少保谥文襄唐公神道碑》。

③ （清）王崇炳：《金华征献略》卷一二《文学传三·徐学聚》。

④ （明）程文德：《程文恭公遗稿》卷一九《嘉议大夫福建按察使壶南潘公墓志铭》。

⑤ （明）陆可教：《陆学士遗稿》卷一二《明故四川按察使贞斋冯公暨配钱孺人墓志铭》，明万历刻本。

独女。这些家族之间,通过婚姻相互联系在一起。

4.东阳县

东阳县两个进士家族,一为卢睿家族,五代 5 进士;一为赵祖元家族,四代 7 进士。

东阳卢氏为大族。"宋之南渡也,有进士实者为吴县主簿,因自台郡徙东阳。七传而为宋郡马大振。"①不过此条记载可能存在脱文,卢实后裔在东阳还迁徙过一次,"实四传曰员父,徙邑之雅溪,是为雅溪始迁之祖。雅溪七传为宋郡马公大振"②,据县志所载,卢大振为一都人,是魏王府郡马。其兄弟卢大成同为魏王府郡马,景炎元年(1276)起义兵反元,"昆弟殒者数十人"③,可见其家族人丁之众。大振三传至卢睿(父原定,族谱名天保,四子:华、睿、员圭、章),④登永乐十九年进士,官至右副都御史、巡抚宁夏。卢睿三子均中举人,"而卢氏之衣冠文物,骎骎东邑岱宗矣"⑤。员圭(《登科录》作珪)孙卢格,成化十七年中进士,历官御史。格兄楷,中解元。章曾孙卢焜,正德三年进士,历官参议。格从曾孙卢仲佃(楷曾孙),嘉靖三十五年进士,官至云南、广西布政使。仲佃子卢洪春万历五年进士,官至礼部主事,议礼廷杖。另有同宗卢孝达(焜族侄),嘉靖十四年进士,官至副使;卢洪珪万历四十一年进士,官至福建布政使。

雅溪卢氏从永乐至万历,前后六代 7 位进士(能够计入进士家族为五代 5 人),其余举人生员出身者甚众,成为东阳的望族。卢氏家族在明代建有一座规模宏大的卢宅,一直保留至今,成为全国重点文物保护单位。

东阳赵氏为宋宗室后裔,在东阳属于大家族,其子孙在明代以科甲发身者不少。第一代进士为正德十六年榜赵叶。第二代为赵叶侄,兄弟 3 人,2 人同榜:赵祖元嘉靖二年榜,赵祖朝、赵祖鹏同中嘉靖三十二年榜。第三代为祖元从侄赵贤意,中万历二十三年榜。第四代为贤意从侄 2 人:赵明钦万历三十八年进士,赵明锋中崇祯四年进士。共计四代 7 人,不过其科考成绩与官阶都不够显赫,但是其人数众多,连绵不断,足以支撑其作为世家大族的地位。

5.浦江县、义乌县

这两县统计出 4 个进士家族,其中值得称道的是义乌花溪虞守随家族,三代 4 进

① (明)许弘纲:《群玉山房文集》卷四《明故刑部员外郎禹南卢公偕配赵宜人合葬墓志铭》,清康熙百城楼刻本。
② (明)文徵明:《甫田集》卷三五《明故湖广右参议致仕进阶中顺大夫东阳卢公墓碑》,《四库全书》本。
③ 道光《东阳县志》卷一四《人物志·前宦·宋》。
④ 见国家图书馆藏民国《雅溪卢氏家乘》所载世系。
⑤ (明)许弘纲:《群玉山房文集》卷四《明故刑部员外郎禹南卢公偕配赵宜人合葬墓志铭》。

士。第一代为堂兄弟 2 人:正德九年榜虞守随,历官御史;嘉靖二年榜虞守愚,历巡抚,官至南京刑部右侍郎。守愚孙虞德烨中隆庆五年榜进士,官至参政。德烨孙虞国镇中崇祯元年榜,历官翰林检讨。虞氏一家是当时闻名的藏书家,筑楼藏书,积至万卷,后散佚。①

(八)严州府

严州府共有进士家族 13 个,主要集中在淳安县(9 个):吴倬(四代 4 人),徐鉴(三代 4 人),洪玙(三代 3 人),王宾(二代 4 人),方天雨、何礼、商辂(二代 2 人),项文曜、吴福(一代 2 人)。建德县(2 个):郎庆(三代 3 人),俞稷(一代 2 人)。桐庐县(2 个):姚龙(二代 3 人),俞荩(二代 2 人)。

吴倬家族在淳安为世族,居云峰,一称云坡、云村,自宋起就科甲相传,据光绪《淳安县志》卷二《坊表》记载,云峰为吴氏进士立有"进士坊""世翰坊""世进士坊"等牌坊,记录自宋至清吴氏进士多达 21 人。其中能计入进士家族的明代进士有 2 家:吴福与吴祚兄弟 2 人,吴倬、吴钦、吴一栻、吴希哲祖孙 4 人。不过其仕途稍显平淡,最高官阶为吴倬,官至按察使。

徐鉴家族在仕宦上更为出色,徐氏自宋宣和年间由龙游迁入淳安,世居蜀阜。② 第一代进士为堂兄弟 2 人:兄徐鉴、弟徐贯。兄弟均入桐庐姚夔(解元、会元)之门,学《春秋》,③由此发身。徐贯先登天顺元年进士,历巡抚,官至太子太保、工部尚书,与老师姚夔同阶。徐鉴中天顺四年榜,官至广东左参议。贯兄徐恒之曾孙徐楚中嘉靖十七年进士,官至四川左参政。楚子徐应簧,中万历十七年榜,官至湖广右参政。

淳安其余家族中,商辂比较特殊。作为明代惟一的三元及第,他仕途顺利,正统十年状元,由翰林入内阁,官至少保、吏部尚书、谨身殿大学士。其子商良臣,万历二年进士,庶吉士,官至翰林院侍读。

桐庐姚夔与姚龙为堂兄弟(祖伯华),同登正统七年榜。姚夔父惟善无功名,且早卒,母申屠氏"极力抚教,三岁口授《孝经》《论语》"④,以《春秋》连登解元、会元,殿试二甲第六名,与三元失之交臂,后官至太子少保、吏部尚书。姚龙父弘,出身国子生,历官

---

① (清)查慎行:《人海记》卷下《藏书之厄》,清光绪正觉楼丛刻本。
② (明)郭正域:《合并黄离草》卷二六《明嘉议大夫四川布政使司左参政吾溪徐公神道碑》,明万历四十年史记事刻本。
③ (明)徐象梅:《两浙名贤录》卷一七《工部尚书徐原一贯》,明天启刻本。
④ (明)商辂:《姚公夔墓志铭》,《献征录》卷二四,第 996 页。

知县。姚龙乡试第十一名,会试第八名,殿试二甲,后官至福建左布政使。夔子姚璧中天顺八年进士,历官郎中。

(九)处州府

处州府共有进士家族 7 家。缙云县 3 家:李棠(六代 9 人),虞瑶、郑文茂(二代 2 人)。丽水县 2 家:金文(二代 3 人)、张敦仁(兄弟 2 人)。景宁县 1 家:李琮(二代 3 人)。松阳县 1 家:詹雨(兄弟 2 人)。

明代缙云县进士 26 人,李棠一家就占了 9 人,可谓是一枝独秀,且其仕宦也有不少突出者。李棠之祖先自"永嘉之独山徙仙居",元时李德大为缙云县美化书院山长,定居缙云县,①以《易经》传家。李棠是德大曾孙,宣德丙午乡试第四名,中宣德五年进士,官至刑部右侍郎。第二代进士为棠弟樯和荣之孙:樯孙李长,中正德六年榜,历官给事中;荣孙李寅,弘治十八年进士,官至广西左布政使。第三代进士为棠、枢曾孙:棠曾孙李玠,以《易经》中乡试第二名,弘治十八年进士,与李寅叔侄同榜,未任官而卒;枢曾孙李瑜,以《易经》中乡试第三名,正德十二年进士,官至知府。第四代进士为李长孙:李键,嘉靖三十五年进士,官至四川右参政;李鋕,万历二年进士,历官巡抚、刑部尚书,终官左都御史,是李氏家族官阶最高者。第五代进士为李长曾孙李正蒙,万历八年进士,历官礼部主事。第六代进士为正蒙从侄李灿然,万历四十七年进士,历官御史,加太仆寺卿,以党争罢官。缙云李氏科举仕宦之盛,与其他进士巨族相比毫不逊色,实为冠冕之族。②

(十)衢州府

衢州府进士家族最少:常山县 2 家,詹莱(二代 4 人),徐同爱(父子 2 人);西安县 1 家,徐可求(父子 2 人)。

常山詹氏有 6 位进士,同宗,居后园。始祖詹渊,元至正十五年任,"筑行乐窝于县南后园地,休致老焉。子孙繁盛,遂为后园詹氏"③。不过在明中前期其族在科举方面无甚成绩,到嘉靖二十六年榜,才有詹莱登科,官至湖广佥事。詹莱子詹在泮,中万历十一年进士,官至广东按察使。万历二年榜詹思谦和万历八年榜詹思虞为同胞兄弟,载入

① (明)柯潜:《竹岩集》卷一五《刑部右侍郎李公神道碑铭》,清雍正十一年柯潮刻本。
② (明)焦竑:《焦氏澹园续集》卷一三《四川布政司右参政铁城李公墓志铭》,明万历三十九年朱汝鳌刻本。
③ 康熙《常山县志》卷七《循良·尉·詹渊》。

《万历十一年进士登科录》詹在泮家状，是在泮从兄。此外，还有万历四十一年榜詹向善、崇祯元年榜詹承祉，均为后园詹氏族人，不过其世辈不详，故未计入。

（十一）温州府

温州府进士家族同为 3 家，均来自乐清县：侯廷训（四代 4 人），章纶（三代 3 人），陈钝（二代 3 人）。

侯廷训家族世居乐清缑山下。明初侯尚震以举人官教谕，子敬以贡生为寿州判官，[①]儒学传家。敬子即侯廷训，中正德十六年进士，官至福建佥事。廷训七子中，只有第四子侯一元中嘉靖十七年进士，官至江西左布政使。侯廷训后来迁居永嘉县，不过侯一元还是以乐清籍中举，至一元子侯傅邦、孙侯应宾，则均以永嘉籍登第，叔侄同榜（万历三十二年），且均官至知府。

章纶家族本姓吴。章氏自五代时由闽徙乐清，世居南阁。至元讳希恩者，官进义郎，无子，以北阁吴开为嗣子。章纶即吴开之后裔。祖上数代均无仕者，章纶幼从黄岩章陬学习，章陬是《书》经名家，乡试第二、会试第二。后来何文渊任温州知府时，章纶被选入府学读书，受到何文渊的青睐，"因留府廨躬教之……政暇，辄召至后堂，亲为讲析义理，教之作文，由是学大进"[②]。章纶于正统四年会试中第三名，殿试二甲第三名，终官南京礼部左侍郎。纶子章玄应两中乡试，第一次冒籍应天府，被弹劾取消，后于浙江再中乡试，官至广东右布政使。玄应孙吴朝凤中举时仍名章朝凤，[③]至嘉靖二十三年中进士时改名吴朝凤，表明其复姓是在中举之后。[④]

赘　语

以上我们对浙江 355 个进士家族的分布情况，及各地比较有影响的大族进行了总体分析。从地理分布的角度看，浙江进士家族在经济比较发达的浙北、浙东密集出现，而在地域更为广阔的浙西、浙南，则寥寥无几。从家庭的角度看，科举大族往往都是当

①　（明）刘康祉：《识匡斋全集》卷一三《侯道华兄墓志铭》，清顺治刻本。

②　（明）何乔新：《椒邱文集》卷一九《南京礼部左侍郎章恭毅公传》，《四库全书》本。

③　雍正《浙江通志》卷一三四《选举十二·明举人》，《四库全书》本。

④　万历《温州府志》卷一一《人物一·皇明》："章朝凤，字鸣仲，乐清人，恭懿公曾孙。举嘉靖甲辰进士，……恭懿公递传四世，以科甲起家，中有赘吴者，袭吴姓，追嗣孙一畿等请于当道，复章姓云。"按，府志所载当误，颠倒两姓的因果。

地比较富裕、人丁兴旺的世家大族。由此可以总结出进士家族形成的基本条件:经济、人力、文化积累。

地域经济发达,一方面可以为当地提供更多更好的教育条件,容纳更多的学子进行培养。任何时代的教育投入,都是当地财政的主要开支。学校的设立,贡院的维护,举子盘缠的资助,等等,都是一笔不菲的开销。教育方面的投入越多,产生的生员、举人、进士就会越多。①

另一方面,在经济发达地区,家庭财富的积累相对会更加容易,家庭中的部分人力就可以解放出来,专心投入读书、科举,或者从事其他文化活动。读书考试,不但意味着家庭劳动力的减少,而且必须意味着额外的投入。富裕之家的子弟,自然不必为生计费神,只要他们愿意,就可以兄弟同时业儒、数代业儒。余姚孙升家族家大业大,其五子中,除季子镶早夭外,其余四子皆中进士,"女镮子吕胤昌亦长于诸孙间"②,与孙如法同登乡榜,后中进士。山阴周礽家族出身富户,兄弟五人全部以读书为业,除周祥早卒外,其余兄弟四人均考中进士。平湖屠勋官至尚书,有子六人,全都读书出身,三人中进士,另外三人为国子生。

如果家境贫寒,则必须有人要做出牺牲,来保障其他更有希望科举成功者。同样是五兄弟,鄞县戴鳌家族中的老二戴鳌主动承担家事,放弃科举,其他四兄弟得以全心读书,分别登第。范润兄弟数人,因上代家境中落,范润弟范湘"嗜学不倦,初锐志进取,居无何,以家务辍业,力田服贾,日渐殷盛",由此范润得以专心科举,中天顺八年进士。范湘子四人,均入仕,其中范禄中正德九年进士,官至知府;槐、杙由举人,椿由吏员,"亦阶于仕"③。孙女二人,分别嫁给进士董鳌子和杨守阯孙。当然,入赘富家也是一个很好的解决办法。比如嘉兴县包鼎"囊无余赀,乃尽赘诸子",使得该进士家族得以延续。

同理,浙北、浙东人口稠密,世家大族人丁繁多,为科举提供了充分的人力资源。吴宣德研究过地区人口与科举之间的关系,"人口规模的大小却可能带来进士数量的变化,其显而易见者就是大规模的人口可以为一个地区提供更多的学生资源,并增强科举的竞争力"④。家族之中同样如此,在同样经济条件之下,更多人参与科举,则延续进士家族的概率就会更高。

家族内部的文化积淀,也是促使其成为进士家族的重要条件。通过上文对进士大

---

① 详见刘明鑫:《明代科举考试费用及其影响研究》,福建师范大学博士学位论文,2018年。

② (明)沈一贯:《喙鸣诗文集·文集》卷一六《南京礼部尚书孙公配杨太夫人墓志铭》,明刻本。

③ (明)李濂:《嵩渚文集》卷九五《明封承德郎刑部主事范公墓志铭》,明嘉靖刻本。

④ 吴宣德:《明代进士地理分布》,第181页。

族家族背景的考证可以看出,绝大多数进士大族为宋南渡家族后裔,前代在科举、仕宦、家业等方面,形成了较为深厚的积淀。五代、六代进士家族,其祖上均有出仕或富甲一方、望族、著家之类的记载,无一为白丁布衣之家。并且,这些家族重视教育,多以一经传家,在科举考试中占据一定的专业优势。国图藏《四明儒林董氏宗谱》卷十五《科名》记载,鄞县董琳家族5位进士、28位举人(含清初)全部传习《易经》,无一例外。处州缙云李棠家族祖孙六代9进士,也传《易经》。也有专治其他几门经学的家庭,如仁和江玭家族五代均习《春秋》,余姚陈焕、胡轩均传《礼记》。世传《诗经》者如东阳赵叶、山阴朱节、慈溪姚堂等。治《书经》有名的如新昌俞氏等。

　　大家族的习经传统,会对当地举子的选择产生较大的影响,由此形成区域性文化特色。比如宁波鄞县陆瑜、杨守陈、董琳等大家族以《易经》相传,以致60%以上的鄞县进士均以《易经》中式。①　不过鄞县《易经》优势的确立,是在成化之后。洪武至永乐期间14位进士中,选《书经》的7人,占到一半,只有1人选《易经》。宣德、正统之间9人,4人选《诗经》,接近一半,《易经》2人。景泰、天顺之间12人,5人选《书经》,4人选《易经》。《易经》是少数派的选择。从成化二年榜开始,《易经》就占多数了,5人中选《易经》者3人。成化五年、成化十七年榜共6人,全习《易经》。成化年间共33人,19人选《易经》,远超半数。

　　大体而言,其他府县经学突出者:嘉兴《书经》,处州《易经》,台州、温州《诗经》,严州《春秋》,杭州《春秋》《诗经》,湖州乌程《春秋》,绍兴山阴《诗经》,萧山来氏、新昌俞氏《书经》,余姚以《礼记》为主,孙燧家族传《易》,也有两人习《礼记》。

　　当然,具体到各县、各家族,情况不一。有的大家族的传经会出现分化或改变,比如会稽陶恃家族传《春秋》,但其弟愫的后代传《易经》;乌程闵珪家族传《春秋》,而闵如霖直系传《诗经》;会稽章敞家族本以《诗经》相传,至第四代章概之后,全部改传《易经》。

　　由此可见,进士家族的形成和地域经济、文化之间,是一种良性互动的关系,相互影响,相互促成。浙江历来人文鼎盛,是其人口、经济与文化传统等各种资源相互适应、匹配得当的综合表现。

---

① 钱茂伟:《一经传家的区域文化性》,《宁波大学学报》(人文科学版)2013年第1期。按,鄞县董氏并非一家,董琳家族为儒林董氏,据国图藏《四明儒林董氏宗谱》,只有五位明代进士;董俊、董汉策父子籍湖广辰州卫,《四明儒林董氏宗谱》未见收入,当非同一家族,且董俊所习为《书》而非《易》。

中国古代文献中的"甲科"概念考论

浙江大学　韦志文

"甲科"见于各类史料记载中,常常与选官制度、个人履历联系在一起,其概念的演变实际上与考试制度特别是科举制的发展密切相关。据笔者所见,"甲科"作为一个词最早出现在汉代史料中,直至清末依然屡见不鲜。"甲科"概念的变化突出反映了制度文化特别是考试制度对"甲科"概念发展的影响。本文试对"甲科"在古代文献中的用例进行分析,厘清"甲科"内涵与制度环境变化的脉络,在此基础上进一步讨论"甲科"概念演进与制度文化的关系,同时为从重要语词、概念出发讨论科举制度,细化科举学研究的面向提供视角。

一、等第最上:考试选官理念的巩固与"甲科"概念的稳定

早在先秦时期就有通过考试方法选才任官的说法。《礼记·射义》有"诸侯岁献,贡士于天子,天子试之于射宫"①的记载。《周礼·地官·乡大夫》有"三年则大比,考其德行道艺,而兴贤者能者……乡老及乡大夫、群吏献贤能之书于王,王再拜受之,登于天府,内史贰之"②的叙述。这类贡举活动虽然散漫而不可细考,但仍然可以知晓在这个过程中一定有着某种考校方法,考试选官理念的出现可上溯至先秦时代。

进至汉代,正是察举制逐渐形成的时代。我们看到"甲科"始大量见于《汉书》,特别在介绍人物出身、背景时,如:

> (召信臣)以明经甲科为郎,出补谷阳长。③

---

① (清)孙希旦撰,沈啸寰、王星贤点校:《礼记集解》卷六〇《射义第四十六》,北京:中华书局,1989 年,第 1440 页。

② (清)孙诒让著,汪少华整理:《周礼正义》卷二一《地官》,北京:中华书局,2015 年,第 1020 页。

③ 《汉书》卷八九《循吏传第五十九·召信臣》,北京:中华书局,1962 年,第 3461 页。

(萧)望之以射策甲科为郎。①

(匡)衡射策甲科,以不应令除为太常掌故,调补平原文学。②

据阎步克的研究,察举制是在西汉文帝到武帝之间逐渐形成的,其主要科目按类型分为:一、"贤良方正直言极谏";二、明经、明法等科;三、秀才、孝廉二科;四、尤异、廉吏二科。③ 前两类为特科,后两类为岁举。《汉书·晁错传》和《汉书·武帝纪》中皆有关于贤良方正科"著之于篇,朕亲览焉"的记载,④说明考试的方法在贡举的过程中已经采用。上引材料中的"甲科"含义,应是指向某种考试("射策""明经")结果之等第。召信臣应明经科,萧、张二人则举孝廉科。我们知道"甲"为天干首字,通常与"乙""丙""丁"等构成一个语义场。据《说文解字》,"科"本义为"程也","从禾从斗。斗者,量也"。⑤在这里其义为品类、等级。汉代史料中还有相关的用例:

平帝时王莽秉政,增元士之子得受业如弟子,勿以为员,岁课甲科四十人为郎中,乙科二十人为太子舍人,丙科四十人补文学掌故云。⑥

丙辰,以太学新成,试明经下第者补弟子,增甲、乙科员各十人。《前书音义》曰:"甲科谓作简策难问,列置案上,(在)〔任〕试者意投射取而答之,谓之射策。上者为甲,次〔者〕为乙。若录政化得失,显而问之,谓之对策也。"⑦

周以钩陈之位,卫以严更之署,总礼官之甲科,群百郡之廉孝⑧……礼官,奉常也,有博士掌试策,考其优劣,为甲乙之科,即《前书》曰"太常以公孙弘为下第"是也。⑨

汉代选官行察举制,地方推荐人才到中央,再通过程序化的考察,合格后授官。中央太学亦有针对太学生之考察,也属于察举的范围。"平帝时王莽秉政"材料可以看到甲、乙、丙科对应的授官不同。按汉代官制,三者中郎中级别最高、前景最远,文学掌故最末。这与前引召信臣等人材料之授官也一致。"增甲、乙科员"材料中所引"《前书》音义"里明确指出"上者为甲,次者为乙",甲乙之分当是成绩等第之分。"总礼官之甲科"材料对《汉书》注释中的"考其优劣"更加明确了甲乙科的区别意义。这三则材料都反映

---

① 《汉书》卷七八《萧望之传第四十八》,第3271页。

② 《汉书》卷八一《匡张孔马传第五十一》,第3331页。

③ 阎步克:《察举制度变迁史稿》,北京:中国人民大学出版社,2008年,第3—4页。

④ 见《汉书》卷四九《爰盎晁错传》,第2290页;《汉书》卷六《武帝纪第六》,第161页。

⑤ (汉)许慎撰,(清)段玉裁注:《说文解字注》,南京:凤凰出版社,2007年,第572页。

⑥ 《汉书》卷八八《儒林传第五十八》,第3596页。

⑦ 《后汉书》卷六《孝顺孝冲孝质帝纪第六》,北京:中华书局,1965年,第260页。

⑧ 《后汉书》卷四〇《班彪列传第三十上》,第1341页。

⑨ 《后汉书》卷四〇《班彪列传第三十上》,第1345页。

出甲、乙、丙科之区别意义。"甲科"在这些材料中的含义应为"考试等第最优的一类",并不是科目的名称。表示等第最优的词汇也不限于"甲科",还有"上第",如《后汉书·献帝纪》:"(初平二年)九月甲午,试儒生四十余人,上第赐位郎中,次太子舍人,下第者罢。"①"上第赐位郎中"与上引"甲科四十人为郎中"含义一致,"甲科""上第"都是表示等第最上。

针对西汉士人入仕的环境,扬雄曾指出:

> 乡使上世之士处乎今,策非甲科,行非孝廉,举非方正,独可抗疏,时道是非,高得待诏,下触闻罢,又安得青紫?②

这里是说倘若使古人身处扬雄那时候,策问不能取得一等的好成绩,言行举止达不到应举"孝廉""方正"科的标准,就没有办法取到高的官位。这里的"甲科"不能理解为科目名,而是指"策试成绩之优异"。而到东汉后期,在以往的考试选官之法影响下,孝廉考试建立起"诸生试家法,文吏课笺奏"③的制度,以文取士,即以标准化的测试来决定官员任用的因素得到进一步的发展。在这样的社会环境下,"甲科"反映"等第最优"这个概念自然也得到沿用和巩固。

进及魏晋南北朝,以维护士族利益为目的的九品官人法确立,取代察举制成为选官的主导之法。但察举制仍然存在,并与九品中正制结合在一起,发挥着相当效力。以文取士的考试理念并不因为逐渐贵族化的选官制度而消失,《抱朴子外篇·审举》就蕴含着深刻的考试观点:

> 丰草不秀塇土,巨鱼不生小水,格言不吐庸人之口,高文不堕顽夫之笔……今孝廉必试经无脱谬,而秀才必对策无失指,则亦不得暗蔽也。良将高第取其胆武,犹复试之以策,况文士乎?假令不能必尽得贤能,要必愈于了不试也。今且令天下诸当在贡举之流者,莫敢不勤学。但此一条,其为长益风教,亦不细矣。④

葛洪认为以语言文字为表现形式的考试即使不能总是选出人才,至少能选到文辞流畅、文化水平较高的人,对社会教化而言作用也已经不小。察举制至魏晋以后无论是贤良方正科还是秀才、孝廉科,都采用了策试。南北朝皆重视策试的方法。

如南朝宋曾制定秀才科的"策格":

> (泰始)三年,都令史骆宰议策秀才考格,五问并得为上,四、三为中,二为下,一

---

① 《后汉书》卷九《孝献帝纪第九》,第 374 页。
② 《汉书》卷八七下《扬雄传第五十七下》,第 3570 页。
③ 《后汉书》卷六一《左周黄列传第五十一》,第 2020 页。
④ (晋)葛洪著,杨明照撰:《抱朴子外篇校笺》卷一五《审举》,北京:中华书局,1991 年,第 407—410 页。

不合与第……诏从宰议。①

又南朝梁重视太学，学子通过策试授官的例子不在少数，兹举数例：

> （萧）孝俨……射策甲科，除秘书郎、太子舍人。②

> 南海王（萧）大临……入国学，明经射策甲科……南郡王（萧）大连……与南海王俱入国学，射策甲科。③

> （王训）补国子生，射策高第，除秘书郎，迁太子舍人、秘书丞。④

可见南朝之策试传统承续不断，材料中"高第""甲科"含义相同，皆为"等第最上"。

北朝秀才科策试五道：

> 神龟中，（邢臧）举秀才，问策五条，考上第，为太学博士。⑤

又《隋书》载：

> 举秀才入邺，于时天保八年也……时遵彦铨衡，深慎选举，秀才擢第，罕有甲科。（李）德林射策五条，考皆为上，授殿中将军。⑥

"罕有甲科"则反映了在某些时期"甲科"之难得，即首等成绩的授予是十分谨慎的。关于北朝"甲科"等词之用例，还有诸如韩显宗"举秀才，对策甲科"⑦、刘桃符"举孝廉，射策甲科"⑧、李孝贞"射策甲科"⑨等记载。再看一则材料：

> 时射策甲第者合奏，曹司难为别奏，抑为乙科。（杜）正藏诉屈，威怒，改为丙第，授纯州行参军。⑩

材料中"甲第""乙科""丙第"的使用说明"科""第"都是等级之义，实际上也反映了甲乙丙科指的是成绩高下，用以区别等第。

可见"甲科"在整个魏晋南北朝时期乃至隋代初年都离不开察举制下的考试背景。考试成绩优异，被列为最高等才能称为"甲科"。既然考试的思路和制度都得到了巩固，这时的"甲科"实际上也是延续两汉察举中的"甲科"之概念。从东汉末到魏晋南北朝，

① 《南齐书》卷三六《列传第十七·谢超宗》，北京：中华书局，1972 年，第 635 页。

② 《梁书》卷二三《列传第十七·萧孝俨》，北京：中华书局，1973 年，第 361 页。

③ 《梁书》卷四四《列传第三十八·太宗十一王·南郡王大连》，第 615 页。

④ 《梁书》卷二一《列传第十五·王训》，第 323 页。

⑤ 《魏书》卷八五《文苑第七十三·邢臧》，北京：中华书局，1974 年，第 1871 页。

⑥ 《隋书》卷四二《列传第七·李德林》，北京：中华书局，1973 年，第 1194 页。

⑦ 《魏书》卷六〇《列传第四十八·韩显宗》，北京：中华书局，1974 年，第 1338 页。

⑧ 《魏书》卷七九《列传第六十七·刘桃符》，第 1757 页。

⑨ 《隋书》卷五七《列传第二十二·李孝贞》，第 1404 页。

⑩ 《北史》卷二六《列传第十四·杜正藏》，北京：中华书局，1974 年，第 962 页。

虽存在着由政治格局贵族化倾向导致的以族取人的曲折,但考试理念总体上仍然得到不断的强化,东汉时期开始强调的以文取人原则在南北朝都得到延续和巩固,考试科目、方式和程序也在几百年间一脉相承、大同小异。这些因素使得"甲科"概念具有强大的稳定性,其内涵始终指向最高等的考试排名。"甲科"作为一个词长久地与"高第""上第"等词一齐用来表示"等第最上"这样一个区别考试成绩高低的意义。

二、进士高第:科举时代"甲科"概念的微妙变化

(一)科举制的初创与"甲科"概念的延续

关于科举制的定义,学界曾作出以下界定:(一)设进士、明经、制科等科目招考;取士权一归中央,由朝廷定专司、专官知贡举;(二)招考向全社会开放,原则上许平民或官员"投牒自举"报考;(三)地方与中央定期、定点举行二级以上考试,命题统一,"以文取士"。据此可判定隋朝已打开了通向科举制的大门,唐朝为科举制度完全确立的时期。① 科举制萌芽于南北朝晚期的察举制,经隋代的过渡,最终创立于唐朝,并在五代时期持续地得到沿用和认可。科举考试中的常科(如唐中后期兴盛的进士科)和制科对前代考试的继承首先使得"甲科"的含义保持稳定。再者,吏部选官考试同样也需要使用"甲科"等词进行等第划分。此时"甲科"的概念仍前文所述,指向最高等的等级排名,其作为一个词语可指示和区别成绩高低。

《新唐书·选举志》载:

> 凡进士,试时务策五道、帖一大经,经、策全通为甲第;策通四、帖过四以上为乙第。②

可见进士科"甲第""乙第"的区别明晰。如颜真卿"举进士,登甲科"③,白居易"始以进士就试……擢升甲科"④,其中的"甲科"皆指示本人成绩优异,考取了进士高第。在唐传奇中亦有相同的用法:

> 生谓娃曰:"可策名试艺矣。"娃曰:"未也,且令精熟,以俟百战。"更一年,曰:

---

① 参见祖慧、龚延明:《科举制定义再商榷》,《历史研究》2003 年第 6 期。

② 《新唐书》卷四四《志第三十四·选举志上》,北京:中华书局,1975 年,第 1162 页。

③ 《旧唐书》卷一二八《列传第七十八·颜真卿》,北京:中华书局,1975 年,第 3589 页。

④ 《旧唐书》卷一六六《白居易传》,第 4340 页。

"可行矣。"于是遂一上登甲科,声振礼闱。①

"策名试艺"指报考进士科。唐代进士科以辞赋取士,故称"试艺"。关于吏部选官考试之分等,有以下记载:

天宝二年,判入等者凡六十四人,分甲、乙、丙三科,以张奭为第一。②

甲、乙、丙科三个等第区分应无异议。再试举科举考试中"甲科"之用例:

上亲策试应制举人于含元殿,谓曰:"古有三道,今减二策。近无甲科,朕将存其上第,务收贤俊,用宁军国。"③

开元中……(崔)圆以钤谋射策甲科,授执戟。④

(贾)𫗧进士擢第,又登制策甲科……⑤

王彦威……举明经甲科……⑥

其中"近无甲科……存其上第"实际上与前文"秀才擢第,罕有甲科"的道理相同,只要是选拔性质的考试,高等成绩的授予应该谨慎。

自唐初创立以来,即便是危急的叛乱时刻科举也照常开科。⑦ 在风云动荡的五代时期,科举考试沿用唐制,"泊梁氏以降,皆奉而行之,纵或小有厘革,亦不出其轨辙"⑧,未有较大变化。值得注意的是,中唐以后进士科地位最为炫目,成为得人最盛之科目。前文关于"甲科"的用例多出于唐代正史中考中进士或制科的人物,而入正史传记的多是官僚士大夫等著名人物,其中有相当一部分是通过进士科考试进入仕途。进士科科场的稳定发展,既为宋代科举考试的变革埋下了伏笔,也为"甲科"概念的变化准备着条件。

(二)科举制的成熟与"甲科"概念的变化

宋元时期是科举制的成熟期,科举程序严密化和考试标准客观化的要求使宋代科举发生了较大的变革。科举制在辽、金、元等政权也渐次得到采用和完善。科举制的蓬

① (唐)陈翰编,李小龙校证:《异闻集校证·李娃传》,北京:中华书局,2019年,第70页。

② 《新唐书》卷一四〇《苗晋卿传》,第4642页。

③ 《旧唐书》卷八《玄宗本纪上》,开元九年夏四月甲戌,第82页。

④ 《旧唐书》卷一八〇《列传第五十八·崔圆》,第3279页。

⑤ 《旧唐书》卷一六九《贾𫗧传》,第4407页。

⑥ 《新唐书》卷一六四《列传第八十九·王彦威》,第5056页。

⑦ 如唐德宗时朱泚之乱,事见《旧唐书》卷二〇〇下《朱泚传》,第5389页,"时有入台省吏人,不过十数辈,郎官六七人,而亦令依常年举选"。

⑧ 《旧五代史》卷一四八《志十·选举志》,北京:中华书局,1976年,第1977页。

勃发展促进了社会阶层的流动,逐渐形成广泛的以科考为重要目标的社会共识和利益导向。从语言角度分析,这些因素共同促进"甲科"词义的变化,增强了"进士科"语素与"甲科"的互动,使"甲科"演变出专指"进士科等第最上"和"(拥有)进士科等第"的含义,为"甲科"概念的进一步发展做好了准备。以下试述之。

需要提及的是,"甲科"区别等第的含义并未退场。如《宋史》中陈若拙"太平兴国五年,进士甲科,解褐将作监丞、通判鄂州"①,张咏"太平兴国五年……登进士乙科,大理评事、知鄂州崇阳县"②,二者甲乙科区分明晰,陈氏本官和差遣都较高。区别等第这个最基本的内涵构成了其概念发展的基础。

宋太祖时期殿试实现了制度化。宋太宗扩大了科举考试的正奏名录取人数,还设立了特奏名制度。殿试使登科人成为"天子门生"而令其中取得"甲科"好成绩的人员地位进一步提升。正奏名录取人数的扩大和特奏名制度的设立让社会中拥有科举考试出身的人员大量增加。前者特别是进士科正奏名人员将是未来官场和社会的中坚力量,而特奏名人员也有着与一般平民不同的社会待遇。

宋神宗接受王安石建议罢置明经、诸科,进士科自此以后几乎独霸天下科场,地位更加重要。随着时间的推移,社会中拥有科考出身并受益其中的人越来越多,自然会形成一股宣传科举文化特别是进士科考试的强大力量。无论是官僚士大夫还是下层平民,都认为获得进士出身的功名是保持自身长远利益和实现阶层流动的最有效途径。北宋李师中认为"古者有命然后为士,故士贵,今人自为士,故士贱"③,"自为士"即需要通过自身努力,取得科举考试的成功,才能获得"士"的地位。南宋赵彦卫回望历史时指出"本朝尚科举,显人魁士,皆出寒畯"④,而宋代历史也正如其言,诸多名臣才士如王禹偁、范仲淹等皆出身寒门。

正是因为进士科地位崇高、得人为盛,当谈到"甲科"时,往往不只是赞颂其人得中高第,而是对其将来前程预设了期待。唐宋以来的史料中常见的"擢进士第、登进士甲科"的用法,也反映了这样的氛围。"擢""登"皆为有提升、拔高之褒义,"甲科"本就为最高等第,"擢""登"与"甲科"连用实际上就表达了对进士科考试和考中进士科人群的褒奖和推崇。宋太宗时期进士科殿试开始分甲,出现了"一甲""二甲""三甲"等甲次的划

①　《宋史》卷二六一《列传第二十·陈若拙》,北京:中华书局,1985 年,第 9040 页。

②　《宋史》卷二九三《列传第五十二·张咏》,第 9800 页。

③　(宋)刘挚撰,裴汝诚、陈晓平点校:《忠肃集》卷一二《右司郎中李公墓志铭》,北京:中华书局,2002 年,第 255 页。

④　(宋)赵彦卫撰,傅根清点校:《云麓漫钞》卷七,北京:中华书局,1996 年,第 116 页。

分，"甲"作为一个共同的语素。笔者认为出现这样划分的原因是进士科相对诸科地位较高，而录取人数事实上也逐渐增多，在待遇上需要明确区分，故而皆尊为甲而细分以一二。宋代进士科甲第曾分二到五等乃至六等，后固定为五甲，那么甲乙科所指称的甲次具体指哪些呢？据曹家齐、陈安迪的研究，在分五甲的情况下，甲科为第一甲，乙科为第二甲，而乙科与丙科的界限不明，丙科通常指末甲第五甲，也有指第四甲的情况。①但并非宋代史料中的"甲科"都是表示进士科一甲，如：

> 盖（柳应辰）以国朝宝元元年吕溱榜登甲科。②

此条材料出自南宋洪迈的《容斋随笔》。柳应辰乃宝元元年（1038）中进士，甲次不明，在洪迈的语境里表述为"登甲科"。将"登甲科"理解为"考中进士科"则更加审慎，即此句意为"柳氏于宝元元年考中进士，该榜以吕溱为状元"。洪迈乃南宋人，此时进士科的首要地位早已确立，谈及科举几乎就是在谈进士科，故而也不需要说明具体的科目名称。相同用例其实已经开始出现在北宋晚期和南渡以后。如大约生活在宋哲宗、徽宗、钦宗时期的何薳所著《春渚纪闻》中"（郭周孚）继于余中榜登甲科"③，两宋之交的邓椿所著《画继》中"颜博文⋯⋯嘉王榜登甲科"④，南宋人李衡圹墓志中"一时登甲科、跻显仕者皆出其门"⑤，反映出"甲科"含义不单指"进士科高第"，更泛化为"进士科"了。

需要注意的是，自唐宋以来，文学作品中偶有"甲科"之用例，值得玩味，如唐代高适《送桂阳孝廉》：

> 桂阳少年西入秦，数经甲科犹白身。⑥

这里的"甲科"在"数经"之后，为名词，结合文义，不能理解为"优异成绩"，理解为"进士科"也不妥，因为唐代科举不止进士一科考试，此"桂阳少年"应什么科目的考试也不得而知。"甲科"应指"科举考试"，诗句大意为：这位来自桂阳的年轻人到长安参加了几次科考都没能获取功名。唐代独孤及《送虞秀才擢第归长沙》：

> 甲科文比玉，归路锦为衣。⑦

---

① 参见曹家齐、陈安迪：《苏轼进士科名次甲第考释——兼说宋朝进士甲乙丙科问题》，《中国史研究》2018年第1期。

② （宋）洪迈撰，孔凡礼点校：《容斋随笔·五笔》卷十《柳应辰押字》，北京：中华书局，2005年，第949页。

③ 程毅中主编，王秀梅等编录：《宋人诗话外编·春渚纪闻》，北京：中华书局，2017年，第383页。

④ （宋）邓椿撰，（元）庄肃补遗，王群栗点校：《画继补遗》卷三，杭州：浙江人民美术出版社，2019年，第238页。

⑤ 姚伟宏主编：《昆山碑刻辑存》，上海：上海书店出版社，2014年，第16页。

⑥ （唐）高适著，刘开扬笺注：《高适诗集编年笺注》，北京：中华书局，1981年，第299页。

⑦ （清）彭定求等编：《全唐诗》卷二四七《送虞秀才擢第归长沙》，北京：中华书局，1960年，第2773页。

这里的"甲科文比玉"可理解为"虞秀才"应进士科时的文章价值很高,似又可理解为其人获得进士功名后,其文章价值很高。又宋代陈著《鹊桥仙》:

命达时终不放。且须寄语甲科人,断不下、一筹中榜。①

此句意在劝勉考生应该顺应时运,正视科考结果,再接再厉。"甲科"含义的丰富,特别是在文学语言中的巧妙运用,无疑表明在唐宋以来新的文化环境下"甲科"概念的调整和扩充。

综上,科举时代开始以后,"甲科"一词进入新的制度和文化环境,在科举社会的背景下生发出积极的语言活力。考试制度的稳步推进和重大变革使得"甲科"概念既得到巩固又出现变化,其中以进士科考试与"甲科"的关联最为显著。进士科考试的繁荣使"进士科"进入到"甲科"的概念之中,为"甲科"概念的更新发出了信号。

三、进士出身:科举制的定型与"甲科"概念的发展

明代在结束元末动乱之后,对选官之法异常重视。明太祖朱元璋经过荐举和科举的反复后,于洪武十七年(1384)颁布了被《明史·选举志》称之为"永制"的"科举程序"②,是为有明一代科举的纲领性文件。明代统治者参酌前代科举发展的成果,将科举考试进一步程序化,确立起高度定型化的科举制度,直至清末废科举为止,五百余年间沿用不休。

明清科举制度之于"甲科"概念的影响首先在于其袭承元代进士殿试三甲的划分,并确立了乡试、会试、殿试的三级考试程序,录取比例低,考试难度高。进士科甲次划分实行数百年后,"甲科"已经能够指代"进士科考试考中"这个事象本身。一方面是因为考试理念深入人心,考试的结果本来就是等第,以等第之名指称考试通过合乎情理;另一方面,进士科的考试难度极高,人在交际时谈论他人考中功名,使用最高等第来指称也是礼节性需要。再者,由前文所述,文学作品与非正式文字记录如笔记小说对"甲科"的灵活使用反映出"进士科"这一事象在"甲科"概念中保持着相当的活力。进士科在长久的发展后成了各种科目中当之无愧的"甲科"即最上等的科目,"进士科"成为"甲科"的题中之义。既然"甲科"能够指称进士科,那么由进士科产生的事象如"进士出身"附着在"甲科"之上也就成为可能。

---

① 唐圭璋编:《全宋词》,北京:中华书局,1965年,第3041页。
② 《明史》卷七〇《志第四十六·选举二》,北京:中华书局,1974年,第1696页。

　　此外,明清对科举的崇尚风气续接两宋,愈演愈烈。明代陈于陛指出"进士一科,尤为世所崇重。士登其目者,未免自顾科名,爱惜行检,不敢为非。是厉行崇化之道,实默寓其间"①,进士群体为世所尊,甚至成为道德举止的榜样。王士性曾说"缙绅家非奕叶科第,富贵难于长守"②,诚然,科举时代的士人及其后代必须不断地考中科名才能使家族的财富和地位长久地延续下去。进士哪怕不任官也拥有很高的社会地位,之于举人的地位也相当悬殊。高拱曾指出在相同的境况,进士因为"众向之,甚至以罪为功",遇到举人则"以功为罪"③。在这样的社会氛围下,"甲科"也逐渐成为进士出身的社会精英们的文化符号。

　　现在看明代史料中"甲科"之用例:

　　　　公初以俊良起家甲科,进司徒大夫,出守彰德,已高位崇职矣。④

　　　　顾可学、盛端明、朱隆禧之属,皆起家甲科,致位通显,乃以秘术干荣,为世戮笑。⑤

　　这里有"起家甲科"的说法。"起家"的含义是"初次入仕""创业",其后常接表官职、头衔、身份等词。"起家甲科"即指以进士的身份进入仕途,"甲科"指的是进士出身。《明史·选举志》载:

　　　　由是浙江、江西、福建、湖广皆用编修、检讨,他省用科部官,而同考亦多用甲科,教职仅取一二而已。⑥

　　此"甲科"指的是进士出身的群体。按明代科举乡试、会试之考官几乎都为进士出身之官员,也只有以进士出身的官员担任考官才能得到举子特别是会试阶段举子的认可。此类用例还有:

　　　　(贾三近)复疏言:"抚按诸臣遇州县长吏,率重甲科而轻乡举。"⑦

　　明代中期以后选官最重进士出身之人,而每年录取的进士实际上只占官员缺额的一部分,明代比前代有更多的入仕选择,如乡试、监生、任子等。但是,进士科的前途最远,重要之职位,包括科举考试之考官,仍然是以进士出身为主,进士出身之人掌握的特

① (明)谈迁著,张宗祥点校:《国榷》卷七,北京:中华书局,1958年,第623页。
② (明)王士性撰,吕景琳点校:《广志绎》卷四《江南诸省》,北京:中华书局,1981年,第70页。
③ (明)高拱著,岳金西、岳天雷编校《高拱全集·掌铨题稿》,郑州:中州古籍出版社,2006年,第215页。
④ (明)孔天胤著,张勇耀等点校:《孔文谷续集》卷三《赠少陂黄公擢守汝州序》,太原:三晋出版社,2018年,第383页。
⑤ 《明史》卷三〇七《列传第一百九十五·佞幸》,第7876页。
⑥ 《明史》卷七〇《志第四十六·选举二》,第1699页。
⑦ 《明史》卷二二七《列传第一百十五·贾三近》,第5961页。

权最多,地位远远高于其他出身人。国家、官员对此现象颇有修正之意愿:

> (万历三年六月)戊寅,命抚、按官,有司贤否一体荐劾,不得偏重甲科。①

> 王允成……万历中举于乡,除获鹿知县。以治行异等,征授南京御史。时甲科势重,乙科多卑下之。允成……欲凌甲科出其上,首疏论辽左失事诸臣,请正刑辟。②

> 王道纯……天启五年进士。授中书舍人。崇祯三年擢御史。疏陈破资格之说,言铨除、举劾、考选,甲乙科太低昂,宜变通,则贤才日广。帝命所司即行,而甲科势重,卒不能返。③

"乙科"指的是通过乡试获举人出身的群体。但由于"甲科势重",即此时从中央到地方进士出身之官员、士绅势力十分强大,结果必然是"卒不能返"。

可以看到,"进士出身"进入到"甲科"的概念内容,在外延上可以指称某人拥有进士出身和进士出身的人群。在取得进士出身的人群中,官员特别是在任官又是掌握政治资源最多、造成社会影响最大的人,进而"甲科"概念又能够包含"进士出身的官员"。

清代科举制度基本上袭承明代,故而"甲科"的概念未发生大的变化。试看几则材料。

《清史稿·曹锡宝传》:

> 曹锡宝,字鸿书,一字剑亭,江南上海人。乾隆初,以举人考授内阁中书,充军机处章京。资深当擢侍读,锡宝辞。大学士傅恒知其欲以甲科进,乃不为请迁。二十二年,成进士,改庶吉士。以母忧归,病疡,数年乃愈。三十一年,散馆,改刑部主事。再迁郎中。授山东粮道。④

曹氏以举人入仕,虽有资格得到上司推荐而擢进,但仍然选择考取进士科开启新仕途。"以甲科进"指"通过进士科的途径仕进"。又《清史稿·觉罗桂芳传》:

> 论曰:承平既久,八旗人士起甲科、列侍从者,亦多以文字被恩眷。⑤

"甲科"指"进士出身"。又如:

> 同考官,初,顺天试京员,推、知并用。各省用甲科属官及邻省甲科推、知,或乡

① 《明史》卷二〇《本纪第二十·神宗一》,第263页。
② 《明史》卷二四六《列传第一百三十四·王允成》,第6381页。
③ 《明史》卷二六四《列传第一百五十二·王道纯》,第6828页。
④ 《清史稿》卷三二二《列传一百九·曹锡宝》,北京:中华书局,1977年,第10795页。
⑤ 《清史稿》卷三五三《列传一百四十·觉罗桂芳》,第11286页。

科教官,房数无定。①

　　方域进曰:"……取赐剑诛一甲科守令之不应征办者……"②
以上材料反映的"甲科"含义没有超出前文所述。

结论:"甲科"概念演变与制度文化的关系

　　综上对"甲科"在史料中的用例分析,可知"甲科"概念具有多层次的意涵。在共时层面,至少包括选官制度、考试制度、考试事件本身以及参与考试的人几大要素;在历时层面,上述诸要素在漫长历史时期的演进中所产生的复杂联系,以及与社会心理和实际语用等因素的相互关联和影响,所有这些方面共同影响着"甲科"概念的演进。

　　在这个过程中,制度文化对"甲科"概念的影响首当其冲。从"甲科"指称"考试等第最上"这个最基础的含义出发,到"进士科"不断深入到"甲科"内涵之中,反映的是选官制度从察举制到科举制的重大变化,突出体现了进士科逐渐占据科举考试制度的主流的历史事实。制度文化的变化和由其引发的社会群体的变化一方面侵蚀着"甲科"原有内涵和外延的空间,同时也强化了"甲科"起区别作用的核心意涵,使得出身、地位等强调人或群体的等级的因素进入到"甲科"概念之中,"甲科"最终成为一种选官制度,即科举制的文化符号。

　　强调制度文化对"甲科"概念的改造,实际上也说明了制度文化自身的活力来源和推动社会观念转变的作用。选官制度是统治阶级自上而下进行的选拔举措,对于平民来说,参与到选官制度所具化的考试制度中则是完成其自下而上飞跃的关键步骤。一项制度若能被长久地施行,除开强制性推行的因素,更重要的是制度施行的有效性和反馈的积极性。有效性解决了制度是否达到目标,积极性决定着制度的生命力,即是否能够形成良性循环。"甲科"概念的延伸和不断被使用意味着考试制度具有蓬勃的生命力,考试的理念逐渐深入人心,这就从根本上维护科举制的运行和发展。从唐初科举制确立到宋代"科举社会"的形成,再到明清科举制的高度定型,其中反映的基本历史逻辑就是如何解决国家选拔人才以实现其运转和社会阶层流动通道的开放这两个密切交错的命题。本文正是试图从"甲科"概念切入,梳理中国古代选官与考试制度的变化和发展。

---

① 《清史稿》卷一〇八《志八十三·选举三》,第 3154 页。
② 《清史稿》卷四八四《列传二百七十一·文苑一》,第 13320 页。

近年来科举史研究不断深化和拓展,呈现出多学科的面向和多视角的切入,各类科举研究专题方兴未艾,对于重要概念和语词的探讨也应随着研究的进展不断更新和精细化,这是科举史研究必不可少的重要内容,也是科举史研究持续焕发生机的重要保证。在处理"甲科"等常见概念和语词时,应当从历史学、语言学等相关学科出发,特别注重从制度史的角度梳理其事象更替和意义演变的逻辑,准确把握其特定意涵,并以此出发来认定历史的事实,描述时代的具体状况。

必须提及的是,"甲科"是一个弹性较大的概念,在不同的历史时期,由于制度文化的差异,"甲科"所对应的人和事都是不同的。在含义的不断累层下,讨论"甲科"需要结合具体的制度文化环境和语言环境进行。

政治与人物

从《景定建康志》来看南宋陪都建康府的战略地位与城市结构：兼论长江为南宋的国防生命线[*]

中正大学　杨宇勋

一、前言

学界对于南宋建康府的研究，譬如梁天锡《南宋建康军府之形成与发展》，以讨论知建康府事兼职官衔为宏旨，并做些统计表，属于静态的官制研究，而未探讨建康府本身的议题。[①]王德毅《建康府在宋元时代的地位》，从国防军事的重镇、经营四方的根本、财赋转输的要地、文化教育的中心四方面进行讨论，[②]该文前三点与本文第二节的名称虽然相近，但内容少有重复之处。胡邦波《景定〈建康志〉和至正〈金陵新志〉中的地图初探》，以地图来考察建康府城市空间，议题颇具启发性；[③]袁琳《建康府府治研究》，专论建康府治的空间与布局，亦颇为深入，[④]二文值得学界参佐。笔者的博士论文于"养民"部分，曾经以南宋建康府贡院为例，论述南宋官方建筑物的空间布局、阶级意识与文化

---

[*]　本稿原宣读于"都会空间、文化、与历史研究——新问题与新方法学术研讨会"，中正大学，2017 年 11 月 10 日。会议之中，王明荪、汪荣祖教授提供许多宝贵意见，并据此加以修改，特此申谢。

①　梁天锡：《南宋建康军府之形成与发展》，《国际宋史研讨会论文集》，台北：中国文化大学，1988 年，第 53—90 页。

②　王德毅：《建康府在宋元时代的地位》，《编译馆馆刊》第 18 卷第 2 期，1989 年，第 87—99 页；转刊于《宋史研究集》第三十四辑，台北：兰台出版社，2004 年，第 305—335 页。

③　胡邦波：《景定〈建康志〉和至正〈金陵新志〉中的地图初探》，《自然科学史研究》1988 年第 1 期，第 24—37 页。

④　袁琳：《宋代城市形态和官署建筑制度研究》，第六章《个案研究：建康府府治研究》，北京：中国建筑工业出版社，2013 年，第 109—135 页。

意义,认为贡院是士大夫科举考试下的阶级意识产物,对于建康府的城市空间作了初步的探讨。① 为了避免与前面诸文重复,本文欲从战略地位与城市空间结构等两方面来探索南宋建康府,详论于下。

《景定建康志》成书于宋理宗景定二年(1261),由马光祖筹划、周应合编纂,为现存最早的南京地方志。该书的体例对后世方志影响颇大,其中的"表"与"图"颇为突出,"表"成为记事的主体之一,而非将正文重新排列组合;"图"可谓精确而细致,成为该书的特色之一。该书在现存宋元地方志中可称上乘之作,学术成就主要表现在四方面:一是包含丰富而珍贵的史料,二是考辨与考证具有很高的学术价值,三是提供文献校勘的价值,四是提倡儒家道德与气节。②

二、战略地位与后勤补给

《景定建康志》的《武卫志》开头便破题说:"今之建康,内屏畿甸,外控淮壖,实长江之要会。"接着回顾宋室南迁的历史,"中兴以来,任重臣,建大阃,用名将,宿重兵于此,上接荆鄂,下联海道,守卫至重,安危所关"③。建炎三年(1129)五月,宋高宗将江宁府改称建康府,④此后曾经作为驻跸之所,兹讨论于下。

宋高宗初立,建炎元年(1127)五月至七月,群臣纷上驻跸的建言,据吕中《大事记》的整理,其中以三种主张最为重要:"李纲请营南阳,宗泽请幸京城,汪(伯彦)、黄(潜善)请幸东南,三者不同。"⑤最后,高宗采纳汪、黄的建议,巡幸扬州。当然,扬州也非宋高宗的最后立都之处,而是以杭州(临安府)为行在,建康府则设有行宫。⑥ 表 1 为宋高宗朝群臣对驻跸建康府的看法:

① 杨宇勋:《取民与养民:南宋的财政收支与官民互动》,台北:台湾师范大学历史研究所,2003 年,第 384—397 页。

② 将王晓波的点校说明加以浓缩,地图部分是笔者注入的意见,周应合:《景定建康志·前言》,成都:四川大学出版社,2007 年,第 1—12 页。

③ 《景定建康志》卷三八《武卫志》一,第 1645 页。

④ 《景定建康志》卷一五《疆域志》一,第 732 页。

⑤ (宋)李心传著,胡坤点校:《建炎以来系年要录》(以下简称《要录》)卷七,建炎元年七月癸丑夹注,北京:中华书局,2013 年,第 214 页。

⑥ 粟品孝等:《南宋军事史》,上海:上海古籍出版社,2009 年,其中何玉红撰写第六章《南宋的军事战略与战术》,讨论南宋建都之争与战略决策,第 330—336 页。

表 1　宋高宗朝群臣进言驻跸建康府的战略优势一览

时间	人物	发言内容	出处
建炎元年七月	卫肤敏	建康实古帝都,外连江淮,内控湖海,鱼山带海,为东南要会之地。	《要录》7/214;《景定建康志》14/589、38/1647
同上	刘珏	金陵天险,前据大江,可以固守,东南久安,财力富盛,足以待敌。	《要录》7/214;《景定建康志》14/589、38/1647
建炎三年二月	张邵	非保东南无以为陛下之资,非据建康无以镇东南之势。钱塘僻在海隅,其地狭,恐虏人闻之,谓我弃江淮而退。	《要录》21/532
建炎四年四月	汪藻	建康为东南咽喉,国之门户也,天下转输,朝廷号令,未有不由此而通者。	《三朝北盟会编》138/6①;《景定建康志》35/1549
绍兴元年十月	廖刚	臣前所献幸闽之说,姑备一时之急尔。国家艰难亦已云极,今乃图新之时,故经营建康,殆不可缓。且东南建国,无异金陵。	《要录》48/1008
绍兴五年三月	李纲	莫若权宜且于建康驻跸,控引二浙,襟带江湖,漕运财谷,无不便利。使淮南有藩篱形势之固,然后建康可都。	《要录》87/1677;《景定建康志》38/1647
同上	王绹	盖保淮甸,然后可以驻跸建康,经理中原。……驻跸之地,未有过于建康者。	《要录》87/1681
绍兴六年六月	张浚	东南形势莫重于建康,实为中兴根本,且使人主居此,则北望中原,常怀愤惕,不敢自暇自逸。	《要录》102/1929;《景定建康志》14/612、38/1647
绍兴八年正月	张守	建康自六朝为帝王都,江流险阔,气象雄伟,且据要会以经理中原,依险阻以捍御强敌,可为别都,以图恢复。	《要录》118/2191、《三朝北盟会编》183/1－2;《景定建康志》14/618
绍兴三十二年正月	金安节	建康江山险固,从昔以为帝王之都,盖以南控楚、越,西连巴蜀,北接中原,最为形胜,实东南之要会也。	《要录》196/3855
同上	吴芾	建康可以控带襄、汉,经理淮甸,若还临安,则西北之势不能相接。	《要录》196/3856;《景定建康志》14/637－638

归纳诸人发言,大致有六种论述:战略要地(南控北扼)、形势险要、经理中原之志、六朝故都、漕运交通便利、经济富庶。

上引部分臣僚的主张并非一以贯之,而是随着军政情势或个人判断而转变,譬如李纲、张浚等人。建炎元年(1127)六月,李纲原先主张三都之说,以长安为西都,形势最胜,南都襄阳、东都杭州次之(见表2)。到了绍兴五年(1135)三月,他转变立场,改主张以建康为驻跸行在。至于张浚,建炎三年(1129)五月左右,他曾向高宗提出移跸武昌

① （宋）徐梦莘:《三朝北盟会编》卷一三八,上海:上海古籍出版社,1987 年,许涵度本,第 6 页。

（鄂州）的建议,右仆射吕颐浩赞同所言,然最终未能实现。① 绍兴六年（1136）六月,他改变看法,主张立都建康。

表 2　宋高宗朝群臣进言驻跸建康府为选项一览

时间	人物	发言内容	出处
建炎元年六月	李纲	天下形势,关中为上,襄邓次之,建康又次之。……宜以长安为西都,襄阳为南都,建康为东都,……三都成而天下之势安矣	《要录》6/163;《景定建康志》14/589
绍兴二年十月	刘嵘	然天下之势,莫强乎关中,今则力未能至。按南渡之迹,莫过乎建康,今则事理不可。……欲强进取之资而无形势之失,惟荆襄为胜	《三朝北盟会编》152/9

关于南宋立都临安的原因,刘子健认为:"一面有海上的退路,一面有长江下游和太湖区域的富庶,还有一面是浙东山区的屏障,它的确具备最优越的条件。"②何忠礼强调临安附近江河湖泊交错,不利于金兵骑兵驰骋,可增加高宗的安全感,还有富庶的经济与美丽的西湖景色。③ 何玉红的看法类似,除了经济繁荣、交通便利之外,并可给最高统治者增加安全感。④

补充说明,建炎三年（1129）七月,高宗升杭州为临安府,似有长期驻跸于此地的念头。⑤ 绍兴七年（1137）三月,宋高宗因辅相张浚建请,巡幸建康府（见表 3）。到了十一月,以完颜昌为核心的金廷废黜刘豫,刘齐政权结束,紧接着释放囚禁多年的宋使王伦,向宋廷抛出谈和的橄榄枝。约略同时,十二月,宋廷"时已议定回跸"临安,尽管群臣对于回跸仍有意见,绍兴八年（1138）二月,高宗回到临安,从此不再巡幸建康。⑥ 隔月,高宗下诏:"比者巡幸建康,抚绥淮甸,既已申固边圉,将率六军是制,复还临安,内修政事,缮治甲兵,以安基业,非厌霜露之苦,而图宫室之安也。"⑦此条诏文并未明言高宗回跸临安的真正意图,推测其原因,或许这是向金廷表达议和之意,宋高宗驻跸之所不选择

---

① 《要录》卷二三,建炎三年五月戊寅,第 559 页;同书卷二七,建炎三年闰八月丁丑,第 613 页。

② 刘子健:《背海立国与半壁江山的长期稳定》,《两宋史研究汇编》,台北:联经出版事业公司,1987 年,第 25 页。

③ 何忠礼:《南宋政治史》,上海:上海古籍出版社,2008 年,第 33—34 页。

④ 何玉红:《第六章南宋的军事战略与战术》,粟品孝等《南宋军事史》,第 335—336 页。

⑤ （元）脱脱等:《宋史》卷二五《高宗纪》二,台北:鼎文书局,1983 年,新点校本,第 467 页。

⑥ 以上论述分见,《要录》卷一一七,绍兴七年十一月丙午、十二月癸未,第 2173、2185 页;同书卷一一八,绍兴八年二月戊寅,第 2200 页。

⑦ 《三朝北盟会编》卷一八三,绍兴八年三月二日,第 2 页。

靠近前线的建康府,而是后方的临安府,也是向金国表达和谈的意愿。以下整理宋高宗驻跸建康府的时间,粗成下表:

表 3　宋高宗巡幸建康府情况①

时间	原因	出处
建炎三年五月八日至闰八月廿六日	高宗仓皇渡江,金人退兵,杭州苗刘兵变,决定躬亲视师。	《要录》卷 23—27
绍兴七年三月九日至八年二月七日	张浚建请移跸建康。	《要录》卷 109—118
绍兴三十二年正月五日至二月六日	金人退兵,躬亲视师,绍兴卅一年十二月十日自临安出发。	《要录》卷 195—196

从表 3 可知,宋高宗共有三次驻跸建康府,第一次有四个月十九天,第二次最长,共计十个月廿八天,第三次最短,仅有一个月二天,三次共计一年四月十九天。建康府驻跸时间仅次于临安府,略多于扬州一年三月五天(建炎元年十月廿七日至三年二月一日),更多于应天府(南京)、明州、温州等地。

以第一次巡幸建康府而言,建炎三年(1129)三月元日,宋高宗下诏巡幸江宁府,以经营中原。② 苗刘兵变之后,五月八日,高宗将江宁府改名建康府,并移跸于该府的神霄宫。③ 高宗亲下御笔说:

> 建康之地,古称名都,既前代创业之方,又仁祖兴王之国。朕本由代邸光膺宝图,载惟藩屏之名,实符建启之兆。盖天人之允属,况形胜之具存,兴邦正议于宏规,继体不失于旧物,其令父老再睹汉官之仪,亦冀士夫无作楚囚之泣。江宁府可改为建康,其节镇之号如故。④

神霄宫即是保宁禅寺,宋徽宗政和七年(1117),下敕改为神霄宫,宋高宗建炎元年恢复旧名。⑤ 高宗此次驻跸建康府,在保宁禅寺住了四个月十九天,绍兴三年(1133),将原先的建康府治改建为驻跸之所,即是日后的行宫。

经济社会上,建康府为江南东路的首善城市,人口众多,经济繁荣。在政治上,绍兴

———————

① 傅春官:《金陵历代建置表》,台北:世界书局,2003 年,《丛书集成》初编本,第 43—44 页,曾经整理宋高宗三次巡幸建康府。

② 《要录》卷二一,建炎三年三月己卯,第 479 页。

③ 《宋史》卷二五《高宗纪》二,建炎三年五月乙酉,第 465 页。

④ 《三朝北盟会编》卷一二九,建炎三年五月九日,第 1 页;《要录》卷二三,建炎三年五月乙酉,第 561 页。

⑤ 《景定建康志》卷四六《祠祀志》三,第 1904 页。

八年（1138）二月，宋高宗欲驻跸临安府，原先巡幸的建康府取得"行宫"地位，今谓之陪都。① 日后，高宗虽驻跸于临安府，但为了表示不忘光复中原之志，仍以开封府为京师，临安府仅称"行在"。建康府则因战略位置，直到宋末，一直保留行宫的名义，以备皇帝巡幸长江之用。

　　然而，建康府果真是南宋立都的最佳地点吗？为何宋高宗未选择建康府为行在，反而选择苗刘兵变发生地点的临安为行在呢？史家早已论之，如刘子健提到海上避金的成功经验，可以提供高宗避难路线。遇紧急之时，还可渡过钱塘江，多一道天然防线，多一层安全保障。② 本文认为，建康府虽有龙蟠虎踞之形势，毕竟濒临长江，淮河防线一旦失守，敌兵逼近，顿时成为国防前线。试想，高宗有建炎三年（1129）两次金兵渡江的经验，多少体会长江天险不可恃。以建炎三年底为例，金兵于十一月十八日自马家渡过江，廿七日便攻陷建康，仅耗费十天。不可讳言，担任统领大局的江淮宣抚使杜充临阵脱逃是关键所在，御前前军统制王亦遵、沿江都制置使陈邦光等人开门投降，使得都统制陈淬、上元县丞赵奎之战死，杨邦乂不降被杀。③ 显见建康府的防御形势有其局限性，并非铜墙铁壁，仍有脆弱的一面。

　　从长江军事布防与后勤补给来观察，我们不妨先分析总领所的角色。南宋初年的军事钱粮供应随着宋金战争的变化而调整，逐步形成责任区制，演变为日后的总领所制度。高宗绍兴十一年（1141），诏令设置淮东、淮西、湖广总领所，绍兴十五年（1145）设立四川总领所。④ 建康府逐渐成为四大边防区的淮西总领所驻扎地，负责淮西防线的后勤补给工作，以总领的财政权来钳制淮西阃帅的军事权。总领财赋一职为高宗收兵权政策的一环，目的是分权制衡军事权，将阃帅兵权与总领财政管理二分，以财制兵，延续

① 《要录》卷八一，绍兴四年十月丁丑，第 1523—1524 页，"参知政事孟庾为行宫留守，从权措置百司事务"，当时孟庾在临安府节制。同书卷一一八，绍兴八年二月庚申，第 2196 页，"少保·镇南军节度使·判临安府·兼行宫留守吕颐浩为少傅·镇南定江军节度使·充江南东路安抚制置大使·判建康府·兼行宫留守"，可见建康府取得行宫地位。

② 刘子健：《背海立国与半壁山河的长期稳定》，《两宋史研究汇编》，第 24 页。

③ 《要录》卷二九，建炎三年十一月壬戌至辛未，第 672—678 页。

④ （宋）李心传撰，徐规点校：《建炎以来朝野杂记》甲集卷一一《总领诸路财赋》，北京：中华书局，2000 年，第 226 页。

北宋祖宗家法的地方分权制衡之精神。①

　　我们再从总领所的设置地点来观察，除了四川之外，担负军粮运补的总领所多设于长江沿岸，"凡镇江诸军钱粮，隶淮东总领，治镇江。建康、池州诸军钱粮，隶淮西总领，治建康。鄂州、荆南、江州诸军钱粮，隶湖广总领，治鄂州"②。四个总领治所，从长江下游到上游，依序为：镇江府→建康府→鄂州→利州。黄纯艳提到："南宋的财政仍然是以军事供给为重心的……各路赋税直接输纳总领所……供给各路大军，提高了财政的运行效率。"③他继续写道：南宋的政治经济格局发生了变化，"以行在三衙，以及四川、荆湖、淮西、淮东四屯这五大军事区为基础，形成了由户部和四总领所构成的新的财政供给体制"④。淮东、淮西、湖广三个总领所驻地均位于长江两岸，而四川总领所驻地在利州，系长江支流嘉陵江的上游，爰是之故，南宋政权的军事运补线与生命线确实是以长江为核心。

　　关于长江生命线的论点，南宋虽有江防与淮防的争议，但实际上，和平时期的防线多半以江防为主，我们从御前大军驻扎地即可知晓。其中，淮东、淮西、京湖的大军俱在长江沿岸，显然南宋的军事生命线确实是长江一线。到了绍兴三十年（1160），杨存中建议新设荆南府、江州两位都统制，以完备长江防线军事系统。他说：

　　　　诸重地，如四川、鄂渚、池阳、建康、京口皆已宿兵严守，独荆南历代用武之地，今为重镇，而九江上流要害之地，缓急不相应援，请各置都统制，以广屯备。⑤

　　朝廷同意之。鄂渚即是鄂州，池阳是池州，京口为镇江，荆南府为江陵府，均为长江沿岸。故《建炎以来朝野杂记》云："今兴元、江陵、建康、镇江府，兴、金、鄂、江、池州及平江、许浦水军，皆除都统制，恩数略视三衙，权任在帅臣之右焉。"⑥有七位都统制位于长江沿岸，从长江下游到上游，七位都统制驻扎地：平江府→镇江府→建康府→池州→江州→鄂州→江陵府，以此控扼北方。

---

①　部分说法来自山内正博：《南宋总领所设置に关する一考察》，《史学杂志》第 64 卷第 12 期，1955 年，第 81—83 页；内河久平：《南宋总领所考——南宋政权と地方武将との势力关系をめぐって》，《史潮》第 78—79 期，1962 年，第 1—26 页；雷家圣：《聚敛与谋国——南宋总领所研究》，台北：万卷楼图书公司，2013 年，第 17—43 页，是书认为秦桧借着总领来铲除异己，但这仅是一时，总领所之所以长期设置，主要还是基于监控边帅与分权制衡的考量。
②　《建炎以来朝野杂记》甲集卷一一《总领诸路财赋》，第 226 页。
③　黄纯艳：《宋代财政史》，昆明：云南大学出版社，2013 年，第 204 页。
④　黄纯艳：《宋代财政史》，第 169 页。
⑤　《要录》卷一八五，绍兴三十年五月辛巳，第 3577 页。
⑥　《建炎以来朝野杂记》甲集卷十一《诸军都统制》，第 229 页。

宋宁宗晚期，蒙古崛兴，进而攻打金国。另一方面，反金义军风起云涌，于是权相史弥远采取静观其变的"谨守边备"政策，[①]并将防御战略从江防调整成淮防为主。[②] 譬如吴潜于端平元年（1234）所言：

> 屯江者尽以屯淮，而江上更募市人以为防江之兵……而腹心之地，但加以副使之虚名，又不能择要地而聚，大兵不过千人，或三百，或五百，蜂屯蚁列，皆不成军，欲使沿淮、沿汉千里之地，尺寸而守得乎？[③]

当时宋理宗已亲政，不久便发动三京之役，师溃惨败，大军屯驻两淮风险过高，又改回以江防为主。由此可知，江防或淮防之变化，实与时局变化息息相关，并非一概而论。

南宋晚年，淮东制置司驻扎扬州，山东反金义军纷起，为了控制局面，移司于楚州；淮西制置司多设于庐州，曾移至镇江府、濠州；京湖制置司多设于江陵府，曾经移设于襄阳府、鄂州与夔州。[④] 在北方战事进行时，为了方便指挥与调度，指挥驻所往往北移到淮河南岸；和平时期或遭遇战火激烈之时，为了便于后勤补给工作，大军多半退回长江驻防。[⑤]

另外，晚宋刘整攻陷襄阳之后，沿着汉水直通长江，顺江而下，逼取临安。高宗朝早有人清楚意识到南宋这一战略劣势，鄂州诸军都统制吴拱分析说：

> 荆南为吴、蜀之门户，襄阳为荆州之藩篱，屏翰上流，号为重地。若弃之不守，是自撤其藩篱也。况襄阳依山阻江，沃壤千里，设若侵犯，据山以为巢穴，如人扼其咽喉。[⑥]

襄阳一旦失守，从汉水便可直抵长江，顺江而下，江南危殆。成也萧何，败也萧何，即是说，长江是南宋的生命线，倘若不能坚守，一旦敌军突破，立刻威胁帝国的安全。南宋的国防战略，鄂州控扼着汉水的襄樊，为进入长江的枢纽所在；建康府则控扼长江下游，为行在临安府的咽喉所在。以上，我们能够充分了解长江沿线确实为南宋政权的生命线。

---

① 拙著：《南宋史弥远为相的北方政策：从谨守边备到联蒙灭金》，《中国中古史研究》第 16 期，台北：兰台出版社，2016 年，第 135—159 页。

② 黄宽重：《晚宋朝臣对国是的争议——理宗时代的和战、边防与流民》，台北：台湾大学文学院，1978 年，第 87—90 页。

③ 吴潜：《许国公奏议》卷一《应诏上封事条陈国家大体治道要务凡九事》，新北：艺文印书馆，《十万卷楼丛书》本，1968 年，第 34 页。

④ 黄宽重：《晚宋朝臣对国是的争议——理宗时代的和战、边防与流民》，第 90—91 页。

⑤ 江防与淮防之争论，可参考黄宽重：《晚宋朝臣对国是的争议——理宗时代的和战、边防与流民》，第 83—91 页；何玉红：《第六章南宋的军事战略与战术》，粟品孝等《南宋军事史》，第 337—343 页。

⑥ 《要录》卷一九二，绍兴三十一年九月乙未，第 3738 页。

三、空间分布与城市结构

《景定建康志》卷五《地图志》保留十九幅地图，为分析建康府城市结构的珍贵材料。据学者研究，十九幅图具有比例尺的观念，拥有一定的准确度。[①] 该书卷十五及十六《疆域志》、卷十八至十九《山川志》、卷二十及二十三《城阙志》、卷二十四至二十七《官守志》，也是分析建康府城市空间的好材料。

十九幅图之中，《龙盘虎踞图》、《历代城郭互见之图》上下、《上元县图》、《江宁县之图》、《句容县之图》、《溧水县图》、《溧阳县图》、《青溪图》、《重建社坛之图》等十图，与本文宏旨的关系不大，略而不论。而《重建贡院之图》方于本人博士论文讨论过，兹不再赘述。以下仅就《沿江大阃所部图》上下、《府城之图》、《宋建康行宫之图》、《制司四幕官厅图》、《府廨之图》、《府学之图》、《明道书院之图》等八幅地图作为本节的分析材料，详论如下。

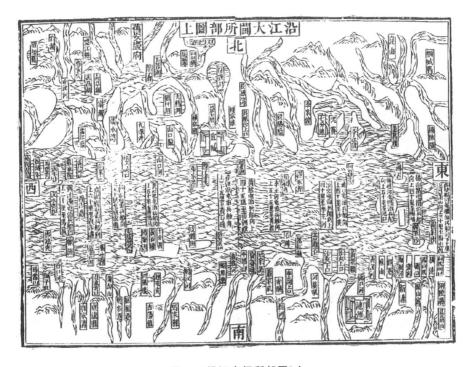

图 1 《沿江大阃所部图》上

---

① 胡邦波：《景定〈建康志〉和至正〈金陵新志〉中的地图初探》，《自然科学史研究》1988 年第 1 期，第 24—25 页。

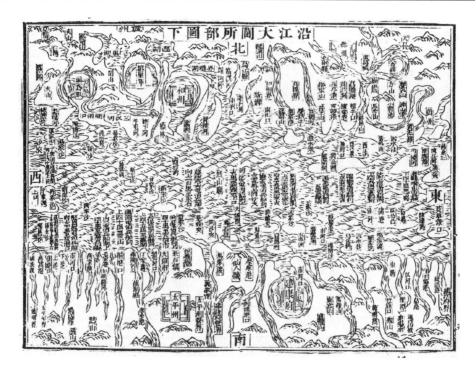

图 2　《沿江大闸所部图》下

　　二图(图 1、图 2)引自《景定建康志》卷五《地理图》,页 90—91。

　　首先讨论《沿江大闸所部图》上下二图。此为南宋末年所绘制的地图,颇为详细,城池、市镇、河口、渡口、沙洲、山丘、庙宇、湖泊,一应俱全。其中最特殊的,竟有标示港口之间的航距,接近现代的比例尺地图。图 2 之中,长江南岸中的建康府地界(从镇江府界至太平州界),从右至左的地名依序为:炭渚港、下蜀港、下鼻港、青岳、汉河口、龙潭、东阳市、东沟、竹筱口、观山、韩桥窝、马鞍山、乐宫山、卢龙山、市河口、建康府、蔡家港、倒流港口、仙人矶、马家渡等二十处。对照《景定建康志》卷十六《疆域志》二的记载,津渡部分有马家渡;卷十七《山川志》一,山阜部分则有卢龙、马鞍山;卷十九《山川志》三,河港部分则有下蜀港、竹筱港,①其余付之阙如。

　　谭其骧《中国历史地图集第六册·宋辽金时期》所绘制的宋宁宗嘉定元年(1208)《两浙西路两浙东路江南东路》,比之《景定建康志》,所涉建康府的地名较少,依序为:下蜀镇、华山、东阳镇、蒋山、上元县、江宁县、建康府、牛头山、大城堰、板桥、江宁镇、马家

---

　　①　分见《景定建康志》卷一六《疆域志》二,第 794 页;同书卷一七《山川志》一,第 813—814 页;同书卷一九《山川志》三,第 887 页。

渡、慈湖寨、东采石等十四处。① 其中两书均有绘制的地点仅有：下蜀港（镇）、东阳市（镇）、建康府、马家渡等四处，差异不小，显示谭其骧的地图集似未详细参考《沿江大阃所部图》。

《沿江大阃所部图》二图所见长江南北两岸的防御城池，从上游至下游依序为：宜城（北岸）、池州（南岸）、无为军（北岸）、镇巢军（北岸）、和州（北岸）、太平州（南岸）、建康府（南岸）等七座城池，其中以建康府的规模最为雄伟，更凸显建康府在沿江的地位。

宋高宗绍兴年间，吴表臣曾说："大江之南，上自荆、鄂，下至常、润，其要紧处不过七渡，下流最紧者二：建康之宣化、镇江之瓜洲是也。"时人有论及江防者说：

> 采石渡在太平州界下，马家渡在建康府界上，宣化渡在府界之下。采石江阔而险，马家渡江狭而平，相去六十里，皆与和州对岸。昔金人入寇，直犯马家渡，杜充以万众不能捍，亦尝分兵犯采石，太平州以乡兵等御之，遂退。虽杜充处置有未尽善，亦形势使然，则马家渡比采石尤为要害。②

证诸宋代历史，宋太祖开宝八年（975）正月，曹彬南征南唐从太平州采石渡渡江。③ 建炎三年（1129）二月，宋高宗自扬州紧急逃避金兵，由瓜洲渡渡江。④ 同年十一月，金兀术进攻采石渡，宋军败之，转进马家渡渡江。⑤ 绍兴三十一年（1161）十一月，金正隆帝侵宋，欲从采石渡渡江，但并未成功，后转至瓜洲渡，被部属弑杀身亡。⑥ 由此来看，长江下游渡江的地点主要集中于采石渡、马家渡及瓜洲渡（上游至下游）三处，马家渡位于建康府境内，采石渡则在附近的太平州。所以建康府既要控扼容易横渡的马家渡，同时也要协防采石渡，显示其战略地位之重要，相对而言，也更具危险性，一旦敌兵顺利渡江，反而无险可守。

建康府城墙的形制及范围，大致承袭杨吴、南唐的旧址。宋高宗建炎四年（1130），金兵渡江，"烧建康，应官舍民居、寺观神祠无不荡尽"⑦。建康府遭此浩劫，大致仍以原先的城市结构逐渐恢复旧观。从绍兴五年（1135）至三十二年（1162），建康城墙先后整修过四次。

宋高宗将原先的临安府治扩建为皇城，建康府的行宫亦复如此，将府治改建为行

---

① 谭其骧：《中国历史地图集第六册·宋辽金时期》，北京：中国地图出版社，1982 年第 59—60 页。
② 《景定建康志》卷三八《武卫志》一，第 1656 页；亦见同书卷一六《疆域志》二，第 792 页。
③ 李焘：《续资治通鉴长编》卷一六，开宝八年正月庚寅，北京：中华书局，2004 年，新点校本，第 334 页。
④ 《要录》卷二十，建炎三年二月壬子，第 454 页。
⑤ 《要录》卷二九，建炎三年十一月庚戌、壬戌，第 670、672 页；同处第 675 页云采石，误矣。
⑥ 《要录》卷一九四，绍兴三十一年十一月丁丑至乙未，第 3789—3811 页。
⑦ 《景定建康志》卷四四《祠祀志》一，第 1849 页。

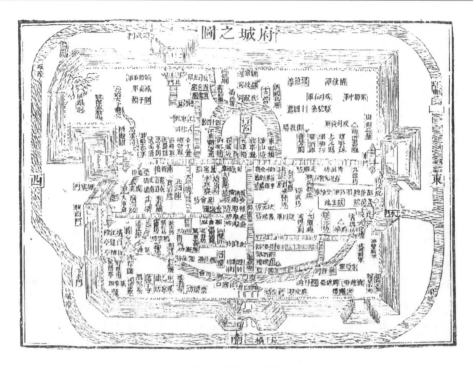

图 3　《府城之图》

宫。图 3 显示，建康府城是两重城，仅有外城及行宫皇城，而未加盖一层城垣；此与北宋京师汴京的三重城不同，汴京城从外而内，分别为外城（又称新城）、内城（又称旧城、里城）、皇城（又称宫城）。这应是宋高宗并未决心立都建康，加上战乱破坏之故，从简而克难，仅用少数经费整修维护。据《景定建康志》记载，外城墙周长二十五里四十四步（约14,020 米），城墙顶部有女墙和雉堞。至于外城的宽度及高度，上宽二丈五尺（约 7.75米），下宽三丈五尺（约 10.885 米）；高二丈五尺。城墙之外、城壕之里，筑有宽四丈一尺（约 12.75 米）的羊马墙。[①]

据《景定建康志》记载，建康府的外城城门共有八座，辅之以图 3《府城之图》，依逆时针方向，依次为元午门（北门）、东门、上水门、南门、下水门、龙光门（图 3 误作龙西门）、栅寨门、西门。[②] 秦淮河贯穿城内南方，故有两座水门，东边为上水门，西边为下水门。[③]城门的分布不平衡，北面、南面各有一座，东面两座，西面最多，竟有四座。东南西北的

---

① 《景定建康志》卷二〇《城阙志》一，第 948—949 页。

② 《景定建康志》卷二〇《城阙志》一，第 958 页。

③ 《景定建康志》卷二〇《城阙志》一，第 958 页。《城阙志》一作龙光门，卷五《地理图》之《府城之图》作龙西门，应指同一城门，第 92 页。

正门都有瓮墙结构，内部还有四合城墙，避免敌军直接攻入城内，或是瓮中捉鳖，以利宋军防卫。根据考古发现，北宋汴京的外城是夯土结构，①南宋建康城承袭南唐京城而来，材质是否为夯土结构？仍待考证。

从《府城之图》看到建康府的城市空间结构，呈现北宫南市的格局，北面以行宫为核心，坐北朝南。行宫的东、北、西三面大多是军营，以戍卫行宫的安全。行在临安府的空间结构则与行宫建康府恰好相反，其承袭吴越故都旧址，采取南宫北市的结构。②

《府城之图》所绘制的地名或建筑大多数属于官方衙署，但我们仍可看出南面是官民混杂区。官署方面，绍兴三年(1133)，将原先的府治改建为行宫，而将原先的转运司扩大规模为联合官署，"以转运衙改为府治，在行宫之东南隅，秦淮水之北。凡留守、知府事、制置使、安抚使、宣抚使、兵马都督皆治于此"③。这点在《府城之图》看得很清楚，图的东边有制司金厅、帅司金厅、建康府金厅，主持民政及军政。图之西边有总领所、江东转运司，主持财计，另有公使酒库、大军库、北酒库、实济院、广济仓、大军仓等库房。④科举及学校场域集中于东南面，如锁试院、贡院、府学、状元坊、国子监，今日南京夫子庙附近仍保留若干遗风。

庶民的居住区与商业区，宋代称为坊及街，主要集中于城市南方的秦淮河南北两岸，北岸尤多。《府城之图》共有三十七坊，行宫之下的东西横贯轴线，即东门到栅寨门一线，有九曲坊、尊贤坊、青溪坊、细柳坊、武胜坊、钟山坊、石城坊。行宫之南与秦淮河之北，东边的坊有东锦绣坊、状元坊(有两处，一在御街左，一在府学南)、嘉瑞坊、长乐坊、招贤坊、经武坊、宾兴坊。其西有西锦绣坊、安乐坊、嘉会坊、报恩坊、金泉坊、舜泽坊、金陵坊、建业坊、长春坊、东市坊、西市坊、鹭洲坊、凤台坊、宽征坊、钦化坊、清化坊、佳丽坊、广济坊、朝宗坊。秦淮河之南，由东至西，有武定坊、崇胜坊、保宁坊。⑤ 这是《府城之图》所示，对照正文卷十六《疆域志》二所记载的三十六坊，图与文的三十六坊一致，但图却多了宾兴坊，位于府学东侧。⑥

我们再来看城内的桥梁。位于《府城之图》的上方，有东虹桥、天津桥、西虹桥、武卫桥、广富桥、狮子桥；御街右侧有武定桥、长干桥；御街左侧有镇淮桥、景定桥、太平桥、鼎

① 刘春迎：《北宋东京城研究》，北京：科学出版社，2004 年，第 128 页。

② (宋)潜说友：《咸淳临安志》卷一《行在所录·京城图》，北京：中华书局，1990 年，《宋元方志丛刊》本，第 6 页。

③ 《景定建康志》卷二四《官守志》一，第 1125 页。

④ 《景定建康志》卷五《地理图》，第 92 页。

⑤ 《景定建康志》卷五《地理图》，第 92 页。

⑥ 《景定建康志》卷一六《疆域志》二，第 767—776 页。

新桥、崇道桥、乾道北桥、乾道南桥、斗门桥、饮虹桥。① 对照卷十六《疆域志》二,除了上述十七座桥之外,却未能画上日华桥、月华桥、武胜桥、青溪七桥、运渎六桥、南渡桥、张侯桥、赤兰桥、长乐桥、回龙桥、白下桥。②

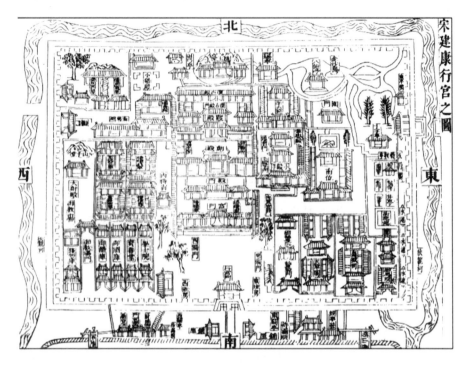

图 4 《宋建康行宫之图》

据《景定建康志》记载:

> 圣宋开宝八年十一月二十七日,江南平,以李煜故府为升州治……绍兴三年,以府治建为行宫。③

北宋初年,将南唐宫城改为升州治所,到了绍兴三年(1133),又将原先的府治改建为行宫,其后,陆续在行宫内营造四十座左右的殿堂馆阁。从《宋建康行宫之图》(图 4)所显示行宫的格局来看,中轴线是一连串的宫门宫殿,自南而北,依序为行宫门、门宫、殿门、朝殿、寝殿、复古殿门、复古殿、丽水堂,以朝殿为中心。在公私的空间规划上,呈现南朝北寝的格局,直接唤作"朝殿""寝殿"二殿。下方两侧为重臣办公室与库房,东边的官署有皇城司、天章阁、待漏院等建筑物;西边的官署有学士院、待漏院,教育的资善

---

① 《景定建康志》卷五《地理图》,第 92 页。
② 《景定建康志》卷一六《疆域志》二,第 754—756 页。
③ 《景定建康志》卷二四《官守志》一,第 1124—1125 页。

堂，库房如御酒库、御醋库、钱物库，还有军事训练的御教场门、御教场及大射殿。天津桥对外连系御街，直到南门。由于皇城是由原来的府治改建，因此规模不大，城门仅设置行宫门（南边）、东门两座。

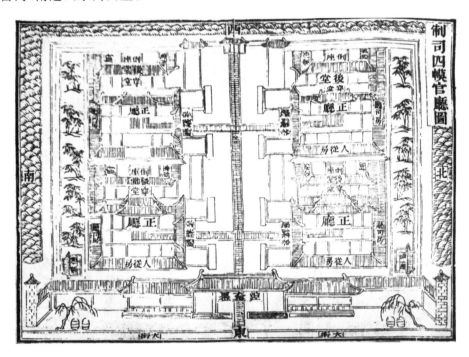

图5 《制司四幕官厅图》

《制司四幕官厅图》(图5)的空间结构并不复杂，一座四组几乎相同的办公厅，南北对称，四厅相望。制司幕僚联合办公，遇有公事讨论之时，便在参谋厅面会商议。官厅由东向西，依序为：正厅（北有厅司房，南有人从房）、穿堂、后堂、倒座（北有厨屋，南有浴堂），此官厅是典型的前公后私的官舍格局，前面是公厅，后面是私居。

府治是建康府的联合的办公衙门，聚集了跨路级、路级、府级等机关，如《官守志》一云："凡留守、知府事、制置使、安抚使、宣抚使、兵马都督皆治于此。"[①]行宫留守多由知府兼任，淮西、沿江、江淮制置使常因人或事而授官不同，江东安抚使亦常兼任前述官职，一并于此地办公。至于宣抚使、兵马都督则为非常置的官职。

《府廨之图》(图6)之中，有字迹不清，或正文未有记载者，兹略而勿论。从府廨正门直走，由南到北依次为：府门、鼓角楼、仪门、提振房、戒石铭亭、设厅、清心堂、忠实不欺

____

① 《景定建康志》卷二四《官守志》一，第1125页。

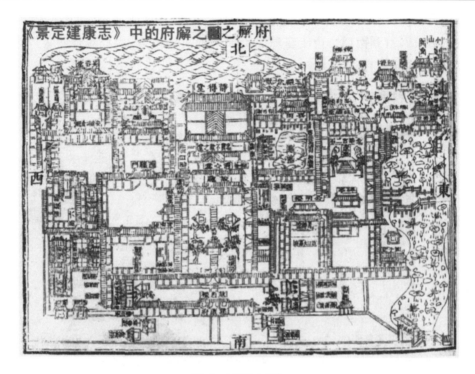

图 6 《府廨之图》

之堂（东有云端斋，西有日思斋）、静得堂。① 其中，宋朝郡治内多有戒石铭碑，石上刻着官箴二十一字："御制戒石铭：尔俸尔禄，民膏民脂，下民易虐，上天难欺。"②据《要录》记载，宋高宗绍兴二年六月癸巳，"颁黄庭坚所书《太宗御制戒石铭》于郡县，命长吏刻之庭石，置之座右，以为晨夕之戒"③。其次，"忠实不欺之堂"的堂名乃皇帝宸翰所赐，至于哪位皇帝所赐？据《景定建康志》的陆齮记文说，宝祐三年（1255）冬，马光祖曾以御书六字示之，说是"伊上之赐"，即指当时的皇帝宋理宗。④

左厢内侧，有拨发房、宣诏亭、教头房、制领房、承局房、沿江大幕府、筹胜堂、制司吏舍、公明楼（西有制司吏舍、书奏房）、莲池（又名芙蓉池，东客位、茶酒司、鞍辔库，西芙蓉秋水）、喜雨轩、有竹轩、玉麟堂、默堂、竹亭。

左厢外侧，有司户厅、察推厅、签判厅、通判东厅、碑亭、木犀台、金华宫二石、水乡堂、锦绣堂、忠勤楼、杏花村、种春亭（桃李蹊亭）、雪香亭（梅亭）、嫁梅亭（海棠亭）、看窗

① 以《府廨之图》为主，亦参考《景定建康志》卷二四《官守志》一，第 1124—1125 页。
② 张希清：《官箴与〈戒石铭〉》，《宋史研究论文集》，上海：上海人民出版社，2008 年，第 178—207 页。
③ 《要录》卷五五，绍兴二年六月癸巳，第 1126 页。
④ 《景定建康志》卷二四《官守志》一，第 1125—1126 页。

所、默林、棠荫。其中的锦绣堂、忠勤楼，《景定建康志》云："堂名、楼名，皆宸翰所赐。"据当时的知府吴渊所撰记文推知，亦是宋理宗所御书。[①]　左厢府圃方面，有君子堂、镇青堂、钟山楼、清溪道院、小山亭（木犀亭）、晚香亭（菊亭）、锦堆亭（牡丹亭）、驻春亭（芍药亭）、真爱亭（金鱼池亭）、筋咏亭（曲水池亭）。

右厢内侧，有拨发房、颁春亭、建康府都厅（府都金厅，东有后事房、圣节库、茶酒司、排军房、虞候局）、西厅门、西厅。右厢外侧，审详司（东有节推厅、通判厅，西有左院、右院）、六局（西有都钱库）、安抚司金厅（西有三圣庙、西花园）、芙蓉堂。

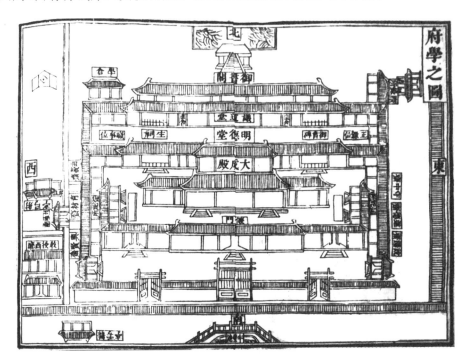

图7　《府学之图》

从《府学之图》（图7）看，建康府学从大门进入，依次有：仪门、大成殿、明德堂、议道堂，最后是御书阁。宋朝各官衙均相当重视宋朝历代皇帝的宸翰，并为之兴建阁楼加以供奉瞻仰，建康府学便设置御书阁与御书碑两处。左侧，有从祀所、说礼斋、进德斋、守中斋、御书碑、正禄位、誊录所。西侧方面，下方有舞雩亭，西有从祀所、由义斋、育材斋、兴贤斋，继续往北走，有生祠、直舍、职事位、学仓。西外侧，有教授西厅、土地庙、射弓亭。

[①]　《景定建康志》卷二四《官守志》一，第1128—1129页。

值得注意的是,首先,府学兼有孔子庙的从祀格局,从祀为东西厢对仗,今日孔庙亦承袭旧习。其次,建康府学将讲学与住宿合一,"堂"为讲学场所,"斋"为住宿场所。其三,府学虽以培育士子为宗旨,但仍设有射弓亭,或许培养文武合一之士,或许提供武举士子弓射训练之用。

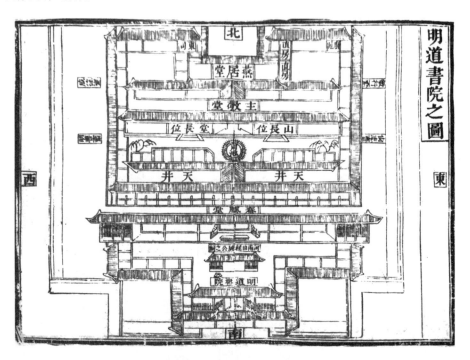

图8 《明道书院之图》

从《明道书院之图》(图8)看,初从明道书院大门进入,即有河南伯程纯公之祠,首先要对程颢心存敬意,开宗明义揭示明道书院的论学精神。接着看到春风堂、天井、月池、山长位、堂长位、主敬堂、燕居堂(东有直房两间、厨屋,西有东司)。左厢有尚志斋、敏志斋,西厢有明善斋、成德斋。显然,明道书院仿照官廨的空间结构,呈现前公后私的格局,与府学一致,均有提供学子住宿的需求。

四、结语

宋高宗绍兴和议之后,宋金两国的边界大致固定下来,二十年两国未有战争(1142—1161)。本文认为,南宋的军事及经济生命线实为长江一线,形成淮东、淮西、京湖、川陕四大边防区,以及四大总领所的后勤补给区域。从总领所的设置可知长江对军事后勤补给体系的重要性,因此长江既是南宋的经济及运输线,也是国防及生命补给线。建康府本身位居龙蟠虎踞之形势,正处于长江下游之咽喉,控扼淮甸,护卫近畿。

然而,高宗为何没有选择建康府而选择临安府作为行在呢? 据学者推测:建康府濒临长江,淮河防线一旦失守,顿时沦为国防前线,安全堪虞;相对的,临安府有淮河、长江两道防线,紧急时还可渡过钱塘江,走海运或陆运避难南方,这点增加了宋高宗的安全感。还有,临安位处江南经济富庶区域,物资丰富,人口众多。本文补充一点,绍兴八年(1138)二月,宋高宗从建康回到临安,从此不再巡行建康,最后选择立都临安。为何如此呢? 绍兴七年(1137)十一月,以完颜昌为核心的金廷废黜刘豫政权,紧接释放因禁多年的宋使王伦,向宋廷抛出和平的橄榄枝。紧接着十二月,宋廷"议定回跸"临安,尽管群臣仍有反对意见,高宗仍坚持不改。目的就是,不去驻跸与淮甸稍近的建康,而选择后方的临安,也向金廷抛出议和的信号。

我们可从《景定建康志》中的《沿江大阃所部图》上下图中御前大军的驻扎地知晓长江布防的大致状况。长江下游采石渡、马家渡及瓜洲渡三大渡口,建康府控扼前二者,战略地位重要,但同时也具有危险性,一旦敌兵顺利渡江,便无险可守。《府城之图》方面,建康府城墙的形制及范围,大致承袭南唐的旧址,仅有两重城墙,外城及皇城,而未加建城垣,这应是宋高宗并未决心立都于此,加上战乱之故,从简克难,仅用少数经费整修维护。

建康府行都的城市结构,呈现北宫南市的格局,北面以行宫为核心,坐北朝南。《宋建康行宫之图》显示,北宋初年将南唐宫城改为升州治所,南宋又将原先的府治改建为行宫,因此规模不大,城门仅有行宫门、东门两座。

陆游教育经历考

——兼及两宋士人受教育的若干形式

河北大学　贾芳芳

陆游是中国古代著名爱国诗人,他诗歌成就斐然,为南宋文坛的杰出代表。优秀的文学才华,既有陆游个人的天赋,也得益于所受的教育。宦学相承的山阴陆氏,家族学术渊源深厚,亲朋故交文儒辈出。家塾、乡校等机构与精挑细选的名师,合力培育出才华横溢的陆游。考证陆游的教育经历,不仅可以了解陆游的成才之路,也可探析宋代世家大族培养子孙的方式,深化对两宋基层教育的认知。

关于陆游的教育经历,现有研究或只是简单提及,或是对几个点有深入探讨。[①] 对他的家塾、小学、乡校经历,在陆游诗文记载有限,与研究者对宋代家塾、小学、乡校制度不了解的背景下,言之不详与认知错误并存。概言之,对陆游教育经历的研究,目前处于待深耕阶段。在前贤研究的基础上,[②]本文以史学的研究方式,从宋代的家塾、小学及乡校制度出发,结合山阴陆氏家族的交游,与两宋时的政治、社会背景,对陆游的教育经历进行系统梳理。不当之处,求教于方家。

---

① 如对丹阳先生身份的研究(见孔凡礼先生的《陆游的老师丹阳先生》,《文学遗产》1982 年第 3 期,第 78 页),对随曾幾师从时间及学习的考证与研究(见孔凡礼:《陆游五题——关于陆游生平的若干资料》,《徐州师范大学学报》[哲学社会科学版]1998 年第 2 期,第 103 页;邱鸣皋:《陆游师从曾幾新论》,载《文学遗产》2002 年第 2 期,第 82—89 页)。

② 前人研究的卓越之处,当然也很多。如邹志方《陆游籍贯考略》(载《绍兴师专学报》(社会科学版)1985 年第 2 期,第 18—21 页)一文对陆游籍贯的考证,就给本文的研究提供了重要指引。

一、入家塾

家塾,也称馆塾、家馆或馆,①是宋代中上层家庭或家族教育子孙的重要机构。在陆游的教育经历中,家塾是起始阶段,"我幼入家塾,结发知苦心"②。堂兄陆洸是他在家塾的同学,"某则少公一岁,儿时分梨共枣,稍长,同入家塾"③。

对于陆游入家塾的时间,④史料并无明确记载,但陆洸与他"同入家塾"的记载,却提供了重要线索。建炎四年(1130),陆宰奉祠归乡,"属中原大乱,兵镵南及吴、楚",陆家"谋避之远游,而所在盗贼充斥,莫知所乡"。此时,在东阳惟悟道人的推荐下,陆宰拖家带口投奔东阳(婺州)陈宗誉。⑤ 陆洸之父陆寘则携家人迁居明州鄞县,"初,少师避建炎之乱,益东徙,居明州鄞县之横溪"⑥。少师,指陆寘。此后,陆寘一家一直居住在明州。据此可知,陆游与陆洸同入家塾的时间,当是在建炎避乱前。建炎四年(1130),陆游六岁。那么,陆游入家塾时间是在六岁或之前。根据宋人单岁入学的习惯,⑦以五岁的可能性为最大。

至于家塾的具体位置,与陆氏家族的居住地相关。⑧ "予先世本鲁墟农家,自祥符间去而仕,今且二百年,穷通显晦所不论,竟无一人得归故业者。室庐、桑麻、果树、沟池之属,悉已芜没。族党散徙四方,盖有不知所之者。"⑨陆氏在山阴最早的居住地是鲁

---

① 关于宋代家塾及家塾教育,笔者在《宋代的家塾》(《河北大学学报》(哲学社会科学版)2023 年第 1 期,第 18—25 页)与《宋代的家塾教育》(《浙江大学学报》[人文社会科学版]2023 年第 8 期,第 111—123 页)两文中,有详细考证与论述。

② (宋)陆游撰,钱仲联校注:《剑南诗稿校注》卷四七《予出蜀日尝遣僧则华乞签于射洪陆使君祠使君以老杜诗为签予得遣兴诗五首中第二首其言戒甚至退休暇日因用韵赋五首》,钱仲联、马亚中主编:《陆游全集校注》第 5 册,杭州:浙江教育出版社,2011 年,第 409 页。

③ 《渭南文集校注》卷三五《奉直大夫陆公墓志铭》,《陆游全集校注》第 10 册,第 357 页。

④ 关于陆游入家塾的问题,学界研究简略。在入学时间上,也未有准确考证。郭光、邱鸣皋认为,陆游入家塾的时间,是八九岁从东阳归来后(见郭光:《陆游传》,郑州:中州书画社,1982 年,第 13 页;邱鸣皋《陆游评传》,南京:南京大学出版社,2002 年,第 13 页)。

⑤ 《渭南文集校注》卷三二《陈君墓志铭》,《陆游全集校注》第 10 册,第 309 页。

⑥ 《渭南文集校注》卷三五《奉直大夫陆公墓志铭》,《陆游全集校注》第 10 册,第 357 页。

⑦ "今世男子初入学,多用五岁或七岁,盖俗有'男忌双,女忌只'之说。"(见(宋)赵与时:《宾退录》卷四,傅成校点,上海:上海古籍出版社,2012 年,第 44 页)

⑧ 邹志方在《陆游籍贯考略》一文中,对山阴陆氏家族的居住地变迁做了精细考证(详见《绍兴师专学报》(社会科学版)1985 年第 2 期,第 18—21 页)。

⑨ 《渭南文集校注》卷二三《陈氏老传》,《陆游全集校注》第 10 册,第 54 页。

墟,大中祥符年间,陆轸进士及第后,陆家从鲁墟迁走。陆游诗文中称鲁墟为"先太傅旧宅"①。陆轸后在吼山选址建宅,陆珪时正式迁居吼山。②"初,太傅公(轸)访胜吼山,建宅魏家山之阳,至仁宗庆历二年壬午,太尉公(珪)自鲁墟迁居,以成先志。后世子孙显贵,各建第宅。"③陆珪的儿子陆佃与陆傅,又在绍兴府的东山寿宁寺安宅④。陆佃官至楚国公后,皇家在越州斜桥赐第。⑤ 这样,陆游祖父陆佃的宅院是在绍兴府城里。官职远小于他的儿辈们,之后大概率也居于此。如此,陆洸与陆游兄弟所入的家塾,以绍兴府斜桥族居所的可能性为大。

考证陆游家塾所在地,小隐山园与云门山是两处绕不过的地方。"吾年十三四时,侍先少傅居城南小隐,偶见藤床上有渊明诗,因取读之,欣然会心。日且暮,家人呼食,读诗方乐,至夜卒不就食。"⑥陆游十三四岁时,陪同父亲陆宰居住在绍兴府城南的小隐山园。陆游读书,陆宰写书,陆宰所著的《京本家语》就是绍兴八年(1138)在小隐山园写出。"方先少保书此时,某年十四。"⑦那么,小隐山园是否是家塾所在地?"小隐山园,在郡城西南镜湖中,四面皆水,旧名侯山,晋孔愉尝居焉。"皇祐中,太守杨纮为之命名,"山曰小隐之山,堂曰小隐之堂","通判军州事钱公辅又为刻石记之。后且百年浸废弗理。少师陆公(宰)尝得之,以为别墅"。⑧ 据《嘉泰会稽志》的此条记载,小隐山园为陆宰个人的别墅。别墅不同于族居住所,因此陆洸与陆游兄弟所入的家塾,在小隐山园的可能性要小。

---

① 《剑南诗稿校注》卷五五《鲁墟》,《陆游全集校注》第 6 册,第 215 页。

② "犬亭山,在府城东南三十里,宝山北。旧经、《越绝》并云:句践畜犬猎南山白鹿,欲以献吴,故曰犬山,其亭为犬亭,岁久相延,呼为狗山,又曰吼山。俗谓宋攒陵所在,诸山皆拱,此山独否,故名之曰吼,取呼而相向义也。陆游祖宅、左丞佃以前墓俱在此。"(见(明)萧良幹修;(明)张元忭、孙鑛纂,李能成点校:《万历〈绍兴府志〉点校本》卷四《山川志一·山(上)》,宁波:宁波出版社,2012 年,第 93 页)。

③ 《山阴陆氏族谱》,转引自《剑南诗稿校注》卷一七《饮伯山家因留宿》注释,《陆游全集校注》第 3 册,第 163 页。

④ "东山寿宁寺,在府城东二十五里。宋宣和五年,陆祠部傅所建。初,蔡京为党禁,凡故二府臣僚名在元祐党者,皆夺坟刹,例更其名为寿宁,陆左丞证慈院其一也。政和中,诏皆复赐之,额亦复其故。祠部适以家赀建东山院成,遂请于州,以寿宁名之。方建寺时,祠部年逾六十,方手植樨松,人或笑之。及殁,年九十,松皆为乔木云。"(见《万历〈绍兴府志〉点校本》卷二一《祠祀志三·寺院 塔庵》,第 447—448 页)。

⑤ 详见邹志方:《陆游籍贯考略》,载《绍兴师专学报》(社会科学版)1985 年第 2 期,第 19—21 页。

⑥ 《渭南文集校注》卷二八《跋〈渊明集〉》,《陆游全集校注》第 10 册,第 198 页。

⑦ 《渭南文集校注》卷二八《跋〈京本家语〉》,《陆游全集校注》第 10 册,第 193 页。

⑧ (宋)施宿等撰:《嘉泰会稽志》卷一三《园池》,《宋元方志丛刊》7,北京:中华书局,1990 年影印本,第 6953 页。

除了小隐山园,云门山也是陆家一处重要的居所。"予十岁许即往来云门诸山"①;"余书堂在云门寺西"②;"某少时,与胡尚书之子杞,同学于云门山中,见高皇帝赐尚书御题扇,曰:'文物多师古,朝廷半老儒。'盖黄体也"③。"游有庵居在云门"④,"总角来游老未忘"⑤。陆游诸多诗文显示,云门山是其读书之地。据《嘉泰会稽志》记载,云门山在会稽县"南三十里。旧经云:'晋义熙二年,中书令王子敬居此,有五色祥云见,诏建寺,号云门。'今为淳化、雍熙、显圣、广福"⑥。其中与陆家直接相关的雍熙院,在会稽县"南三十一里一十步","初,僧重曜于云门拯迷寺之西建忏堂,号净名庵。开宝五年,观察使钱俨(俶之弟)广之为大乘永兴禅院(忏堂在今佛殿后法堂前,当时观音像犹在)。雍熙二年十月改,赐今额。绍兴元年六月,赐故尚书左丞陆公为功德院(陆氏功德院本在证慈,至是证慈改为泰宁奉攒宫,乃改赐是院。时方立法,应赐功德院者,不许用有敕额,寺院惟雍熙特赐)"⑦。诚然,宋代家塾确有在僧寺佛宫的。然据上文,云门山的住所归陆家是自绍兴元年(1131)六月,陆游入家塾的时间是在建炎年间。由此时间差异断定,云门山当非陆游幼年家塾所在地。

陆游诗文中提到,陆宰曾是他幼年的师长,"我幼事父师"⑧,"吾幼从父师,所患经不明"⑨。家族中有学问的父兄任家塾教师,是宋代家塾办学的惯例,也是家学渊源深厚的家族设置家塾的重要动因。由于陆宰有官任(如他在建炎三年曾任张浚川陕宣抚

① 《剑南诗稿校注》卷四五《予十岁许即往来云门诸山今复与诸子来追念凄然》,《陆游全集校注》第5册,第340页。
② 《剑南诗稿校注》卷一二《山中作》,《陆游全集校注》第2册,第325页。
③ 《渭南文集校注》卷二六《高皇御书》,《陆游全集校注》第10册,第128—129页。
④ 《剑南诗稿校注》卷一《送梁谏议》,《陆游全集校注》第1册,第45页。
⑤ 《剑南诗稿校注》卷二〇《云门感旧》,《陆游全集校注》第3册,第308页。
⑥ 《嘉泰会稽志》卷九《山·会稽县》,《宋元方志丛刊》7,第6862页。
⑦ 《嘉泰会稽志》卷七《寺院·会稽县》,《宋元方志丛刊》7,第6829页。关于陆氏证慈功德院,《嘉泰会稽志》中也有记载:"泰宁寺在县东南四十里。周显德二年建,初号化城院,又改为证道院。建中靖国元年,太师陆佃既拜尚书左丞,请以为功德院,改赐名证慈。米芾书额寺门,外筑亭曰显庆。绍兴初,诏卜昭慈圣献太后攒宫,遂以证慈视陵寺,而议者谓昭慈将归祔永泰陵,因赐名泰宁禅寺。"(见《嘉泰会稽志》卷七《寺院·会稽县》,《宋元方志丛刊》7,第6828页)。
⑧ 《剑南诗稿校注》卷七四《书戒》,《陆游全集校注》第7册,第396页。
⑨ 《剑南诗稿校注》卷四四《读苏叔党汝州北山杂诗次其韵·又》,《陆游全集校注》第5册,第282页。

处置使司的属官①），陆氏家塾必会有其他老师。"家塾竞延师教子"②，聘请"馆客"③，也是宋代家塾的主流模式。然在陆游的记载中，却未看到这样的师长，原因不知是否与陆游诗文的散佚有关。当然，由于不久举家赴东阳，陆游在家塾学习的时间并不长。

陆游在家塾学习了一些常识性的知识。"总角入家塾，学经至《豳诗》，治道本耕桑，此理在不疑。"④《豳诗》内容以农桑事为主，"《豳诗》言农桑衣食之本甚备"⑤。家塾也学一些简单的儒家经典，"追忆总角初，学古颇自喜"⑥。"农畴兴未罅，家塾盛《诗》《书》。"⑦"《孝经》《论语》教儿童。"⑧"儿时《论语》在，敢负此心初。"⑨这些诗文记载，虽不全是陆游个人的经历，但确反映了家塾惯常的学习内容。作为学养深厚的儒学世家，山阴陆氏家塾对经文训诂给予了特殊关注，陆游不仅自己如此，晚年也以此教导儿孙。⑩ 在家塾教育中传承家学，也是宋代家塾教育的重要特征。

儒家经典与诗的学习，在陆游心中留下深刻记忆。对于家塾读书内容，他在晚年曾有回顾和思考，"吾幼从父师，所患经不明，何尝效侯喜，欲取能诗声；亦岂刘隋州，五字矜长城。秋雨短檠夜，掉头费经营，区区宇宙间，舍重取所轻。此身傥未死，仁义尚力行"⑪。对于家塾学习六经，陆游晚年自嘲说："六经圣所传，百代尊元龟；谆谆布方册，一字不汝欺。抱书入家塾，自汝儿童时，老乃幸不验，愚哉死何悲！"⑫在报国志向未能

---

① 建炎三年（1129）五月，张浚被任命为川陕宣抚处置使（见李心传撰，辛更儒点校：《建炎以来系年要录》卷二三，建炎三年五月戊寅，上海：上海古籍出版社，2020 年，第 496 页），陆宰为其属官，"先君会稽公，尝识忠献于犊南郑时，事载高皇帝实录"（见《渭南文集校注》卷三一《跋张敬夫书后》，《陆游全集校注》第 10 册，第 279 页）。

② 《剑南诗稿校注》卷六〇《书喜·又》，《陆游全集校注》第 6 册，第 381 页。

③ 杭州城富人府第中，"有训导蒙童子弟者，谓之'馆客'"（见［宋］吴自牧：《梦粱录》卷一九《闲人》，杭州：浙江人民出版社，1984 年，第 182 页）。

④ 《剑南诗稿校注》卷七六《幽居记今昔事十首以诗书从宿好林园无俗情为韵》，《陆游全集校注》第 7 册，第 477 页。

⑤ （宋）王应麟辑：《玉海》卷一七八《食货·周田畯》，扬州：广陵书社，2003 年，第 3266 页。

⑥ 《剑南诗稿校注》卷七七《伏中热不可过中夜起坐作诗寄五郎》，《陆游全集校注》第 8 册，第 6 页。

⑦ 《剑南诗稿校注》卷八〇《春近》，《陆游全集校注》第 8 册，第 114 页。

⑧ 《剑南诗稿校注》卷五七《农事稍间有作》，《陆游全集校注》第 6 册，第 278 页。

⑨ 《剑南诗稿校注》卷六一《龟堂》，《陆游全集校注》第 6 册，第 415 页。

⑩ "吾家太傅后，衿佩盛青青。我忝殿诸老，汝能通一经。学先严诂训，书要讲声形。夙夜常相勉，诸孙待典刑。"（见《剑南诗稿校注》卷六七《示子遹》，《陆游全集校注》第 7 册，第 151 页）；"通经本训诂，讲字极声形。"（见《剑南诗稿校注》卷四四《读经示儿子》，《陆游全集校注》第 5 册，第 291 页）；"学问参千古，工夫始一经。"（见《剑南诗稿校注》卷五八《示元敏》，《陆游全集校注》第 6 册，第 326 页）。

⑪ 《剑南诗稿校注》卷四四《读苏叔党汝州北山杂诗次其韵·又》，《陆游全集校注》第 5 册，第 282 页。

⑫ 《剑南诗稿校注》卷四一《六经》，《陆游全集校注》第 5 册，第 170 页。

尽展后,老年的陆游认为,人伦比经典更加重要,"人生读书本余事,惟要闭门修孝悌"①。

二、入小学

　　家塾之后,陆游的下一段教育经历是小学。学界此前研究中,由于不能区别此处概念,有将小学称为乡校者,②是为不确。其实,陆游不仅在自述经历时,将小学和乡校的分别称呼,在其为方士繇所作墓志铭中,更清晰地区别了二者的不同,"伯谟甫遭父忧时,才十二岁,从太夫人依外家,居邵武军。执丧已能无违礼,而事太夫人及庶祖母以孝谨称。入小学,与他童子从师授经,既退,意不满,为朋侪剖析义理。师闻之,悚然自失。既冠,游乡校,试屡在高等"③。据此可知,宋代的小学与乡校并不完全等同。④

　　于北山先生认为,陆游在东阳入学的时间是六岁,⑤本文以为不确。因为宋人入小学的时间,一般是八岁。如《咸淳临安志》中就有"八岁入小学,教之洒扫应对进退之节,礼乐射御书数之文,王公以下与庶人之子弟,皆预焉"的记载。⑥ 绍兴二年(1132),陆游八岁。根据年龄和居住地,陆游所入的小学在东阳。对于具体地点,于北山先生是有精当考证的,"务观童年东阳避兵处,在今东阳安文。安文,位于东阳县城东南约七十华里。其地青山四合,只一山口可供出入,复有河流横贯其前。境僻势险,宜于避兵。其处原有陈氏宗祠,祠中有一室,榜曰:'放翁读书堂。'当地父老言之如是"⑦。

　　战乱时期的东阳安文小学,条件是相当简陋的。"我昔生兵间,淮洛靡安宅。纨髦入小学,童丱聚十百。先生依灵肘,教以《兔园册》。仅能记姓名,笔砚固不择,灶煤磨断

---

① 《剑南诗稿校注》卷四四《感事示儿孙》,《陆游全集校注》第 5 册,第 287 页。

② 于北山:《陆游年谱》,上海:上海古籍出版社,2006 年,第 17 页;高利华:《亘古男儿:陆游传》,杭州:浙江人民出版社,2007 年,第 28 页;邹志方:《陆游研究》,北京:人民出版社,2008 年,第 57 页。而在该书附录陆游年谱中,作者又以小学称之(邹志方:《陆游研究》附录,第 388 页)。

③ 《渭南文集校注》卷三六《方伯谟墓志铭》,《陆游全集校注》第 10 册,第 376 页。

④ 具体来看,宋代小学属蒙学阶段,而乡校则既指私学(包括蒙学阶段),也指州县官学(主要是大学阶段)。详见笔者《宋代的乡校》(待刊)一文。

⑤ 于北山:《陆游年谱》,第 17 页。其他人的研究,则未明确入学的具体时间。

⑥ (宋)潜说友撰:《咸淳临安志》卷一《宫阙一》,《宋元方志丛刊》4,第 3361 页。

⑦ 于北山:《陆游年谱》,第 18 页。

瓦,获管随手画。"①这是陆游自己对小学入学年龄、同学人数、老师②教学内容等的记述。《兔园册》是唐代人为科举所编的、适应年龄较小的学生的教材,③宋人沿用。没有笔砚写字,残断的瓦片蹭上灶火的黑煤,或者草棍、树棍随手写写,就是陆游小学学字、写字的状态。

陆游在安文小学,还学习了《三苍》④和《尔雅》⑤等常识性知识。"肄业荒唐,小学仅通于《苍》《雅》"⑥,这是淳熙十三年(1186)陆游所作《谢台谏启》中,对自己小学学习的记述。"细考虫鱼笺《尔雅》,广收草木续《离骚》"⑦;"旧学虫鱼笺《尔雅》,晚知稼穑讲《豳风》"⑧;"少年读《尔雅》,亦喜骚人语"⑨。宋代小学属蒙学阶段,《尔雅》中有虫、鱼等常识性知识。陆游战乱时期的小学教育,水平也止于此。

三、师从毛文

毛文,字德昭,"衢州江山县人,居于秀"。陆游自述曾师从于毛文,"予儿时从之甚久"⑩。虽衢州、秀州与绍兴府,都属两浙路,⑪但根据陆游的年龄,随毛文学习的地点应

---

① 《剑南诗稿校注》卷七〇《予素不工书故砚笔墨皆取具而已作诗自嘲》,《陆游全集校注》第 7 册,第 280—281 页。

② 邹志方《陆游年谱》中认为,毛文是陆游东阳小学的老师(见邹志方:《陆游研究》附录,第 388 页)。本文以为缺乏直接证据。

③ 王应麟介绍其首末云:"《兔园册府》三十卷,唐蒋王恽令僚佐杜嗣先仿应科目策,自设问对,引经史为训注。恽,太宗子,故用梁王兔园名其书。冯道《兔园册》,谓此也。"(见[宋]王应麟撰,栾保群、田松青校点:《困学纪闻》卷一四《考史》,上海:上海古籍出版社,2015 年,第 309 页)。

④ "《隋志》以《苍颉》《训纂》《滂喜》为《三苍》。《说文系传》以《苍颉》《爰历》《博学》为《三苍》,并《训纂》为四篇。"(见《困学纪闻》卷八《小学》,第 197 页。)

⑤ "《尔雅》出于汉世,正名物讲说资之,于是有训诂之学。"(见《玉海》卷四四《艺文·小学》,第 818 页。)"隋唐以来,以科目取士,此书(《尔雅》)不课于举子",于是读书人很少学习它。宋初,"诸儒独追古,依郭氏注为之疏,《尔雅》稍稍出"(见[宋]陈傅良著,周梦江点校:《陈傅良先生文集》卷四一《跋〈尔雅〉疏》,杭州:浙江大学出版社,1999 年,第 524 页)。这当是宋代与前朝教学的不同。

⑥ 《渭南文集校注》卷一一《谢台谏启》,《陆游全集校注》第 9 册,第 281 页。

⑦ 《剑南诗稿校注》卷五九《秋兴·又》,《陆游全集校注》第 6 册,第 337 页。

⑧ 《剑南诗稿校注》卷五九《晨起》,《陆游全集校注》第 6 册,第 371 页。

⑨ 《剑南诗稿校注》卷二五《药圃》,《陆游全集校注》第 4 册,第 2 页。

⑩ (宋)陆游撰,钱锡生校注:《入蜀记校注》卷一,《陆游全集校注》第 11 册,第 13 页。

⑪ 秀州在政和七年(1117),"赐郡名曰嘉禾"。庆元元年(1195),以宋孝宗所生之地,升府,是为嘉兴府。衢州江山县在南宋时,改名为礼贤县(见[元]脱脱等:《宋史》卷八八《地理志》,北京:中华书局,1985 年,第 2177 页)。

不在衢州和秀州。师从的具体时间和地点,因文献记载缺乏,目前只能做一些推测。陆游在《老学庵笔记》中,对毛文有如下记载:

> 毛德昭名文,江山人。苦学,至忘寝食,经史多成诵。喜大骂剧谈。绍兴初,招徕,直谏无所忌讳。德昭对客议时事,率不逊语,人莫敢与酬对,而德昭愈自若。晚来临安赴省试,时秦会之当国,数以言罪人,势焰可畏。有唐锡永夫者,遇德昭于朝天门茶肆中。素恶其狂,乃与坐,附耳语曰:"君素号敢言,不知秦太师如何?"德昭大骇,亟起掩耳,曰:"放气!放气!"遂疾走而去,追之不及。①

上述引文后半段,是陆游转述他人对毛文后来的见闻,但前半段记载中,"绍兴初,招徕,直谏无所忌讳",则是一个重要节点。居于秀州的毛文扬名,无疑是与此事有关。而毛文的爱国直言,与陆宰的交游特点是吻合的,"绍兴初,某甫成童,亲见当时士大夫,相与言及国事,或裂眦嚼齿,或流涕痛哭,人人自期以杀身翊戴王室,虽丑裔方张,视之蔑如也。卒能使虏消沮退缩,自遣行人请盟"②。陆游眼中的爱国士大夫形象,当来自此时段与他父亲交往的人士。那么,欣赏毛文爱国立场的陆宰,请其来教导儿子陆游,从情理上是讲得通的。

毛文与陆宰的相识,大约是有友人牵线的,程俱即是可能的友人之一。程俱字致道,衢州开化人。建炎中,为太常少卿、秀州知州。绍兴初,宋廷置秘书省,被召入朝为少监。③元人修《宋史》时,将其列入《文苑传》。绍兴元年(1131),陆宰复直秘阁之文,就出自他之手。④籍贯与官任经历,使程俱与毛文和陆宰,都有相识的可能;双方可能的牵线人之二,是胡沂。《嘉泰会稽志》云,胡沂,字周伯,余姚人,宣和末补太学,"诸生围城之难,独闭户肄业如故"。绍兴初,擢进士甲科,调秀州军事推官,后又历宣州、衢州教授。⑤《直斋书录解题》记载,礼部尚书会稽胡沂撰《胡献简奏议》八卷、《台评》二卷。⑥据此两条史料,胡沂大约是祖籍余姚后籍会稽的,这样与陆宰就是同乡。绍兴初为秀州知州的经历,又使他可能认识毛文。

绍兴三年(1133)二月,陆宰携家眷东归绍兴故庐。后在友人的推荐下,请毛文来指

① (宋)陆游撰,薛玉坤校注:《老学庵笔记校注》卷一,《陆游全集校注》第11册,第198页。
② 《渭南文集校注》卷三一《跋傅给事帖》,《陆游全集校注》第10册,第289页。
③ 《宋史》卷四四五《程俱传》,第13136页。
④ (宋)程俱撰,徐裕敏点校:《北山小集》卷二二《陆宰复直秘阁》,北京:人民文学出版社,2018年,第408页。
⑤ 《嘉泰会稽志》卷一五《相辅》,《宋元方志丛刊》7,第6998页。
⑥ (宋)陈振孙撰,徐小蛮、顾美华点校:《直斋书录解题》卷二二《章奏类》,上海:上海古籍出版社,2015年,第639页。

导陆游。① 毛文的学识特点是"经史多成诵"，前述《老学庵笔记》中即有记述。乾道六年(1170)六月六日，陆游入蜀途经秀州，从认识毛德昭的闻人纲②口中，得知了毛文中晚年的情况，"德昭极苦学，中年不幸病盲而卒，无子"。"其盲后，犹终日危坐，默诵《六经》，至数千言不已。"③毛文的学识特点，决定了他教授陆游的也是这样的内容。而这与当时的科举考试是契合的。

四、入乡校

乡校，是陆游教育的又一阶段。"冥冥不自揣，乡校参群居"④；"成童入乡校，所愿为善士"⑤。关于陆游入乡校的时间，由于对"成童"解释的不同，学界的观点存在争议。⑥ 乡校是宋代重要的基层教育机构，入学并无统一的年龄标准。笔者考察诸多史料后发现，除苏轼八岁入私学乡校，是处于蒙养阶段外，⑦绝大多数宋人入乡校都是在十五岁前后，接受成人阶段的教育。⑧ 加之陆游自己"某才质愚下，又儿童之岁，遭罹多故，奔走避兵，得近文字最晚"⑨之说，本文以为，陆游在绍兴九年(1139)十五岁或稍前

---

① 于北山先生考证，陆游跟随毛文学习，大约是在绍兴五年(1135)，时年陆游十一岁(见于北山：《陆游年谱》，第 22 页)；欧明俊也认为，陆游师从毛文在此时段(见欧明俊著：《陆游》，沈阳：春风文艺出版社，1999 年，第 5 页)。

② 进士闻人纲，"字伯纪，方务德馆客，自言识毛德昭"(见《入蜀记校注》卷一，《陆游全集校注》第 11 册，第 13 页)。

③ 《入蜀记校注》卷一，《陆游全集校注》第 11 册，第 13 页。

④ 《剑南诗稿校注》卷七六《幽居记今昔事十首以诗书从宿好林园无俗情为韵·又》，《陆游全集校注》第 7 册，第 477 页。

⑤ 《剑南诗稿校注》卷四一《冬日读白集爱其贫坚志士节病长高人情之句作古风·又》，《陆游全集校注》第 5 册，第 190 页。

⑥ 于北山先生认为，陆游在六岁时，入东阳乡校(见于北山：《陆游年谱》，第 17 页。如本文前文所论，于北山先生此误在于未能区别小学与乡校)，十岁时入山阴乡校(见于北山：《陆游年谱》，第 21 页)；钱仲联先生认为，陆游十岁入乡校(见钱仲联编：《陆游年表》，《陆游全集校注》第 13 册《附录三》，第 147 页)。有其他学者认为，陆游十五岁时入乡校，如郭光(《陆游传》第 14 页)。欧小牧对此时间有两种观点，在《陆游传》中持 10 岁说(见欧小牧：《陆游传》文末《陆游年表》，成都：成都出版社，1994 年，第 859 页)，在《陆游年谱》(补正版)中持 15 岁说(见欧小牧《陆游年谱》[补正版]，成都：天地出版社，1998 年，第 24 页)。

⑦ (宋)苏轼撰，孔凡礼点校：《苏轼文集》卷一〇《范文正公文集叙》，北京：中华书局，1986 年，第 311 页。(宋)苏轼撰，王松龄点校：《东坡志林》卷二《道士张易简》，北京：中华书局，1981 年，第 47 页。

⑧ 关于宋代乡校的入学年龄、教学内容，笔者在《宋代的乡校》(待刊)一文中，有详细考述。

⑨ 《渭南文集校注》卷一三《答刘主簿书》，《陆游全集校注》第 9 册，第 339 页。

时段,入乡校的可能性为最大。而陆游结束与毛文的师从关系,亦当在此时。

陆游在乡校的老师,是韩复禹和陆彦远(彦远为字,其名待查)。"成童入乡校,诸老席函丈。堂堂韩有功,英概今可想。从父有彦远,早以直自养,始终临川学,力守非有党。纷纷名佗师,有沚在其颡。二公生气存,千载可畏仰。"①关于韩有功,《嘉泰会稽志》卷一一《桥梁·府城》中称其为乡先生,"广宁桥在长桥东,漕河至此颇广,居民鲜少,独士人数家在焉。绍兴中,有乡先生韩有功(复禹)为士子领袖,暑夜多与诸生纳凉桥上"。韩复禹过世后,有"朱袭封(兀宗)追怀风度,作诗云:'河梁风月故时秋,不见先生曳杖游,万叠远青愁对起,一川涨绿泪争流。'盖城上正见南城诸山也,袭封亦修洁士云"②。由此记载可知,韩复禹是绍兴府城的乡先生。

陆彦远③是陆游的堂伯父,深受王安石之学的影响。"予少时见族伯父彦远《和霄字韵》诗云:'虽贫未肯气如霄人。'莫能晓。或叩之,答曰:'此出《字说》霄字,云:'凡气升此而消焉。'其奥如此。"④他曾给陆游讲述王安石的学说:"王荆公熙宁初召还翰苑。初侍经筵之日,讲《礼记》'曾参易箦'一节,曰:'圣人以义制礼,其详见于床第之间。君子以仁行礼,其勤至于垂死之际。姑息者,且止之辞也。天下之害,未有不由于且止者也。'此说不见于文字,予得之于从伯父彦远。"⑤陆彦远的如上教学内容,反映了宋时教育"穷理、尽性、修己、治人之道"的特点。⑥

在两宋史籍中,乡校既会指规模化的私学,也会泛称地方州县。⑦ 前文提到,韩复禹是绍兴府城里的乡先生,而陆宰在绍兴府城里有住宅。那么,陆游所入之乡校,大概率是在绍兴府城。虽然笔者查阅众多史料,未发现韩复禹和陆彦远的官任身份,但在宋代"州郡多自置学,聘名儒主之"的办学大背景下,⑧乡校外聘当地儒者教授官学的可能性也极大。据《嘉泰会稽志》介绍,绍兴当地"风俗好学笃志,尊师择友,弦诵之声,比屋

---

① 《剑南诗稿校注》卷四三《斋中杂兴十首以丈夫贵壮健慘戚非朱颜为韵》,《陆游全集校注》第5册,第258页。

② 《嘉泰会稽志》卷一一《桥梁·府城》,《宋元方志丛刊》7,第6915页。

③ 李光文集中的陆彦常,大约为陆彦远的兄弟辈(见李光:《庄简集》卷四《悼陆公彦常右司》,文渊阁《四库全书》本第1128册,第466页)。

④ 《老学庵笔记校注》卷二,《陆游全集校注》第11册,第245页。

⑤ 《老学庵笔记校注》卷九,《陆游全集校注》第11册,第477页。

⑥ 《咸淳临安志》卷一《宫阙一》,《宋元方志丛刊》4,第3361页。

⑦ 详见笔者《宋代的乡校》(待刊)一文,其中涉及乡校的性质、师生、教学,与乡校肄业之后的出路等问题。

⑧ 《嘉泰会稽志》卷一《学》,《宋元方志丛刊》7,第6725页。

相闻"①,官学极盛。所以本文推测,陆游所入之乡校,大概率就是当地官学的最高学府绍兴府学。② 据《嘉泰会稽志》记载,府学"在府南五里三十六步。教授直舍在学之东"③。其前有望花桥,"望花桥,在府学前,其傍地名,上原多以艺花为业,桥盖以此得名"④。

　　虽然绍兴府学为地方官学中的佼佼者,但作为地方教育机构,其无疑还是有不足的。"士游乡校间,如舟试津浦。所见小溪山,未省大岛屿"⑤,宋人陈起此说形象概述出乡校的局限性。淳熙十三年(1186),陆游给梁克家信中,也有"伏念某乡校孤生,京尘下吏。学徒尽力,徐而察之则鹬退飞"之句。⑥ 在"成童将觅举"⑦,"《诗》《书》定何物,为汝市爵禄"⑧的大背景下,读书应举是多数人的志向,更何况是山阴陆氏这样的家族。"古之学者,始于家塾乡校,而贡于天子之辟雍"⑨,抱持这样理想,在惯常的机构教育之外,陆宰也在精心为陆游寻找其他教育机会。

五、师从鲍季和

　　绍兴十年(1140)年,陆游初次应举,失利而归。⑩ 绍兴十一年(1141),十七岁的陆游师从鲍季和学习。"常忆初年十七时,朝朝乌帽出从师。(与许子威辈同从鲍季和先生,晨兴必具帽带而出。)忽逢寒食停供课,正写矾书作赝碑。"⑪由此记载可知,一起师从的同学,还有许子威(伯虎)等人;这样的学习,寒食节会有假期;陆游此时已开始练习

---

① 《嘉泰会稽志》卷一《风俗》,《宋元方志丛刊》7,第 6723 页。
② 与本文的观点不同,陆游返乡后所入的乡校,高利华和邹志方认为在云门山(见高利华:《亘古男儿:陆游传》,第 28 页;邹志方:《陆游研究》,第 62 页)。
③ 《嘉泰会稽志》卷一《学》,《宋元方志丛刊》7,第 6726 页。
④ 《嘉泰会稽志》卷一一《桥梁》,《宋元方志丛刊》7,第 6916 页。
⑤ (宋)陈起撰:《江湖后集》卷一《送汤麟秀才往汉东从徐省元教授学诗》,文渊阁《四库全书》本第 1357 册,第 721 页。
⑥ 《渭南文集校注》卷一一《谢梁右相启》,《陆游全集校注》第 9 册,第 273 页。
⑦ 《剑南诗稿校注》卷四四《读苏叔党汝州北山杂诗次其韵·又》,《陆游全集校注》第 5 册,第 281 页。
⑧ 《剑南诗稿校注》卷三二《雨夜书感·又》,《陆游全集校注》第 4 册,第 276 页。
⑨ 《渭南文集校注》卷一五《陆伯政〈山堂类稿〉序》,《陆游全集校注》第 9 册,第 382 页。
⑩ 绍兴十年(1140),陆游第一次科考,因生病失利,"所嗟衰病终难勉,非复当年下五行"(见《剑南诗稿校注》卷一五《灯笼》,《陆游全集校注》第 3 册,第 23 页)。
⑪ 《剑南诗稿校注》卷四五《绍兴辛酉予年十七矣距今已六十年追感旧事作绝句》,《陆游全集校注》第 5 册,第 335 页。

书法。欧小牧和邹志方先生认为，读书之所在云门山中，①但笔者未找到直接证据。

　　关于鲍季和，史籍中暂未找到其他记载，从陆游的学习经历来看，该人大约是擅长诗的。"予自年十七八学作诗"②；"余年十七八时，读摩诘诗最熟；后遂置之者几六十年"③。就时间来讲，这样的内容与此时段是吻合的。同学许伯虎是陆游教育经历中一个承上启下的重要人物。陆游此后师从丹阳先生，也是与许伯虎一起。"伯虎字子威，余儿时笔砚之旧也。"乾道六年（1170）六月，陆游入蜀过常州时，许伯虎为右从政郎常州司户参军，④右从政郎的身份显示他系荫补出身。⑤ 孔凡礼先生推测，许子威（伯虎）可能与许子齐（苍叔）为兄弟辈，原籍镇江丹阳，后籍绍兴会稽。⑥ 笔者以为，此说可信。略补充一些证据如下。

　　关于许子齐（苍叔）的籍贯，史籍中有称镇江人，⑦也有称会稽人。⑧ 许子齐（苍叔）的父亲是许旸，"字升卿，丹徒人"⑨，北宋徽宗时曾任越州州学教授⑩。作为州学教授的许旸，当然会与当地望族山阴陆氏相识。越州州学教授之后，许旸曾任职中央。⑪ 绍兴十一年（1141）因反对秦桧加害岳飞，被外派任南剑州知州，后卒于任上。⑫ 依照陆宰的交游特点，许旸这样的政治立场，使他在卸任越州州学教授后，仍可能与陆宰保持交往。当然，根据许子齐（苍叔）的籍贯，许旸后来显然置家会稽了。陆家与许家的交往，包括后辈一同学习，在地理上是便利的。

---

① 详见欧小牧：《陆游年谱》（补正版），第 26 页；邹志方：《陆游研究》，第 62 页。

② 《剑南诗稿校注》卷四九《小饮梅花下作》文中自注，《陆游全集校注》第 5 册，第 485 页。

③ 《渭南文集校注》卷二九《跋〈王右丞集〉》，《陆游全集校注》第 10 册，第 221 页。

④ 《入蜀记校注》卷一，《陆游全集校注》第 11 册，第 19 页。

⑤ 王曾瑜：《从门第到有、无出身》，载《丝毫编》，保定：河北大学出版社，2009 年，第 32—44 页。

⑥ 孔凡礼：《陆游的老师丹阳先生》，《文学遗产》1982 年第 3 期，第 78 页。

⑦ 许苍舒字子齐，京口人，木待问榜同进士出身（见［宋］陈骙撰，张富祥点校：《南宋馆阁录》卷七《官联上》，北京：中华书局，1998 年，第 91 页）；"许苍舒，字子齐，旸幼子。隆兴元年登进士第，乾道五年又中博学宏词科。由广德军教授，召试秘书省校书郎，著作佐郎，兼太常博士，至仓部郎卒，官其子孙，世居酉于里"（见［元］俞希鲁撰：《至顺镇江志》卷一八《人材·科举·土著》，《宋元方志丛刊》3，第2853页）。

⑧ 会稽许苍舒，宋孝宗隆兴元年（1163）木待问榜进士及第（见《万历〈绍兴府志〉》卷三三《选举志四·进士》，第 637 页）；许苍舒，会稽人。左迪功郎，广德军教授，宋孝宗乾道五年中博学宏词科（见《万历〈绍兴府志〉》卷三四《选举志五·制科》，第 665 页）。

⑨ 《至顺镇江志》卷一八《人材·科举·土著》，《宋元方志丛刊》3，第 2851 页。

⑩ （宋）葛胜仲：《丹阳集》卷一四《妻硕人张氏墓志铭》，文渊阁《四库全书》本第 1127 册，第 545 页。

⑪ 详见《至顺镇江志》卷一八《人材·科举·土著》，《宋元方志丛刊》3，第 2851 页。"尚书工部员外郎许旸"罢（见《建炎以来系年要录》卷九六，绍兴五年十二月甲寅，第 1641 页）。

⑫ 《至顺镇江志》卷一八《人材·科举·土著》，《宋元方志丛刊》3，第 2851 页。

六、扫洒丹阳先生之门

在师从鲍季和之后，陆游又与许伯虎一起随丹阳先生学习。陆游诗文《跋洪庆善帖》中云："某儿童时，以先少师之命，获给扫洒丹阳先生之门。退与子威讲学，则兄弟如也。每见子威言洪成季、庆善学行，然皆不及识。今获观庆善遗墨，亦足少慰。衰病废学，负师友之训，如愧何！"① 由此可知，陆游师从丹阳先生学习，是奉父亲陆宰之命。"获给扫洒丹阳先生之门"的表述，表明陆游对丹阳先生极尊敬。"负师友之训"之语显示，丹阳先生对陆游是有期待的。

关于丹阳先生的身份，清人王梓材认为是洪兴祖。他在《宋元学案补遗》之《（补）中大陆放翁先生游》篇中说："先生尝游于丹阳先生洪氏之门。见其所跋洪庆善帖语。"② 在《敷文洪练塘先生兴祖》篇中，王梓材进一步阐述此观点说："陆放翁跋先生帖云：'某儿童时，以先少师之命，获给扫洒丹阳先生之门。退与子威讲学，则兄弟如也。'丹阳盖即先生之号，子威当是先生群从子弟。故放翁下有衰病废学，负师友之训云云。"③

洪兴祖，字庆善，镇江丹阳人，是当时学识渊博且有政治气节之人。他"少读《礼》至《中庸》，顿悟性命之理，绩文日进。登政和上舍第"。后忤秦桧，"编管昭州"。"年六十有六"去世后，宋廷"诏复其官，直敷文阁"。元人修《宋史》将其列入《儒林传》。④ 上述陆游诗文中提到的洪成季（拟），是洪兴祖的叔叔，"洪拟，字成季，丹阳人。应上庠及选试南宫，皆为《春秋》第一。擢绍圣元年进士甲科"⑤。

今人孔凡礼先生认为，丹阳先生是葛胜仲。其论点与依据如下：葛胜仲，丹阳人，学识渊博，"气节甚伟"；葛胜仲与陆游的叔祖陆傅有交往；同学的许子威（伯虎），很可能是丹阳人，或与原籍丹阳后籍会稽的许子齐（苍舒）为兄弟辈；陆游洒扫胜仲之门，地当在吴兴，因葛胜仲晚年居吴兴；师从时间，当为绍兴时十二三年间事。⑥ 本文赞同孔凡礼

---

① 《渭南文集校注》卷二九《跋洪庆善帖》，《陆游全集校注》第 10 册，第 228 页。
② （清）王梓材、（清）冯云濠编撰，沈芝盈、梁运华点校：《宋元学案补遗》卷九八《荆公新学略补遗·元锡家学·（补）中大陆放翁先生游》，北京：中华书局，2012 年，第 5924 页。
③ 《宋元学案补遗》卷一《安定学案补遗·洪氏家学·敷文洪练塘先生兴祖》，第 83 页。
④ 《宋史》卷四三三《洪兴祖传》，第 12855—12856 页。
⑤ （宋）刘宰撰，王勇、李金坤校证：《京口耆旧传校证》卷四《洪拟》，镇江：江苏大学出版社，2016 年，第 133 页；《宋史》卷三八一《洪拟传》，第 11748—11750 页。
⑥ 孔凡礼：《陆游的老师丹阳先生》，《文学遗产》1982 年第 3 期，第 78 页。邹志方则认为，丹阳先生是鲍季和，师从地点在云门山，其论据主要从云门山的特点及位置（见邹志方：《陆游研究》，第 62—66 页）。

先生的观点。由于孔凡礼先生此文极短(约 1000 字),现补充相关证据(尤其是许伯虎与葛胜仲,葛胜仲与洪兴祖的亲缘关系)进一步阐明如下:

葛胜仲,字鲁卿,两浙路镇江府丹阳县人。绍圣四年(1097)进士及第,后"又试学官及词科,俱第一。除兖州教授,入为太学正"。建炎四年(1130),第二次任湖州知州。绍兴元年(1131),"丐祠归"。绍兴十四年(1144)九月八日,"卒,年七十三"。元人修《宋史》,将其列入《文苑传》。①《直斋书录解题》的记载,有补《宋史》本传之处:《丹阳集》四十二卷、《后集》四十二卷,"显谟阁待制江阴葛胜仲鲁卿撰。绍圣四年进士,元符三年词科。洪庆善序其文","再知湖州,后遂家焉"。② 陈振孙的此段记载,于本文的相关之处是,"洪庆善序其文",与致仕后定居湖州。前者表明,葛胜仲与洪兴祖有交情;后者表明,葛胜仲晚年居于湖州。

葛胜仲与陆游的六叔祖陆傅有交情。在葛胜仲文集《丹阳集》卷二十中,有诗《次韵陆嵓老祠部见寄五首》。③ 诗中的陆嵓(同岩)老祠部,即陆傅。陆傅(字岩老)④,陆佃之弟,熙宁六年(1073)余中榜进士及第⑤。大观年间,任祠部郎中,⑥著有《祠部集》。陆游称陆傅为六叔祖,说他喜欢作诗,"祠部叔祖诗文至多,今皆不传。此小集,得之书肆,盖石氏所藏也"⑦。"六叔祖祠部平生喜作诗,日课一首,有故则追补之,至老不废。年八十余时,尝有句云:'枕上吹虀醒宿酒,窗间秉烛拾残棋。'又有闻乱诗云:'宁知小儿辈,竟坏好家居。'"⑧以上是对葛胜仲学识及其与陆家渊源的介绍。

那么,许伯虎与葛胜仲是何关系?在众多史料中,笔者发现了如下重要线索:宣和四年(1122)五月乙丑,葛胜仲之妻去世,在葛胜仲为其所作墓志铭中提到,他们的长女嫁给了"文林郎越州州学教授许旸"。⑨ 绍兴十四年(1144),葛胜仲去世,二女婿章倧为

① 《宋史》卷四四五《葛胜仲传》,第 13142—13143 页。《建炎以来系年要录》卷一五二,绍兴十四年九月辛亥,第 2594 页。《丹阳集》卷二四《附录·宋左宣奉大夫显谟阁待制致仕赠特进谥文康葛公行状》,文渊阁《四库全书》本第 1127 册,第 657—665 页。
② 《直斋书录解题》卷一八《别集类下》,第 528 页。
③ 《丹阳集》卷二〇《次韵陆岩老祠部见寄五首》,文渊阁《四库全书》本第 1127 册,第 615 页。
④ (宋)陆游撰,马亚中、薛玉坤校注:《家世旧闻校注》卷上,《陆游全集校注》第 13 册,第 13 页。
⑤ (宋)张淏撰:《宝庆会稽续志》卷六《进士》,《宋元方志丛刊》7,第 6157 页。《万历〈绍兴府志〉点校本》卷三三《选举志四·进士·宋》,第 631 页。
⑥ (宋)张津等撰:《乾道四明图经》卷一二《太守题名记》,宁波市地方志编纂委员会整理:《宋元四明六志》一,宁波:宁波出版社,2011 年,第 447 页。
⑦ 《渭南文集校注》卷三一《跋〈祠部集〉》,《陆游全集校注》第 10 册,第 293 页。
⑧ 《家世旧闻校注》卷上,《陆游全集校注》第 13 册,第 26 页。
⑨ 《丹阳集》卷一四《妻硕人张氏墓志铭》,文渊阁《四库全书》本第 1127 册,第 545 页。

其所作行状中再次提到，葛之长女嫁给了"左朝请大夫主管台州崇道观许旸"。在墓志铭与行状中，许旸都有"前卒"的记载。① 如此可知，许旸是葛胜仲的大女婿，且早逝于岳父母之前，②许子齐（苍舒）是葛胜仲的外孙。按照孔凡礼先生的许子威（伯虎）与许子齐（苍舒）为兄弟辈的推测，加上本文对许旸的考证，那么许子威（伯虎）跟随亲戚长辈葛胜仲学习，在渊源上就非常自然。然惜乎史料记载所限，许子威（伯虎）与许旸、许子齐（苍舒）的关系，并无直接的证明材料。

陆游《跋洪庆善帖》中提到，师从丹阳先生的同学许伯虎，很熟悉洪拟与洪兴祖。而这又是何渊源？关于此问题，葛胜仲与洪兴祖的关系给出了答案。绍兴二年（1132），江阴军人葛师望去世。葛胜仲为其作墓志铭中说，葛师望是他的族兄，葛师望的三女儿嫁给了洪兴祖。③ 这样算来，葛胜仲为洪兴祖的外姻长辈。在葛胜仲文集《丹阳集》卷一〇中有《跋洪庆善所藏东坡书杜诗并判讼牒》《跋洪庆善所藏本朝韩范诸公帖》两篇与洪兴祖相关的文章。后一篇中，落款有"绍兴甲寅十一月己亥谨书，时与庆善同寓宝溪"的字样。④ 绍兴甲寅即绍兴四年（1134），时葛胜仲已致仕，居家湖州。而据此记载，洪兴祖当时也住在湖州宝溪。综合以上亲缘背景，许伯虎熟悉洪拟与洪兴祖，就非常可以理解了。

孔凡礼先生认为，陆游师从葛胜仲之地当在吴兴（湖州）。葛胜仲晚年居于湖州，在其文集中就有记载："绍兴元年冬十月，某解秩吴兴郡，居景山。"⑤熊克《中兴小纪》对此也有记载："显谟阁待制提举明道宫葛胜仲，自绍兴初筑室于宝溪之上，奉祠累任，至是十有四年。"⑥宝溪，在湖州的归安县，据谈钥《嘉泰吴兴志》，"宝溪，在县东南四十五里，即射村也。太守葛胜仲卜居。以昔有渔者，每见溪上有光，伺之，见大蚌乘风，而光从中出，逐之即沈，因以为名"⑦。由此可知，陆游的此段教育经历属外出游学。陆游诗文中对湖州，有关于无住精舍的记载：镇江府延庆寺僧梵隆，"结庐于湖州菁山，号无住精舍，一时名士，如叶左丞梦得、葛待制胜仲、汪内翰藻、陈参政与义，皆为赋诗勒铭，传于天下

---

① 《丹阳集》卷二四《附录·宋左宣奉大夫显谟阁待制致仕赠特进谥文康葛公行状》，文渊阁《四库全书》本第 1127 册，第 655 页。周麟之在《葛文康公神道碑》中也有此记载（见（宋）周麟之撰：《海陵集》卷二三《葛文康公神道碑》，文渊阁《四库全书》本第 1142 册，第 433 页）。
② 许旸，年五十八卒（见《京口耆旧传校证》卷二《许旸》，第 60 页）。
③ 《丹阳集》卷一四《中奉大夫葛公墓志铭》，文渊阁《四库全书》本第 1127 册，第 540 页。
④ 《丹阳集》卷一〇《跋洪庆善所藏东坡书杜诗并判讼牒》《跋洪庆善所藏本朝韩范诸公帖》，文渊阁《四库全书》本第 1127 册，第 523 页。
⑤ 《丹阳集》卷一四《葛君墓志铭》，文渊阁《四库全书》本第 1127 册，第 540 页。
⑥ （宋）熊克：《中兴小纪》卷三一，绍兴十四年八月甲辰，北京：中华书局，1985 年，第 366 页。
⑦ （宋）谈钥：《嘉泰吴兴志》卷五《溪·归安县》，《宋元方志丛刊》5，第 4710 页。

矣"①。但对在湖州学习之事,并未明确提及。

关于师从的具体时间,孔凡礼先生认为,当在绍兴十二、三年陆游十八、九岁时。笔者以为,此推测颇可信。陆游与许伯虎在跟随鲍季和学习一段时间后,又一起跟随许伯虎的亲戚,也是山阴陆氏世交的大儒葛胜仲学习,从时间与情理上讲都是顺畅的。能找到这么好的老师,没有特殊的原因,陆游应会继续跟随。学习的结束,大约与葛胜仲的生命历程相关。上文曾提到,葛胜仲逝世于绍兴十四年(1144)。想必在此前,其身体状况就已欠佳了。绍兴十三年(1143)秋七月,陆游赴临安参加了当年的太学考试,但因"古学"之不足败北。② 依据时代背景,入太学在应举上有便利,但此次应太学试和结束与葛胜仲的师从有无因果关系,则并不好判断。

七、受教于朱敦儒

结束了与丹阳先生的师从后,陆游在父亲陆宰的安排下,又受教于文学成就甚高的名士朱敦儒。朱敦儒,字希真,河南人。绍兴中,出任两浙东路提点刑狱使。朱敦儒任浙东路提刑的时间,史籍中有绍兴十四年(1144)二月③和绍兴十五年(1145)六月④,两个不同的记载。结束时间相同,都是在绍兴十六年(1146)十一月辛卯。原因也均是被弹劾,"专立异论,与李光交通"⑤。浙东路提点刑狱司治司在绍兴府城,⑥陆游的师从正

---

① 《渭南文集校注》卷二一《湖州常照院记》,《陆游全集校注》第 10 册,第 3 页。

② 《渭南文集校注》卷一三《答刘主簿书》,《陆游全集校注》第 9 册,第 339 页。详见笔者《陆游科举入仕考》(待刊)一文。

③ 绍兴十四(1144)年二月乙酉,"左朝奉郎、江南东路制置大使司参议官朱敦儒为两浙东路提点刑狱公事"(见《建炎以来系年要录》卷一五一,绍兴十四年二月乙酉,第 2569 页)。

④ 绍兴十五年(1145)六月至十六年(1146)十二月,朱敦儒出任两浙东路提点刑狱使(见《宝庆会稽续志》卷二《提刑题名》,《宋元方志丛刊》7,第 7109 页)

⑤ 《宋史》卷四四五《朱敦儒传》,第 13141 页。《建炎以来系年要录》卷一五五,绍兴十六年十一月辛卯,"朝散郎、两浙东路提点刑狱朱敦儒罢"。原因是右谏议大夫汪勃弹劾,宋高宗以"爵禄所以励世,如其可与,则文臣便至于侍从,武臣便至于建节;如其不可,虽一命亦不容轻授",肯定了汪勃的弹劾(见《建炎以来系年要录》卷一五五,绍兴十六年十一月辛卯,第 2669 页)。

⑥ 李昌宪:《中国行政区划通史·宋西夏卷》,上海:复旦大学出版社,2007 年,第 65—66 页。

是此时。① 诗文中的"仆少亦辱知于朱公"②，即指此时的受教。

据《宋史》本传记载，朱敦儒出身官宦家庭，父亲朱勃绍圣间曾为谏官。他本人"志行高洁，虽为布衣而有朝野之望"。北宋末、南宋初，朝廷几次以"草泽才德之士"征召，但坚持不就。③ 梳理宋廷几次征召朱敦儒的记载，可知其旷世才华：宋钦宗靖康中，征召朱敦儒"至阙，命以初品官，与学校差遣"，不就。建炎二年（1128）二月，"淮西部使者荐其有文武全才，乃再召之"，不就。④ 绍兴三年（1133），监察御史明橐奉旨访求遗逸，上奏介绍朱敦儒说，"深达治体，有经世之才"，参知政事席益、吏部侍郎直学士院陈与义，也交相称赞"其贤"。⑤ 这一次，朱敦儒接受征召出仕，宋廷赐其进士出身。此后，仕途顺畅，官职一路升迁。

对于朱敦儒的才华与为人，宋人黄昇所编《中兴以来绝妙词选》中介绍说，其人"博物洽闻，东都名士。南渡初，以词章擅名，天资旷远，有神仙风致"⑥。周必大称赞朱敦儒，"诗词独步一世"⑦。陆游《跋〈岩壑小集〉》中赞朱敦儒文辞过人，"朱希真《夜热坐寺庭》五字一篇及《病虎过酒楼》二古诗，皆出同时诸人上"⑧。元人修《宋史·文苑传时》，将朱敦儒与葛胜仲、叶梦得列在同一卷，介绍其学术特长云，"素工诗及乐府，婉丽清

---

① 于北山、欧明俊和邹志方也认为，陆游受知于朱敦儒在绍兴十五年（1145）。（见于北山：《陆游年谱》，第 42 页；欧明俊：《陆游研究》，上海：上海三联书店，2007 年，第 44 页；邹志方：《陆游研究》附录，第 389—390 页。）

② 《剑南诗稿校注》卷三五《题吴参议达观堂堂榜盖朱希真所作也仆少亦辱知于朱公故尤感慨云》，《陆游全集校注》第 4 册，第 398 页。

③ 《宋史》卷四四五《朱敦儒传》，第 13141 页。对于朱敦儒的行踪及生卒年，详见葛兆光：《论朱敦儒及其词》，《文学遗产》1983 年第 3 期，第 54—65 页；邓子勉：《朱敦儒杂考五则》，《南京师大学报》（社会科学版）1992 年第 1 期，第 101—106 页；张希清：《朱敦儒生卒年确考》，《北京大学学报》（哲学社会科学版）1985 年第 5 期，第 119—122 页。

④ 《建炎以来系年要录》卷一三，建炎二年二月丁卯，第 296 页。

⑤ 《建炎以来系年要录》卷六八，绍兴三年九月己巳，第 1186 页。

⑥ （宋）黄昇辑：《中兴以来绝妙词选》卷一《朱希真十首》，北京：国家图书馆出版社，2017 年，第 44 页。

⑦ （宋）周必大撰，王蓉贵、［日］白井顺点校：《周必大全集·庐陵周益国文忠公集》卷一七七《朱希真出处》，成都：四川大学出版社，2017 年，第 1688 页。

⑧ 《渭南文集校注》卷三二《跋〈岩壑小集〉》，《陆游全集校注》第 10 册，第 304 页。

畅"。当时,连秦桧父子都很赏识他的才华。当然,朱敦儒晚年也恰因此受累。① 朱敦儒擅长诗词,有《樵歌》三卷传世,其中有与著名婉约派词人李清照的唱和之作。②

朱敦儒的大名,陆宰当也有耳闻。双方最接近的一次接触,大约是在南宋建炎间。建炎间,朱敦儒"避乱抵南雄州。张浚将西行,奏赴军前计议。敦儒卒不起"③。前文曾提到建炎三年(1129)张浚西行时,陆宰为其属官。但陆游能师从朱敦儒,也可能与晏敦复的牵线有关。前文曾提到,建炎四年(1130)七月,陆宰曾举家至婺州东阳县避乱三年。当时,投奔东阳陈宗誉的,还有晏敦复和龚茂良。据《道光东阳县志》卷一七记载:"陈宗誉,字彦声……山阴陆运使、晏尚书、龚内阁挈携依以避乱。"④晏尚书即晏敦复,字景初,北宋著名政治家、文学家晏殊的曾孙。宋高宗时,晏敦复权吏部尚书之职。⑤晏敦复与朱敦儒是相识的,这在陆游诗文中就有记载,"晏尚书景初作一士大夫墓志,以示朱希真。希真曰:'甚妙。但似欠四字耳,然不敢以告。'景初苦问之,希真指'有文集十卷'字下曰:'此处欠。'又问:'欠何字?'曰:'当增"不行于世"四字。'景初遂增'藏于家'三字,实用希真意也"⑥。当然,师从也有可能与李光的牵线有关。如前所言,朱敦儒被罢免的原因之一,就是"与李光交通"⑦。而李光与陆家交情至厚。

对于能师从朱敦儒,陆游一直心存感激。除了诗文题名的"仆少亦辱知于朱公"外,诗文正文也有对朱敦儒音容的描述与怀念,"中原遗老雒川公,鬓须白尽双颊红。挥毫为君作斋榜,想见眼中余子空。余子碌碌何足数,独付庄周贾生语。看君践履四十年,始知此公不轻许。公今度世为飞仙,开卷使我神凛然。清时台省要才杰,诸公

---

① "时秦桧当国,喜奖用骚人墨客以文太平,桧子熺亦好诗,于是先用敦儒子为删定官,复除敦儒鸿胪少卿。桧死,敦儒亦废。"此事后来成为议论者批评朱敦儒的谈资,"谈者谓敦儒老怀舐犊之爱,而畏避窜逐,故其节不终云"(见《宋史》卷四四五《朱敦儒传》,第13141—13142页)。史传的"秦太师十客"中,朱敦儒被称为秦桧的"上客"(见[宋]赵彦卫撰,傅根清点校:《云麓漫钞》卷一〇,北京:中华书局,1996年,第169页)。周必大为其辩说,"其实希真老,爱其子,而畏避窜逐,不敢不起,识者怜之"(见《周必大全集·庐陵周益国文忠公集》卷一七七《朱希真出处》,第1688页)。

② (宋)朱敦儒著,邓子勉校注:《樵歌校注》卷上《鹊桥仙·又(和李易安金鱼池莲)》,上海:上海古籍出版社,2010年,第114页。

③ 《建炎以来系年要录》卷六八,绍兴三年九月己巳,第1186页。

④ 《道光东阳县志》卷一七《人物志》,《中国地方志集成》第53册,上海:上海书店出版社,2011年,第338页。转引自于北山:《陆游年谱》,第18页。

⑤ 《宋史》卷三八一《晏敦复传》,第11737、11739页。

⑥ 《老学庵笔记校注》卷一,《陆游全集校注》第11册,第188页。

⑦ 在史籍中,笔者未找到朱敦儒与李光交往的直接证据,但这一时段正是秦桧禁野史、迫害李光时期。

谁致雒川客"？① 嘉定元年（1208），84 岁的陆游作《跋朱希真所书杂钞》，以老师战乱时期安静读书自勉，"朱先生与诸贤，当建炎间裔夷南牧、群盗四起时，犹相与讲学如此。吾辈生平世，安居乡里，乃欲饱而嬉，可乎？"②这时离陆游去世仅一年多的时间！南宋后期文学家刘克庄评价陆游诗文，"飘逸高妙者，与陈简齐、朱希真相颉颃"③，即有朱敦儒之风。

八、拜曾幾为师

陆游才华横溢，但科举之途颇为不顺。④ 为了觅得功名，在父亲陆宰的安排下，也几从名师，然终是未果。绍兴十八年（1148）六月，陆宰辞世。⑤ 在求学问教的路上，陆游少了一个重要的助力。在这之后，陆游遇到了他终生以师事之的曾幾。

曾幾，"字吉甫，其先赣州人，徙河南府"，"早从舅氏孔文仲、武仲讲学"，"避地衡岳，又从胡安国游，其学益粹"。⑥ 无论是清江三孔，还是经学大师胡安国，都是宋时大名鼎鼎的儒者。《宋史》本传称曾幾，"为文纯正雅健，诗尤工。有经说二十卷、文集三十卷"⑦。门生陆游赞其为当时的儒学领袖，"古学名家，郁为诸儒之领袖"⑧；"主盟儒道，典领书林"⑨；"绅绎六经，推明上世之绝学；度越两汉，追配先秦之古文"⑩。曾幾酷爱读《论语》，每日"夙兴诵《论语》一篇，终身未尝废"⑪。由此可知，曾幾的诗与古学都极精深。

---

① 《剑南诗稿校注》卷三五《题吴参议达观堂堂榜盖朱希真所作也仆少亦辱知于朱公故尤感慨云》，《陆游全集校注》第 4 册，第 398 页。

② 《渭南文集校注》卷三一《跋朱希真所书杂钞》，《陆游全集校注》第 10 册，第 282 页。

③ （宋）刘克庄著，辛更儒笺校：《刘克庄集笺校》卷一八○《诗话（续集）》，北京：中华书局，2011 年，第 6947 页。

④ 详见笔者《陆游科举入仕考》（待刊）。

⑤ 《建炎以来系年要录》卷一五七，绍兴十八年六月乙巳，第 2711 页。

⑥ 《宋史》卷三八二《曾幾传》，第 11767、11769 页。

⑦ 《宋史》卷三八二《曾幾传》，第 11769 页。

⑧ 《渭南文集校注》卷六《贺台州曾直阁启》，《陆游全集校注》第 9 册，第 139 页。

⑨ 《渭南文集校注》卷六《贺曾秘监启》，《陆游全集校注》第 9 册，第 140 页。

⑩ 《渭南文集校注》卷六《贺礼部曾侍郎启》，《陆游全集校注》第 9 册，第 145 页。

⑪ 《老学庵笔记校注》卷一，《陆游全集校注》第 11 册，第 173 页。

曾幾的名声，陆游自幼耳闻，但曾幾知陆游名，当还是与陆游的家庭有关。在曾幾的友人中，有两位与山阴陆氏相关，一是晁谦之(字恭道)①。曾幾文集《茶山集》中，有多篇与晁谦之交往的诗文。② 晁谦之出身于昭德晁氏。③ 陆游的母亲唐氏，母家也为昭德晁氏。④ 故陆游与曾幾的相识，大约与晁谦之的引荐有关。另外，也可能与李光有关。曾幾文集中，有与李光相关的诗文；⑤李光逝世后，曾幾作挽诗三首悼念；⑥曾幾后将孙女嫁给了李光的儿子李孟传。⑦ 虽然李光后来遭遇坎坷，但写信推荐还是可能的。

陆游与曾幾的交往，是从慕名到写信开始的。陆游诗稿《别曾学士》一篇详细记述了他对曾幾从慕名，到读其诗文，再到拜书求见，以及第一次见面交谈的情况。"儿时闻公名，谓在千载前。稍长诵公文，杂之韩杜编。""忽闻高轩过，欢喜忘食眠，袖书拜辕下。""公不谓狂疏，屈体与周旋。"⑧这是绍兴二十一年(1151)，陆游和曾幾第一次会面。之后，双方书信往来。收到曾幾的书信，陆游的喜悦之情，在《寄酬曾学士学宛陵先生体比得书云所寓广教僧舍有陆子泉每对之辄奉怀》一文中清晰展现：

---

① 晁谦之，字恭道，绍兴九年(1139)，权户部侍郎(见《建炎以来系年要录》卷一三一，绍兴九年八月癸亥，第2200页)。绍兴十五年(1145)四月，以敷文阁直学士、安抚使兼行宫留守司公事(见[宋]周应合撰，王晓波等点校：《景定建康志》卷一《大宋中兴建康留都录一·行宫留守》，《宋元珍稀地方志丛刊》甲编一，成都：四川大学出版社，2007年，第10页)。绍兴二十四年(1154)十一月，敷文阁直学士晁谦之卒于信州(见《建炎以来系年要录》卷一六七，绍兴二十四年十一月庚午，第2892页)。
② (宋)曾幾：《茶山集》卷二《晁侍郎折赠芍药三种》、卷四《挽晁恭道侍郎二首》、卷五《送晁恭侍郎守临川》，文渊阁《四库全书》本第1136册，第页。
③ 关于晁氏家族世系，详见何新所：《昭德晁氏家族研究》，上海：上海古籍出版社，2006年，第30页。
④ 陆游说："某之外大母清丰君，实巨茨先生(晁冲之)女兄，而墓刻则景迁先生(晁说之)所作。故某每见昭德及东眷中表，每感怆也。"(见《渭南文集校注》卷三〇《跋诸晁书帖》，《陆游全集校注》第10册，第243页。)
⑤ "苦遭前政堕危机，二十余年咏式微。天上谪仙皆欲杀，海滨大老竟来归。故园松菊犹存否？旧日人民果是非？最小郎君今弱冠，别时闻道不胜衣"(见《茶山集》卷五《闻李泰发参政得旨自便将归以诗迓之》，文渊阁《四库全书》本第1136册，第514页)。
⑥ 《茶山集》卷四《挽李泰发参政三首》，文渊阁《四库全书》本第1136册，第507页。
⑦ "李孟传字文授，资政殿学士光季子也。光谪岭海，孟传才六岁，奉母居乡，刻志于学。贺允中、徐度皆奇之，而曾幾妻以其孙。"(见《宋史》卷四〇一《李孟传传》，第12176页)。
⑧ 《剑南诗稿校注》卷一《别曾学士》，《陆游全集校注》第1册，第1页。陆游此诗事，与曾幾文集中《长至日述怀兼寄十七兄》相对应，"老来愈觉白驹忙，眼看重阳又一阳。心似死灰飞不起，技如寒日短中长。厌看宾客空投谒，强对妻孥略举觞。回首山阴酬劝地，应怜鸿雁不成行。(辛未年长至日，在绍兴侍兄宴会)"(见《茶山集》卷六《长至日述怀兼寄十七兄》，文渊阁《四库全书》本第1136册，第529页)。曾幾诗中辛未年，即绍兴二十一年。

庭中下乾鹊，门外传远书，小印红屈蟠，两端黄蜡涂。开缄展矮纸，滑细疑卵肤。首言劳良苦，后问逮妻孥，中间勉以仕，语意极勤渠。字如老瘠竹，墨淡行疏疏。诗如古鼎篆，可爱不可摹。快读醒人意，垢痒逢爬梳。细读味益长，炙毂出膏腴。行吟坐卧看，废食至日晡。想见落笔时，万象听指呼。亦知题诗处，绿井石发粗。公闲计有客，煎茶置风炉。倘公无客时，濯缨亦足娱。井名本季疵，思人理岂无。居然及贱子，愧谢恩意殊。几时得从公，旧学锄荒芜，古文讲声形，误字辨鲁鱼。时时酌井泉，露芽奉瓢盂。不知公许否？因风报何如。①

在这篇诗文中，陆游提出了"几时得从公""不知公许否"的拜师请求。收到这样的请求，曾幾当是即时答应了的。故陆游师从曾幾的时间，应当是这封信回信的时间。于北山先生认为，此诗事在绍兴二十一年（1151）这一二年间。② 钱仲联先生认为，此诗事在绍兴二十五年（1155）春末至十一月以前一段时间内。③ 绍兴二十五年（1155）十二月，曾幾任两浙东路提点刑狱使，师生第二次见面。④

对于师从曾幾的时间，陆游自己是有一些记载的。如《跋吕伯共书后》中云："绍兴中，某从曾文清公游。"⑤绍兴二十六年（1156）陆游作《贺台州曾直阁启》又云："某早尝问道，晚益受知。"⑥绍兴二十七年（1157）冬十月，曾幾守秘书少监，陆游作《贺曾秘监启》再云："某自惟幸会，最辱知怜。识度关之云，距今十载；从浴沂之乐，终后诸生。"⑦嘉泰二年（1202），陆游在《赠曾温伯邢德允》中回顾师从曾幾之路说："发似秋芜不受耘，茶山曾许与斯文。回思岁月一甲子（游获从文清公时，距今六十年），尚记门墙三沐

---

① 《剑南诗稿校注》卷一《寄酬曾学士学宛陵先生体比得书云所寓广教僧舍有陆子泉每对之辄奉怀》，《陆游全集校注》第 1 册，第 12 页。
② 于北山：《陆游年谱》，第 50 页。
③ 《剑南诗稿校注》卷一《寄酬曾学士学宛陵先生体比得书云所寓广教僧舍有陆子泉每对之辄奉怀》注释，《陆游全集校注》第 1 册，第 12 页。
④ 《宝庆会稽续志》卷二《提刑题名》，《宋元方志丛刊》7，第 7109 页。
⑤ 《渭南文集校注》卷三一《跋吕伯共书后》，《陆游全集校注》第 10 册，第 278—279 页。
⑥ 《渭南文集校注》卷六《贺台州曾直阁启》，《陆游全集校注》第 9 册，第 139 页。
⑦ 《渭南文集校注》卷六《贺曾秘监启》，《陆游全集校注》第 9 册，第 141 页。

熏。"①由于学界解读文献的差异,陆游师从曾幾的时间,一直是个有争议的学术话题。②

　　在诸多观点中,邱鸣皋先生通过对吕伯共(祖谦)在绍兴时间的考证,得出的师从当在绍兴二十一年(1151)到绍兴二十五年(1155)春间的观点,③本文以为其论据是充分的。但对于邱先生精确到绍兴二十一年(1151)的说法,笔者以为并无直接证明材料,因为上述《寄酬曾学士学宛陵先生体比得书云所寓广教僧舍有陆子泉每对之辄奉怀》的写作时间,本身存有争议。教育在宋代,是一件与科举紧密相连的事情。纵观陆游一生,曾三次参加科考,绍兴十年(1140)第一次科考,因生病失利;绍兴十三年(1143)应试太学,因"古学"不足失败;之后无应试经历。直到绍兴二十三年(1153),陆游参加了人生最后一次科考。④ 两次败北后沉寂多年,再度应举的勇气当来自这些年随曾幾的学习。故本文以为,陆游师从曾幾的时间,在绍兴二十一年(1151)至陆游最后一次科考的绍兴二十三年(1153)之间。

　　陆游与曾幾的交往,相当愉快且受益匪浅。初次见面,曾幾就肯定陆游诗文,"文清曾公幾,字吉甫。绍兴中自临川来,省其兄学士班,予以书见之。后因见予诗大叹赏,以为不减吕居仁。予以诗得名,自公始也"。⑤ 吕本中,字居仁,元祐宰相吕公著的曾孙。元人评价吕本中,"其才猷皆可以经邦,其风节皆可以厉世"⑥。师从之后,曾幾对陆游

---

① 《剑南诗稿校注》卷五一《赠曾温伯邢德允》,《陆游全集校注》第 6 册,第 41 页。
② 学界对此问题的观点有四:一是绍兴十二年(1142),陆游 18 岁师从说。代表人物有朱东润、欧小牧、于北山、钱仲联、欧明俊、高利华、邹志方等(见朱东润:《陆游传》,武汉:华中科技大学出版社,2019 年,第 18 页;欧小牧:《陆游年谱》[补正版],第 27 页;于北山:《陆游年谱》,第 38 页;钱仲联:《陆游年表》,《陆游全集校注》第 13 册《附录三》,第 149 页;欧明俊:《陆游》,第 11 页;高利华:《亘古男儿:陆游传》,第 31 页;邹志方:《陆游研究》,第 374—376 页);二是绍兴十三年(1143)陆游 19 岁说。代笔人物是孔凡礼(见孔凡礼:《陆游五题——关于陆游生平的若干资料》,《徐州师范大学学报》[哲学社会科学版]1998 年第 2 期,第 103 页);三是绍兴二十一年(1151)陆游 27 岁说。代表人物是邱鸣皋(见邱鸣皋:《陆游师从曾幾新论》,《文学遗产》2002 年第 2 期,第 82—84 页);四是绍兴二十五年(1155)陆游 31 岁说(见钱大昕:《陆放翁先生年谱》,《陆游全集校注》第 13 册《附录五》,第 188 页;齐治平:《陆游传论》,长沙:岳麓书社,1984 年,第 76 页)。
③ 邱鸣皋:《陆游师从曾幾新论》,《文学遗产》2002 年第 2 期,第 82—84 页。
④ 对于绍兴二十三年(1153)的锁厅试,《剑南诗稿校注》卷四〇中有记载,"陈阜卿先生为两浙转运司考试官,时秦丞相孙以右文殿修撰来就试,直欲首选。阜卿得予文卷,擢置第一,秦氏大怒。予明年既显黜,先生亦几蹈危机。偶秦公薨,遂已。予晚岁料理故书,得先生手帖,追感平昔,作长句以识其事,不知衰涕之集也"(见《陆游全集校注》第 5 册,第 133 页)。
⑤ (宋)陆游撰,马亚中、薛玉坤校注:《杂著·感知录》,《陆游全集校注》第 13 册,第 126 页。
⑥ 《宋史》卷三七六《吕本中传》,第 11635、11638 页。

悉心指点。""忆在茶山听说诗,亲从夜半得玄机"①;"我得茶山一转语,文章切忌参死句"②。对于能够师从曾幾,陆游终身以为幸事,"河南文清公,早以学术文章擅大名,为一世龙门。顾未尝轻许可,某独辱知,无与比者"③。成名后的陆游,终身师事曾幾,并将自身成就归功于老师,"公喜赋诗,而诗本于曾茶山"④。这样的定评,是陆游及其家人对老师曾幾最大的肯定!

　　综上所述,陆游所受的教育,既有家塾、小学及乡校的机构经历,也有葛胜仲、朱敦儒与曾幾这样的名儒指点。陆氏深厚的家学,为年幼的陆游埋下了诗书的种子;几位学识渊博、深谙教育之道的大儒,以教授与鼓励并重的方式,激发了陆游求知的兴趣。这些力量的共同作用,成就了诗坛名家陆游。当然,陆游能有这样的教育机会,得益于其父陆宰的精心安排。山阴陆氏家族本身的学识,与"往来有鸿儒"的交际圈,为陆游的教育提供了重要外部助力。陆游的教育经历,是宋代中上层家族教育子孙模式的范例,也是两宋基础教育形式与内容的生动再现。

---

① 《剑南诗稿校注》卷二《追怀曾文清公呈赵教授赵近尝示诗》,《陆游全集校注》第 1 册,第 155 页。

② 《剑南诗稿校注》卷三一《赠应秀才》,《陆游全集校注》第 4 册,第 267 页。

③ 《渭南文集校注》卷三○《跋〈曾文清公诗稿〉》,《陆游全集校注》第 10 册,第 262 页。

④ 《山阴陆氏族谱》,转引自《陆游全集校注》第 13 册,第 142 页。

五代时期后梁政权"国史"建构考论

——由朱温任宣武节度时间说开

上海师范大学　吕浩文　赵龙*

在中国古代政权更迭过程中,国史编纂是后继政权宣扬与维护官方意识形态的重要手段,而关于正统性的论证又是官方意识形态中的重要组成部分。正因如此,各政权一般会在国史的相关内容中进行一番建构或重构,五代时期各政权也不例外。开平元年(907),朱温代唐,建立后梁政权,开启五代序幕。学界关于五代的既有研究已经积累到比较可观的程度,其中不乏对朱温和后梁政权的研究。[①]这些研究成果于今人增进对后梁政权的认识多有裨益,然昔贤时髦对朱温任宣武节度的时间与后梁政权国史建构之间的关系并未曾措意。史书中关于朱温任宣武节度使的时间有"三月"和"五月"两种歧异记载,此虽看似细枝末节,无关宏旨,实则关乎对后梁建国史以及五代国史中正统建构问题的正确认识。因此,笔者尝试对二者的关联进行考察,期以推进五代时期政权建立与国史建构关系研究,以待方家教正。

---

* 作者简介:吕浩文(1999—),男,广东佛山人,上海师范大学古籍所在读硕士,研究方向:历史文献学、宋史;赵龙(1982—),男,安徽当涂人,上海师范大学图书馆副研究馆员,博士,硕士生导师,研究方向:历史文献学、宋代政治制度史。

① 中国史学界早期关于朱温的研究可参见张子侠:《建国以来朱温研究述评》,《安徽史学》1998 年第 3 期。较为新近的研究则有伍纯初:《朱梁集团研究》,上海师范大学博士学位论文,2017 年;李伟刚:《五代上源驿事件发微》,《河北北方学院学报(社会科学版)》2018 年第 1 期;方震华著,尹承译:《正统王朝的代价——后梁与后唐的政权合理化问题》,姜锡东主编:《宋史研究论丛》第 23 辑,北京:科学出版社,2018 年;闫建飞:《方镇为国:后梁建国史研究》,《中山大学学报(社会科学版)》2019 年第 6 期;景旭:《五代十国政权对唐王朝政治认同研究》,黑龙江大学硕士学位论文,2020 年;牛孟恩:《梁唐之际政权形态的构建——兼论"藩镇国家"的形成(875—936)》,中央民族大学硕士学位论文,2020 年。

一、《旧唐书》相关记载的史源学考察

朱温任宣武节度，事载诸史。此事发生的时间，新旧《五代史》、《册府元龟》、《资治通鉴》等均作"中和三年三月"①，唯有《旧唐书》系于"中和三年五月"②。《旧五代史考异》即已指出两说分载各史的情况，并称《通鉴》以薛史为据，其似偏向于采信薛史与《通鉴》，惜未详细分析。③由于司马光修《通鉴》、欧阳修撰《五代史》时后梁实录尚存，编撰时可以参阅，且从文献学的角度来说，通常是"五"讹为"三"，而非"三"讹为"五"，故可排除史料中三月、五月之异乃文字讹误的可能。后世史著，多取"三月说"而舍"五月说"，然而并未详加辨析④，盖因后者为"孤证"而不取。实际上，如果仔细分析，"三月说"未必比"五月说"可信，相反，持"五月说"还能与其他记载相印证，具有较高可信度。

新旧《五代史》、《通鉴》和《册府元龟》均以朱温任宣武节度事在中和三年（883）三月，然究其史源，此四者并非流出多源。清人赵翼即已对薛史、欧史以及《通鉴》史源有所探讨，薛史一年之内便告修成，与其以五代各朝实录为底稿有关，"各朝实录之书法，亦并可概见焉"⑤，是则薛史源自后梁实录。对于朱温授任宣武节度一事，《旧五代史》称："仍令候收复京阙，即得赴镇。"⑥《资治通鉴》中有类似的记载："俟克复长安，令赴镇。"⑦近有观点认为《旧五代史》与《资治通鉴》所书字句近似，二者史源一致或《资治通鉴》即本《旧五代史》。⑧《通鉴考异》有引敬翔《梁太祖编遗录》之例，⑨故《通鉴》此段记

---

① （宋）薛居正等：《旧五代史》卷一《后梁太祖纪一》，北京：中华书局，1976 年，第 4 页；（宋）欧阳修：《新五代史》卷一《后梁太祖纪上》，北京：中华书局，1974 年，第 2 页；（宋）司马光编著，（元）胡三省注：《资治通鉴》卷二五五，唐僖宗中和三年三月条，北京：中华书局，1976 年，第 8291 页；（宋）王钦若等编，周勋初等校订：《册府元龟》卷一八七《闰位部·勋业第五》，南京：凤凰出版社，2006 年，第 2089 页。

② （后晋）刘昫等：《旧唐书》卷一九下《僖宗纪》，北京：中华书局，1975 年，第 716 页。

③ （清）邵晋涵：《旧五代史考异》卷一，转引自陈尚君辑纂：《旧五代史新辑会证》卷一《后梁太祖纪一》，上海：复旦大学出版社，2005 年，第 8 页。

④ 如王仲荦：《隋唐五代史》，上海：上海人民出版社，2003 年，第 752 页。

⑤ （清）赵翼撰，王树民校证：《廿二史札记校证》卷二一，"薛史全采各朝实录"条，北京：中华书局，1984 年，第 451—453 页。

⑥ 《旧五代史》卷一《后梁太祖纪一》，第 4 页。

⑦ 《资治通鉴》卷二五五，唐僖宗中和三年三月条，第 8291 页。

⑧ 参见《朱梁集团研究》，第 14 页。

⑨ 如叙至中和三年四月收复长安事时，《考异》便引用了包括《梁太祖实录》《梁太祖编遗录》在内的各种史籍进行比对，见《资治通鉴》卷二五五，唐僖宗中和三年四月条，第 8294 页。

载亦有本自《编遗录》的可能①。不过,无论《通鉴》的相关记载是本自后梁实录抑或是《编遗录》,都可视为源自后梁国史一系的史料。② 据此表明,薛史、《通鉴》同源出后梁国史。

薛史已佚,传世《旧五代史》已非原本。③《册府元龟·闰位部》所载后梁事迹,"皆本之《薛史》原文,首尾颇详",故"采《册府元龟》梁太祖事……以补其阙"④。据此可知《册府元龟·闰位部》中的后梁事迹采用了薛史《梁太祖纪》的原文,而后者的传世文本则是从前者相应内容中辑佚而成,故二者同源,皆本自后梁实录。⑤ 是则《旧五代史》《资治通鉴》《册府元龟》此三者皆源出后梁一系的史料。

至于《新五代史》,欧阳修虽大量取材于笔记小说,⑥但所据基本史料仍是五代实录,⑦有观点甚至直接将五代实录视为后世修五代史书时所依据的基本史源,⑧因此《新五代史》"三月说"大体亦源自实录。⑨ 据此可知,《旧五代史》《新五代史》《资治通鉴》及《册府元龟》中的"三月说",仅有后梁国史此单一史源。

关于《旧唐书》的史源及其编撰原委,已有相关研究进行探讨。⑩ 唐末,文书典籍散佚严重,史称"今之书府,百无二三"⑪,武宗朝以来的官方档案几已散失殆尽。正是在此背景下,自后梁以降三代,都不遗余力搜罗有唐一代史料以撰述唐史。然后梁、后唐二朝,收效甚微,唐史并未修成。至后晋时期,唐史方得纂成,此即《旧唐书》。⑫后晋天

---

① 是书或称《大梁编遗录》,以《梁太祖实录》"叙述非工,事多漏略",梁末帝诏敬翔别撰而成,与《梁太祖实录》并行于世。见《旧五代史》卷一八《敬翔传》,第250页。

② 这种史料区别方法的运用,得益于西村阳子的启发,参见高贤栋:《正统之争:张昭远篡改段文楚事件发生时间的意图》,《史学理论与史学史学刊》2019年第1期。

③ 薛史、欧史曾并行于世,至金泰和七年(1207),"诏止用欧史,于是薛史渐湮"。参见《廿二史札记校证》卷二一,"薛居正五代史"条,第451页。

④ 《旧五代史新辑会证》卷一《后梁太祖纪一》,第1页。

⑤ 陈尚君虽然认为《册府元龟·闰位部》所及朱梁事迹皆本之实录的说法"亦欠妥当",但也承认"《薛史》源出《实录》之渊源联系",见《旧五代史新辑会证》卷一《后梁太祖纪一》,第2页。

⑥ 张明华:《〈新五代史〉研究》,北京:中国社会科学出版社,第68页。

⑦ 《廿二史札记校证》卷二一,"欧史不专据薛史旧本"条,第459—460页。

⑧ 谢贵安:《中国已佚实录研究》,上海:上海古籍出版社,2013年,第332页。

⑨ 欧阳修在《唐六臣传》中便称其"又读《梁实录》",可见后梁实录是欧阳修重要的参考史源。参见《新五代史》卷三五《唐六臣传》,第382页。

⑩ 《廿二史札记校证》卷一六,"《旧唐书》源委"条,第340、341页;黄永年:《唐史史料学》,上海:上海书店出版社,2002年,第6—8页。

⑪ (宋)王溥:《五代会要》卷一八,"前代史"条,上海:上海古籍出版社,1978年,第295页。

⑫ 《唐史史料学》,第7—8页。

福六年(941)四月,赵莹奏称:

> 武宗、宣宗两朝实录……僖宗、懿宗两朝实录……虽闻撰述,未见流传……

> 请下三京诸道及中外臣寮,凡有将此数朝实录诣阙进纳,请量其文武才能,不拘资地,除授一官。如卷帙不足,据数进纳,亦请不次奖酬,以劝来者……

> 请下中外臣寮及名儒宿学,有于此六十年内撰述得传记,及中书、银台、史馆日历、制敕册书等,不限年月多少,并许诣阙进纳。如年月稍多,记录详备,请特行简拔,不限资序。①

与此同时,贾纬又"搜访遗文及耆旧传说",另外编成《唐朝补遗录》六十五卷。②因此,关于《旧唐书》中晚唐时期史料的史源类别大体包括"数朝实录""传记""书、银台、史馆日历、制敕册书等"以及基于遗文传说编写而成的《唐朝补遗录》。黄永年先生便指出:"武宗的实录已大部分佚失,宣宗以下的实录并未修成,更无国史、《唐历》可为依据,因此武宗到昭宗以至哀宗的本纪之撰修,只能是根据征集到的残存的日历、制敕册书、诸司吏牍以及时人撰述如贾纬的《唐年补录》之类。"③据此,《旧唐书》"中和三年"制授朱温宣武节度的制书,也当在其中"制敕册书"之列,此和前述史籍本自后梁国史有所不同,④乃源自唐末史料。

在《旧唐书·僖宗纪》中,与朱温任宣武一事同系于中和三年五月者,还有其他靖难功臣的授封。为方便讨论"五月制"的史料特征,兹具引如下:

> (中和三年)五月,制以河中节度使、检校尚书右仆射王重荣检校司空、同平章事,余如故。雁门已北行营节度、忻代蔚朔等州观察处置等使、检校尚书左仆射、代州刺史、上柱国、食邑七百户李克用检校司空、同平章事,兼太原尹、北京留守,充河东节度、管内观察处置等使。

> 义武军节度使、检校司空王处存检校司徒、同平章事,余如故。以检校尚书右仆射、华州刺史、潼关防御等使朱温检校司空,兼汴州刺史、御史大夫,充宣武节度观察等使,仍赐名全忠。

> 京城西北面行营都统、金紫光禄大夫、检校司空、邠州刺史、邠宁节度使朱玫就

① 《五代会要》卷一八,"前代史"条,第295页。
② 《五代会要》卷一八,"前代史"条,第298页。
③ 《唐史史料学》,第9页。
④ 朱温得任宣武,与黄巢之乱有关。胡耀飞曾对黄巢相关史事的史料产生过程进行了探讨,区分了三个层面的历史书写进程,促进了我们对于乱世中历史书写的认识。朱温建梁,亦是在唐末乱世之中,这对我们认识朱梁的历史书写颇有裨益。参见胡耀飞:《战争·回忆·修史:论黄巢史事的史料产生过程》,杜文玉主编:《唐史论丛》第22辑,西安:三秦出版社,2016年。

加同平章事，进封吴兴县侯，食邑一千户。郦坊节度使、金紫光禄大夫、检校尚书右仆射东方逵就加同平章事。①

不唯朱温，记录其他靖难之臣所除授之官的文件亦必在上述三朝搜罗而来的唐末史料之列。观察上述引文可以发现，制书中除官的书写格式均为"某甲官某人封某乙官"云云。赵翼在论及《旧唐书》中唐末时期的行文记载时即论道：

> 至会昌以后，无复底本，杂取朝报吏牍补缀成之，故本纪书吴湘狱案至千余字。咸通八年，并将延资库计账贯匹之数琐屑开入，绝似民间记簿。其除官必先具旧衔，再入新衔，如以某官某人为某官，下至刺史亦书于本纪，是以动辄累幅，虽邸抄除目，无此繁芜也。②

赵氏所举吴湘狱案、延资库计账二例，亦当在前述三朝搜罗史料的范围之内，言其内容繁芜，正是这批史料"原始性"的体现。其所言除官书写"动辄累幅"，则与唐前中期的除官书写保持一致。而唐前中期的史料本源于国史，由此似可表明唐末史料中的除官内容亦具有相当的可信度，不容轻易否认。

又"先具旧衔，再入新衔"的书法和制敕册书的具体书写存在一定的关系。《唐大诏令集》《全唐文》保留了不少唐末皇帝除授大臣官职的制书，③兹引一例④和《旧唐书》中相对应的记载来对比：

> 开府仪同三司、门下侍郎、兼兵部尚书、同中书门下平章事、充太清宫使、弘文馆大学士、延资库使、上柱国、荥阳郡开国公、食邑二千户郑从谠……可检校司徒、同中书门下平章事、行太原尹、充北都留守、河东节度、管内观察处置兼行营招讨等使。⑤

《旧唐书·僖宗纪》对应部分的记载为：

> 制以开府仪同三司、门下侍郎、兼兵部尚书、同平章事、充太清宫使、弘文馆大学士、延资库使、上柱国、荥阳郡开国公、食邑三千户郑从谠检校司空、同平章事，兼

---

① 《旧唐书》卷一九下《僖宗纪》，第716页。

② 《廿二史札记校证》卷一六，"旧唐书前半全用实录国史旧本"条，第348页。

③ 关于唐代册命文书的相关研究，参见张攀礼：《唐代官员册命制度研究》，陕西师范大学硕士学位论文，2019年，第61—78页。

④ 当然，并非所有的制授册书都是新旧衔一起提及的，有的只在文末简单说明新衔，如唐僖宗《授崔彦昭中书侍郎判度支制》，周绍良主编：《全唐文新编》卷八六，长春：吉林文史出版社，1999年，第1034页。

⑤ 唐僖宗：《郑从谠河东节度使平章事制》，(宋)宋敏求编，洪丕谟等点校：《唐大诏令集》卷五四，上海：学林出版社，1992年，第260页。

太原尹、北都留守，充河东节度、管内观察处置兼行营招讨供军等使。①

两相对比可知，史书中"先具旧衔，再入新衔"的书写方式，正是对原制敕册书中除授信息提取后的结果。而"五月制"的除官书写也基本上是"先具旧衔，再入新衔"的形式，凡此种种，都可说明"五月制"正是出自上引所述后梁、后唐及后晋此三朝时期搜罗而来的唐末"制敕册书"。

此外，尚有一石刻材料可作为《旧唐书·僖宗纪》中朱温授封内容可信的旁证。有一块名为《尊胜陀罗尼幢记》的石碑，碑文乃僧人崇厚在中和四年（884）十一月书于"亳州丛林护国寺"②。清代学者武亿据此碑文论道：

> 《尊胜陀罗尼经幢记》首题云"宣武军亳州南护国禅院立"，唐宣武军节度使治汴州管汴、宋、亳、颍四州，故此记以军额，统州名也。其文序："自乾符二年草贼王仙芝、尚君长、黄巢等结聚群凶，煞戮万姓，莫知其数。突入京国，后却返淮阳北下寨，约百万余众，讨伐州县，烧劫乡间，攻围当郡。赖我当使司空、当州尚书□□□共召集勇将克□□杀□其众大败，星散诸处。"……《记》云"赖我当使司空、当州尚书"，《纪》称"以检校尚书右仆射华州刺史、潼关防御等使朱温检校司空，兼汴州刺史，充宣武军节度观察等使"，然则"当使"即宣武军节度使，于时温已检校司空矣。"当州"即州刺史，"尚书"云者，亦以其检校官称之。③

这份写于中和四年的碑文回顾了中和三年黄巢攻伐至亳州，然后被"当使司空、当州尚书"击败的事情。如武亿所分析的，所谓的"当使司空""当州尚书"，指的便是朱温。"当使"言其为宣武军节度使，"当州"言其为汴州刺史。又由于朱温先任"检校尚书右仆射"，后又"检校司空"，故以检校官代称。以检校之官来称某人，在当时是常例。如后来发生上源驿事变时，侍从郭景铢对李克用说："汴帅谋害司空！"④因为当时李克用任检校司空，故以司空称之。⑤ 值得一提的是，武亿所引的依据正是《旧唐书·僖宗纪》，即引文中的"《纪》"，而对于朱温检校司空的记载，不见于《旧五代史》《资治通鉴》等书。以此石刻资料以及武亿的分析，与前文论文结合观之，《旧唐书》对于朱温任宣武节度使的记载是可信的。

---

① 《旧唐书》卷一九下《僖宗纪》，第 706 页。

② （清）武亿：《授堂金石文字续跋》卷六，见《授堂金石三跋：附续跋》，上海：上海古籍出版社，2020 年，第 516 页。

③ （清）武亿：《授堂金石文字续跋》卷六，第 516—518 页。原文并无标点，为笔者所加。

④ 《旧五代史》卷二五《后唐武皇纪上》，第 339 页。

⑤ （后唐）卢汝弼：《唐故河东节度观察处置等使、开府仪同三司、守太师兼中书令、晋王墓志铭并序》，转引自樊文礼：《李克用评传》附录一，济南：山东大学出版社，2005 年，第 212 页。

二、五月还是三月？——以黄巢乱后政治局势为中心的考察

如上所论，从史源学角度和金石材料的旁证来看，《旧唐书》中"五月制"的朱温部分足资取信。现考察其时政局形势，以史实来说明"五月说"之可信与"三月说"之不可信。实际上，已有学者质疑"三月说"，认为朱温的实力在勤王之师中并非首屈一指，如此受重视并不合理，理应系于五月，①然其分析尚有可以深入讨论的空间。

朱温降唐之后，王铎承制拜朱温为华州刺史②、潼关防御镇国军等使。③ 其时河中节度使乃是王重荣，朱温以舅事之。④ 重荣"即日飞章上奏"⑤，或是为朱温谋得一官半职，从而扩张势力。随后唐帝下制册封朱温为河中行营副招讨使及金吾卫大将军。朱温由于舅事王重荣以献殷勤，才能在降唐后有如此不错的待遇，无怪乎黄巢麾下的李祥在听闻朱温投降后"重荣遇之甚厚"，亦欲归降而遭到诛杀。⑥ 所以无论是王铎承制所拜，还是唐帝所制授，都可视为唐廷对王、朱二人"义亲"关系在官职上的回应，其实质是唐廷对王重荣势力的笼络。

关于朱温任宣武节度一事，《旧五代史》载："（中和）三年三月，僖宗制授帝宣武军节度使，依前充河中行营副招讨使，仍令候收复京阙，即得赴镇。"⑦对于"仍令候收复京阙，即得赴镇"一句，学界存有不同理解。有观点认为此为激励朱温效力朝廷的手段，⑧另外也有对这种"激励说"提出了质疑的观点。⑨ 制敕册书中类似的具有约定性的话语，可参见《授郑畋平章事依前都统制》一例："仍令所司候收复京城后备册命。"⑩时维

---

① 《梁唐之际政权形态的构建——兼论"藩镇国家"的形成（875—936）》，第 32 页。
② 他史或云"同州刺史"，见（宋）陶岳：《五代史补》卷一，"太祖应谶"条，转引自《旧五代史新辑会证》卷三《后梁太祖纪三》，第 112 页；或云"同华节度使"，见（宋）欧阳修、宋祁：《新唐书》卷一八七《王重荣传》，北京：中华书局，1975 年，第 5436 页；《资治通鉴》卷二五五，唐僖宗中和二年九月条，第 8274 页。有一种观点认为，王铎承制所拜朱温之官，应为"华州刺史"。产生各史歧异的原因，当是由于朱温降唐前在黄巢势力中的职务为"同州防御使"，参见《朱梁集团研究》，第 13—14 页。
③ 《旧唐书》卷一九下《僖宗纪》，第 713 页。
④ 《资治通鉴》卷二五五，唐僖宗中和二年九月条，第 8274 页。
⑤ 《旧五代史》卷一《后梁太祖纪一》，第 3 页。
⑥ 《新唐书》卷二二五下《黄巢传》，第 6461 页；《资治通鉴》卷二五五，唐僖宗中和二年九月条，第 8274 页。
⑦ 《旧五代史》卷一《后梁太祖纪一》，第 4 页。
⑧ 参见《朱梁集团研究》，第 14 页。
⑨ 《梁唐之际政权形态的构建——兼论"藩镇国家"的形成（875—936）》，第 32 页。
⑩ 《唐大诏令集》卷五二，第 252 页。

中和元年（881），彼时京城尚属黄巢势力，而郑畋又是国之重臣，对平乱安国颇有贡献，自有必要待京城收复后另行择日备礼册命，以示尊崇。① 然朱温只是一降将耳，如上所述，其所担任之职乃是王重荣“即日飞章上奏”“遇之甚厚”的结果，是朝廷出于对王重荣势力的认可而非出于看重朱温而采取的措施。

实际上，在策反朱温的二人中，虽然王重荣对朱温“遇之甚厚”，但杨复光对朱温并无好感。朱温投降唐廷之初，杨复光即“欲斩之”，只是被王重荣以“今招贼，一切释罪。且温武锐可用，杀之不祥”②为由制止。杨复光所隶属的家族势力，根基深厚，在唐末政局中具有举足轻重的作用。③ 杨复光既是强大政治势力中的代表人物，又是唐廷天下诸道行营兵马的都监，其对朱温的态度具有相当的代表性。如此看来，唐廷不太可能与投降不久的朱温“约定”至收复京阙后令其“即得赴镇”。加以宣武镇位处战略要地，④唐廷即便笼络降将，亦不至于在朱温投降不久后即任命其为宣武节度。再者，朱温于六月出发赴宣武镇，七月方至汴，若三月即得除授，四月京城便已收复，理应即行赴镇，似无理由迁延至六月方“帅所部百人赴镇”⑤。且据《通鉴》载，朱温任宣武节度这天乃“己丑”⑥，五月己丑，恰是五月廿四日，已是五月末，授封后稍作整顿，至六月出发赴镇，必比三月己丑更合情理。

此外，据《通鉴》：“（中和三年）五月，加朱玫、李克用、东方逵同平章事。升陕州为节度，以王重盈为节度使。又建延州为保塞军，以保大行军司马延州刺史李孝恭为节度使。”胡三省注曰：“赏破黄巢、复京城之功也。”⑦这表明，在击败黄巢、收复京城后，唐廷进行了一次大型的论功行赏，朱温在列乃情理之事，有学者便据此认为朱温任宣武在五月。⑧ 总之，就其时形势而言，唐廷似无可能对朱温下达类似“仍令候收复京阙，即得赴

① 关于唐代官员册命程序的研究，参见《唐代官员册命制度研究》，第27—41页。
② 《新唐书》卷一八七《王重荣传》，第5436页。
③ 刘永强：《大厦将倾：杨复光、杨复恭与唐末政局研究》，《唐史论丛》第27辑，西安：陕西师范大学出版社，2018年，第248页。
④ 宣武战略地位重要，有“夷门重地”之称，参见《册府元龟》卷一六六《帝王部·招怀第四》，第1845页。关于宣武镇战略地位之论述，可参见付先召：《唐宣武镇辖区变动及其原因探析》，《商丘师范学院》2014年第8期；《朱梁集团研究》，第23—24页；张国刚：《唐代藩镇研究》，北京：中国人民大学出版，2009年，第50页。
⑤ 《资治通鉴》卷二五五，唐僖宗中和三年六月，第8297页。
⑥ 《资治通鉴》卷二五五，唐僖宗中和三年三月，第8291页。
⑦ 《资治通鉴》卷二五五，唐僖宗中和三年五月，第8295页。
⑧ 牛孟恩：《梁唐之际政权形态的构建——兼论“藩镇国家”的形成（875—936）》，第32页。

镇"具有约定性质话语的制敕册书,也不可能将其作为激励朱温的手段。① 如此,《旧五代史》的"三月说"颇为可疑。

《五代史补》载:"黄巢灭,淮、蔡间秦宗权复盛,朝廷以淮、蔡与汴州相接,太祖汴人,必究其能否,遂移授宣武军节度使,以讨宗权。"②作为时人笔记小说,《五代史补》虽然有些细节并不属实,但内容大体符合史实。《四库全书总目提要》便称"此书虽颇近小说,然叙事首尾详具,率得其实",欧阳修《新五代史》对其中部分记载颇有采用,③因此《五代史补》具有一定的史料价值。此段材料,关键在于对"黄巢灭"三字的理解。考之于史,早在中和三年五月,秦宗权便被黄巢击败,然后投降,④此恰在击败黄巢收复京城的四月之后。黄巢进入长安后方定都并建国号"大齐",故唐廷收复长安则意味着黄巢的"大齐"失去了国都,以古人观念度之,情同灭国,且黄巢退出长安后亦旋即覆灭。因此"黄巢灭"当理解为黄巢在京师的势力亦即核心力量被消灭,这样该材料就没有和史实相抵牾,此即所谓"叙事首尾详具":四月,黄巢灭(退出长安);五月,秦宗权降黄巢。唐廷为防制秦宗权,以朱温汴人,"必究其能否"而任其为宣武节度使,由此则只能系于五月而非三月。《五代史补》所言为防制秦宗权而任汴人朱温为宣武节度的说法虽不见他书,但由于"首尾详具",显然并非空穴来风。从黄巢乱后的东方形势来看,既然朱温任宣武节度有防范遏制秦宗权的因素,那么其时间就不可能在三月,只能在五月。⑤

朱温能以一降将的身份担任宣武节度的重职,除了王重荣的影响之外,尚有李克用的作用。《册府元龟》载李存勖檄文曰:

> 逆温砀山庸隶,巢孽余凶,当僖宗奔播之初,我太祖扫平之际,束身泥首,请命牙门,包藏奸诈之心,惟示妇人之态。我太祖俯怜穷鸟,曲为开怀,特发表章,请帅

① 王赓武指出,朱温"作为一个'外甥',他能够要求王重荣向朝廷施压,以对他进行任命"。这准确地把握了朝廷、王重荣和朱温之间的关系,参见王赓武著,胡耀飞、尹承译:《五代时期北方中国的权力结构》,上海:中西书局,2014 年,第 18 页。王赓武所指的"任命"是宣武节度使,他认为朱温任宣武便是王重荣向朝廷施压的结果。笔者认为朱温得任宣武节度使,不仅有王重荣的施压,还有李克用上章举荐的推动作用。

② 《五代史补》卷一,"太祖应谶"条,转引自《旧五代史新辑会证》卷三《后梁太祖纪三》,第 112 页。

③ 《〈新五代史〉研究》,第 73—75 页。

④ 《旧唐书》卷二〇〇下《黄巢传》,第 5397 页;毛辉霞:《唐末秦宗权事迹述论》,《文教资料》2019 年第 21 期。

⑤ 有观点认为此段材料与各史记载不符处颇多,不宜以史实看待,但仍认可其中反映的唐廷任朱温为宣武节度使的原因。不过,既然作者认可任命朱温为宣武节度使有制约秦宗权的必要,那么就不可能取"三月说",因为秦宗权开始构成威胁是始于其向黄巢投降的五月,作者在这点上自相抵牾。见《朱梁集团研究》,第 15—16 页。

梁汴,才出崔蒲之泽,便居茅社之尊,殊不感恩,遽行猜忍。①

据这段史料,朱温得任宣武节度使,在于李克用的"特发表章"。对于这段史料,有学者以其有政权立场偏见,将其当作一面之词而不取,②似有矫枉过正之嫌。关于檄文,南朝时人刘勰曾作过如下论述:

> 凡檄之大体,或述此休明,或叙彼苛虐,指天时,审人事,算强弱,角权势,标蓍龟于前验,悬鞶鉴于已然。虽本国信,实参兵诈,诡谲以驰旨,炜晔以腾说,凡此众条,莫或违之者也。故其植义扬辞,务在刚健;插羽以示迅,不可使辞缓;露板以宣众,不可使义隐,必事昭而理辨,气盛而辞断,此其要也。③

"本国信"指的是檄文以国家威信为本,亦即要基于事实,事能实则国能信,事实彰显国家威信;"兵诈"所指并非捏造事实之"诈",而是夸大其词之"诈"。檄文要"露板以宣众",所以必须基于一定的事实,才有说服力,才能"事昭而理辨"。如陈琳所作《为袁绍檄豫州文》,刘勰评价陈氏此檄曰:"壮有骨鲠;虽奸阉携养,章实太甚,发丘摸金,诬过其虐。"④而《太平御览》引王沈《魏书》云:"(魏)太祖平邺,谓陈琳曰:'君昔为本初作檄书,但罪孤而已,何乃上及父祖乎!'"⑤引文中的"太祖"即曹操,曹操本人并未对陈琳所揭露的内容直接否认,只是责问其何以牵及曹氏祖上。由此观之,陈琳的檄文言语虽然激切,然而所涉及的事情必大体得实。又有西晋时人易雄曾"驰檄远近,列敦罪恶",被王敦擒后直言"此实有之",王敦只能"惮其辞正"而"释之"。⑥ 实有其事,故能辞正,易雄所檄王敦之罪恶,确有其事明矣。结合这些事例可知,檄文基本的事实是值得肯定的,并没有造假的必要,所谓"兵诈"只是在能夸张的地方极尽夸张之能事而已。因此,李存勖的檄文有着相当坚实的事实基础。

观唐末形势,在诸侯兵共同收复长安时,朱温的身份是河中行营副招讨使,史称其"率所部与河中兵士偕行,所向无不克捷"。而杨复光在中和三年四月所作《收复京城奏

---

① 《册府元龟》卷八《帝王部·创业第四》,第78—79页;又见同书卷六五《帝王部·发号令第四》,第691页,文字略同。值得注意的是,此檄文发于天祐八年(911),其时李存勖尚未称帝立庙,而檄文中称李克用为太祖,已是尊称庙号,是以此段材料或自后唐国史。

② 伍纯初言及"(朱温)砀山庸隶,巢孽余凶"时亦认为,"可能也近事实而并非全是丑语",因而李存勖檄文中关于李克用为朱温所请,同样值得重视。参见伍纯初:《朱梁集团研究》,第16页。

③ (南梁)刘勰撰,范文澜注:《文心雕龙注》,北京:人民文学出版社,1958年,第378、379页。

④ 《文心雕龙注》,第379页。

⑤ (宋)李昉等撰,任明、朱端平、李建国校点:《太平御览》卷五九七《文部十三·檄》,石家庄:河北教育出版社,1994年,第700页。

⑥ (唐)房玄龄等:《晋书》卷八九《易雄传》,北京:中华书局,1974年,第2314页。

捷露布》中表彰首等功臣李克用、王重荣的贡献之余,还具体表彰了各藩镇的部分将领,涉及河中时提到"河中骑将白志迁""河中将刘让、王璩、冀君武、孙琪"①,却丝毫没有提及身为河中行营副招讨使的朱温。作为行营副招讨使,既然与河中兵士"所向无不克捷",则必有不少功劳,史称朱温"与诸侯之师俱收长安"②。然而其功不记,《露布》有河中五将而无朱温。杨复光在朱温投降之初便显露杀机,加之《露布》所见,杨复光不重朱温且有意贬抑可明矣。

　　杨复光在收复京师后建立了以杨氏为中心的新权力结构,利用旧好关系与王重荣、李克用两大藩镇势力进行联结,③在日后发生的襄王之乱中,这种密切的政治联系对稳定政局起到了至关重要的作用,④即如史载:"杨复恭兄弟于河中、太原有破贼连衡之旧。"⑤曾经并肩作战的经历加之杨氏核心权力结构的联结效应,使得作为共同收复京城的两大首等功臣王重荣和李克用也直接建立了联系,这为日后河中、河东两镇势力紧密配合行动奠定了基础。⑥ 李克用在收复京城后享有拥有很高的军事威望,此即"既收长安,军势甚雄,诸侯之师皆畏之"⑦。既然王重荣与李克用建立了直接联系,而作为河中行营副招讨使的朱温又以舅事王重荣,无论于公于私,于军机于义亲,朱温都有不少和李克用接触的机会。既然杨复光对朱温有意贬抑,有功不表,那么朱温求助于此时军威甚壮的李克用也是合乎常情之事。这或许是上引李存勖檄文中"束身泥首,请命牙

---

① 《旧唐书》卷一九下《僖宗纪》,第714—716页;《旧唐书》卷二○○下《黄巢传》,第5395—5397页。

② 《旧五代史》卷一《后梁太祖纪一》,第4页。

③ 王氏、杨氏和李氏的渊源由来已久。王纵任盐州防御使时,杨复光之养父杨玄价为监军,而李克用之父李国昌曾率沙陀部族经盐州归国,即杨玄价所说"其家尊与吾先人尝共事相善"。参见伍纯初:《唐末河中王重荣家族史事考述》,《运城学院学报》2018年第1期。

④ 《大厦将倾:杨复光、杨复恭与唐末政局研究》,第256—261页。

⑤ 《旧唐书》卷一九下《僖宗纪》,第724页。

⑥ 两家之密切配合在"盐池之争"等事件中可见一斑,田令孜对两人的联合颇为反感,史称其"恶王重荣与武皇胶固",见《旧五代史》卷二五《唐武皇纪上》,第340—341页。在王重荣、王重盈两任河中节度使相继去世后,王氏内部爆发了对河中节度使的争夺战,李克用支持的王珂最终获胜,得以嗣任河中节度使,从而延续了河中、河东的联盟关系,参见《旧唐书》卷一九下《僖宗纪》,第4697页。两镇联合关系的延续还影响到了梁晋争衡局势的发展,梁太济便指出,朱温在前期与李克用的交锋中没多大优势,实赖于李克用和河中的联盟,见梁太济:《朱全忠势力发展的四个阶段》,转引自吴丽娱:《唐末五代的河东盐池与政权移替》,载春史卞麟锡教授停年纪念论丛刊行委员会:《春史卞麟锡教授停年纪念论丛》,釜山:图书出版公司,2000年。至朱温吞并河中后,李克用便失去强援,随之在梁晋争衡中渐处劣势,参见樊文礼:《试析李克用在晋汴争霸中失利的原因》,《烟台师范学院学报(哲社版)》1999年第4期。

⑦ 《旧五代史》卷二五《唐武皇纪上》,第337页。

门"的史实原型，纵使无"束身泥首"之不堪，但亦有"请命牙门"之事由。盖李克用出于多树友藩的想法，便同意表荐朱温任宣武节度使，此即"特发表章，请帅梁汴"一语所指。

多年后，李克用在与朱温争衡中处于劣势，故命麾下李袭吉代修书信致朱温示友，希望朱温退兵，书中开篇即道：

> 一别清德，十五余年，失意杯盘，争锋剑戟。山长水阔，难追二国之欢；雁逝鱼沉，久绝八行之赐。比者，仆与公实联宗姓，原忝恩知，投分深情，将期栖托，论交马上，荐美朝端，倾向仁贤，未省疏阙。岂谓运由奇特，谤起奸邪。毒手尊拳，交相于暮夜；金戈铁马，蹂践于明时。狂药致其失欢，陈事止于堪笑。①

沙陀李氏，本姓朱邪，"实联宗亲"则指与朱温之姓共一"朱"字。"投分深情，将期栖托"，可与上述李克用多树友藩的政治考量相印证。"论交马上"，自是指二人军旅之交；"荐美朝端"，所指便是李克用表荐朱温为梁帅一事。至于"毒手尊拳"一句，便是谈及李、朱二人关系走向破裂的上源驿事变。史载朱温读至"毒手尊拳"一语，心情方是怡然，读至后文方怒不可遏。② 朱温起初阅信时心情之怡然，恰恰反映了对此信前文追忆内容之认可，李克用、朱温早年之交情跃然纸上。

李克用、朱温二人早期关系之紧密，另有史实证："巢、蔡合从，凶锋尚炽"，"许帅田从异、汴帅朱温、徐帅时溥、陈州刺史赵犨各遣使来告……请武皇共力讨贼。"③此四人是"各遣使"向李克用求援，朱温既以舅事王重荣，而重荣时任河中节度使，朱温不遣使向河中求援，反而向远在河东的李克用求援。至李克用出援时，因河阳节度使诸葛爽阻拦，故"移军自河中南渡，趋汝、洛"④来援。李克用出援时尚要从河中借道南渡，如此绕道，稍有怠慢，必致延误军机。朱温为何肯舍河中之近而求河东之远？李克用实力固然比王重荣更强，但彼时形势危急，朱温却以远水来救近火。此或可证朱温对李克用之信任甚于王重荣，也由此反映出李克用和朱温早期交情之深。

如此可见，早年朱温与李克用的关系非同一般。出于树立友好势力的考虑，李克用在中和三年五月"扫平之际"，举荐朱温为宣武节度使。而后唐方面对此事不过分宣扬，实是因为后唐以唐室继承人自居，而李克用表彰的朱温颠覆了唐室。这样一来，无论是后梁还是后唐方面，两个最重要的当事人所代表的两方，都对此事讳莫如深。

---

① 《旧五代史》卷六〇《李袭吉传》，第 802 页。
② 《旧五代史》卷六〇《李袭吉传》，第 804 页。
③ 《旧五代史》卷二五《唐武皇纪上》，第 337—338 页。
④ 《旧五代史》卷二五《唐武皇纪上》，第 338 页。

三、正统困境：朱梁国史书写建构的必要性

"三月说"和"五月说"的歧异，其本质上是立场的差异：前者是基于后梁官方对开国先君的书写，其间的朱温是以"君"的身份视角来呈现；后者是本于全方位搜罗的前朝事迹所进行的叙述，此时的朱温是以"臣"的身份视角来反映。以"君"的身份视角进行书写的话语，势必有为尊者讳和为国者讳的政治需求。而在唐末五代之际，乱世的纷争使得这种政治需求更被放大，以至关乎正统性的论证。以此观之，在认定"五月说"记载成立的基础上，"三月说"的相关记载可以判断为后梁国史书写建构的结果。

建构背后究竟出于怎样的政治考量，值得考察。如前所述，五月封授朱温为宣武节度使，是在封赏靖难功臣的背景下进行的，详细名单可参见《旧唐书·僖宗纪》①前引文段。后梁国史将朱温的宣武节度任命移前至三月，可彰显出朱温和这些靖难功臣之不同，制造朱温在投降后即得唐廷重视的印象。

追溯建构背后的历史动力，不难发现，后梁面临的政权危机和正统性困境为这种历史建构提供了必要性。早期朱温扩张势力的时候，主要以军事输出为主，极少注重文治事务。随着以宣武镇为核心的势力范围逐渐扩大，对周边政权的影响力逐渐增强，朱温也逐渐意识到政治宣传和正统论证的重要性。随后朱温开始为自己建构一个"知礼守信的领导者"形象，至准备篡夺唐室皇位之际，也运用礼仪等文治工程来为政权正统性张本。② 这些努力虽然取得了一定的成效，③但形势依然不容乐观：

> 从政治的角度来看，朱温建立合法性王朝的努力只取得了有限的成果。尽管北方最强大的游牧民族契丹，连同中原地区的许多地方政权或许都臣服于新皇帝，但李克用、李茂贞和杨渥，都与朱温进行长时间对抗。李克用盘踞着战略要地"河东"，对新王朝构成持续的威胁，他在道德上攻击朱温的篡位，以巩固自己忠于唐室对抗朱温的地位……朱温僭位后，李克用仍拒绝称帝，正当其他独立于后梁的前唐节度使如王建、李茂贞等已经僭号时，李克用转而成为继续使用唐室年号的"忠

---

① 值得一提的是，《旧唐书·僖宗纪》中部分功臣的职衔授封误植了该功臣其他时期的授封诏书，然此无关宏旨，须另外讨论。

② 参见《正统王朝的代价——后梁与后唐的政权合理化问题》，第321—324页。

③ 后梁为构建正统付出了诸多努力，参见牛孟恩：《梁唐之际政权形态的构建——兼论"藩镇国家"的形成（875—936）》，第56—75页。

臣"，宣称自己是为了唐室的复兴而战。①

建构正统性的努力并未为朱温势力扩张带来更大的政治效益，反而为反对者们提供了更加鲜明的反对旗帜：以忠于唐室的名义，展开对朱温势力扩张的反抗。

至末帝朱友贞即位后，"后梁政府开始整理唐朝及本朝的历史纪录……由于保存历史记录是以往正统王朝的惯例，朱友贞保存历史记录的企图，亦在形塑王朝合法化的进程"②。而在后梁末帝时期，比起李克用，其继承者李存勖对后梁的进攻更加猛烈，朱友贞对此却束手无策。敬翔曾将朱友贞与李存勖进行对比道："臣闻李亚子继位以来，于今十年，攻城野战，无不亲当矢石……陛下儒雅守文，晏安自若。"③在《旧五代史》的"史臣曰"中，亦有"末帝仁而无武"④的评价。朱友贞的这种守文倾向加剧了其对于以历史记录塑造正统性的依赖。与此同时，地方藩镇断断续续出现内部叛乱，极大削弱了梁末帝朱友贞对这些地区的控制力，⑤危害着后梁政权的统治。

与马上平天下的乃父朱温不同，朱友贞不仅"尚文"，而且其程度到了无以复加的地步，以至于"以天自缚"。兹可举两例，以说明此点。其一是记录在《鉴诫录》中的一则轶事：

> 户部李侍郎如实者，本梁朝清直之士也……及见帝黜剥贤良，见用奸诈，每俟闲方欲折槛谏之。或一日，李侍帝祭，帝问李曰："卿知天子见谁补服？"李奏曰："人臣所补。"帝曰："朕地据三川，位尊九有，若非天意所补，人臣又何补焉？"李曰："太祖出身行伍，历职卑微，万战千征，九生十死，方得节居四镇，位处一人。陛下生在深宫，长居富贵，披承余荫，嗣守万方，岂知王业艰难，人臣共致。固须理不忘乱，居安思危，临泉履冰，责躬省过。况吴门强盛，蜀国繁华，太原有杀兄之仇，秦庭怀负国之怨，得失顷刻，岂是天补者哉！若是天补，为君只合自天降下，吃天人之食，受天人之衣，方今血使三军，脓食万姓，自喜天补，岂不非耶？陛下若如此发言，为覆𫗦之祸耳。"上曰："憨老汉不足与语耳。"

无论是往日太祖创业的艰辛，还是现时的强敌环伺、战士浴血，都无法让朱友贞动容，李如实等到的只是皇帝的一句"憨老汉不足与语耳"的回答。朱友贞执着天意如此，其败亡宜其然也。梁末帝对天意的痴迷，甚至影响到了政局，这在另一则事例中有所反

---

① 《正统王朝的代价——后梁与后唐的政权合理化问题》，第 325 页。
② 《正统王朝的代价——后梁与后唐的政权合理化问题》，第 326—327 页。
③ 《资治通鉴》卷二七〇，后梁均王贞明四年正月条，第 8823 页。
④ 《旧五代史》卷一〇《梁末帝纪下》，第 152 页。
⑤ 《正统王朝的代价——后梁与后唐的政权合理化问题》，第 327 页。

映。梁末帝贞明三年(917)十二月,朱友贞欲南郊祭天,宰臣敬翔便谏曰:"国家自刘鄩失律已来,府藏殚竭,箕敛百姓,供军不暇,郊祀之礼,颁行赏赉,所谓取虚名而受实弊也。况晋人压境,车驾未可轻动。"结果不出意料,是"帝不听,遂行"①。而在郊祀那天,杨柳城失守,朱友贞才"惶骇失图,遂罢郊祀"②。敬翔作为跟随朱温创业的老臣,他指出其时南郊"取虚名而受实弊",无疑是一针见血的,而此话对沉迷其中的朱友贞自然是难以入耳。不过需要指出的是,劝朱友贞南郊的赵岩给出的理由是"陛下践阼以来,尚未南郊,议者以为无异藩侯,为四方所轻"③。这一点,正是基于当时后梁政权正统性危机而做的考虑。其实,若从后世对后梁正统地位的争议来看,这也可以反证其正统性是一直遭人非议的。

也正是出于对正统性危机的忧虑,尚文的朱友贞不得不寄希望于在正统性论证这方面有所作为。上举的南郊之祭即是应对措施之一,虽然不合时宜,但却是实在地反映了当时后梁政权在正统性方面的窘困。在五代时期的分裂年代,"正统"的政治口号具有相当的现实效应。④ 历史中各朝各代的政治实践显示,政治的现实效力不应仅仅视为军事成就带来的结果,还应归功于政治宣传、历史塑造的成功。这种历史塑造既包括了具有现实意义的祥瑞塑造,又包含了具有历史意义的国史塑造,而祥瑞塑造最终又被纳入到了国史塑造之中。⑤ 不难看到,五代各政权的统治者大多都认识到这种政治口号的重要性,并都在正统性论证上付出了一定程度的努力,甚至还衍生出跨朝代的正统性之争。政权通过重塑历史记忆,⑥达成正统性的诉求,司空图在五代各朝国史中的形象塑造之争便是典型的例证。⑦

残酷的政治现实和对于正统性与历史记忆关系的认识,使得朱友贞将目光投放到国史实录的编修之上。关于末帝时期《梁太祖实录》的编纂,史载:

> 初,贞明中,史臣李琪、张衮、郄殷象、冯锡嘉奉诏修撰《太祖实录》三十卷,叙述

---

① 《旧五代史》卷九《梁末帝纪中》,第132页。
② 《资治通鉴》卷二七〇,后梁均王贞明三年十二月条,第882页。
③ 《资治通鉴》卷二七〇,后梁均王贞明三年十二月条,第882页。
④ 刘浦江:《正统论下的五代史观》,《唐研究》第11卷,2005年。
⑤ 这种祥瑞的塑造,实际上是五行终始说在正统性论证上的残留,既被运用于王朝建立之处的舆论宣传,又被纳入到国史的书写之中。后梁政权的相关祥瑞,见《旧五代史》卷三《后梁太祖纪三》,第45—46页;《五代史补》卷一"太祖应谶"条,转引自《旧五代史新辑会证》卷三《后梁太祖纪三》,第112页。
⑥ 这从五代时期大量有关各政权历史编纂问世的历史现象中可见一斑,郭武雄为其时要籍制作了系年表,参见郭武雄:《五代史料探源》,台北:台湾商务印书馆,1987年,第130—157页。
⑦ 罗亮:《五代正统性与司空图形象的重塑——〈旧五代史〉原文有无〈司空图传〉问题再探讨》,《魏晋南北朝隋唐史资料》第32辑,武汉:武汉大学出版社,2015年,第165—186页。

非工,事多漏略。复诏翔补辑其阙,翔乃别纂成三十卷,目之曰《大梁编遗录》,与实录偕行。①

敬翔监修国史的时间为贞明二年(916)十月至贞明六年(920)四月,②实录当在其间修成,而《大梁编遗录》在敬翔解任前便开始纂修。③ 在这几年期间,朱友贞政权正面临着北方李存勖政权的猛烈进攻,形势严峻者如“河北诸州悉入于晋”④,乃至到了“国家连年丧师,疆土日蹙”⑤的地步。如前所述,朱温之任宣武,很大程度上得助于李克用“特发表章”的举荐。朱友贞之修国史,必在形塑后梁正统性中颇为留心,当此形势危难之际,断不可能再如实地记载李克用表荐朱温一事。如若将死敌政权记载成自家政权的施惠者,无异于让当时的形势雪上加霜,让政权内部人心涣散。如“毒手尊拳”的上源驿一事,更是尽情修饰,往有利于朱温的方向来记载。⑥ 诸如此类有损朱温君威、后梁形象的事迹,国史都是要有所讳饰的,何况其时乃危急存亡之秋:

> 末帝在修纂乃父实录时,对史实有一番用心良苦的去取,据《五代史阙文》载:“梁祖在位止及六年,均帝朝诏史臣修《梁祖实录》,岐下系鞋之事,耻而不书。”看来对乃父有所讳饰。⑦

所谓“岐下系鞋”,指的是唐昭宗在被朱温迎至凤翔后,佯唤朱氏系鞋欲趁机将其擒杀一事。朱温之惊慌为人所睹,至入宋后仍有高龄老人能言此事。⑧ 像这种岐下系鞋,有损君威之事,固然可以“耻而不书”。但如朱温任宣武节度这种关乎政权建立之事,既不能简单地如实陈述,又不能耻而不书,便只好建构一种历史叙述,以期既能记下朱温任宣武节度一事,又能不损国威、不危害正统性。将朱温任宣武节度使的时间提前,从而塑造出朱温受到唐廷重视的形象,将李克用举荐朱温的痕迹抹去。最后再加上“俟收复京阙后,即得赴镇”具有约定性质的话语,既能再次加深朱温受到尊崇的印象,又为朱温任宣武节度时间提前至三月而自圆其说。

五代时期这种为了正统性而对史事发生时间进行篡改的做法,朱梁政权绝非个例。

---

① 《旧五代史》卷一八《敬翔传》,第 250 页。

② 《旧五代史》卷八《梁末帝纪》,第 127 页;《旧五代史》卷九《梁末帝纪》,第 143 页。

③ 杨烨琨:《五代时期实录纂修问题研究》,南开大学硕士学位论文,2008 年,第 9 页。

④ 《旧五代史》卷八《梁末帝纪》,第 127 页。

⑤ 《资治通鉴》卷二七〇,后梁均王贞明四年正月条,第 8823 页。

⑥ 关于上源驿事件,参见李伟刚:《五代上源驿事件发微》,《河北北方学院学报(社会科学版)》2018 年第 1 期。

⑦ 《中国已佚实录研究》,第 282 页。

⑧ 《旧五代史考异》卷一,转引自《旧五代史新辑会证》卷二《后梁太祖纪二》,第 73 页。

至其死敌沙陀李氏政权,也存在这种做法:

> 张昭远撰写太祖、庄宗实录的目的是为后唐政权的正统性服务。在他看来,朱温政权是伪政权,李国昌与李克用父子在唐王朝都建立了显著功绩,李存勖建立后唐政权,消灭朱温政权,是唐王朝的继承者。但是,段文楚事件却是李克用的污点,与其想塑造的形象不符,所以他将该事件的发生时间置于李克用 16 岁尚未成年之时,并把事件的责任推到李尽忠、康君立、程怀信等大臣身上,从而消解了李克用的负面形象。①

李克用标榜自身为唐室继承人,那么其起家时发生的段文楚事件便是这个形象的污点。这势必会对李克用所举起的唐室忠实继承人的旗帜造成冲击,从而不利于其复兴唐室旗号的发挥。后唐史臣张昭远注意到此点,为维护后唐政权的正统性,而对相关史事加以篡改:将段文楚事件的发生原因提前至李克用 16 岁之时,未成年的李克用不能为此事负责,从而成功消解了李克用的负面形象。实际上,类似的为国朝讳饰的例子在五代实录中不胜枚举,五代时期藩镇横行,修史更是不可能纯粹客观和超然物外。②

如此看来,后梁国史关于朱温宣武节度使的史事建构和张昭远篡改段文楚事件发生时间的做法如出一辙:同样是将史事发生的时间提前,从而将与史事相关联却又影响政权正统形象的细节遮掩起来。不难想象,后梁末帝朱友贞在诏修国史之时,也会有相似如后唐为先君形象服务、为政权正统性服务的政治考虑,更何况后梁修国史时已到政权危急存亡的关头。如此,在编修《梁太祖实录》的过程中,掺杂维护政权正统性的意识形态,从而将朱温任宣武一事由五月提前至三月。这样一来,既掩盖了建国史中有害正统性的细节,又制造了朱温受唐廷重视的形象。实录既如此书写,后世以此为源的史书便以误致误,③这是产生两种时间记载的根本缘由。

结　语

综合上述,就朱温任宣武节度使一事而言,《旧唐书》比《旧五代史》的记载更为可信,故当取"五月说"。由《旧唐书》的修撰过程我们可以看到,是书晚唐部分的史料来源于征集到的残存日历、制敕册书、诸司吏牍以及时人撰述等材料,质量虽非至善,但其

---

① 高贤栋:《正统之争:张昭远篡改段文楚事件发生时间的意图》,《史学理论与史学史学刊》2019 年第 1 期。
② 《中国已佚实录研究》,第 343—346 页。
③ 类似的实录史源致误使史流致讹例子,参见《中国已佚实录研究》,第 346—358 页。

可信度却仍有一定的保证，不可轻易否认。首先从黄巢乱后的形势来看，朱温降后即得任河中行营副招讨使，其背后的支撑力量是王重荣势力。这个任命源自朝廷对王重荣的肯定与笼络，而非源于对朱温的看重，因而也不可能作出诸如"俟收复京阙后，即得赴镇"这样具有约定性质话语的制敕册书。其次，杨复光作为天下兵马监军对朱温并不待见，在收复京师的露布中，对河中节度使王重荣和河中诸将肯定之余，丝毫没有提及作为河中行营副招讨使的朱温。与此同时，李克用在收复京城后军威达到了一个高峰，而王重荣、李克用和杨复光是一个三角的同盟关系，朱温当是看到了这一点而结交李克用。从各种蛛丝马迹看来，朱、李二人早期的关系绝非仅仅是后来的讨伐黄巢余党同盟那么简单。复次，传世文献中存在着朱温任宣武节度乃为节制秦宗权的说法。而秦宗权也恰在退出长安后的黄巢的进攻下投降，其时正五月。凡此种种，都表明朱温任宣武节度当在五月。若如是，则源自后梁国史的"三月说"应是一种建构。考诸后梁修实录时的形势，朱梁政权国土日蹙，而朱友贞"守文"的统治特点促使他通过国史修撰来塑造正统性。故在国史的修撰中，对于朱温任宣武一事，作出了有利于正统性的时间调整。这也是产生"三月说"和"五月说"两种歧异记载的缘由。

华镇年谱[*]

浙江大学　张弛

华镇,字安仁,号云溪居士,又号"云溪山客",会稽人。

《(宝庆)会稽续志》卷五载:"华镇,字安仁。会稽人,登元丰二年进士第,官至朝奉大夫。"楼照《云溪居士集序》云:"君尝自号云溪居士。"① 亦曾号"云溪山客",《云溪居士集》(以下简称《集》)卷二十八《温州永嘉盐场颐轩记》末自署"云溪山客记"②。

其家世无考,镇曾著《越州修住宅灵签记》自述"惟华氏,其先盖出于微子,开国于宋"云云,然据《云溪居士集》卷二十二《上发运蒋龙图书》所载"某海隅鄙人,世非儒雅,偶去畎亩,以士易农"可知其出身寒微。另据《集》卷二十九《命诸子名字说》载其子名为克名、克从、克勤、克俭,然镇子实当以"初某"为名,高宗时以其文集上呈者名"初成",《集》卷九有《试院中闻初平别头预上舍选作诗二章以贻之》③一诗可知其当另有一子名初平。另有一子名季壬,《集》卷八有《元丰六年正月二十九日季壬生徐元立以诗来贺用韵酬之》诗。清翰林院抄本《集》卷三十《为妻仁和县王氏设醮青词》云:"伏念臣某妻仁和县君王氏,丁酉四月八日建生。"则其妻生于嘉祐二年(1057)。初平

＊　本文为绍兴文化研究工程重大项目"绍兴宋韵文化研究·北宋中期绍兴籍士大夫文学研究"(22WHZD01－6Z)阶段性成果。

① 曾枣庄等:《全宋文》第一百七十九册,卷三九二四,上海:上海辞书出版社;合肥:安徽教育出版社,2006年,第210页。

② 华镇文均出自《全宋文》第一百二十二册,卷二六三九,第252页至一百二十三册,卷二六五七,第161页。

③ 华镇诗均出自傅璇琮等:《全宋诗》第十八册,卷一○七九至卷一○九一,北京:北京大学出版社,1991年,第12287—12372页。

早卒,《(宝庆)会稽续志》卷五云:"子初平,登大观三年第,为太常博士……靖康初,争金人尊号,贻怒当涂,及都城失守,二圣北狩,初平竟以忧愤而卒。"①初成南宋初整理其父文集,于绍兴十四年上呈,署衔"右朝散郎、监行在権货务都茶场、赐绯鱼袋臣华初成"。据初成《进云溪集表》,镇"《云溪集》凡一百卷,《扬子法言训解》一十卷,《书说》三卷,《会稽览古诗》一百三篇,并《目录》,二十五册"②。又据初成《云溪居士集跋》:"先君遗文,有《云溪集》一百卷,《扬子法言训解》一十卷,《书说》三卷,《会稽览古诗》一百三篇,长短句一卷,《会稽录》一卷,并附见者《哀文》一卷,定为一百一十有七卷。"③今仅存四库馆臣辑大典本《云溪居士集》三十卷,《两宋名贤小集》收录《会稽览古诗》残篇十五篇,另有残句若干,余皆佚。

皇祐四年(1052)壬辰,一岁

生于会稽。

《集》卷二十二《上国子丰祭酒书》:"某不敏,生也七年而诵书,又七年而学为文,又七年而应科举,迨两尘乡书,窃取名第,二十有八岁。"盖镇元丰二年(1079)登第时二十八岁,则生于皇祐四年(1052)。

嘉祐三年(1058)戊戌,七岁

至国子监,从乡人顾临学。

《集》卷二十二《上发运蒋龙图书》载镇自述其曾"周旋学校间二十余年,得从先生长者后,诵往圣之遗训,讲先民之行事",考镇元丰二年及第时方二十八岁,且据"生也七年而诵书"语,可知其七岁即入学校。又《集》卷二十二载《上顾侍郎书》云:"曩岁先生以乡里之故,不鄙其不肖,许承教于门下。当是时……至于朝夕与诸生并进而式瞻仪刑,亲承音旨,与夫索居独学,诵诗读书以求古之人者,不可同年而语矣。"《宋史·顾临传》:"顾临字子敦,会稽人。通经学,长于训诂。皇祐中,举说书科,为国子监直讲,迁馆阁校勘、同知礼院。熙宁初,神宗以临喜论兵,诏编《武经要略》。"④以"与诸生并进"语推测,镇当于临任国子监直讲时从学。又《集》卷二十二载元祐七年镇《上顾侍郎书》中有"违离以来,二纪于兹"语,以此推算顾临国子监之任当止于熙宁二年。据《续资治通鉴长

---

① (宋)张淏:《(宝庆)会稽续志》卷五,清嘉庆十三年刻本。

② 《全宋文》第一百九十二册,卷四二二六,华初成《进云溪集表》,第54页。

③ 《全宋文》第一百九十二册,卷四二二六,华初成《云溪居士集跋》,第55页。

④ (元)脱脱等:《宋史》卷三四四《顾临传》,北京:中华书局,1985年,第10939页。

编》(以下简称《长编》),临奉命编修《武经要略》在熙宁三年(《长编》卷二百十六,熙宁三年十月丙戌条),时临已获馆职,亦可相合。

治平二年(1065)乙巳,十四岁

在国子监,习为文。

《集》卷二十二《上国子丰祭酒书》云:"某不敏,生也七年而诵书,又七年而学为文。"《集》卷二十一《上淮南监司书》:"某生乎东南,困于寒素。少乏兼人之资,长无自立之志。徒以父兄乐善,俾捐箕裘,获亲汗简,从先生长者之后,进退乎庠序间。"又,同卷《上淮南张提举书》:"某生禀颛蒙之质,长就疏阔之才,自亲师资,日在庠序。"此"庠序"即国子监之谓。

神宗熙宁二年(1069)己酉,十八岁

在国子监,闻邢恕文名。

《集》卷二十三《上邢龙图》:"某窃念熙宁之初,方在童卯,西游上国,获侍搢绅先生,窃听长者之余论,称道当世豪杰之士,固已闻阁下之高名。"《续资治通鉴长编拾补》(以下简称《长编拾补》)卷六,熙宁二年十一月"丙寅,邢恕为崇文院校书"[1]。

熙宁三年(1070)庚戌,十九岁

时太学同学著有《尚书索至》。

《集》卷二十九《方时发尚书索至序》:"比阅贤关诸公鸡窗之下取《书》中应该名数者,夷考意指,缀缉事证,目曰《索至》……谨镂诸板,以遗同志,庶资讨论之益云。"方时发《尚书名数索至序》云:"此编题以《索至》,旧出于贤关,纂集独详于诸家……余自潮归隐,温旧书,惟此编江广罕得其传,由是载加考订,付之剞劂。"[2]可知此书作者不详何人,流传于太学,后经方时发考订镂版。

熙宁四年(1071)辛亥,二十岁

归会稽。

《集》卷二十二《上陆侍郎书》:"当先生参贰春官,衡石多士,某复得奏薄技,当藻鉴,

---

① (清)黄以周:《续资治通鉴长编拾补》卷六,北京:中华书局,2004年,第255页。
② 曾枣庄:《宋代序跋全编》卷一〇,济南:齐鲁书社,2015年,第246页。

遂预门下诸生之选。"此云熙宁六年省试，然佃熙宁四年已补国子监直讲，镇此书未提及此事，颇疑镇于顾临离任后即归乡，其离开国子监之时间当在去年或今年。本年王安石推行科举改革，太学亦因苏嘉案而形势大变。

熙宁五年（1072）壬子，二十一岁

在乡，仍入州学，与解试。

《集》卷二十二《上发运蒋龙图书》云"周旋学校间二十余年"，可知镇返乡后仍入州学。《集》卷二十二《上中书孙舍人书》云"二十一岁而应科举"。

熙宁六年（1073）癸丑，二十二岁

与省试，未中。

《集》卷二十二《上国子丰祭酒书》："某不敏，生也七年而诵书，又七年而学为文，又七年而应科举，迨两尘乡书，窃取名第，二十有八岁。"《集》卷二十二《上陆侍郎书》："当先生参贰春官，衡石多士，某复得奏薄技，当藻鉴，遂预门下诸生之选。"陆侍郎谓陆佃，熙宁六年，佃仍任国子监直讲，差在贡院点检试卷。《宋会要辑稿》选举一九之一六，熙宁六年正月，"以翰林学士曾布等权知贡举……国子监直讲周谌、龚原、王沇之、孙谔、陆佃……点检试卷"①。所谓"参贰春官，衡石多士"语盖指此。镇本年落第，至元丰二年再试登第，故云"两尘乡书"。

熙宁八年（1075）乙卯，二十四岁

在乡，与解试，不中。

《集》卷二十二《上国子丰祭酒书》："两尘乡书。"《集》卷二十一《上淮南监司书》："故两窃乡书，再阅春伯。"镇熙宁六年、元丰二年二试方中，据"两尘""再战"语可知其未与明年省试。《集》卷二十五载镇元丰元年上程师孟《谢解启二》有"黾俯三春，栖迟数年"语，或本年解试未中。

熙宁九年（1076）丙辰，二十五岁

有书上新任越州签判徐铎。

《集》卷二十一《上越签判徐状元书》。徐状元谓徐铎，乃熙宁九年状元。《长编》卷

---

① （清）徐松：《宋会要辑稿》，上海：上海古籍出版社，2014年，第5629页。

二百七十三,熙宁九年三月,"甲戌,御集英殿赐进士徐铎以下并明经、诸科及第、出身、同出身、同学究出身总五百九十六人。铎,邵武人也"①。《长编》卷二百七十四,熙宁九年四月"癸巳,以及第进士徐铎为大理评事,签书越州判官"②。

熙宁十年(1077)丁酉,二十六岁

六月,有书上朱明之。

《集》卷二十一《上权越帅提刑朱学士书》:"某既幸而为士矣,又得齿乎学校之间,被服阁下之教,其乐可胜言耶?"此书当作于中举前,朱学士或谓朱明之。《长编》卷二百七十八,熙宁九年十月辛丑,"太常博士、馆阁校勘、权判刑部朱明之权知秀州"③。又,《长编》卷三百三十五,元丰六年五月辛巳,"诏前两浙路监司苏獬、胡宗师、朱明之各罚铜二十斤,坐不举发知秀州吴安世赃罪故也"④。《曾巩集》卷三十三有《明州奏乞回避朱明之状》:"伏为本路提点刑狱朱明之,是臣母之亲堂弟,牒明州检到敕条,窃虑合该回避,须至奏闻者。"⑤曾巩被任知明州在元丰元年十月,翌年正月到任。⑥《(至元)嘉禾志》卷十"楞严院"条:"熙宁年间有旨一应寺院未有名额、有屋及三十间者,并以寿圣为额。僧无择已造至三十四间,遂有请于提刑朱明之闻于朝,存之。"⑦由此可知朱明之为两浙监司或在熙宁末元丰初,其知秀州后。然不详其何时知越州,据《(嘉泰)会稽志》卷二,"赵抃,熙宁八年四月以资政殿学士、右谏议大夫知,十年六月移杭州"⑧。或在本年六月赵抃移知杭州后,姑系此。

十月,有书上程师孟。

《集》卷二十一《上越帅程给事书》:"今阁下来治越,其未至则威风凛然……既至则举郡之事帖然条理……期月之间,济济然可观。"据《(嘉泰)会稽志》卷二,"程师孟,熙宁十年十月以给事中充集贤殿修撰知,元丰二年十二月替"⑨。《陶山集》卷十一《适南亭

---

①　(宋)李焘:《续资治通鉴长编》(以下简称《长编》),北京:中华书局,2004年,第2版,第6692页。

②　《长编》,第6706页。

③　《长编》,第6802页。

④　《长编》,第8063页。

⑤　(宋)曾巩:《曾巩集》,北京:中华书局,1984年,第484页。

⑥　李震:《曾巩年谱》,苏州:苏州大学出版社,1997年,第372—374页。

⑦　(元)单庆修,徐硕纂:《(至元)嘉禾志》卷十,清道光刻本。

⑧　(宋)施宿:《(嘉泰)会稽志》卷二,清嘉庆十三年刻本。

⑨　(宋)施宿:《(嘉泰)会稽志》卷二,清嘉庆十三年刻本。

记》：“熙宁十年，给事中程公出守是邦。”①《集》卷四《适南亭》、卷八《用韵谢越帅程给事》二诗当作于此时。

元丰元年(1078)戊午,二十七岁

五月,撰《广利侯庙记》。

《集》卷二十八《广利侯庙记》：“皇宋熙宁七年十一月，天子郊见上帝……粤明年七月，敕封今号。邑人沈㮾等诣郡请记其事，郡守大资政赵公遂为之文，知县事方某并以其敕刊于石，主簿施某书丹，市易关某题额。工石之费，则本州都知兵马使黄谧因众心而募成之。以今年七月十二日建于庙庭。谨书其始末，以诏于后时。元丰元年五月望日，会稽华某题。”郡守大资政赵公谓赵抃，时已移知杭州。《长编》卷二百五十四，熙宁七年六月“壬辰，知成都府、资政殿大学士赵抃知越州。从所乞也”②。卷二百八十二，熙宁十年五月“癸亥，知越州、资政殿大学士赵抃知杭州”③。

秋,得解,有书上程师孟。

《集》卷二十五《谢解启一》：“当年铩翮，虽已愧于一飞；今日焚舟，誓图成于再战。”

《集》卷二十五《谢解启二》：“今月十八日，伏睹解榜，叨预荐名者……龟俯三春，栖迟数年。谨无朝夕之渝，肯有丹青之变？月评借誉，尝居多士之先；乡版荐名，曾玷一经之首。……盖伏遇知府给事先生青琐巨儒，黄扉元老。暂屈钧调之器，来专屏翰之权……冀秦明之再战，忍毛遂之备行。渡河焚舟，誓刷函关之耻；捧盘歃血，决成楚国之盟。”按，知府给事先生谓程师孟。同卷《谢解启三》：“国家百年累洽，六圣重熙。”亦同时所作。

有诗送徐铎入京。

《集》卷十一《送越州佥判徐状元赴阙》，铎熙宁九年被命签判，任满约在本年。

入京,以书上崔公度干谒。

《集》卷二十一《上崔学士书》：“时明公啸傲淮海之上，以弦诵自适，裹足怀刺，不游

---

① 《全宋文》第一百一册，卷二二〇八，第223页。

② 《长编》，第6214页。

③ 《长编》，第6906页。

高门。一言之出，人乐传诵，浸以先达于京师。君相览而悦之，下优厚之诏，置之造士之地，而无疑色。非诚有以大过于人者，焉能于此哉！"馆臣据此考此"崔学士"谓崔公度。《长编》卷二百九十二，元丰元年九月丁亥，"检正礼房公事、太子中允、集贤校理崔公度同知礼院、管勾国子监"①，"造士之地"当即指国子监之任。此书当作于今年末或明年初。

元丰二年己未（1079），二十八岁

三月，登进士第。

《集》卷二十五《谢及第启》："右，某启：三月二十四日，皇帝御集英殿唱名，蒙恩赐进士出身，仍当日释褐者。"题下原注："元丰二年时彦榜。"又《集》卷二十二《上国子丰祭酒书》："某不敏，生也七年而诵书，又七年而学为文，又七年而应科举，迨两尘乡书，窃取名第，二十有八岁。"《长编》卷二百九十七，元丰二年三月，"癸巳，集英殿赐进士、明经诸科开封时彦以下及第、出身、同出身、同学究出身总六百二人"②。又，《谢及第启》云："重念双亲将老，明世鲜逢。"此时镇双亲尚在。《集》卷十二《送越帅程给事赴诏》程师孟越州任满在今年，且诗注有云"镇自公荐送，即遂尘忝"，前引《（嘉泰）会稽志》谓程师孟离越在本年十二月，时镇已获高邮之命。

授高邮尉。

《集》卷八《重过高邮丁志高道路》序云："予元丰中初官高邮，出入丁志高道路首尾三年。"可知镇及第即授官高邮尉。

《集》卷二十八《高邮县尉厅芭蕉轩记》，卷三十《代高邮县祭先师兖国公文》一、二、《代高邮县祈雨祭诸庙文》、《代高邮县祈雨祭齐渊圣公文》、《代高邮县祈晴祭东岳文》、《代淮南运使到任谒诸庙文》，《永乐大典》卷一四○四六《代高邮县祭故运使蔡学士文》皆在高邮任上作。又，《集》卷八《和光道元日书事二首》《和光道春日雨寒》《和光道喜和叔得雨兼呈和叔知县乡兄》、卷九《和高邮监税李光道承务》《高邮张生出所得诗画一轴求余作诗因书》、卷十《腊后感怀和光道韵》、卷十一《水壁》（序云"江南曹生画壁，在高邮禅居寺"）亦当居官高邮时作。

《集》卷六《陪和守宴城楼罢留望江山怀古》、卷十三《历阳试院闻角》，和州属淮南西

---

① 《长编》，第7135页。

② 《长编》，第7227页。

路，或作于高邮任上，姑系此。

元丰四年（1081）辛酉，三十岁

有书上运使陈学士。

《集》卷二十一《上淮南运使直集贤院陈学士书》："今趋走部下，二年于兹。"《再上陈运使书》："故自策名天庭，委质下邑……二年于兹，声迹日晦。"此陈学士不详何人。

元丰五年（1082）壬戌，三十一岁

任满，有书上监司。

《集》卷二十一《上淮南监司书》："再阅春伯，崎岖一命，漂泊下官。每求初心，饮冰不释。所赖致身乐土，祗事治封，行及瓜时，幸无大咎。"观其语意当在初官高邮尉时，考镇元丰二年授官，瓜时当在元丰五年。

元丰六年（1083）癸亥，三十二岁

生子季壬，徐元立有诗来贺。

《集》卷八《元丰六年正月二十九日季壬生徐元立以诗来贺用韵酬之》。

与主簿简德器唱和。

《集》卷八《元丰六年二月检田凌塘中马上口占因简德器主簿》、卷十《送德器移光州仙居令》。

有书上沈季长。

《集》卷二十一《上沈舍人书》："孰知夫天之真宰，未相厥猷，暂屈俊采，来任藩屏……某童卯之岁，诵君侯之文，则知当世之闻人有君侯矣。十年之后，得侍乎缙绅先生，又闻君侯翔泳禁掖，雍容侍从，历盛世之达仕矣……不谓今日邂逅作小官，漂寄江淮间疏远之地，乃得瞻奉声采，饮味芳流，追思畴昔，欣幸交至……瓜期近矣，势当奔赴天官，别丐一命，图三釜之养，不获久在下邑，被服教诲，徘徊门墙，岂胜惓惓。"沈舍人或谓季长，《长编》卷三百，元丰二年九月戊申，"诏太常丞、集贤校理、兼天章阁侍讲、同修起居注、直舍人院、管勾国子监沈季长落职勒停"[①]。此之谓"暂屈俊采"。王

---

① 《长编》，第 7311 页。

安礼所作《故朝奉郎权发遣秀州军州兼管内劝农事轻车都尉借紫沈公墓志铭》云:"六年,官制行,复通直郎,签书淮南节度判官厅公事。"①此之谓"来任藩屏",镇元丰二年及第授官,"瓜期"当谓元丰五年,然沈季长六年方复签判任,可知镇元丰六年时仍在高邮任。

元丰七年(1084)甲子,三十三岁

有书上蒋之奇,被收入门下。

《集》卷二十一《上发运蒋龙图书》:"某读书至乎《礼记》,见其言舛驳不经,未尝不掩卷而疑焉。惟《王制》之篇,虽杂四代之制,而其言有伦,其事有理,可以为后世法。乃极智尽思,考合经传,训明厥旨,以备遗忘。然不识有以少当昔人之意否耶?且患沦溺于流俗之弊,谨缮写一编诣麾下陈献。"此书述及有关《王制》之"一编"或即崇宁间上蔡卜《王制解》之所本。《长编》卷三百四十七,元丰七年七月辛酉,"权发遣江淮等路发运副使蒋之奇直龙图阁"②。《集》卷二十二《上发运蒋龙图书》,"两窃乡书,遂尘吏版。然策命以来,六年于兹,碌碌尘土之间,无以异于俗人者"。《集》卷二十四《上蒋枢密书》:"曩岁枢密先生总六路之大计,建台江淮之上,某幸备员邮县,适在封域之内,时得望使车,承教令……辄怀数篇进干典谒……既辱许可,又勖拂之,遂以名闻,收置诸生之列。"或因从学蒋之奇故,镇任满后未即返乡。

有书上黄寔。

《集》卷二十一《上淮南提举黄都官书》。黄都官谓黄寔。《宋史·黄寔传》:"黄寔字师是,陈州人。登进士第,历司农主簿,积官提举京西、淮东常平。元丰末,议罢提举官,命未布,寔舅章惇属蔡确徙寔提点开封县镇。"③黄寔提举淮东常平在元丰七年,据曾纡《南游记旧》:"黄寔自言平生有二事,元丰甲子为淮东提举常平,除夜泊汴口,见苏子瞻植杖立对岸,若有所俟。"④元丰八年罢,《长编》卷三百六十,元丰八年冬十月己卯,"权提举淮南东路常平黄实提点开封府界诸县镇公事"⑤。

---

① 《全宋文》第八十三册,卷一八〇五,第 140 页。
② 《长编》,第 8336 页。
③ 《宋史》卷三五四《黄寔传》,第 11161 页。
④ (宋)曾纡:《南游记旧》,(明)陶宗仪:《说郛三种》涵芬楼本卷四九,上海:上海古籍出版社,1988 年,第 787 页。
⑤ 《长编》,第 8609 页。

元丰八年（1085）乙丑，三十四岁

五月，有书上吕公著。

《集》卷二十一《上扬帅吕大资书》云："恭惟知府枢密大资阁下，以豪杰之才，世公辅之位……何幸备员小邑之佐，属在使麾之末，虽拘文有地，不得时望副车之清尘，聆謦欬之余训；然分官效职，亦幸从属吏之后。今代者已至，将远旌麾……窃惟趋事钩严，及兹期岁。"考吕公著元丰五年四月自同知枢密院罢知定州（见《长编》卷三百二十五元丰五年四月丁丑条），后徙扬州（见《长编》卷三百四十一元丰六年十一月乙未条），又《长编》卷三百四十二元丰七年正月癸丑，"吕公著自定州徙扬州，请觐，许之……未行，即除资政殿大学士"①。《长编》卷三百五十六，元丰八年五月"己亥，诏资政殿大学士、银青光禄大夫、兼侍读吕公著，乘传赴阙"②。如此，公著扬州任仅一年，故云"窃惟趋事钩严，及兹期岁"。又，继任者为杨景略，《长编》卷三百八十六，元祐元年八月丁未，"龙图阁待制、知扬州杨景略卒"③。《永乐大典》卷八五二六《上扬州知府钤辖吕大资书》亦作于去年或本年。

有书上淮东提刑闾丘孝直。

《永乐大典》卷二九四九《上淮东闾提刑书》。《长编》卷三百六十五，元祐元年二月癸亥，"提点淮南东路刑狱专切提举盐事闾邱孝直知蕲州，以言者论其失觉所部售盐违令也"④。闾丘孝直元丰五年"新知湖州"（据《长编》卷三百三十一，元丰五年十一月壬辰条），淮东提刑之任当在此后，姑系此。

哲宗元祐元年（1086）丙寅，三十五岁

正月，作《越州跛鳖先生赵万宗传》。

《集》卷二十九《越州跛鳖先生赵万宗传》："元祐元年正月日，会稽华某传。"

被命监温州永嘉盐场，道出润州、杭州，有书上润守朱服、两浙运使许懋。

《集》卷二十一《上润守朱龙图书》："曩时朝廷复用经术求天下之士，诏书之下，未及

---

① 《长编》，第 8225 页。
② 《长编》，第 8514 页。
③ 《长编》，第 9397 页。
④ 《长编》，第 8754 页。

期岁,阁下起而应之……遂乃翔泳台阁,典职成均……今被命东州,道出治部。"朱龙图谓朱服,熙宁六年进士。《长编》卷二百四十四,熙宁六年四月壬辰,"新赐进士及第余中为大理评事,朱服为淮南节度推官"①,服先后任监察御史里行(《长编》卷三百十,元丰三年十一月丁未条)、知谏院(《长编》卷三百二十一,元丰四年十二月甲寅条)、国子司业(《长编》卷三百二十五,元丰五年四月丙子条),故云"翔泳台阁,典职成均"。又《长编》卷四百二十三,元祐元年闰二月庚戌条载右司谏苏辙谏言下有注云:"朱服,八年六月二十七日罢右史,直龙图阁、知润州。"②服元祐二年罢,《长编》卷四百四,元祐二年八月丙戌,"奉议郎、直龙图阁、权发遣润州朱服权发遣福州"③。此书中又有"被命东州,道出治部"语,故当作于赴温州任途中。

《集》卷二十一《上两浙运使书》:"某不肖,夤缘末学,窃禄小官,虽管库闲冷之局,在海隅僻左之地,得居治部,祗以为幸……趋觐之初,祗诵所闻,拜于麾下。"镇本年五月来监永嘉盐场,时两浙运使为许懋。《长编》卷三百八十,元祐元年六月戊申,"两浙转运使许懋为秘阁校理,知福州"④。另同卷《上两浙运判书》:"然而解官海隅,取道大府,伏蒙运使某官阁下,敦厚德以忘贵势,而俯屈尊高,猥加存接……诚愿洗心涤虑,服勤夙夜,效分寸于武林榷酤之地。"此书题称"运判",文中云"运使",当以正文为准。"解官""取道"二语可知镇赴任途经杭州,上此书于运使许懋,欲求一僚属之职。

五月,就永嘉盐场任。

《集》卷二十八《温州永嘉盐场颐轩记》:"余元祐丙寅五月,来监永嘉郡之盐场。"

《集》卷五《寄赠永嘉郑先生》、卷六《永嘉巡检张侍禁廨舍辟洞名黄石》、卷七《永嘉巡检厅奇竹》、《集》卷十三《赠温幕张子常有诗见怀用韵因成五篇》、《集》卷三十《祭温州张判官文》当作于任上。

元祐二年(1087)丁卯,三十六岁

五月,有书上温守刘敤、温倅朱朝奉。

《集》卷二十一《上温倅朱朝奉书》:"备员治部,期年于兹。"

---

①　《长编》,第5939页。
②　《长编》,第8915页。
③　《长编》,第9834页。
④　《长编》,第9240页。

《集》卷二十二《上温守刘大夫书》："某不肖,备员下局,获在属吏之列者,期年于兹,幸无大过。"《(乾隆)温州府志》卷十七:"刘戭,朝请大夫知,元祐。"①

作颐轩记、颐轩诗。

《集》卷二十八《温州永嘉盐场颐轩记》："元祐丁卯中元日,云溪山客记。"《集》卷三有《颐轩诗》,均作于本年。

元祐三年（1088）戊辰,三十七岁

有书上温守刘戭、温倅张朝奉。

《集》卷二十二《再上温守刘大夫书》："某持朴素不雕之质,寄寂寞冗长之地,虽揽菊余芳,漱味溢流,三年于兹,为日已久。然自始至大府一拜清尘,尔后羁制文墨,未省瞻望旌棨。"

《集》卷二十一《上温倅张朝奉书》："奔走淮海,南北十年。"自元丰二年进士及第授高邮尉至本年计其头尾恰十年。

《集》卷五《云溪行》："十年南北何扰扰,咫尺溪头不成到……今日羁縻江海曲,折腰翻为斗升粟。"或亦作于本年。

《集》卷九《元祐三年八月初六日得报已有代者归期可数喜动于中载形歌咏》诗有"郡符朝下报新官"语。《集》卷二十五《谢改官启》有"窃以由铨版之选,陟中都之官",明谓由选人改京官矣。

元祐四年（1089）己巳,三十八岁

在乡居丧,作《会稽览古诗》。

前引镇《谢及第启》有"重念双亲将老,明世鲜逢"语,可知镇及第时双亲尚在,然考元祐六年所上干谒书信均有"偏亲"之语,颇疑温州任满后又逢亲丧,本年与明年居乡守孝,孝期满后方赴吏部。《集》卷二十四《上蒋枢密书》："虽绵力弱羽,未能遐举远至,困于尘劳,东穷沧海,南薄沉湖,崎岖道路之修,涉历私门之变,忧悲勤瘁,无所不有。""私门之变"即指亲丧。来年入京以《会稽览古诗》一百有三篇干谒东京显宦,此组诗或作于居丧期间。

---

① （清）李琬修,齐召安纂:《(乾隆)温州府志》卷一七,清乾隆二十五年刊民国三年补刻本。

元祐六年（1091）辛未，四十岁

入京，有诗。

《集》卷七《元祐六年秋夜泊震泽时涨潦未尽牵道断毁仍阻风》。按，据下文所考，镇本年上王存《上吏部尚书书》有"前日伏遇泥封东下，衮衣西归"语，然王存尚书命下在本年闰八月，启程时或已入秋，如此，此诗当为赴任途中所作，则镇至汴京时已至秋冬。

在京待选，上书其时名宦干谒。

《集》卷二十二《上宰相书》："十有余年，事业无所成，名闻不加远，今四十岁矣。"此书或上刘挚。《宋宰辅编年录》卷十，元祐六年"二月辛卯，刘挚右仆射。（注云：自守门下侍郎、太中大夫除右仆射兼中书侍郎。）""十一月乙酉朔，刘挚罢右仆射。（注云：为观文殿学士知郓州。）"①《集》卷二十三《上宰相书》："某偏亲在堂，年今八十，辍禄而归养，则家贫无以备菽水之奉；迎侍乎远方，则道途非老者之宜。在吏部条格，例得便地。然到阙数月，桂薪玉食，担石将罄，便家之地，曾未获见……今窃见吏部监当阙有越州税务，注监当资叙人。在格，亲年八十者，情愿折资监当，则许不限本贯指射。某虽思赴部求拟，必为前列见夺，不可必致。伏惟仆射相公体禹稷伊尹之志，轸饥溺沟中之念，特赐化笔，曲加陶铸，俾获禄养，不失其所，曷胜幸甚。尘渎钧严，下情伏深愧恐之至。"检镇元祐六年所作诸书，均提及"偏亲"之事，又涉吏部待阙事，故系此。

《集》卷二十二《上侍从书一》："策名以来，复为小官，奔走州县，尘劳万状，庸得一意于文。十余年间，虽鞅掌之隙，志力有余，未尝一日自弃。"镇元丰二年及进士第，"十余年"当是元祐四年以后，而元祐七年已赴道州任，此书当为在京待选时所作。又，同卷《上侍从书二》云："日月云迈，今四十岁矣……谨录平日所为《会稽览古诗》一百有三篇，离为三卷，诣门下尘献。"明言此书元祐六年作。又，同卷《上侍从书三》亦附此。

又，镇云《会稽览古诗》一百有三篇，今仅存陈思《两浙名贤小集》卷七十三《黎斋小集》收录《云门寺外胜迹诸咏》（厉鹗《宋诗纪事》卷二十七题作《铁门限》）《郑相庙》《秦望山》《葛仙翁钓台》《五云溪》《樵风泾》《郑公泉》《城山》《镜湖》《双笋石》《放马涧》《虞国墅》《陈大夫宅》《燕竹》《孟桥》十五首。另有高似孙《剡录》卷六下收录《龙宫寺》《金庭洞天》《桃源》《瀑布岭》《戴溪》五首；黄宗羲《四明山志》卷二收录《钓台》一首；施宿《（嘉泰）

---

① 《宋宰辅编年录校补》，第593、596页。

会稽志》卷十收录《刑塘》《雁池》《考古》三诗残句，卷十八收录《梁武帝书堂》残句；张淏《(宝庆)会稽续志》卷四收录《南池》诗残句或亦属《会稽览古诗》之作。

七月，欲试国子博士，有书上中书舍人孙升、国子祭酒丰稷、司业赵挺之、翟思，获荐。

镇子华初成《进云溪集表》："召试博士，如孙觉、丰稷辈更推挽之。"①楼照《云溪居士集序》云："元丰间，孙觉、丰稷在朝，皆荐君堪博士，不报。"②考《集》卷二十二《上中书孙舍人书》云："今四十岁矣……曩在仙里，尝闻绪言。"则此书上于元祐六年明矣，又据《长编》卷四百五十六，元祐六年三月乙酉"起居郎孙升权中书舍人"③，此孙舍人当谓孙升而非孙觉。《宋史·孙升传》："孙升字君孚，高邮人。"④"仙里""绪言"之语谓镇初官任高邮尉时曾与孙升相交，升卒时镇亦有祭文，参本谱元符二年纪事。其子初成已不详其情，故误孙升为孙觉，楼照亦承其误。

《集》卷二十二《上国子丰祭酒书一》《上国子丰祭酒书二》。《长编》卷四百六十一，元祐六年七月乙丑，"太常少卿丰稷为国子祭酒"⑤。《上国子丰祭酒书一》云："恭惟国家艺祖以禹之盛德……太宗承之……是后更五圣，历百有余载。"哲宗朝明矣。《上国子丰祭酒书二》云："某家事甚单，偏亲垂老，桂薪玉食，久或难继，甘旨之奉，时不可违，势未能久在此地，亲炙善诱。辄不自量，愿齿属吏之末，所冀斗升，以济私计，庶几朝夕扣金声之铿拟，聆玉振之温润，窃窥堂寝之奥，沾华实之余滋。""愿齿属吏之末"之语，可知当为求国子博士作。后果获丰稷荐，《永乐大典》卷一二〇一七有《谢国子祭酒举学官启》。

又，《集》卷二十二《上司业书一》《上司业书二》云："辄自忘狂易之罪，愿获齿于属官之末，庶几可以久依门墙，终承教育之赐。"亦有"愿获齿于属官之末"语，亦即求国子博士之官。考《长编》元祐六年正月孔武仲任国子司业（《长编》卷四百五十四，元祐六年正月己巳条），同年七月改官起居郎（《长编》卷四百六十一，元祐六年七月乙丑条），继任者有赵挺之（《长编》卷四百六十七，元祐六年十月癸亥条）、翟思（《长编》卷四百六十八，元祐六年十一月庚申条），丰稷本年七月方获祭酒之命，故此书当上赵挺之、翟思。

---

① 《全宋文》第一百九十二册，卷四二二六，第 54 页。
② 《全宋文》第一百七十九册，卷三九二四，第 209 页。
③ 《长编》，第 10928 页。
④ 《宋史》卷三四七，第 11010 页。
⑤ 《长编》，第 11022 页。

八月,有书上吏部尚书王存。

《集》卷二十二《上吏部尚书书》:"去岁浪栖上京,道出淮海,仰叩麾节,获瞻仪型,行李有程,依恋徒切。前日伏遇泥封东下,衮衣西归,蹑文昌之高躔,冠天官而为长。休浣之日,刺字可通,辄集旧文,敬修贽礼,又蒙温颜下逮,话言屡接,掌治之暇,许赐俯览。……某七岁诵书,弱冠应诏,两玷乡版,遂获成名。爰窃禄仕,十有四年,善不敢废,恶不敢为。然碌碌无闻……今四十岁矣。"然镇元丰二年及第时二十八岁,至元祐六年四十岁时计其首尾共十三年,文云"十有四年",或是记忆有误。本年王存自扬州回京任吏部尚书,《长编》卷四百六十五,元祐六年闰八月壬申,"资政殿学士、知扬州王存为吏部尚书"①。此书盖王存甫回京时所上。又,《长编》卷四百二十九,元祐四年六月丙午,"中书省言:'尚书、侍郎、学士、待制及两省、御史台监察御史以上,左右司郎官、国子司业,各限一月举内外学官二员。今后有阙日亦合依此。其召试之法,自当冲革。并元祐令:诸奏举内外学官,须进士出身,年三十以上,无私罪停替,历任及二年者;其行业纯备,淹滞草泽,或登科岁久,恬于仕宦,虽未历任,亦许奏举。而近日内外臣寮所举学官甚众,不应前法,请候有阙,遇降朝旨,方许奏举。'从之"②。观镇本年所上干谒书信,被投赠者均有推举学官之资质,当均为试太学博士寻举主所作。

进论四十篇,试太学博士,未果。

《宋史·职官志五·国子监》:"元丰三年,诏自今奏举太学博士,先以所业进呈。"③《集》卷十四《国势论》:"神宗继文考之志,述文考之事……今慈母与陛下,复以仁恕忠厚之德济之……故百三十余岁而主道益隆。""慈母与陛下"语可知在元祐间,自宋建国至"百三十余岁"当即元祐五年后。又据同卷《论志》所云,《国势论》属四十篇一组论文中的一篇,当即本年欲试太学博士前之进卷,《论志》中提及此作共三十四目,四十篇,今《集》中仅存《道论》、《治论》上中下、《国势论》、《本论》、《常法论》、《变论》、《知人论》、《守令论》上下、《蠹论》一二三四、《本末论》、《官论》、《铨选论》、《任举论》、《考绩论》、《赏罚论》、《法令论》、《监司论》、《朋党论》、《养士论》、《制举论》、《事神论》、《法禁论》、《役法论》、《御戎论》、《事业论》共三十一篇,另有《论相》《论事》《论人材》《论科举》《论教化》

① 《长编》,第11111页。
② 《长编》,第10366页。
③ 《宋史》卷一六五《职官志五》,第3911页。

《论财用》《论兵》《论边事》《论言》共九篇已佚。

元祐七年（1092）壬申，四十一岁

被命道州司法参军，有书上顾临。

《集》卷二十八《道州录事厅适斋记》："元祐壬申岁，余来为营道郡督邮。"

《集》卷二十二《上顾侍郎书》："曩岁先生以乡里之故，不鄙其不肖，许承教于门下。当是时……至于朝夕与诸生并进而式瞻仪刑，亲承音旨，与夫索居独学，诵诗读书以求古之人者，不可同年而语矣。违离以来，二纪于兹……今调官小宰，至辇毂下……复容进拜于座侧，是终可以亲承善诱也。"考顾临于元祐三年九月乙卯由给事中擢为刑部侍郎，至五年九月丁卯为兵部侍郎，同月乙酉转吏部侍郎，元祐七年六月戊辰为翰林学士。据"调官小宰"语，镇当已获道州之命。另，同卷《再上顾侍郎书》云："洪规遗矩，其来旧矣；命世之士，用为己任。"当是临任吏部侍郎时所上。此书提及镇元祐初所作《赵万宗传》事。又，《集》卷十三《上顾侍郎》序云："内翰侍郎卿丈置酒，与钱叔凭同见招。"可知镇本年六月仍在汴京。同卷《和叔凭惜春》或当作于本年春。《集》卷八《寿顾侍郎》亦当作于此时。

过应天府，有诗上孙升。

《长编》卷四百七十四，元祐七年六月戊辰，"中书舍人孙升为天章阁待制、知应天府。监察御史董敦逸言：'升文字疏谬，非代言之才，而又怀邪挟私，情涉讥斥，今既加美职，又付近藩，与善去者无异，请加黜谪。'监察御史黄庆基言：'升行梁焘、郑雍诰词，有"勿恤用人不终"之言。升居代言之任，乃因诰命，刺讥朝廷。请参验情实，特赐睿断，以协公议。'诏升罢天章阁待制，为集贤殿修撰、权知应天府。"注云："改修撰在二十二日，今附见。"可知孙升权知应天府在六月二十二日。《集》卷十《上南都权府提刑孙大监二首》中有"声华籍籍冠诸公，三十年前浙水东""抠衣平昔登门下，曾许横经近绛纱"语，当为返乡途径应天府时所作，亦可知镇在高邮任上尝从孙升学。

受命返乡，以所作诗文上林希，备受称赏。

《集》卷二十三《上林枢密书》："曩岁台旆节制东吴，某于是时尝持所学，上污几席，猥蒙激赏，谓有古风。星霜变移，逮兹五稔，中心铭藏，靡日不思。"《长编》卷四百七十八，元祐七年十月丁丑，"天章阁待制、知杭州林希为礼部侍郎"。注云："八年三月乙酉，

出知亳州。"①此书上于绍圣四年(参本谱该年纪事),以"逮兹五稔"上推,镇以所学谒林希当在元祐七年,"节制东吴"正谓林希知杭州事。

在乡,上书陆佃干谒。

《集》卷二十二《上陆侍郎书》:"若某之望先生之门则不然。生同其时,其岁月之先后,无十年之间;居同其邑,其道路之往来,无一里之远。当先生参贰春官,衡石多士,某复得奏薄技,当藻鉴,遂预门下诸生之选。然而二十年南北东西,竟未尝叩金玉之玲珑,被黼黻之藻饰……今某受牒湖外,偶未整装,幸会台斾,出抚江左,载迁麾节,归省亲庭,和易雍容,交际乡党,难得易失,殆谓此时。"馆臣注云:"《宋史·陆佃传》:佃字农师,山阴人,哲宗时迁吏部侍郎,镇书中有'居同其邑'云云,盖佃与镇皆山阴人也。"按陆佃《陶山集》卷十三《江宁府到任祭丞相荆公墓文》有"维元祐七年,岁次壬申"②,可知佃知江宁府在元祐七年,佃被命后即归越迎亲,故镇书言"归省亲庭";佃生于庆历二年,本年五十一岁,镇四十一岁,故云"其岁月之先后,无十年之间";"参贰春官,衡石多士"语盖熙宁六年应举事(参本谱该年纪事);"受牒湖外"即道州之任。盖镇受命返乡时,佃亦在乡。

有书、诗上越帅蔡卞。

《集》卷二十二《上越帅蔡侍郎书》:"恭惟知府钤辖侍郎待制阁下资高世之才,达妙道之蕴。当天下有道,明良相资,寄身轩冕之间,而心潜寥廓之外……方且以柱史之高情,援孔、颜之道术,博稷、契、伊、周之事业,指画于谈笑之间……今则韬光敛锷,临照千里,专裁一郡之事。"蔡侍郎谓卞,《长编》卷四百四十九,元祐五年十月癸卯,"龙图阁待制、知广州蔡卞知越州"③。又,《长编》卷四百八十四,元祐八年五月戊寅,"知越州蔡卞知润州"④,此镇在乡时所上。《集》卷六《赠别越帅蔡侍郎五十韵》,序有"今当捧檄湖外"语,当为离乡时所作。

自越州赴任,沿途有诗。

《集》卷三《早发芜湖风便舟中有感》、《集》卷四《早发京口舟中》(诗有"挂席指西湘"

---

① 《长编》,第11391页。
② 《全宋文》,第一百一册,卷二二一一,陆佃《江宁府到任祭丞相荆公墓文》,第270页。
③ 《长编》,第10791页。
④ 《长编》,第11493页。

语)、《采石》、《铜陵阻风》、卷七《洞庭》等诗,均作于赴任途中,如此则镇当先自越州北上,后沿长江走水路赴任。《铜陵阻风》一诗有"常言秋冬交""我行已旬余"等语,则镇到任时已至年末。

至道州录事参军任。有书上道守董义。

《集》卷二十八《道州录事听适斋记》:"元祐壬申岁,余来为营道郡督邮。"

《集》卷二十三《上道守董大夫书》:"惟知郡大夫阁下术业贯古……某备员小官,获在麾下。"《(隆庆)永州府志》卷四载董义哲宗元祐五年知道州。[1]《集》卷五有《道守董公重成寇公楼集宴僚属因赋长句》诗,可知镇到任时董义仍在道守任。义寻改汾州知州,《集》卷二十五《代汾州知州董左司谢监司启》、卷二十六《代汾州知州董左司谢两府启》、卷二十七《代汾州知州董左司谢到任表》当代董义作。又,《集》卷七《送道守董朝散》("言时已及瓜")、卷八《送左司董郎中出知汾州三首》、卷九《送道守董朝散》亦为董义所作。

以书上湖南运使程博文、副使柯述、运判张琬。

《集》卷二十三《上湖南运使程大卿书一》:"伏惟运使大卿阁下,以高才雅望,膺名世之妙选,入参府寺,出分使寄,秉金谷之权,当一路之重……某备员小官,幸预属吏之末……辄诵管见,并择旧所为《会稽览古诗》一百三篇,缮写诣节下尘献。"《长编》卷四百六十四,元祐六年八月乙巳,"司农少卿程博文为皇帝贺辽主正旦使",同月己酉,"左朝请郎、司农少卿程博文为荆湖南路转运副使",注云:"十八日,使辽。"[2]如此,其到任当在七年后。

《集》卷二十三《上湖南运使柯少卿书二》:"某不敏,困于小官十有四年矣。"自元丰二年镇及第授官至本年,计其首尾恰十四年。

《集》卷二十三《上湖南张运判书一》:"某备员小吏,获在部封,得瞻拜阶墀,禀听教令。"玩其语意当上于初到官时。据《集》卷二十六《湖南转运司申明茶事札子》,此柯少卿为转运副使,名述,张运判名琬。

《集》卷十《次韵酬道州同官雪中召饮》、卷九《舂陵闻雁》(注云:"余为舂陵纠曹。")当为道州任上作。

---

[1] (明)史朝富、陈良珍:《(隆庆)永州府志》卷四,明隆庆五年刻本。

[2] 《长编》,第11085页。

元祐八年（1093）癸酉，四十二岁

春，道守曾孝雍到任，有书。

《集》卷二十三《上道守曾大夫书》："恭惟知府大夫阁下，孔门德裔，公族华胄，生服名教，克世其美。剖符爰来，为此师帅……某窃幸备员掾属，托庇节下，敢诵所闻，以修贽见之礼……谨录平日所为《会稽览古诗》一百三篇，随此尘献。"《（隆庆）永州府志》卷四载代董乂者为曾孝雍。① 《集》卷七《早梅花》二首（序云："今兹春初，梅荣南国。"）、卷八《次韵和道守曾大夫堂前早梅花》亦当作于同时。《集》卷三十《代道州祭九疑帝舜文》《代道州祭邹国公文》亦当代道守作。

有书上安惇。

《集》卷二十三《上湖南提刑安学士书》："某备员小吏，获隶部封，得瞻拜阶墀，禀听教令。"察其语意当在被命转运司僚属之前。《宋会要辑稿》食货六五之六四："（绍圣元年闰四月）十三日，权发遣荆湖南路提点刑狱安惇言……"② 同卷《上湖南提刑书》或是同时所作，姑系此。《集》卷八《送湖南提刑安学士》，诗云"节遇中秋"，安惇离任在本年或明年秋。元祐末、绍圣初政局大变，故诗有"太平天子方求旧，但指松椿祝寿祺"。

因公务过永州，有书上邢恕。

《集》卷二十三《上邢龙图》云："某去岁调官选部，被命春陵……今沿檄衡岳之阳，已事而旋，道出永上……某窃念熙宁之初，方在童丱，西游上国，获侍搢绅先生，窃听长者之余论，称道当世豪杰之士，固已闻阁下之高名。碌碌尘土间，东西南北，二十余年，曾未邂逅。"由"已事而旋，道出永上"可知此时镇仍在道州。邢龙图谓恕，《宋史·邢恕传》："会确得罪，恕亦责监永州酒。"③《长编》卷四百十二，元祐三年六月癸未，"朝奉郎、知襄州邢恕除直龙图阁，差遣如故"④。又，《长编》卷四百六十五，元祐六年闰八月丁丑，"降授承议郎、监永州盐邢恕展一期叙"。注云："恕责在四年五月二十八日。此据政目增入。"⑤《集》卷十三《过永城寄知县陈宣德同年三绝句》亦作于过永州时。

---

① （明）史朝富、陈良珍：《（隆庆）永州府志》卷四，明隆庆五年刻本。

② 《宋会要辑稿》，第 7833 页。

③ 《宋史》卷四七一《邢恕传》，第 13703 页。

④ 《长编》，第 10019 页。

⑤ 《长编》，第 11113 页。

十月，命道州"适斋"，作《云房引》《道州录事厅适斋记》。

《集》卷二十九《云房引》："余在苍梧，多云物，其态朝暮见。既累月，会新舍馆之西颓庑，户牖之以为房，引其说而为名。元祐癸酉十月望日。"

《集》卷二十八《道州录事听适斋记》："元祐壬申岁，余来为营道郡督邮。越明年，冬十月，葺舍馆之西颓庑，设户牖以为室。既成，目之为'适斋'。"

运使程博文辟以为僚属，赴潭州任职。

《集》卷二十三《上湖南运使程大卿书二》云："一日与牒偕来，为部下吏，片言只字，聊记姓名，骤蒙品题，指为令器。虽远在数百里之外，被以辟书，引为台属，拨去目前之英俊，断而勿问，不可谓不知己矣……某新被辟书，复干荐牍……"本年十月镇仍在道州，可知被辟为僚属事在十月之后，集中代监司之启、表等文字，均为被辟后作。

《集》卷二十五《谢湖南程运使辟本司帐勾兼管勾文字启》、《谢湖南程运使回启》（"骤蒙嘉报，莫喻所从"）、《谢交割湖南帐勾职事启》（"脱徒劳于属郡，当妙选于使台"）、《贺湖南交代耿帐勾启》、《谢湖南知县启》（"兹者叨宠宸纶，备员漕台。已及蠲刚，祗亲簿领"）均作于被辟后。程博文明年致仕，《集》卷七《庆亲堂和湖南运使程大卿韵》、卷九《湖南运使程大卿寿》《次韵和潭州尹节推陪同年运使大卿知府安抚少卿知郡大夫饮会》当作于本年。

有书上副使柯少卿、运判张琬、提举梁子美。

《集》卷二十三《上潭南运使柯少卿书一》："幸备员属吏，可得望车尘，干典谒。""备员属吏"语可知此书上于被辟之后。《集》卷十有《寿柯运使》二首、卷十二有《湖南运使柯少卿寿》一首。

《集》卷二十三《上湖南运判张朝散书》："某曩在会稽，常得曳裾崇闳，密际德表。而阁下粹容和气，温其如玉……某窃不自量，辄高下风之义，愿亲执鞭之役。然于斯时被命淮甸，不在封域之内，思一瞻拜车尘，曾莫可得……某方得从属吏之役，趋走麾下，敢诵其所遇于事者以为手实，而羞于下执事，伏惟少赐省览。"

《集》卷二十三《上湖南提举梁朝奉书》："今某四十一岁矣……依使台之下，侍至公之侧，亲承重言，矜恤濡滞，此时之三难得也。"《长编拾补》卷十三，绍圣三年四月："乙丑,湖南路提举梁子美除广西路提点刑狱。"①《宋史·梁子美传》云:"绍圣中,提举湖南常平。时新复役法,子美先诸路成役书,就迁提点刑狱。"②可知子美当先由湖南提举除本路提刑,《长编拾补》所载不确。《宋史·哲宗纪二》云:"(绍圣元年四月)丁卯,诏诸路复元丰免役法。"③由此知绍圣元年子美仍在湖南提举任。今检《长编》元符元年、二年子美仍为提点荆湖南路刑狱(见《长编》卷四百九十六元符元年三月癸酉条、卷五百八元符二年四月丙子条),元符二年四月辛丑,方称其为广南西路监司(见《长编》卷五百九),推知子美或于绍圣三年转湖南提刑,元符二年四月改广西提刑,故其始任湖南提举正在元祐七年、八年之间。镇书有"依使台之下"等语,可知此时已获监司"台属"之命,而"四十一岁"实谓元祐七年,或有讹误,姑系此。《集》卷十一有《送湖南提举梁朝散》一诗。

有书上湖南制置使、知潭州李湜。

《集》卷二十三《上谭帅李学士书》:"伏惟知府安抚学士阁下……某备员漕属,获在大府,得拜伏阶墀,禀听教令。"《长编》卷四百五十九,元祐六年六月壬辰,"左朝散郎、荆湖北路转运使李湜为集贤校理、知潭州"④。《长编》卷四百八十一,元祐八年二月辛亥,"左朝散大夫、集贤校理、知潭州李湜知荆南"⑤。湖南转运司治所在潭州,湜此命为平渠阳乱,崇宁时因弃渠阳寨遭追贬。《宋会要辑稿》职官六八之八,"(崇宁二年七月)十九日,诏:李湜追贬五官……枢密院奏乞第罪元祐中与弃湖南地者,湜先为湖南帅……故皆坐之"⑥。按,湜后任湖南路转运使,当代程博文。《宋会要辑稿》方域十九之十二,"(绍圣元年)九月二十六日,三省、枢密院言:谏官张商英言,昔废渠阳寨及败蛮贼日,有本路转运使李湜牒转运判官苏泌同上表称贺。"⑦《集》卷九有《寿潭帅李金部》二首,当为李湜作。

十二月,兴龙节,代监司上表。

《集》卷二十七《贺兴龙节表一》:"臣远违北阙,久使西湘。"《表三》有"臣属将使指,逖在湘西,莫陪北阙之朝,但切南山之祷"。《表四》有"抚三湘而地远",《表四》另有"臣

---

① 《长编拾补》卷一三,第507页。
② 《宋史》卷二八五《梁子美传》,第9625页。
③ 《宋史》卷一八《哲宗纪二》,第340页。
④ 《长编》,第10976页。
⑤ 《长编》,第11436页。
⑥ 《宋会要辑稿》,第4876页。
⑦ 《宋会要辑稿》,第9656页。

属奉恩辉,叨分漕事",此四表当即代监司作。《宋史·哲宗纪一》:"丁酉,群臣请以十二月八日为兴龙节。"①清翰林院抄本《云溪居士集》卷三十《兴龙节道场疏》一、二、三亦作于此时。

绍圣元年(1094)甲戌,四十三岁

代湖南监司上表贺正。

《集》卷二十七《代湖南监司贺正表》一、《表》二。

运使程博文约卒于本年。

《集》卷二十七《代湖南诸监司奏乞故知兖州程博文致仕恩泽表》:"比及湖南,服勤二年,失于治养。近蒙恩差知兖州,行次江宁府,遂以不救。道路之间,不及以时致仕。虽尝于江宁府附奏陈乞,一日之后,即至捐馆,有碍奏荐恩泽。"可知程博文于赴兖州任途中卒于江宁府。《集》卷七《挽兖守程大卿四首》当为程博文作。

有书上新任运使。

《集》卷二十三《上湖南运使书》:"恭惟熙宁、元丰之际,盛德在上,真儒为辅,异人并出,多士济济,奇伟特达充牣朝廷,何啻荆山之下。"据其语意当绍圣时作,代者或即李湜。

有书上运判张琬。

《集》卷二十三《上湖南张运判书二》云:"备员部吏既数月矣。"考镇被辟转运司帐勾兼管勾文字一职在去岁十月后,故"数月"之语当已及本年。《集》卷十《次韵湖南张运判会春园新亭之什》当即与张琬唱和诗。

张琬后改提举江南东路常平事。《集》卷二十九《送新江东提举常平张朝散序》:"方明天子修复治经,首当选抡,纲领一路……既序其事,又从而为之歌曰:湘天之遥,日则昭昭。湘水之远,其流坦坦。"当即张琬自湖南提刑改官时作。《宋会要辑稿》职官四三之六,"绍圣元年闰四月二日,诏复置常平等事官……左朝散郎张琬江南东路。"②《集》卷十一《送湖南运判张朝散》亦当送张琬之作。

---

① 《宋史》卷一七《哲宗纪一》,第319页。
② 《宋会要辑稿》,第4114页。

有书上运判曹辅。

《集》卷二十三《上湖南运判曹司勋书》"再尘乡书,获缀英毂,栖迟禄仕,逾十五年……为属吏者得在部封,已足欣快。又况某承乏使台,日居节下,被教令之警策,观威仪而象之,曾无昔人之勤,而所得过倍,不宜自弃而后众人之进也。"《集》卷二十六《湖南转运司申明茶事札子》有注云"代运判曹辅作",当即此曹司勋,即代张琬者。《集》卷五《次韵和湖南运判司勋曹公衡山行》。曹辅后改广西提刑,《集》卷十一《送新广西提刑曹司勋》诗云"华实湖湘外""虎节起湘川"。又,《集》卷四《湖南运使柯少卿用广西提刑曹司勋游岳麓寺韵送广西行倅令同赋》、卷十《湖南运使柯少卿用广西提刑曹司勋游岳麓寺韵》。《集》卷二十五《代上广西诸监司启》("叨沐恩辉,就更使指")、卷二十六《代回广西属官启》宜为代曹辅所作。

有启上新恩先辈。

《集》卷二十五《贺新先辈启一》《贺新先辈启二》。《启一》云:"某早叨高闳,夙承善诱。漂泊三湘之远,追随五斗之微。"按,绍圣元年毕渐榜。

绍圣二年(1095)乙亥,四十四岁

在潭州,为监司草启、札子等公文。

《集》卷二十五《代谢河北运使王大夫启》:"天府赞治,时高理剧之长;楚服详刑,下有不冤之誉。起十年常平之坠绪,首奏肤公;登三路广运之外台,时成茂实。"《长编拾补》卷十二,绍圣二年十月,"丁亥,都水使者王宗望擢工部侍郎,进阶三等,授中散大夫、直龙图阁、河北都转运使"[1]。检《长编》,王宗望元丰七年任夔州路转运使(卷三百四十七,元丰七年七月辛丑条),或即"天府赞治"之谓,元祐三年任河东路转运副使(卷四百十,元祐三年五月丁未条),元祐八年任淮南路发运使(卷四百八十一,元祐八年二月乙丑条),又"楚服详刑"或谓其尝任湖南提刑,此为"登三路广运之外台"之谓。且自元丰七年至于元祐八年恰为十年,此启为代监司作。

《集》卷十《代湖南张运使贺蔡右丞》(按,蔡卞,绍圣二年)、《集》卷二十五《代谢知郡大夫启》("抚湘中之剧郡,远江左之名都")、《代谢人贺子及第启》、《代贺湖北运使启》、《代谢都尉钱节度使启》、《代谢充守程大卿启》(按,程博文,参本谱绍圣元年纪事)、《代贺刑部邢侍郎启》(按,邢恕,绍圣二年)、《代贺户部孙侍郎启》一、二(按,孙览,绍圣二

---

[1] 《长编拾补》卷一二,第488页。

年）、《代贺户部李侍郎启》一、二（按，李琮，绍圣元年）、《集》卷二十六《代贺中丞启》（按，黄履，绍圣元年）、《代贺大名判府留守郑资政启》（按，文云"判府留守左丞"，镇任期内郑姓宰辅唯有郑雍，然雍自元祐七年至绍圣二年任尚书右丞，被罢后除资政殿学士知陈州，与此文判大名府、左丞不合，待考）、《代贺发运修撰启》（按，吴居厚，绍圣元年）、《代贺许左丞启》一、二（按，许将，绍圣二年）、《代贺蔡右丞启》一、二（按，蔡卞，绍圣二年）、《代贺祭酒启》、《代上中书蒋舍人启》（按，蒋之奇）、《代谢广西提刑曹司勋启》（按，曹辅）、《代贺福建转运判官秦朝奉启》、《代谢广西转运判官启》、《代贺湖南转运判官张朝散启》（按，张琬）、《代贺湖南转运判官张朝请启》（按，"朝请"或为"朝散"之讹）、《代谢两府启》一、二、《代上发运待制启》一、二、三、四（按，吴居厚绍圣二年复待制）、《代回彭承议启》、《代贺西府正旦启》、《代回秀才献书启》、《回梅子肃奉议启》、《代回郴州知郡李朝散启》、《代回全州知郡王左藏启》、《代回衡州推官启》、《代回湖南检法推官启》、《代贺吏部林尚书启》、《代谢发运侍郎启》、《代谢发运侍郎启》、《代谢和州知府王侍郎启》、《代贺内翰启》、《代贺蔡内翰启》一、二（按，蔡卞，绍圣元年）、《代谢顾内翰启》、《代贺邵州知郡陈朝请启》、《又代贺邵州知郡张朝请启》、《又代贺衢州知郡黄朝请启》、《又代上宰相乞移淮浙一郡启》、《代邵郡谢知郡蓝皇城启》、《代贺侍从冬至节启》、《代贺湖南提刑冬至启》、《代贺东府冬至节启》、《湖南转运司申明茶事札子》（注云："代运判曹辅作。"按，绍圣二年），清翰林院抄本《云溪居士集》卷三十《代湖南张运判设醮青词》均为监司任上作。

任上有唱和、游览之诗。

《集》卷三《赠别新渭府机宜蔡二同年》（诗云"湘山尚重迭，湘水亦浩漠"），卷六《南岳僧仲仁墨画梅花》，卷七《岳麓寺》、《道林寺》（按，《（嘉靖）长沙府志》卷六云："道林寺，在岳麓山下。"①）、《齐无已书堂》（注云："堂在道林寺。"）、《湘江二妃庙》、《长沙王庙》、《贾太傅庙》、《画眉铺》（诗云"湘楚穷愁地"）、《愚溪》（诗云"楚俗真怀古"）、《无生庵》（注云："庞老故居，在衡阳城南。"），卷八《陪潭倅张朝散江皋观鱼》，卷十二《次韵酬桂阳石知监怀乡见寄》《用石桂阳韵谢左判官陈司理见寄》均为潭州任上作。

《集》卷十一《寄焦公泽》："漂流轻楚越，契阔易参商。"亦作于湖南任上。

任满返乡。

《集》卷七《君山》（诗云"无尘接南楚，有路到东吴"）、《狼山》（诗云"千里吴王国"）、

---

① （明）徐一鸣：《（嘉靖）长沙府志》卷六，明嘉靖刻本。

卷九《宿西禅寺诗》(诗云"湖湘跋涉今犹近,淮海漂流昔早曾")或任满返乡时作。

作《六经论》、历代论十二篇上章衡。

《集》、卷二十二《上扬帅章待制书》:"某材非翘秀……从仕以来,徒劳之余,无所用其力。夏日舒长,寒宵漏永,官曹事隙,筋骨未疲,惟弦歌诗书,寻阅传记,稽其成败,揽其余芳而已……传圣人之道者,莫如六经,作《六经论》……作《两汉》《三国》《晋》《唐》论凡十二篇。"《(嘉泰)会稽志》卷二:"章衡,绍圣元年七月,以左朝议大夫集贤院学士知,二年十一月复宝文阁待制,移扬州。"[1]《宋史》卷三四七本传:"复以待制知扬、庐、宣、颍州。"[2]章衡至绍圣四年仍在任,《宋会要辑稿》选举三三之二〇:"(绍圣)四年七月十九日,光禄卿程嗣恭为直秘阁、知扬州。"[3]按,今检《集》卷十八有《易论》、《书论》、《乐论》上下,及《永乐大典》卷一〇四五八所收《论礼》,当即镇所谓"《六经论》"之篇什。所谓"历代论"十二篇,今仅存《集》卷十九《西汉论》、卷二十《三国论》及《唐论》三篇。

绍圣四年(1097)丁丑,四十六岁

以《六经论》上蔡卞,有书。

《集》卷二十三《上蔡左丞书》:"绍圣之初,今天子始亲政机,将继先帝之志,而述熙宁、元丰之事。旧德元老,悉在四方,首诏阁下,归诏近密。不阅岁月,遂参大政者,岂不以帝王之功,必资哲辅论道经国;荆国之道,高明微妙,通达今昔者,尽在乎阁下乎?……恭惟左丞阁下抱古道术,为时儒宗……诚以往岁会稽尝辱礼遇……辄缮写旧所为《六经论》六篇,上污几席。"《宋宰辅编年录》卷十,绍圣四年闰二月壬寅,"蔡卞尚书左丞。自守中大夫尚书右丞除"[4]。此书对王安石学术及熙丰新政推崇备至,虽不免有为迎合"绍述"而夸大其词之嫌,然观镇一生所干谒当时名宦,多属新党阵营,因而此书仍可谓镇政治观点的真实写照。

作《神功盛德颂》上林希,有书。

《集》卷二十三《上林枢密书》:"曩岁台旆节制东吴,某于是时尝持所学,上污几席,猥蒙激赏,谓有古风。星霜变移,逮兹五稔,中心铭藏,靡日不思……恭惟本朝受禅创

---

① (宋)施宿:《(嘉泰)会稽志》卷二,清嘉庆十三年刻本。

② 《宋史》卷三四七《章衡传》,第11008页。

③ 《宋会要辑稿》,第5892页。

④ 《宋宰辅编年录校补》卷一〇,第651页。

业,同符虞夏;七圣继作,善美洊增。光大安荣,逾百三十余载……作《神功盛德颂》一篇。"《宋宰辅编年录》卷十,绍圣四年闰二月壬寅,"林希同知枢密院事。自翰林学士、知制诰迁太中大夫"①。《集》卷二《神功圣德诗》或亦作于此时。

十二月,为黄子受作墓志。

《集》卷二十九《黄子受墓志铭》:"绍圣三年岁在丙子十二月初四日庚申,君以疾卒于家。期年之日甲申,葬于会稽县五云乡之渔义峡。"注云:"绍圣四年十二月。"

元符元年(1098)戊寅,四十七岁

卜居会稽山阴之秉均里。

《集》卷二十八《越州修住宅灵签记》:"予卜居会稽山阴之秉均里九年,当绍圣戊寅岁……"按,"庚寅岁"实为元符元年,该年六月改元,见《长编》卷四百九十九。然镇绍圣二年仍在湖南监司帐勾兼管勾文字任,"九年"之语未详所指,或有讹误。

四月,有诗挽傅珏。

《集》卷七《挽傅仲温》,有自注云:"陆侍郎为君墓志云常励诸子为学。"按,陆侍郎谓陆佃,其为傅珏所作墓志见于《陶山集》卷十四《傅府君墓志铭》:"府君讳珏,字仲温,山阴人……绍圣二年夏,予被命守海陵,府君洒涕与予别……明年十二月甲子,府君果卒……府君之葬,以五年四月甲子。"②按,本年六月改元。

元符二年(1099)己卯,四十八岁。

赴阙,途径高邮。

《集》卷八《重过高邮丁志高道路》序云"予元丰中初官高邮",诗云"扁舟平日此东西,屈指于今二十期",自元丰二年镇及第授官至本年恰好二十年,或镇赴阙时途经高邮作。《集》卷十三《再经西禅寺二绝句》诗云"三时五度到西禅",亦途中所作。

十月,知通州海门县、管勾劝农公事兼兵马监押。

《集》卷二十八《越州修住宅灵签记》:"予卜居会稽山阴之秉均里九年,当绍圣戊寅

---

① 《宋宰辅编年录校补》卷一〇,第649页。
② 《全宋文》第一百一册,卷二二〇九,陆佃《傅府君墓志铭》,第239页。

岁,西邻严氏弗安其居,来贸于予家。五月二十有七日,除辟墙垣,合以为一。……时皇宋七叶,元符纪元,岁在己卯,孟冬之月十有九日,宣德郎、知通州海门县、管勾劝农公事兼兵马监押华某记。"可知镇元符元年尚居乡,本年到任。

有启上前任知县,任上有诗、文。

《集》卷二十五《上海门交代知县吕通直启》:"交代知县通直道腴充实,吏术疏通……鸣弦结课,已登优最之科;驰驱扬庭,行冠选纶之首。"

《集》卷十二《和通州李判官》、卷十三《海门道中望熟山寄知县朱宣德》、卷三十《海门县祭龙王文》一、二及《永乐大典》卷三五二六《海门》等诗均在任上作。

有文祭孙升。

《集》卷三十《祭高邮县中书孙舍人文》:"某昔初任,在公之里。时公燕闲,识公眉宇……南北一别,寒暑八迁……某进选曹,公在西掖。见公言貌,不异畴昔。矜某蹭蹬,劳公剪拂。"《长编》卷五百十六,元符二年闰九月壬申,"责授果州团练副使、汀州安置孙升卒"①。时孙升已被贬斥,祭文仍称孙舍人,盖为死者讳。

元符三年(1100)庚辰,四十九岁

治下小民因事构陷,上告监司,幸得提举宽宥,上书致谢。

《集》卷二十四《上淮南提举书》:"某不敏,早缘末学,叨窃名第;积久累日,夤缘知音,遂阶寸进,备员海隅,托庇下邑……前日不知暗劣,不能辑睦小民,俾之有言,上干听览,闻报之际,惴栗无地。非畏人言,得事之实;第愧疏拙,独烦裁处。伏惟提举奉议阁下德宇恢阆,智明旁达,视听所及,情伪不遗。灼知金言,诬构非实,敛秋霜之肃,借春律之和,付畀州司,究其虚实,使部属小官奉法谨事之诚,得达于上;奸猾细民扇惑侥幸之心,不逞于下……窃禄部封,未尝拜尘道周,望履门下。愧非曾参之贤,而猥蒙阁下不疑之义,得越分称,幸甚幸甚。区区官守,无缘诣使台称谢,辄诵所闻。""备员海隅"可知在海门县任,提举不详何人。又,《集》卷二十一《上淮南张提举书》:"遂两尘乡老,再干宗伯,蹉跌于青云,流浪于黄绶。命途多舛,事与愿违……加以思虑阔略,吏涂阔茸……仕宦若此,岂足为荣,适可羞耳。某顷者从事既疏,虞物又拙,刻木之辈投隙生奸,巧为辩端,以诣罪负,构结不肖之迹,付之有罪之地。察其愚衷,惟曰无愧;外视迹状,若有可

诛……赖阁下抗高明之鉴，轸恻隐之心，矜其诚素之无他，而察其过尤之可恕。开霁威怒，宽假日月，使得夤缘赦宥，卒为完人。"镇初官高邮尉时与张提举同属淮东路治下，然观此文颇丧之意，当作于海门县任上无疑，且亦言及为人构陷事，故系此。此张提举或即前书"淮南提举"。

建中靖国元年（1101）辛巳，五十岁

有书上通守林大夫。

《集》卷二十四《上通守林大夫书》云："某幸以不敏，备员部封，训迪矜容，久私余泽。今瓜期伊迩，代者在郊。岁书之成，已赖宽假，获逃败墨；保任之赐，辄不自量，窃有望于门下。"镇元符二年到海门县任，瓜期当谓本年。林大夫不详何人。

有书上蒋之奇。

《集》卷二十四《上蒋枢密书》："曩岁枢密先生总六路之大计，建台江淮之上，某幸备员邮县，适在封域之内，时得望使车，承教令……辄怀数篇进干典谒……既辱许可，又蔪拂之，遂以名闻，收置诸生之列……虽绵力弱羽，未能遐举远至，困于尘劳，东穷沧海，南薄沅湖，崎岖道路之修，涉历私门之变，忧悲勤瘁，无所不有。自违门墙，屈指于兹十有八年，亦可谓险阻艰难备尝之矣。"《宋宰辅编年录》卷十一，建中靖国元年七月丁亥，"蒋之奇知枢密院事。自正议大夫、同知枢密院事除"[1]。镇入蒋之奇门下当在元丰七年，参本谱该年纪事。继元丰七年后"十有八年"正在建中靖国元年。

中元日，题郑、石二集。

《集》卷二十九《题郑石二诗后》："郑都官、石学士二集，得之治平甲辰岁。越十有七年，至元丰庚申，以糊力解脱，因加装标，遂并为一帙。又二十有二年，建中靖国改元之初，岁在辛巳，再缀缉之……中元日会稽华安仁题。"

崇宁元年（1102）壬午，五十一岁

有书上蔡卞。

《集》卷二十四《上蔡枢密书》："恭惟知院枢密阁下，体孟子之淑质，传仲尼之达道，起于百世之下，独见圣人之心，片言所称，天下取信。某辄录所为《王制解》，缮写为一

---

① 《宋宰辅编年录校补》卷一一，第 687 页。

编,诣钧屏呈献。"蔡枢密谓蔡卞,卞知枢密院事在崇宁元年至四年间,《宋宰辅编年录》卷十一,崇宁元年十月癸亥,"蔡卞知枢密院事。自资政殿学士、左正议大夫、充太一宫使兼侍读除"①。崇宁四年正月丙申,"蔡卞罢知枢密院事。自金紫光禄大夫依前官充资政殿大学士知河南府"②。姑系此。

《集》卷五《如意院井诗》二首,其二有"崇宁元年五六月,傥居偶在寺井滨"。卷九《崇宁元年五月十六日天汉桥月下闲步》。

崇宁二年(1103)癸未,五十二岁

获命知新安县,赴任途中经汴京,有书上蔡京、安惇、蔡卞、许将等一干执政干谒。

《集》卷二十四《上蔡仆射书》:"某去岁辄以拙诗修贽见之礼……屡加激赏,谓得少陵之格。……然念文章宗主,邦国钧衡,轻重所加,天下取信,许可之际,断非偶然……寻蒙恩邑宰,东归待次,私心未致,终夜悚惧不瞑。今之官洛邑,道出都城。"《宋宰辅编年录》卷一一,崇宁元年七月戊子,"蔡京右仆射。自守尚书左丞授通议大夫、守尚书右仆射兼中书侍郎"③。同卷崇宁二年正月丁亥,"蔡京左仆射。自右仆射授右光禄大夫、尚书左仆射"④。按,明年五月蔡京已除守司空,又,"之官洛邑"语当谓赴新安任,镇书中凡有此语者均系本年。

《集》卷二十四《上安枢密书》:"某曩岁备员湖湘,早更趋事,奖诱成就,稔闻绪言;宽假保全,密依余荫。虽日月不久,飞驿还朝,未蒙荐论,俾预门下诸生之列,许可之语,铭藏心府,至今不忘,不可谓不知己矣……今之官洛邑,道出都城。"《宋宰辅编年录》卷十一,崇宁二年四月戊寅,"安惇同知枢密院事。自兵部尚书兼侍读迁中大夫除"⑤。"备员湖湘"事见本谱绍圣元年。

《集》卷二十四《上蔡枢密书》:"先皇帝患之,首召知院枢密,入参政柄,明国典以昭示天下,振丕绪以缉熙帝业。熙宁、元丰之典章法度,粲然复显于世者,阁下之功也。元符末年,横议复兴,籍籍诪张,图坏成烈。主上天锡睿智,灼见是非,群言孔多,渊衷不惑。复倚元老,入总枢机,谋谟嘉密,朝夕启沃。神考之志有继而无坠,熙宁之事有述而无废,文公之道益明,而利泽施于无穷……况如某者,曩在会稽,早蒙顾遇,诱掖奖借,窃

---

① 《宋宰辅编年录校补》卷一一,第 707 页。
② 《宋宰辅编年录校补》卷一一,第 718 页。
③ 《宋宰辅编年录校补》卷一一,第 700 页。
④ 《宋宰辅编年录校补》卷一一,第 708 页。
⑤ 《宋宰辅编年录校补》卷一一,第 712 页。

私德赐之尤厚，其敢默默而自弃乎？今之官洛邑，道出都城。"蔡卜知枢密院事在崇宁元年，详本谱该年纪事。

《集》卷二十四《上门下许侍郎书》："恭惟座主门下侍郎先生，以文章魁天下之士，以德业居元老之重，秉朝廷之大政，为邦国之光华，逾二十年，天下士民蒙被德泽，名实之美，可谓盛矣。元丰初，以尹京之暇，荣主文衡，某于是时，实出门下。奔走州县，漂流四方，日月如驰，几二十载……今之官洛邑，道出都城，钧屏深严，许容进谒，敢诵所闻，祇伏门下。"《长编》卷二百九十六，元丰二年正月己卯，"命翰林学士、权知开封府许将权知礼部贡举，知制诰蒲宗孟、天章阁侍讲兼直舍人院沈季长权同知贡举"①。《宋宰辅编年录》卷十一，崇宁元年正月庚辰，"许将门下侍郎。自右银青光禄大夫守中书侍郎除"②。镇书有"之官洛邑，道出都城"语，当作于赴新安任时，然自元丰二年至崇宁二年已二十余年，镇书云"几二十载"，或行文时记忆有误。

《集》卷二十四《上执政书一》《上执政书二》，二书均有"今之官洛邑，道出都城"语。

崇宁三年（1104）甲申，五十三岁。

作《书说》十三篇上蔡京。

《集》卷二十四《上蔡司空书》："恭惟国家自建隆以来，明圣继作，积德累功，昭事上帝，宠绥下民，日月光华，百五十余岁矣……崇宁改元，睿谟骏发，遴选辅相，图回大猷。司空仆射相公以高才硕德，茂实雅望，简在宸衷，入秉钧政……某不揆，簿书之暇，尝有志于小学……作《书说》十三篇……某前日不量疏贱，辄缮写其书，恭诣阙下投进。谨用编录副本，并诵所以进书之说，俯伏钧屏尘献。"《宋宰辅编年录》卷十一："（崇宁）三年五月，以收复鄯、廓等四州，除守司空。五月己卯，右银青光禄大夫、守尚书左仆射兼门下侍郎蔡京为守司空、尚书左仆射兼门下侍郎、封嘉国公，以抚定鄯、廓推赏也。寻诏去守字，改行字，作兼字。"③

到新安任。

清翰林院抄本《云溪居士集》卷三十《新安县到任谒诸庙文》当作于到任之初。

《集》卷二十八《新安县威显灵需公受命庙记》："四年癸未，诏天下州县长吏，山川鬼

① 《长编》，第 7195 页。
② 《宋宰辅编年录校补》卷一一，第 693 页。
③ 《宋宰辅编年录校补》卷一一，第 709 页。

神在典秩者,饰完庙貌,洁严祀事……是岁春旸为沴,农圃望云。奉议郎、知县事吕希复亲祷祠下……六年乙酉,自正月不雨,至于三月。承议郎、知县事华某周视境内,靡不致虔。""四年""六年"盖徽宗继位年数,癸未谓崇宁二年,乙酉谓崇宁四年。然镇知新安止两年(参本谱崇宁五年纪事),可知镇崇宁三年已到任。

蒋之奇卒,有诗。

《集》卷七《挽蒋尊师》,或为蒋之奇作,《宋史·蒋之奇传》:"(崇宁)三年,卒,年七十四。"①

崇宁四年(1105)乙酉,五十四岁

有书上蔡卞。

《集》卷二十四《上蔡大资书》:"某虽不肖,窃有心乎颜氏子之事。自念私门下奖诱之泽有辰矣,庶几许在与言之列,得遂达所习而不失其初心,曷胜幸甚。《书说》三卷,凡十三篇,谨缮写为一编,随此尘献。"蔡卞崇宁四年以资政殿大学士出知河南府,参本谱崇宁元年纪事。《集》卷七《寿蔡大资留守》、卷九《寿蔡大资》、卷十一《寿蔡大资》均为蔡卞作。

崇宁五年(1106)丙戌,五十五岁

本年任满,考课为京西第一,任上尝有诗、文之作。

《集》卷二十八《新安县威显灵霈公受命庙记》:"崇宁五年,岁在丙戌,九月二十有五日,承议郎、知河南府新安县、管勾学事、管勾劝农公事兼管勾竹园司、赐绯鱼袋会稽华某记。"《集》卷三十《新安县祭威显庙灵霈公文》当作于同时。又,《集》卷二十九《新安县清宁台铭》,亦新安任上所作。

《集》卷三《宝墨堂》题下有注云:"堂在新安县舍后圃。"《集》卷四《怀嵩亭》题下有注云:"亭在新安县舍后山。"《集》卷十《过鲁太师庙》,序云:"余崇宁三年宰新安,四邻五邑乃河南、洛阳、渑池、寿安、河清,皆有蝗,独不入县境。冬部夫至都城,往来经由庙下,因以赋之。"华初成所作行状亦载此事,"鸣弦洛邑,化务恺悌,嘉禾甘露皆致其瑞,四邻五邑有蝗害稼,而独不至其境,考课为京西第一"②。《集》卷十三《和河南府倅程朝散媵氏

---

① 《宋史》卷三四三《蒋之奇传》,第 10917 页。
② 《全宋文》第一百九十二册,卷四二二六,华初成《云溪居士行状》,第 56 页。

僧舍题壁》，均作于新安任上。

《集》卷三十《新安罢任辞庙文》："某往被宸纶，来司邑事，百里之内，二年于兹……今俶装在途，离邑有日。"可知镇知新安仅两年。

有书上京西运使李谌。

《集》卷二十四《上西京运使李龙图书》。《宋会要辑稿》选举三三之二四，"（崇宁）五年正月十三日，朝奉大夫李谌直秘阁、知信阳军"。又，"（大观元年五月）二十五日，朝散郎、京西路转运使李谌直龙图阁、淮南江浙荆湖等路发运使"①。此书当作于新安县任上。

大观元年（1107）丁亥，五十六岁

有书上梁子美，时为户部属吏。

《集》卷二十四《上梁参政书》："阁下翔泳台省，再更星霜，遂总纲辖，参断国论……某往岁备员湖外，得瞻识钧表；前日台旆暂总民部，某又得在属吏，进干典谒，预闻教令。"《宋宰辅编年录》卷十二，大观元年正月壬子，"梁子美尚书右丞。自中大夫、试户部尚书除"②，大观元年三月丁酉，"梁子美尚书左丞。自中大夫、尚书右丞除"③。"再更星霜"语可知梁子美任户部尚书止两年，"备员湖外"事参本谱元祐八年纪事。

六月，再有书上梁子美。

《集》卷二十四《上中书梁侍郎书》，亦投谒梁子美之作。《宋宰辅编年录》卷十二，大观元年"六月己未，梁子美中书侍郎。自尚书左丞迁太中大夫除"④。书云："恭惟中书侍郎阁下道与之貌，世济其美，生于相门，绰有公望。某曩岁备员湖湘，获趋钧屏……星霜换移，未逾一纪，阁下总司宪漕，扬軨朔南；入裕邦储，出尹天府……眷注弥深，遂参机政，历纲辖之要切，陟西要之深严……况某者获瞻履舄、亲承教令，积有年矣，今兹备员，复在辇毂之近，敢不奋励，进干典谒，以蕲出于炉锤之下？"其所述仕宦经历与子美合，据《宋史·梁子美传》，子美为梁适之孙，"绍圣中，提举湖南常平。时新复役法，子美先诸路成役书，就迁提点刑狱。建中靖国初，除尚书郎中，中书舍人邹浩封还之，改京西转运

① 《宋会要辑稿》，第 5895 页。
② 《宋宰辅编年录校补》卷十二，第 736 页。
③ 《宋宰辅编年录校补》卷十二，第 739 页。
④ 《宋宰辅编年录校补》卷十二，第 742 页。

副使……及徙成都路，累迁直龙图阁、河北都转运使，倾漕计以奉上，至捐缗钱三百万市北珠以进。崇宁间，诸路漕臣进羡余，自子美始"①。然不详镇所谓"辇毂之近"者谓何官。

有启上董义。

《集》卷二十五《谢太府董大卿启》："当年虽忝于籍末，今日方私于庇余。"或为户部属吏时所作。董大卿或谓董义，参本谱元祐七年纪事。

有诗和户曹。

《集》卷九《和李子约户曹四纪权室》。

有札子乞东封。

《集》卷二十六《乞东封札子》："崇宁之初……六年于兹。"当即谓本年。

大观二年（1108）戊子，五十七岁

有诗贺蔡京寿。

《集》卷十二《宫使蔡太师寿诗》。《长编拾补》卷二十八，大观二年正月，"己未，太尉、左仆射兼门下侍郎魏国公蔡京为太师"②。

题杜甫诗。

《永乐大典》卷九〇五《题杜工部诗后》："大观戊子七月八日，会稽华镇题。"

八月，与别头试，有诗。

《集》卷九《和杨中行朝散别试日院中即事》《试院中闻初平别头预上舍选作诗二章以贻之》《出院有日用前韵与诸公叙别》《和林安圣承议别试所即事》《再和》《欧阳叔向见余试院中诗卷作诗见誉次韵酬之》《再酬叔向见谢》《次韵酬叔向》，及《集》卷十三《试院初闻蟋蟀》等诸诗均涉试院事。《再和》一诗有注云："余今年正月被差前往南庙，八月又预别试所。"南庙试当在汴京。镇一生沉沦州郡间，唯有大观年间似获一在京官职。又，

① 《宋史》卷二八五《梁子美传》，第 9625 页。

② 《长编拾补》卷二八，第 935 页。

《(宝庆)会稽续志》卷五载:"子初平登大观三年第,为太常博士。"①诗题云"预上舍选",当前一年所作,故系此。《集》卷二十七《策问历代巡狩制度因革》《策问汉宣孝元王伯之道优劣异效》《策问列爵经界五刑》《策问井田肉刑封建》《策问宅都》《策问盐铁》当即为此次别头试作。

政和元年辛卯(1111),六十岁

拜朝奉大夫,知漳州。

《宋会要辑稿》选举三三之二六:"(政和元年九月六日),朝散郎、福建路转运判官柳度俊直秘阁,升副使。"②《集》卷二十五《贺福建运使柳直阁启》:"伏审显奉恩纶,荣膺宠数,进直兰台之秘,就增计府之华……某限拘官守,阻造使闼。"当在漳州任上作,如此,则镇政和元年已知漳州。

《集》卷二十六《乞颁降州军大乐札子》,清翰林院抄本《云溪居士集》卷三十《管待漳州权州判通直致语》当作于漳州任上。

政和二年壬辰(1112),六十一岁

卒于漳州任上。

《集》卷三十附录其子华初成《云溪居士集跋》云"为郡漳南,未几而没"③,《集》卷二十七《漳州谢赐政和三年纪元历日表》,则镇卒于本年末或明年。

---

① (宋)张淏:《(宝庆)会稽续志》卷五,清嘉庆十三年刻本。
② 《宋会要辑稿》,第5896页。
③ 《全宋文》第一百九十二册,卷四二二六,华初成《云溪居士集跋》,第55页。

西夏乾顺时期军事改革及其成效初探

香港中文大学　林皓贤

一、引言

从夏惠宗时代开始,宋人对夏的军事压力是推动西夏军事上发展的一个很重要的因素。宋朝在熙丰改革以后对夏人的军事行动所造成的形势,正好与宋仁宗时期嵬名元昊对宋的压力成一个对比。不同的是,夏人对宋的军事压力只限于宋西北边境,夏人亦没有力量覆灭整个宋朝。但是宋朝的军事力量大增后,给予夏人的不是边境国防的压力,而是亡国危机,这当然亦由于夏国没有很深的国防战略纵深。所以当夏人在战场上再非无往而不利时,西夏的决策者必须正视军事挫败的问题,由此而产生了乾顺时期的军事改革——"贞观改革"。

二、乾顺贞观改革的背景

军事胜败对夏人来说是影响生存的重要因素。西夏不像宋朝。宋朝的立国基础是多方面的,如农、工、商业发达让税收稳定,使国家有财运作;科举制度让士子有出路,收天下之才供政府使用,更重要的是维持统一;外交上维持有利发展的外部环境;等等。而西夏的立国则是靠武力,作为一个从唐末以来割据西北的政权,军队是其立国的根本,更重要的是,朝廷统辖的各个部族亦手握兵权。军事力量是西夏很重要的立国基础,并不是说它的经济活动不重要。西夏的立国蓝图中,其中一项就是以"战争手段争取本钱",因为其国小本难以与辽、宋的整体国力对抗,要争取在国际舞台上的话语权,以及其他国家的承认,战争是唯一的出路,这种思维方式是充满了现实主义味道的。因此，当西夏在对其东南方用兵不再像元昊时期无往而不利时，即使还未完全扭转双方形势，西夏的领导层亦应有所警觉。当然，毅宗、惠宗朝至崇宗初年受到后戚弄权的影响，西夏的决策者并没有及时正视这方面的问题，但从他们加紧对宋的军事行动来说，这批决策者亦察觉出宋军的力量开始出现转变，所以希望加紧侵袭宋边的行动，一方面利用军功来巩固自己在国内的权势，另一方面也希望继续加强对宋的军事施压。当然，这种行动是失败的，从实际的数字上看，惠宗开始时败多胜少的夏军这时期已出现危机，而从崇宗朝开始国防线更感受到宋朝的军事压力。故此当西夏的权力重新集中在嵬名王室手上时，改革对朝廷而言实是刻不容缓。

乾顺时期军事改革的原因，看来是后天影响较先天影响为重。当然，这只是基于现有材料来重整元昊时期的军事措置，尽管实际上元昊建国前后的军事法规因材料不足暂未能完全重组，但有一点可以肯定的是，西夏在宋军进行战略重组及军事改革后，在战场上的确呈现出力不从心。从政治上看，当然亦受到连续三朝后党与王权斗争的影响，削弱了国力；但军事上来说，宋人战略上的成功迫使西夏必须作出回应。假定乾顺改革开始的标志是于贞观二年（1102）至三年（1103）刊行《贞观玉镜将》，那么相关的军制改革亦必然随之展开，晋王嵬名察哥出掌枢密便是一例。

乾顺军制改革的最大目的，是要扭转与宋交锋时的劣势。本文认为，这次改革是否具有成效，可尝试以此后的战况来初步评估。因夏人的军事改革是针对宋朝的打击而来，这个成效亦主要以贞观三年至元德元年（1119）宋夏战事最后的时段作阶段性评估。夏元德二年（1120）以后，宋夏之间基本上再没有大规模的军事冲突，而东亚舞台的注意力亦转移往东北的金人崛起，故元德元年以后的情况不论。

三、研究回顾

军事与法律制度的研究是西夏研究中十分重要的一环。前辈学者在这方面的研究成果甚丰，如王天顺的《西夏战史》，这是一部以时间为主轴，详列西夏对外战争的著作，该书主要以汉文资料为主，从党项立国前于西北的发展说起，是了解西夏战事的必备入门书。① 廖隆盛的《国策·贸易·战争：北宋与辽夏关系研究》，共收录七篇文章，探讨宋人如何在军事上弱势之余在政策及外交上仍可与辽夏两国周旋。② 曾瑞龙遗作《拓

---

① 王天顺：《西夏战史》，银川：宁夏人民出版社，1993 年。
② 廖隆盛：《国策·贸易·战争：北宋与辽夏关系研究》，台北：万卷楼图书公司，2002 年。

边西北——北宋中后期对夏战争研究》是近年以科际整合理论应用于古代史研究中的代表,曾氏把西方的战略文化理论引进中国古代军事史研究之余,亦旁及了国际关系的边缘。① 汤开建在其著作《党项西夏史探微》中收录了数篇西夏对外关系的文章,包括《略论李继迁反宋战争的性质》(主要针对学界一些不符事实的评价再探讨)②、《宋仁宗时期宋夏战争述论》(略述了整个宋夏战争的经过,并对西夏能获得优势的原因作比较分析)③等文章。值得留意的是汤开建的《西夏"铁鹞子"诸问题的考释》④及《西夏监军司驻所辨析》⑤,前者是对西夏军主要兵种"铁鹞子"的深入研究。这些文章在一定程度上填补了学界西夏对外关系研究的空隙,厘清了史实。以上的研究成果,部分亦运用了《贞观玉镜将》与《天盛改旧新定律令》等西夏法律文献。

自 20 世纪 90 年代以来,有关西夏法制方面的论文已接近二百篇,⑥如邵方于 2010 年发表的《西夏的兵役制度论》,便分析了西夏军律《贞观玉镜将》及《天盛律令》军事法令的部分;⑦主要的研究文献《天盛改旧新定律令》译本两种,分别是克恰诺夫及李仲三译的版本⑧及史金波等人译的版本⑨;李温的《西夏的军事立法与军事制度》一文则阐述了《贞观玉镜将》与《天盛改旧新定律令》中关于军事法例与制度的部分;⑩学术专著亦有八部,如罗福颐整理,李范文等学者译成的《西夏官印汇考》⑪、王天顺的《西夏天盛律令研究》⑫、杜建录的《〈天盛律令〉与西夏法制研究》⑬等均为代表作。而其中陈炳应的《贞观玉镜将研究》分为两部分,前部为陈氏对《贞观玉镜将》内文的整理及研究成果,第二部分为《贞观玉镜将》出土原文残本的翻译。⑭ 此书对于学者研究西夏军法甚有贡

---

① 曾瑞龙:《拓边西北——北宋中后期对夏战争研究》,香港:中华书局,2006 年。
② 汤开建:《略论李继迁反宋战争的性质》,《党项西夏史探微》,北京:商务印书馆,2013 年,第 260—276 页。
③ 汤开建:《宋仁宗时期宋夏战争述论》,《党项西夏史探微》,第 277—303 页。
④ 汤开建:《西夏"铁鹞子"诸问题的考释》,《党项西夏史探微》,第 321—333 页。
⑤ 汤开建:《西夏监军司驻所辨析》,《党项西夏史探微》,第 334—358 页。
⑥ 于熠:《继往开来:西夏法律史研究现状的综述》,《中国史研究》2012 年总第 80 辑,第 259 页。
⑦ 邵方:《西夏的兵役制度论》,《中国政法大学学报》,2012 年第 5 期,第 68—73 页。
⑧ [俄]克恰诺夫、李仲三译:《西夏法典——〈天盛改旧新定律令〉(1-7 章)》,银川:宁夏人民出版社,1998 年。
⑨ (西夏)嵬名地暴等著,史金波、聂鸿音、白滨等译:《天盛改旧新定律令》,北京:法律出版社,2001 年。
⑩ 李温:《西夏的军事立法与军事制度》,宁夏社会科学院历史研究所:《西夏研究论文集》,南京:凤凰出版社,2015 年,第 75—85 页。
⑪ 罗福颐辑,李范文译:《西夏官印汇考》,银川:宁夏人民出版社,1982 年。
⑫ 王天顺:《西夏天盛律令研究》,兰州:甘肃人民出版社,1998 年。
⑬ 杜建录:《〈天盛律令〉与西夏法制研究》,银川:宁夏人民出版社,2005 年。
⑭ 陈炳应:《贞观玉镜将研究》,银川:宁夏人民出版社,1995 年。

献,后来不少学者亦在陈氏《玉镜将》译本的基础上再作修订,使之更接近原文之意。本文之研究亦是以陈氏《贞观玉镜将》译本为根据。现时亦有研究指向较冷门的西夏军队管理有关的研究,有姜歆《从〈天盛律令〉看西夏的军事管理机构》,此文主要从中央及地方军事行政的角度来看西夏军队的管理系统;①与后勤供给制度有关的,除王天顺在《西夏战史》有专章论述外,有杜建录《西夏军队的武器装备及其管理制度》②、贾随生《浅论西夏军事后勤制度的形成与完善》③两篇短文,其主要根据都是《天盛律令》。此外,除了陈炳应外,胡若飞亦紧接陈氏的论文,发表了《西夏军律重典〈贞观将玉镜〉考》④,他亦另有专著研究西夏军制及佛教,出版了《西夏军事制度研究·〈本续〉密咒释考》⑤;同时期李蔚亦发表了《略论〈贞观玉镜将〉》一文,⑥基本上都是以介绍《玉镜统》为主要内容。外国学者亦有对《玉镜统》的深入研究,例如德国学者傅海波(Herbert Franke)于 2012 年对该部法律作了较深入的讨论,发表了《论 11—13 世纪西夏军法〈贞观玉镜统〉》,⑦而日本学者小野裕子则对《玉镜统》的起源有更深入的探讨,发表了《西夏文军事法典『贞観玉镜统』の成立と目的及び「军统」の规定について》⑧。

　　《贞观玉镜将》(以下简称《玉镜将》)是 20 世纪初期俄国科兹洛夫探险队在中国内蒙古自治区阿拉善盟额济纳旗的黑水城遗址附近挖掘出来的,如今收藏在俄罗斯东方学研究所圣彼得堡分所,原文是西夏文。1992 年,中国学者陈炳应根据俄罗斯学者克恰诺夫赠送的《十一至十三世纪西夏和宋朝的军律文献》一书所附的全部《玉镜将》之西夏原文照片,翻译成汉文,使中国学者亦有机会了解该书之内容面貌。本文所依据的版本,正是陈氏于 1992 年所译之版本⑨及此后一些学者作出的修订研究。

---

① 姜歆:《从〈天盛律令〉看西夏的军事管理机构》,《西夏研究》2013 年 4 期,第 60—65 页。

② 杜建录:《西夏军队的武器装备及其管理制度》,《河北大学学报》1998 年第 3 期,第 31—36 页。

③ 贾随生:《浅论西夏军事后勤制度的形成与完善》,《固原师专学报》2004 年第 2 期,第 48—51 页。

④ 胡若飞:《西夏军律重典〈贞观将玉镜〉考》,《宁夏社会科学》1994 年第 6 期,第 71—77 页。

⑤ 胡若飞:《西夏军事制度研究·〈本续〉密咒释考》,呼和浩特:内蒙古大学出版社,2003。

⑥ 李蔚:《略论〈贞观玉镜将〉》,《宁夏社会科学》1997 年第 5 期,第 56—60 页。

⑦ 〔德〕弗兰克·傅海波(Herbert Franke)著,岳海涌编译:《论 11—13 世纪西夏军法〈贞观玉镜统〉》,《西夏研究》2012 年第 1 期,第 37—45 页。

⑧ 〔日〕小野裕子,《西夏文军事法典『贞観玉镜统』の成立と目的及び「军统」の规定について》,收入荒川慎太郎、高井康典行、渡辺健哉编《遼金西夏研究の现在》,东京:東京外国语大学アジア·アフリカ言语文化研究所,2008, 卷 1,第 87—88 页。

⑨ 原文及汉译版本收录于陈炳应:《贞观玉镜将研究》,第 66—102 页。本文之注释参考如标明出处是《西夏文〈贞观玉镜将〉汉译及注释》,即表示是参看《玉镜将》之原文,否则即参看陈氏之研究。

四、乾顺军事改革的内容

西夏贞观改革分为文教与军政两方面，①因篇幅关系，本文集中于军事举措有关的内容。这部分首先仍要以有关晋王察哥的一段记载为起点，按《西夏书事》所载：

> 察哥，乾顺庶弟。雄毅多权略，引弓二石余，射洞重甲。尝偕仁多保忠援筴罗结，兵败，前迫湟水，不得渡。察哥持弩拒之，一发中苗履副将，宋兵退，乃免。任都统军，镇衔头，建议言："自古行师，步骑并利。国家用'铁鹞子'以驰骋平原，用'步跋子'以逐险山谷，然一遇'陌刀法'铁骑难施；若值'神臂弓'，步奚自溃。盖可以守常，不可以御变也。夫兵在审机，法贵善变。羌部弓弱矢短，技射不精。今宜选蕃、汉壮勇，教以强弩，兼以摽牌，平居则带弓而锄，临戎则分番而进。以我国之短，易中国之长，如此则无敌于天下矣。"乾顺是其策，封晋国王，使掌兵政。②

这是少数详细介绍察哥的材料。此段史料记录了察哥对于当时局势的分析，道出了夏军面对宋军时的一些弱点，如铁骑面对"陌刀法"受克制，神臂弓则是"铁鹞子""步跋子"的克星。更重要的一句话是："夫兵在审机，法贵善变……乾顺是其策。"如果假定《贞观玉镜将》的"贞观"标示的年份是正确的，则察哥掌兵政一事可视为贞观军政改革与《玉镜将》刊行的起点。

除战况的不利外，现时的材料显示，元昊在立国时候应该有颁发一套军事规章，以解决征兵、训练及赏罚的基本问题。这主要是依据下列两条材料：

> 既袭封，明号令，以兵法勒诸部。③

> 故祖宗时，思战，为正军令，制赏罚律，轻重分明。然则，昔时政令，爱心善恶（齐）等……（《贞观玉镜将》序言）④

可是现时仍没有材料显示元昊时期兵法的详尽内容，故此无法与新法作对比。由于《玉镜将》的序言残缺，难以知道这本兵书的颁行年份，但依上文的推论，暂订于察哥掌兵政之时应是合理的。除了上述条文，还有一句可以作为写作原因之参考："如今，性忠奸不同，行军不易，功难明□。因此，（诏）德师、中书、知（枢）（密）（事）、正受、净文、武

---

① 文教方面的部分，可参林皓贤：《〈贞观玉镜将〉与西夏军制研究》，香港大学硕士论文，2013年，第46—47页。

② （清）吴广城撰，龚世俊等校注：《西夏书事》卷三一，兰州：甘肃文化出版社，1995年，第361页。

③ （元）脱脱等：《宋史》卷四八五《外国传一》，北京：中华书局，1977年，第13993页。

④ 陈炳应：《西夏文〈贞观玉镜将〉汉译及注释》，《贞观玉镜将研究》，第66页。

德……"①(《贞观玉镜将》序言)

从这一句可知,《玉镜将》的改革目的,在于纠正"行军不易,功难明□"的情况,如果旧有军律可行,为何会出现"功难明□"的情况呢?"如今,性忠奸不同"一句或许可以理解为在乾顺时期,经过八十年的历史,军队的特质(性)已经出现转变,再配合《西夏书事》中察哥所言之情况,或可推测出改革的原因。

根据现时所得的《玉镜将》残片,可以看到除序言一篇外,该书内容主要分成四篇。序言只有一页,主要讲述著书的原因;第一篇《军政篇》正文全部散佚,从残存八条目录条文推断,其内容都是关于军政制度方面,②大抵是指军队出征时的行政措施,各个岗位的配置、行军时军中权位的规定,包括察军(监军)和正将军的关系等;第二篇《功篇》目录有七十八条,是关于各种军功奖赏的规定的,现有残本上只余下十五条相配的正文内容,而在现存的十五篇正文以及其余的条目中可以看到第二篇主要罗列了各种战争时的立功定义,及功劳赏赐的计算方法。从正将军、副将军、佐将(编将)、行将、正首领、小首领、军卒以及无官的私人和虞人,依次列明其各项功劳的计算方式及应得赏赐;第三篇名为《罪篇》,与第二篇的结构很相似,是关于各级军士及将领触犯法令要面临的各项惩处规则。从目录条目来看共有三十二条,正文罗列了各种战争时需要接受处分的罪状及详细情形,及处分的方式、应得的刑罚。由上位者的正将军、副将军、佐将(编将)、行将、正首领、小首领、军卒到无官的私人和虞人,依次列明各项罪状及如何处分。当中要留意的是,由于是军律,除了一般打败仗要受罚外,在战场上可能出现的人为疏忽导致的失败,军律中也有所针对,可以说十分精细;第四篇是《进胜篇》,目录共记有十六条,主要关于各级军官和士兵立了大功奇功的定义及对各种奇功的赏赐规则,从最上位者开始说起。在这一篇中,共说明了十三种奇功的定义,以及如何考核军将是否夺得该项功劳的行政措施。从通篇内容来看,整本书可分为军政制度和军律两部分,但基本上是以军律为主。

结合《玉镜将》各条文和战事的发展,大约可归纳出当时西夏军队的一些问题,及由此而进行的针对性改革,兹列如下。

---

① 陈炳应:〈西夏文《贞观玉镜将》汉译及注释〉,《贞观玉镜将研究》,第 66 页。
② 陈炳应:〈西夏文《贞观玉镜将》汉译及注释〉,《贞观玉镜将研究》,第 66 页。

（一）命将原则问题

主要反映于《军政篇》第一条"共命将职,有诏旨,行文书"及第七条。

"将、察军司内坐次"是正将军与察军之间的权位问题。这是针对西夏自毅宗登位以来三代均有后戚干政的问题,先有没藏氏,继之有梁氏,国内政局不稳定。而军政大权,均控制在外戚之手。①

（二）补充物资问题

相关条文有十五条,主要分布在第二篇第二、四、五、六、十二、十五、二十、五十五条;第三篇第十一、十三、十四、十七、十八、十九、二十条。例如以条文中关于人马甲胄的相关情况来说,《玉镜将》中的功、罪等计算方式均以得、失人、畜、马、甲、胄、旗、鼓、金等七种物资为标准。更有甚者,得失比超过一定数目时,还可功罪相抵。究竟这七种物资对西夏军队有何重要? 首先可以明确地是人、马的问题。西夏人口远较宋朝少,故此不论是在战场上还是在社会上人力资源对西夏来说都是十分珍贵的,它关系到人员的补充。此外,第二篇第十二条特别提到俘虏小孩及妇人也计入赏功之中,是因为横山丧失以后,夏国的国防及经济日益困难,故此掠夺政策是补充物资的重要途径。夏军在几次战役中亦出现了大量的损失,可参见表1:

表1　西夏抢掠或损失物资的相关战役(1064—1103)

夏崇宗天仪治平二年	四月,夏国相梁乞逋纵兵入泾原,抄掠兰家堡。
夏崇宗天仪治平四年	七月,夏军攻兰州龛谷寨。
夏崇宗天祐民安三年	三月,梁乞逋拟攻环庆路,章楶命折可适率泾原兵八千,一昼夜至韦州,直入西夏监军司,大掠畜牲器物,途中设伏阻击西夏追兵,大胜而回。 十月,梁太后率十万大军攻环州,围城七日不克,章楶命折可适率一万军于洪德城截夏兵归路,西夏大败,太后几不得脱。

---

① 按元昊时期的用兵制度:"每欲举兵,必率酋豪与猎,有获,则下马环坐饮,割鲜而食,各问所见,择取其长。是岁春,始寇西边,杀掠居人,下诏约束之。"可见将军/统兵者的任命必须集体决议,并且要有正式的公文颁布才合法。参(宋)李焘:《续资治通鉴长编》卷一一五,景祐元年十月丁卯条,北京:中华书局,1995年,第2704页。但西夏三代以来君权旁落,例如梁乞逋年年用兵,声言"欲南朝惧,为国人求罢兵",而以乾顺兵败,前迫湟水,不得渡。察哥持弩拒之,一发中苗履副将,宋兵退,命令协逼仁多保忠攻镇戎军一事,足以证明此时的命将原则早已无存,全任凭一人喜恶。故《玉镜将》第一条,实是重新确立军权入正轨的必然措施。

续　表

夏崇宗天祐民安十年	各路宋军还击西夏，宋将李沂破洪州、张存入盐州，王愍取宥州。章楶领四路军入芦河川，筑平夏城、灵平寨。夏兵来争，被击退。
夏崇宗永安元年	十月，西夏梁太后亲率四十万大军进攻平夏，历十三天不进城，死伤万余人，后因战场上狂风大作，一夜败散。
夏崇宗永安二年	七月宋知河州王赡进取青唐等城，同月，知环州种朴领兵至赤羊川，收接到赏啰讹乞家属共一百五十余口，孳畜五千。

要特别注意的是天祐民安三年、天祐民安十年、永安元年的三次战争，西夏均有大量损失，尤以永安元年四十万大军进攻平夏之役为甚，如果以后来《玉镜将》的罪律（虽然当时未有）第三篇第六条正副将损失兵马来计算，四十万大军损失万余人，也还未超过十分一，其实不当量罪，但是"战场上狂风大作，一夜败散"可以提示当时的场面混乱，必然没法整齐撤军，更遑论保有物资。四十万大军败散的损失由是可以想见。此外，像天祐民安三年及十年的类似冲突，夏军败逃时，字里行间呈现的也是乱军的景象。故此，赏罚律中立定对七种物资的保护及重视是有原因的。

（三）攻城、堡、寨问题

与攻城（堡、寨）有关的条文共九条，分布在第二篇第二十五、五十六、五十七、五十八、五十九、六十、六十一、六十二、六十三条。数目不算多，但是对于战史研究来说十分重要，它反映了夏人对于城寨堡问题的看法。可惜的是，这九条正文内容已全部丧失，只能从目录条目中推断。除了第二十五条《私人破敌城外》，其他八条条文（即第五十六至六十三），全都是关于登城头的赏赐，只是按职级来分成若干条文。故此粗略来说，这里也分成了两种战况：破城与登城头。从当时的形势来看，北宋自神宗"熙丰变法"以后调整了对西北的策略并进行了改革，以达到富国强兵之效。从大战略来说，宋人希望构成东西翼钳形夹攻西北。但是，西北的地理与横山山界给予夏人很好的天然屏障，以致宋人难以进行远征行动来一举消灭西夏。宋人为了解决地理上的不利以及完成对夏的钳形战略，采取的重要进攻方式是进筑之法。从庆历年间到北宋灭亡前夕，宋人在西北地区掀起了三次修筑堡寨的高潮：即庆历到嘉祐年间、熙丰年间及绍圣到崇宁年间，甚至达成了利用横山一列堡寨断西夏右臂的成果。而西夏军的战斗风格本是以机动性野战为主，设伏、设虚寨、包抄是他们的强项，而攻城则非所长。哲宗、徽宗时的通议大夫何常便曾说："羌人生长射猎，今困于版筑，违所长，用所短，可以拱手待其弊，无烦有为也。"①

由于宋军的进筑之策大收其效,故此针对其进筑战略,西夏军队亦需作出改变。后来的史实显示,西夏贞观二年开始夏军大规模筑堡寨与宋人对抗,此后夏宋的交战方式便主要以堡寨进行。另外,俘虏敌方中级以上军官也是为了补充这方面的知识。而这九条条文显示,对于能先登敌城的兵士,他们的才能也受到重视,甚至要以重赏鼓励士兵登城。故对于不同官阶的士兵登城需分别详述其赏赐就不足为奇了。

(四)护卫将领的问题

与护卫将领相关的条文只有四条,都在第三篇《罪篇》,即第三篇第二十一、二十三、二十四、二十五条。如果连第二十二条《正副将处役[人]等避战》的条文也计算进去的话,就有五条(这条文原先是归入临阵退缩,但同时也是指将领旁的辅军舍弃要保护的将领,有护卫不力之责,故此也可以将之计算在内)。从条文反映的刑责来看是十分重要,因为单单五条条文之中,就有四条列明需执行死刑,其严重性可见一斑。而除了因将领阵亡其护卫等具杀外,其家人亦要受牵连,满门充牧或服役,可见条文占整部军律的篇幅虽不算多,却受到重视的情况。这些条文反映了《玉镜将》中的一个重要原则——"重视保护主将"。西夏军队本身是部落兵制,特点是以首领马首是瞻。各级统兵官基本上也是部落组织的大小首领。此外,在军队中,正将以下的各级长官,均是各部队的主要指挥官,所有军令、行动、计划均是出自他们,由他们传达指令,指挥军队。故此保护主帅对西夏军队来说是很重要的。但是,军事原则是一回事,战史的情况却反映出西夏军队在保护主将上是有缺失的。② 而律例的条文反映了立法者的观点,认为是主帅身边的护军随从护驾不力,或是士卒有临阵退缩当逃兵的情况,而导致主帅身陷险地。故此,也就可以理解军事改革中要对护卫不力下重刑以收阻吓之效,从而纠正这种情况的做法了。

以上大约综合了《玉镜将》中各条文以及该书刊行前四十年内的战例,尝试整理西夏军队存在的问题。有些条文因在军律上本身亦需要存在,并非最主要的因应战争环

---

① 《宋史》卷三五四《何常传》,第 11116 页。
② 例如在毅宗拱化四年至崇宗永安二年六年内的八次战役,最高主帅均遇险。分别是:1.毅宗拱化四年大顺城之战,谅祚中箭撤退,次年死;2.惠宗大安十年进犯泾原路,监军仁多唆丁战死;3.崇宗天仪治平二年,联军中的鬼章青宜结被俘;4.崇宗天祐民安三年攻环州,太后几不得脱;5.永安元年进攻平夏,战场上狂风大作,一夜败散;6.永安元年十二月天都山之战,西夏西寿统军嵬名阿埋和监军妹勒都逋被擒;7.永安二年七月监军讹勃啰并首领泪丁讹裕被擒;8.永安二年八月,钤辖嵬名乞遇被生擒。参林皓贤:《〈贞观玉镜将〉与西夏军制研究》,第65—66 页。

境而提出的律例,故此处不论。接下来,本文将依据此后战事之发展对是次改革作初步评估。

五、乾顺改革成效初步评估

《玉镜将》的颁行,既然是乾顺改革重振国力的一部分,那它是否发挥出了实际的功效呢? 先回顾自西夏崇宗贞观三年(公元 1103 年,宋崇宁二年)至元德元年(公元 1119,宋宣和元年)的夏宋交战概况(表 2)①:

表 2　夏宋战争概况(1103—1119)

时间	战况
夏崇宗贞观三年(宋崇宁二年,1103)	宋军再议取河湟,王厚收复湟州。
夏崇宗贞观四年(宋崇宁三年,1104)	王厚尽复鄯廓二州。宋改鄯州为西宁州,夏兵援青唐无功。西夏再失去青唐地区。
夏崇宗贞观五年(宋崇宁四年,1105)	宋军收复银州。夏吐联军逼宣威城,杀知州高永年。宋军进迫灵州川,不利而还。 蔡京强令王厚招诱仁多保忠,事败,乾顺囚禁仁多保忠,夏宋双方再用兵。
夏崇宗贞观六年(宋崇宁五年,1106)	宋废银州为银川城,罢五路经制使,还崇宁以来侵地与夏,乾顺上表谢罪,双方议和。
夏崇宗贞观八年(宋大观二年,1108)	宋复洮州,攻西蕃宗哥城,建积西军。夏以兵戍盖龙堠。
夏崇宗雍宁元年(宋政和四年,1114)	西夏筑藏底河城。统军梁哆唆以宋环州定远城大首领李讹移为内应,发兵围定远城,图劫城中存粮,宋转运使任谅早已有备,西夏攻城不克,李讹移父子率万人降夏,宋、夏战争再起,重点仍在西翼河湟地区。
夏崇宗雍宁二年(宋政和五年,1115)	童贯命熙河经略使刘法率步骑 15 万出湟州,大败西夏军于古骨龙城。 秦凤经略使刘仲武率兵 5 万出会州筑城屯守,童贯领中军驻扎兰州,为以上两路军声援。 同年种师道发兵攻西夏佛口城,又以刘仲武、王厚率泾原、鄜延、环庆、秦凤四路兵马合攻藏底河城,结果大败。西夏反攻掠萧关。

① 表 2 依据(宋)王偁:《东都事略》,济南:齐鲁书社,1998 年;《宋史》卷四八五至四八六《夏国传》;(宋)李埴:《皇宋十朝纲要》,北京:中华书局,2013 年;王天顺:《西夏战史》第 226—228、351—352 页史料综合而成。

时间	战况
夏崇宗雍宁三年(宋政和六年,1116)	正月,刘法、刘仲武率熙河秦凤两路兵马 10 万人攻仁多泉城,三日不克,西夏因无援兵而降,刘法受降后杀三千人。 四月,宋朝又诏令陕西河东七路兵马共征藏底河城,种师道以 10 万兵 8 天攻克之。 五月,宋军赵隆以奇兵袭羌,于此地筑震武城,种师道回军至席苇平,筑靖夏城。 七月,河湟吐蕃区域于是年全成为宋朝直辖郡县。 九月,秦凤路筑保川城。 环庆路部浩率百骑直驱灵州城下,被西夏千骑赶回。 十一月,西夏偷潜入靖夏城,屠城。
夏崇宗雍宁四年(宋政和七年,1117)	六月,刘法遣将王德厚率兵筑瞎令古城(七月改名德通城),径原路筑威川、飞泉二寨。 九月,知庆州姚古破夏成德军,擒首领赏屈。
夏崇宗雍宁五年(宋政和八年,1118)	二月,夏攻宋济原义堡,将官张迪战死。 四月,宋鄜延路筑靖夏、制戎城。又本年亦筑制羌城。 西夏于乩六岭分界分筑割牛城,作为东南屏障,童贯命何灌由肤公城连夜出兵袭取之,改名统安城
夏元德元年(宋宣和元年,1119)	年初,童贯率秦晋精锐,深入河陇、进逼萧关、古骨龙城,以制夏之死命。 三月,命刘法攻朔方,引兵 2 万至统安城,为西夏晋王察哥狙击,兵败被杀。 四月,童贯在东翼令种师道率鄜延、秦凤两路军北出萧关,西夏军弃永和、割踏两城,宋军追击至鸣沙城。 五月,夏军进围震武军。宋知军李明、孟清战死。察哥认为可留震武此城以牵制宋朝,遂自行解围。 同时,刘仲武令何灌救援,童贯亦调洹原、秦凤路兵马往援。何灌直趋震武,又命兰州兵深入取水波、盖朱、朴龙三城。横山之地悉为宋所有。 六月,夏国因东西翼失利,再遣使纳款,宋诏六路罢兵。

1119 年是夏宋战争关键的一年,是年夏人请和,宋人得到了自与夏人开战一百五十年来的最大胜利,亦可说是一直被外患压迫的宋朝最辉煌的一年。西夏在东西两翼失利的情况下,请辽国再次斡旋,向宋纳款求和。从最终战果来看,自然是宋胜夏败。以这个结果呈现来说,很容易会掉入夏人军事不济,以致被宋军接连打败而要求和的陷阱之中。如果将 1119 年之前的各场战事仔细表列开来,会发现,夏宋的战况不是一边倒的:

表 3　夏宋战争胜负情况（1103—1119）

在位君主	冲突	胜	败	战果不明/无战果/和	无正面冲突
崇宗朝	23	6	8	7	2

西夏之所以会请和，在于从大战略来说，宋军成功地达到了从神宗以来定下的东西钳形夹击西夏的战略目标。宋军不是没有大败的情况，但从通盘局势着眼，它最终成功控制了夏军的重要经济区横山，这里同时亦是夏军进入宋境的前沿；西翼方面，因宋军再次成功收复青唐地区，宋军面对夏、吐联军的压力大减，反而能从这个方向对夏人施加压力。所以从国防战略出发，夏人基本上是非停战不可，因为宋军下一步已能随时深入夏境作战，灵州、夏州、兴庆府都受到威胁。最重要的是，夏人不像宋人有很深的战略纵深。宋军从东西两翼发动进攻，很快便能到达几个重要的城市，如灵州、凉州、夏州。以往兴庆府及定州的黄河天险，也因青唐地区落入宋朝之手而不能持险防守。因宋军能从多个方向对夏进攻，故此 1119 年的和议，是宋军战略制胜的成果。

但是细看夏宋两军的交锋数据，可以发现，比起崇宗亲政之前，夏军打胜仗的比例已大为提升（崇宗亲政前的战胜比例为 23.3%，而表 3 所列时期比例则上升至 26.08%）。就战略而言，作为守方的夏军没能阻止宋军达到战略目的是失败的，而从个别战役的过程及战果来看，夏军其实并不是节节败退。当然，有几次战役也是因为宋军自身错误而得胜的，例如元德元年刘法攻朔方兵败被杀。但从上述的六次胜仗中，也可以初步判断西夏军队的改革成效。

夏军在此时期的六次胜仗如下：

表 4　夏宋战史中夏军胜仗一览（1103—1119）

时间	战况
贞观五年（1105）	夏吐联军逼宣威城，杀知州高永年。宋军进迫灵州川，不利而还。
雍宁二年（1115）	刘仲武、王厚率泾原、鄜延、环庆、秦凤四路兵马合攻藏底河城，结果大败。西夏反攻掠萧关。
雍宁三年（1116）	十一月，西夏偷潜入靖夏城，屠城。
雍宁五年（1118）	二月，夏攻宋济原义堡，将官张迪战死。
元德元年（1119）	刘法攻朔方，引兵二万至统安城，为西夏晋王察哥狙击，兵败被杀。
元德元年（1119）	五月，夏军进围震武军。宋知军李明、孟清战死。

从表 4 可以发现，夏宋战争在此一阶段的特点是双方均争夺对方的城、堡、寨。在双方的攻守中，夏军六次取胜，有四次是以攻城成功而取得胜利。一次则是守城成功反

守为攻而取得胜利,还有一次则是阻击宋军得胜。上文说过,夏军的长处在于机动战,而攻城战则为其弱项,故此《玉镜将》中有针对攻城夺堡的军例,反映改革的一个重点在于改善夏军的攻城能力。同时,乾顺亲政后军队的战术亦开始侧重于筑城防御方面。进一步看,以往西夏因多数时间是主攻一方,故此对城寨方面的建设较忽略,当攻守之势逆转后,夏军开始对城、寨在作战上的用途多加注意及重视,除军法外,练兵上自然也应该有针对城寨攻守的训练。如果以乾顺二、三年起城寨成为夏军的战术重点开始计,这四次攻城战役的胜利,特别是宋四路兵马合攻藏底河城失败一事,或可视作西夏军事思想的转变以及改革中的一个标志性进展。此外,元德元年察哥狙击刘法大胜的一战,是这时期西夏少有在正面交锋下"挫敌军锋"的代表,除了统军的察哥在西夏的名望及其卓越的统军能力外,《玉镜将》中《进胜篇》对"挫敌军锋"的各项明定赏赐,对士卒的士气、临阵战斗力的发挥等所产生影响也是应该正视的。当然,现时的文献对这些战役的描述不足,很难下定论认为这代表了西夏军事改革的成功,除了这六次胜仗外,西夏军队终究败多胜少(表5)。

表5　夏宋战史中夏军败仗一览(1103—1119)

时间	战况
贞观四年(1104)	夏兵援青唐无功。
雍宁元年(1114)	西夏发兵围定远城,攻城不克。
雍宁二年(1115)	童贯命熙河经略使刘法率步骑十五万出湟州,大败西夏军于古骨龙城。
雍宁三年(1116)	刘法、刘仲武率熙河秦凤两路兵马十万人攻仁多泉城,三日不克,西夏因无援兵而降。
雍宁三年(1116)	四月,种师道以十万兵八天攻克藏底河城。
雍宁三年(1116)	五月,宋军赵隆以奇兵袭羌,于此地筑震武城,种师道回军至席苇平,筑靖夏城。
雍宁四年(1117)	九月,知庆州姚古破夏成德军,擒首领赏屈。
雍宁五年(1118)	童贯命何灌由肤公城连夜出兵袭取之,改名统安城。
元德元年(1119)	童贯在东翼令种师道率鄜延、秦凤两路军北出萧关,西夏军弃永和、割踏两城,宋军追击至鸣沙城。
元德元年(1119)	何灌直趋震武,又命兰州兵深入取水波、盖朱、朴龙三城。横山之地悉为宋所有。

夏军的这几次败仗,又有五次同样在城寨攻守上败的。这反映了夏军虽然在城寨攻防战上有所改进,但在这门学问上占优势的仍然是宋军。此外,成德军之败,赏屈被俘又显示出夏军的另一老问题,也就是在保护主将上仍需改进,当然,比起前一阶段

西夏军八次战事中最高主帅均遇险的情况看来，西夏军保护主将的意识及能力亦已有
所提高。

　　表 5 中，值得注意的是元德元年的战事，宋军能取得巨大优势的原因在于夏军永
和、割踏两城主将弃城逃走，更被宋军追击至鸣沙城，另水波、盖朱、朴龙三城的陷落，或
多或少有主将被吓退的成分：

　　　　四月丙子朔……夏人久围震武，童贯至熙州，调泾原、秦凤两路兵往援。又檄
　　陇右同都护辛叔詹、熙河统制何灌选精锐直趋震武，又命兰州兵深入取水波、盖朱、
　　朴龙三城。贼闻救兵大集。①

　　　　灌以众寡不敌，但张虚声骇之，夏人宵遁。②

　　　　初，夏人陷法军，围震武，欲拔之。察哥曰：“勿破此城，留作南朝病块。”乃自引
　　去。而宣抚司受解围之赏者数百人，实自去之也。诸路所筑城砦皆不毛，夏所不争
　　之地，而关辅为之萧条，果如察哥之言。③

　　综合以上三段引文，可详细看到夏军在这几次战役中的表现。《宋史》载震武城之
解围是察哥自引去，而后三城失陷，但同书的《何灌传》及宋人的记载则说明取三城与解
震武是同时进行的。当中“张虚声骇之，夏人宵遁”一句与及“贼闻救兵大集”，或多或少
说明了夏军在何灌前往震武的时候，呈现的两种反应：一是听闻宋兵来到，先行撤出；二
则是受命点集，但点集至哪里，并没有资料说明。另《宋会要辑稿》中又有记载：

　　　　及令熙河统制何灌节次遣发近便将兵，直至震武军，张耀兵势；及追斩获西贼
　　共六千余人，前后烧毁族帐屋宇，及收获到驼马、孳畜、衣甲、器械等万数不少。④

　　这段记载表明是役西夏军亦有死伤，则有理由相信震武城解围与三城陷落亦有西
夏闻风先遁的可能。这反映了什么呢？一般而言，选择弃城而逃及未战先退只有一个
原因，即战况极度不利，作出此项决定以保存实力。如果说西夏军队的素质出现问题，
而乾顺的改革是为了恢复军队的战斗力，经过十年的革新，西夏军队在某些方面可能有
所改进，例如城寨攻守以及三阵法的运用（察哥败刘法一役），但是从元德元年的其他战
况看来，西夏的军士素质是否已完全改进仍存在疑问，因为假定西夏是有组织、有计划
撤出，则不太可能会有大量死伤及财物损失，特别是此次战役中，震武之围是可以乘胜
追击的，但最终仍呈现这种战果，亦可以反映其撤退是很突然的决定。

---

① 《皇宋十朝纲要》卷一八，第 511 页。
② 《宋史》卷三五七《何灌传》，第 11226 页。
③ 《宋史》卷四八六《外国传二》，第 14021 页。
④ （清）徐松：《宋会要辑稿》兵一五《归正上》，上海：上海古籍出版社，2014 年，第 8925 页。

六、小结

本文就有限的材料,对西夏贞观军事改革的情况作一粗略阐述,并对西夏贞观二年以后到元德元年西夏向宋投降为止的战事作简略分析,从而评估乾顺军事改革对西夏军队的影响。就战果而言,乾顺重整军制的改革措施,对西夏军队在战场上的一些弱项如护卫主将、城寨攻防等的确是有正面改变,但是成效并不能说十分大。从整体战局以及西夏的败绩来说,西夏处于弱势,其策略是失败的,导致宋军成功控制东西翼,大大压制西夏的国防线。而在战场上,虽然《玉镜将》中反映了西夏确有针对自身弱点进行改善的思想,但是在与宋的决战中,它的成效看来不太显著。元德元年的战役表明西夏仍要对军队做更大力的改革及训练。不过元德二年后,宋人在西北的力量再度撤出,西夏能尽复绍圣开边以来的故土,不是因为其军队的力量已经获得复苏,而只是因为宋朝因南方的叛乱而将西北的军事力量抽调南下,让西夏有机可乘而已。

最后,虽然从战史上来看,贞观改革未为西夏军队带来跃进式的改善,但是从另一角度而言,这次的改革不仅是西夏军队一次标志性的转型,同时对西夏国家自身发展完善的进程来说也是一里程碑。《贞观玉镜将》是西夏首部成文军事法典,为后来仁孝时期颁布《天盛改旧新定律令》埋下了伏笔。

文献与文化

由武入文的一代：吴越钱氏第三代成员艺文考

陕西师范大学　　胡耀飞

吴越钱氏家族是吴越国、两宋时期活跃于吴越地区并渐及全国的大家族，但宋代的士大夫家族处于中古世族与明清宗族之间，其凝聚力不如此前、此后两种形态。因此，能够长期延续并在日后发展为宗族的宋代家族并不多，而吴越钱氏则是少数能够从宋代延续到明清近代的家族。这种成功延续，得益于吴越钱氏家族从五代时期的尚武向宋代的尚文进行的转变。在这一转变过程中，吴越钱氏第三代成员起到了关键的承上启下作用。为了深入揭示吴越钱氏家族的转型，兹从文献中梳理吴越钱氏第三代成员的艺文情况，以备后考。

关于吴越钱氏家族的文化研究，池泽滋子、李最欣、张兴武等人的研究最为系统，[①] 但都没有聚焦于某一代人。笔者也有一些梳理，但尚未涉及第三代成员。[②] 就吴越钱氏第三代成员而言，主要为吴越国文穆王钱元瓘的子侄，弘字辈。这一代人大多出生于10 世纪二三十年代，正值吴越国政治、经济发展最为稳定时期，成长于和平环境下，自然

---

① 池泽滋子：《吴越钱氏文人群体研究》，上海：上海人民出版社，2006 年；李最欣：《钱氏吴越国文献和文学考论》，北京：中国社会科学出版社，2007 年。以及涉及整个五代十国但不包括两宋时期吴越钱氏的著作：张兴武：《补五代史艺文志辑考》，上海：上海古籍出版社，2016 年；李最欣：《十国诗文集版本考述与十国文学研究》，北京：中国社会科学文献出版社，2017 年；杨超：《五代著述考证初编》，北京：光明日报出版社，2022 年。

② 胡耀飞：《吴越国钱氏诗文留迹湖州考》，池炜主编《西吴史学》第 2 期，湖州：湖州师范学院历史系，2013 年，第 12—15 页；胡耀飞：《武人的另一面：吴越武肃王钱镠诗文系年考》，冻国栋、李天石主编《"唐代江南社会"国际学术研讨会暨中国唐史学会第十一届年会第二次会议论文集》，南京：江苏人民出版社，2015 年，第 333—350 页；胡耀飞：《吴越钱氏忠逊王支成员及著述考》，王水照、朱刚主编《新宋学》第 4 辑，上海：上海人民出版社，2015 年，第 250—277 页；胡耀飞：《南宋浙东白石钱氏著述考》，钱大成主编《钱镠研究》2020 年第 2 期，杭州：杭州钱镠研究会，2020 年，第 22—29 页。此外，笔者整理的《钱惟演集》附录了《吴越国、两宋时期吴越钱氏艺文考简编》，但仅录著作类，参见（宋）钱惟演撰，胡耀飞点校：《钱惟演集》，杭州：浙江古籍出版社，2014 年，第 320—397 页。

而然褪去了父、祖两代的武力色彩。由此，出现了以钱俶（钱弘俶）、钱俨（钱弘俨）为代表的知名文艺人士，前者撰有《政本集》等，后者所撰《吴越备史》更是以本国人写本国史的代表作，成为我们了解吴越国历史的必备书。

此次整理，按照吴越钱氏第三代成员的生年顺序排列，共计涉及如下九人：钱元璙（中吴军节度使）之子钱文奉，钱元瓘（文穆王）第二子钱弘僎、第五子钱弘傅、第六子钱弘佐（忠献王）、第七子钱弘倧（忠逊王）、第八子钱弘偡、第九子钱弘俶（忠懿王）、第十子钱弘亿、第十四子钱弘俨。其中，钱弘僎、钱弘倧、钱弘偡、钱弘俶、钱弘亿、钱弘俨在北宋建隆初年避宋讳，又分别称钱僎、钱倧、钱偡、钱俶、钱亿、钱俨。关于吴越钱氏的世系，笔者已有梳理，此处不赘。① 需要说明的是，本文引用文献较多，为节省篇幅，除今人论文外，其余引书仅在第一次出现时括注版本信息，亦不附页码。

一、钱文奉（909—969）

著　作

1.《资谈》，佚。

郑樵（1104—1162）《通志·艺文略》（北京：中华书局，1995 年）"类书"："《资谈》六十卷。吴越范赞时撰。"

范成大（1126—1193）《吴郡志》（《宋元方志丛刊》，北京：中华书局，1990 年）卷一一《牧守》："钱文奉，元璙之子，善骑射，能上马运槊。涉猎经史，精音律、图纬、医药、鞠奕之艺，皆冠绝一时……多聚法书名画，宝玩雅器，号称好事。又与宾僚共采史籍，著《资谈》三十卷行于世。尝问命于天台僧德韶，韶曰：'明公年已八十一。'至六十一岁，以开宝二年八月十一日卒。《九国志》《吴越备史》。"

脱脱（1314—1356）等《宋史》（北京：中华书局，1985 年）卷二〇七《艺文六》："《资谈》六十卷。"

按：今本路振（957—1014）《九国志》（傅璇琮等主编《五代史书汇编》第六册，杭州：杭州出版社，2004 年）无《钱文奉传》，钱俨（937—1003）《吴越备史》（傅璇琮等主编《五代

---

① 胡耀飞：《吴越国、两宋时期吴越钱氏家族世系综考》，包伟民主编《中国城市史论文集》，杭州：杭州出版社，2016 年，第 486—528 页；收入氏著《吴越国与吴越钱氏研究》，北京：社会科学文献出版社，2020 年，第 157—206 页。

史书汇编》第十册,杭州:杭州出版社,2004 年)亦无《钱文奉传》,故《吴郡志》所言当得其实。即《资谈》一书为钱文奉与宾僚共著,故或署范赞时,或无撰人。唯不知六十抑或是三十卷。

二、钱弘儇(913—966)

散　篇

1.《游南雁荡》一首,存。

陈尚君《全唐诗续拾》(氏辑《全唐诗补编》,北京:中华书局,1992 年)卷四五据周喟(1867—1939)《南雁荡山志》卷七引嘉靖《南雁山志》、崇祯《南雁山志》载之:"十年曾作雁山期,今日来看似故知。好鸟隔林歌侑酒,飞花绕笔索题诗。云霞眼底原无物,丘壑胸中似有奇。萝月松风清似水,何妨游衍咏归迟。"

按:此诗初由张靖龙见示陈尚君,故亦见张靖龙《部分浙江方志中的唐五代佚诗》一文。① 然张氏署名作"钱宏环",陈尚君更正为"钱弘儇"。

2. 文,佚。

《吴越备史》卷四《钱宏儇传》:乾德四年九月"癸卯,王兄知福州彰武军事宏儇卒。儇,字智仁。文穆王第二子也⋯⋯性简俭,善骑射,能书,有文而自晦"。

按:钱弘儇"有文而自晦",可知其本人虽能文,但志趣并不在文。

三、钱弘傅(925—940)

散　篇

1. 题句,存。

《吴越备史》卷二《钱宏傅传》:天福五年四月,"是月甲子,世子宏傅薨。宏傅,王第五子也。母鲁国夫人鄜氏。时王年将四十,冢嗣未建,及生,特所钟爱,累奏授两浙副大

---

① 张靖龙:《部分浙江方志中的唐五代佚诗》,《温州师范学院学报》(哲学社会科学版)1989 年第 4 期,第 45—48 页。

使、果州团练使。国建,立为世子。初,王治世子府,谣言曰:'何处有鹿脯?'将薨,乃题所居屏障曰:'四月二十九日,大会群仙。'凡题数处。及期,果薨"。

按:此题句据文义,当为钱弘僔本人所题,时间在天福五年(940)四月。

四、钱弘佐(928—947)

诗文集

1. 诗集,佚。

薛居正(912—981)《旧五代史》(北京:中华书局,1976 年)卷一三三《钱佐传》:"佐幼好书,性温恭,能为五七言诗,凡官属遇雪月佳景,必同宴赏,由此士人归心。"

钱泳(1759—1844)辑《吴越钱氏传芳集》(国家图书馆藏嘉庆十五年金匮钱氏重刻本)录"忠献王"诗前作者小传:"王英明果断,温柔好礼,喜作诗,有集一卷。"

按:钱泳所辑《吴越钱氏传芳集》为在明人同名书基础上所辑,其间或有遗漏、讹误,故其真实性无法保证。陈尚君《从存世诗歌看吴越钱氏的文化转型》认为《吴越钱氏传芳集》所存钱氏诸王诗作未必全伪,但颇有疑问处。[①] 因此,本文仅录之备考。

散 篇

1.《钱唐湖水府告文》一篇,存。

按:王士伦(1929—1998)《五代吴越国王投简》、王宣艳《吴越国钱氏银简考释》等文据出土文物整理告文并加注释。[②] 据著录,此告文撰写时间为"太岁壬寅三月乙卯朔二十二日丙子",即天福七年(942)。

2.《佳辰小宴寄越州七弟湖州八弟》一首,存。

《吴越钱氏传芳集》录此诗全篇。

童养年(1909—2001)《全唐诗续补遗》(陈尚君编《全唐诗补编》,北京:中华书局,1992 年)卷一二据《吴越钱氏传芳集》载之。

---

① 陈尚君:《从存世诗歌看吴越钱氏的文化转型》,《文史知识》2018 年第 10 期,第 32—39 页。
② 王士伦:《五代吴越国王投简》,《浙江省文物考古研究所学刊》(建所十周年纪念专刊),北京:科学出版社,1993 年,第 289—294 页;王宣艳:《吴越国钱氏银简考释》,《东方博物》2019 年第 3 期,第 27—39 页。

3.《谒宝塔回赐僧录》一首,存。

《吴越钱氏传芳集》录此诗全篇。

童养年《全唐诗续补遗》卷一二据《吴越钱氏传芳集》载之。

五、钱弘偡(928—971)

诗文集

1.《越中吟》,佚。

《吴越钱氏传芳集》录"忠逊王"诗前作者小传:"著有《越中吟》二十卷。"

散　篇

1.《大慈山甘露院牒》一则,佚。

叶奕苞(1629—1686)《金石录补》(历代碑志丛书本,南京:江苏古籍出版社,1998年)卷二四:"右牒称'会同十年七月',后有吴越国王押字及镇东军节度印文。按:吴越奉契丹正朔,屡见于寺院碑记,于是年八月始奉汉制,授宏偡镇海、镇东节度使,故此牒文止称镇东也。"

按:辽会同十年,即汉高祖天福十二年(947),是年六月,吴越忠献王钱弘佐卒,忠逊王钱弘偡即位,则此牒当为钱弘偡所押署。

2.《题钟馗击鬼图》(拟)一首,佚。

欧阳修(1007—1072)《新五代史》卷六七《吴越世家·钱俶》:"岁除,画工献《钟馗击鬼图》,偡以诗题图上。"

按:此诗不知是钱偡本人所撰,还是题他人之诗,姑且存之俟考。其撰写时间则在钱偡被废之时,即乾祐元年(948)。

3.《再游圣母阁》一首,存。

施宿(1164—1222)等《嘉泰会稽志》卷一八"拾遗":"圣母阁,在龟山宝林寺。钱逊王诗云:'有时风掣浪声到,半夜月排山影来。'"

吴允嘉(1657—?)编《吴越顺存集》(四库全书存目丛书本,济南:齐鲁书社,1997年)卷一据《绍兴府志》亦辑录此残句,题《小能仁寺》。

孔延之（1013—1074）《会稽掇英总集》（邹志芳《〈会稽掇英总集〉点校》，北京：人民出版社，2006 年）卷八录此诗全篇，题《再游应天寺圣母阁》。

《吴越钱氏传芳集》录此诗全篇，题《再游圣母阁》。

童养年《全唐诗续补遗》卷一二据《吴越钱氏传芳集》载之。

4.《禹庙》一首，存。

施宿（1164—1222）等纂《嘉泰会稽志》卷一三"古器物"："禹剑，在禹祠殿，几世言禹之所服。寸刃出于镡外，莹无铺涉，而牢不可引。孙冕诗云：'水剑还难问，梅梁亦可疑。'钱俶诗云：'尘埃共锁梅梁在，星斗仍分剑镡存。'"

《吴越顺存集》卷一据《绍兴府志》亦辑录此残句，题《禹剑》。

《会稽掇英总集》卷八录此诗全篇，题《题禹庙》。

《吴越钱氏传芳集》录此诗全篇，题《禹庙》。

童养年《全唐诗续补遗》卷一二据《吴越钱氏传芳集》载之。

5.《登卧龙山偶成》一首，存。

《吴越钱氏传芳集》录此诗全篇。

童养年《全唐诗续补遗》卷一二据《吴越钱氏传芳集》载之。

6.《登蓬莱阁怀武肃王》一首，存。

《吴越钱氏传芳集》录此诗全篇。

童养年《全唐诗续补遗》卷一二据《吴越钱氏传芳集》载之。

六、钱弘偡（929—966）

散 篇

1.《飞英寺》一首，残。

《吴越备史》卷四《钱宏偡传》：乾德四年"春正月乙亥，宣德节度使、同平章事王兄宏偡卒。偡字惠达，文穆王第八子也。母陈氏……偡明史术，能为诗，颇有奇句"。

王象之（1163—1230）《舆地纪胜》卷四《安吉州·景物下》："飞英寺，在城北二里。吴兴郡王钱偡诗云：'两岸槿花红障步，一行山色绿屏风。'此景可想。"

童养年《全唐诗续补遗》卷一二据《舆地纪胜》辑录此句。

按：据《吴越备史》本传，钱弘偡能作诗，且颇有文采，惜无集以传之。幸《舆地纪胜》

载其残句,当在钱偡出守湖州时,据笔者《试论湖州在吴越国国防中的地位》一文整理,在开运三年(946)十二月至乾德四年(966)二月间。①

七、钱俶(929—988)

诗文集

1.《政本集》,佚。

《吴越备史》卷四补遗:"王博览经史,手不释卷。平生好吟咏,在国中编三百余篇,目曰《政本》。国相元德昭、翰林学士陶谷皆撰集序,后文僖公搜寻遗坠,总集为十卷,恭撰后序,行于世。时天禧四年,文僖公忝机衡之命,特诏尊王为尚父。"

慎知礼(约 928—998)《钱俶墓志铭》:"所著诗,为《政本集》,亦志在其中矣。"

《宋史》卷四八〇《钱俶传》:"颇知书,雅好吟咏。在吴越日,自编其诗数百首为《正本集》,因陶谷奉使至杭州,求为之序。"

按:据《吴越备史》和《宋史》记载,此集当在陶谷(903—970)奉使至杭州前后编成,则在显德五年(958)左右。又由文僖公钱惟演(977—1034)总集为十卷,时在天禧四年(1020)。关于此书在历代艺文志中的归类,杨超、张固也《五代艺文补志述评》一文有很好的评论。②

散　篇

1.行酒令一则,存。

南宋初吴曾《能改斋漫录》卷一四:"陶谷使越,钱王奉之甚渥。因举酒行令,曰:'白玉石,碧波亭上迎仙客。'陶应声曰:'口耳王,圣朝天子要钱塘。'"

按:此行酒令,在陶谷使越之时,即显德五年(958)。

2.诗二章等,佚。

《吴越备史》卷四《钱亿传》:"王尝与丞相以下论及时务,且言民之劳逸,率由时君奢俭,因为诗二章以言节俭之志,命亿应和。亿以北方侯伯多献淫巧,乃因诗以风刺,王嘉

---

① 胡耀飞:《试论湖州在吴越国国防中的地位》,《湖州师范学院学报》2009 年第 5 期,第 34—38 页;收入氏著《吴越国与吴越钱氏研究》,第 17—26 页。

② 杨超、张固也:《五代艺文补志述评》,《图书情报工作》2011 年第 23 期,第 131—134 页。

叹久之,仍赐诗以美其意。”

按:钱亿(929—967)卒于乾德五年(967),则钱俶此二章诗,以及后赐诗当撰于此年之前。

3.《赠义通法师》二首,存。

南宋释宗晓编《宝云振祖集》(《大正新修大藏经》第46册,东京:大正一切经刊行会,1934年)载之,其一曰:“海角复天涯,形分道不赊。灯青读圆觉,香暖顶袈裟。戒比珠无类,心犹镜断瑕。平生赖慈眼,南望一咨嗟。”其二曰:“相望几千里,旷然违道情。自兹成乍别,疑是隔浮生。得旨探玄寂,无心竞利名。苑斋正秋夜,谁伴诵经声。”

陈尚君《全唐诗续拾》卷四六据《宝云振祖集》辑录此诗,其中“灯青”作“灯清”,“圆觉”作“闉觉”。陈尚君按:“此诗题下署‘吴越国王钱俶’,末附嘉泰壬戌宗晓跋,叙得诗始末,文长不具录。通法师卒于宋太宗端拱改元之年,年六十三。俶作此诗时已降宋否,尚难考详。”

按:义通法师俗姓尹,王氏高丽国人,后晋天福末年入中土求法,后驻锡天台山螺溪,端拱元年(988)示寂,世寿六十二。则此诗或为钱俶在国时所撰。

4.《追鲍约》一首,残。

吴任臣(1632—1687)《十国春秋》卷八七《崔仁冀传》:“先是,有侍郎鲍约者,颇从吴忠懿王纳土……及王归宋,约窜处海上。王使人以诗追之,云:‘东遄追兮西遄追,鲍约何如罢钓归?’迄今有遄追庙焉。”

王士禛(1634—1711)《五代诗话》卷六、《全唐诗续补遗》卷一二引《十国春秋》有此篇。

按:此诗仅余二句,或尚有全文,今不可见。时间在钱俶纳土之后。然《十国春秋》未能提供来源,待考。

5. 曲。

北宋僧文莹《湘山野录》(北京:中华书局,1997年)卷上:“钱思公谪居汉东日,撰一曲曰:‘城上风光莺语乱,城下烟波春拍岸。绿杨芳草几时休,泪眼愁肠先已断。情怀渐变成衰晚,鸾鉴朱颜惊暗换。昔年多病厌芳樽,今日芳樽惟恐浅。’每歌之,酒阑则垂涕。时后阁尚有故国一白发姬,乃邓王俶歌鬟惊鸿者也,曰:‘吾忆先王将薨,预戒挽铎中歌《木兰花》引绋为送,今相公其将亡乎?’果薨于隋。邓王旧曲亦有‘帝卿烟雨锁春愁,故国山川空泪眼’之句,颇相类。”

按:邓王即钱俶入宋后所封爵号之一,其句有“故国山川”之语,当入宋后所撰。

6.《冬晚书院偶成》一首，存。

《绛帖》（《中国法帖全集》第二册，武汉：湖北美术出版社，2002 年）、《汝帖》（《中国法帖全集》第四册）皆收录此诗，题《冬晚书院偶成》，诗曰："檐庑重重翠幕遮，搜寻唯此绝喧哗。介开日影怜窗眼，穿破苔纹恶笋牙。曲槛晚宜烹露茗，小池寒欲结冰花。谢公未是深沉量，犹把戎机局上夸。"（据《中国法帖全集》图片和释文重释。）

刘克庄（1187—1269）撰，辛更儒笺校《刘克庄集笺校》（北京：中华书局，2011 年）卷一〇三《钱忠懿王帖》："《绛帖》有钱忠懿王《使院》律诗一首，练句结字，不在骈、绍威之下。"

《吴越顺存集》卷一据《汝帖》辑录此诗，题《书院偶成诗》，录文颇有错讹。

彭定求（1645—1719）等纂《全唐诗》（北京：中华书局，1960 年）卷八同《吴越顺存集》。

按：刘克庄所谓《使院》律诗，因《绛帖》仅录钱俶此诗，故当即《冬晚书院偶成》一诗。至于其写作时间，陈尚君《从存世诗歌看吴越钱氏的文化转型》一文认为："此诗不知作于何时，估计在吴越国王位后期作。"

7.《钱唐湖水府告文》一篇，存。

按：王士伦《五代吴越国王投简》、王宣艳《吴越国钱氏银简考释》等文据出土文物著录此文，撰写时间在"太岁己酉八月壬申朔二十九日庚子"，即乾祐二年（949）。

8.《钱唐湖水府告文》一篇，存。

按：王士伦《五代吴越国王投简》、王宣艳《吴越国钱氏银简考释》等文据出土文物著录此文，撰写时间在"太岁辛亥八月庚寅朔二十六日丁巳"，即广顺元年（951）。

9. 兜率寺题梁一则。

王象之《舆地碑记目》（《石刻史料新编》第二十四册，台北：新文丰出版公司，1977 年）卷一"台州碑记"："吴越王题梁。《续志》云：在城之兜率寺，有广顺年间吴越王题梁。"

按：此题记在广顺（951—953）年间，时钱俶在位，未知今尚在否。

10. 金涂塔题记多则，存。

朱彝尊（1629—1709）《金石文字跋尾》（《石刻史料新编》第二十五册，台北：新文丰出版公司，1977 年）卷一《书钱武肃王造金涂塔事》："寺塔之建，吴越武肃王倍于九国。按《咸淳临安志》，九厢四壁，诸县境中，一王所建，已盈八十八所，合一十四州，悉数之，且不能举其目矣。当日尝于宫中冶乌金为瓦，绘梵夹故事，涂之以金，合以成塔。鄱阳姜尧章得其一版，乃如来舍身相。阳谷周晋仙赋长歌纪其事……乡人蒋尔龄亦得一版，作放下屠刀立地成佛相，以施城东白莲寺僧。吾友周青士所目击，曾以语予。及予归田，则尔龄、青士皆逝。询之寺僧，坚不肯承真迹，不复可睹。遂书其事，附录晋仙之诗，冀此瓦未铄，好古之君子或一遇焉。"

王昶（1725—1806）《金石萃编》（上海：上海古籍出版社，2020 年）卷一二二《五代四》录乙卯岁塔记一则，题下注曰："塔高七寸，四面，面广三寸，平列佛像，四层为数，共一十有三。下一层像七，中间一层像三，上一层两边各一，其最上一层四隅各一，统四面计之，其像五十有二。其塔下四面，一面无字，两面仅各一'保'字，惟一面'保'字上有字四行，一行四字，三行行五字，正书。"其记文曰："吴越国王钱弘俶敬造八万四千宝塔，乙卯岁记。"末附钱大昕、阮元、张燕昌、陈广宁四人及王昶本人跋文各一篇。

钱大昕（1728—1804）《潜研堂金石文跋尾》（《石刻史料新编》第二十五册，台北：新文丰出版公司，1977 年）卷一一《吴越》："右《吴越国王造塔记》，凡四行。文云：'吴越国王钱弘俶敬造八万四千宝塔，乙卯岁记。'即周晋仙所谓金涂塔也。晋仙诗云：'钱王纳土归京师，流落多在西湖寺。'纳土本忠懿王事。惟诗中'太师尚父尚书令'一语偶误，盖忠懿未尝有尚父之称也。竹垞检讨直以为武肃王造，由于未见拓本故尔。《宋史·吴越世家》："忠懿单名俶，盖避宋讳去上一字。塔造于乙卯岁，在宋受禅之前，固无所避也。"

阮元（1764—1849）《两浙金石志》（杭州：浙江古籍出版社，2012 年）卷四载金涂塔二种，皆乙卯岁。阮元跋："右吴越忠懿王金涂塔，高六寸三分，重三十六两。四版合成，外俱绘梵夹故事。塔内一面正书，四行十九字，下有一'人'字。今得全塔，下三面俱有'保'字。'人'字本为桐乡金比部德舆藏，仅存一面，故第言钱王造耳。'保'字本为山阴陈总戎广宁所得，四面俱全，惟阙其刹，因考《表忠谱》，以金补之。后归大兴朱相国珪，闻已贡入天府矣。元按：乙卯为周世宗显德二年，忠义承武肃余烈，保有东南，稍得宴息，故尤崇尚佛事。近闻海盐张孝廉廷济于武林市中又得铁塔一，其制相同，惟款识为锈所蚀，不见一字，可知当时铜铁并铸，累万盈千，故至今日出不穷耳。"

陆增祥（1816—1882）《八琼室金石札记》（《石刻史料新编》第八册，台北：新文丰出版公司，1977 年）卷二："吴越金涂塔，黄小松司马所藏拓本有小蓬莱阁金石方章。塔有画象，张芑堂《金石契》、冯晏海《金索》均摹之。明万历初，常熟顾耿光掘得一塔，见程嘉燧《破山志略》，与此无二。"张芑堂即张燕昌（1738—1814）。

陈尚君《全唐文补编》（北京：中华书局，2005 年）卷一一四据《安徽通志稿·金石古物考》卷一六、民国《南陵县志》卷四四、《金石契》辑录，题《金涂铜舍利塔题记》。

按：以上金涂塔题记为乙卯岁所造，即显德二年（955）。钱俶在后周显德，北宋乾德、开宝等时期，皆有造宝箧印经并藏于阿育王塔（金银铜铁各种材质皆有）的行为，各有题记。朱彝尊误以为吴越武肃王钱镠所造，钱大昕已纠正之。因为这些题记十分短小，不成其文，其实也不必视为钱俶撰文，故于此仅举一例，不再备录。可参考黎毓馨的考古学梳理，①吴天跃在东亚视域下对阿育王塔形制的关注，②以及闫爱宾、王力、赵永东、服部敦子、周炅美、陈平、任平山等人的相关研究。③

11. 宝箧印经记一则，存。

日僧道喜《宝箧印经记》："去应和元年春，游右扶风。于时肥前国刺史称唐物，出一基铜塔示我，高九寸余，四面铸镂佛菩萨像，德宇四角，上有龛，龛形如马耳，内亦有佛菩萨像，大如姜核。捧持瞻视之顷，自塔中一囊落，开见有一经，其端纸注云'天下都元帅吴越王钱弘俶折本宝箧印经八万四千卷内安宝塔之中供养回向已毕显德三年丙辰岁记'也。文字小细，老眼难见，即雇一僧，令写大字，一往视之，不足耽读。"

按：道喜所载钱弘俶题记，撰于显德三年（956），而"应和"是日本村上天皇年号，应和元年为北宋建隆二年（961）。关于此记文，参见王力《"宝箧印经塔"与吴越国对日文化交流》一文。④ 另外，《全唐文补编》卷一一四辑录三则宝箧印经题记，前两则为显德

---

① 黎毓馨：《阿育王塔实物的发现与初步整理》，《东方博物》2009 年第 2 期，第 33—49 页；黎毓馨：《雷峰塔地宫出土的纯银阿育王塔》，《东方博物》2009 年第 3 期，第 106—109 页；黎毓馨：《吴越国时期的佛教遗物——以阿育王塔、刻本〈宝箧印经〉、金铜造像为例》，《东方博物》2014 年第 4 期，第 11—19 页；黎毓馨：《五代宋初吴越国时期佛教金铜造像概述》，《东方博物》2019 年第 1 期，第 1—12 页。

② 吴天跃：《日本出土的吴越国钱俶造铜阿育王塔及相关问题研究》，《艺术设计研究》2017 年第 2 期，第 98—105 页；吴天跃：《韩国出土的吴越国钱俶造铜塔和石造阿育王塔研究》，《美术学报》2019 年第 5 期，第 25—30 页；吴天跃：《吴越国阿育王塔的图像与形制来源分析》，《艺术史研究》第 21 辑，广州：中山大学出版社，2019 年；吴天跃：《钱俶刻造〈宝箧印经〉与吴越国阿育王塔之关系重考》，《世界宗教研究》2020 年第 4 期，第 73—85 页。

③ 闫爱宾、路秉杰：《雷峰塔地宫出土金涂塔考证》，《同济大学学报》（社会科学版）2002 年第 2 期，第 18—22 页；王力：《"宝箧印经塔"与吴越国对日文化交流》，《浙江大学学报》（人文社会科学版）2002 年第 5 期，第 27—32 页；赵永东：《吴越国王钱俶三印〈宝箧印经〉与造金涂塔、雷峰塔的缘起》，《东南文化》2004 年第 1 期，第 69—72 页；服部敦子：《有关阿育王塔建造之考察——以佛教图像研究为中心》，黎毓馨主编《吴越胜览国际学术研讨会论文集》，北京：中国书店，2011 年，第 120—127 页；周炅美：《吴越国时代宁波阿育王塔及其影响》，黎毓馨主编《吴越胜览国际学术研讨会论文集》，北京：中国书店，2011 年，第 134—139 页；陈平：《钱（弘）俶造八万四千〈宝箧印陀罗尼经〉（上）——兼谈吴越〈宝箧印陀罗尼经〉与阿育王塔的关系》，《荣宝斋》2012 年第 1 期，第 36—47 页；陈平：《钱（弘）俶造八万四千〈宝箧印陀罗尼经〉（下）——兼谈吴越〈宝箧印陀罗尼经〉与阿育王塔的关系》，《荣宝斋》2012 年第 2 期，第 48—59 页；任平山：《吴越阿育王塔四本生图辨》，《文物》2019 年第 3 期，第 76—86 页。

④ 王力：《"宝箧印经塔"与吴越国对日文化交流》，第 27—32 页。

三年，后一则虽曰"乙亥"，实为"乙卯"之误。其中，第一则即道喜所载，第二则录自《莫高窟年表》所载吴兴县立图书馆藏《一切如来心秘密全身舍利宝箧印陀罗尼经》卷首，第三则录自李致忠《历代刻书考述》所载杭州雷峰塔出经卷题记。

12.《瑞石山禳火祝文》（拟题）一篇，存。

《吴越备史》卷四：显德五年（958）"夏四月辛酉，城南火延于内城，王出居都城驿。诘旦，烟焰未息，将焚镇国仓。王亲率左右至瑞石山，命酒以祝之曰：'不谷不德，天降之灾。宫室已矣，而仓廪储积，盖师旅之备，实所痛惜，若尽焚之，民命安仰，天其鉴之。'乃命从官伐林木以绝其势，火遂灭"。

13. 沈超匿出判一道，存。

钱易（968—1026）《南部新书》（北京：中华书局，2002 年）卷癸："忠懿王在钱塘，显德中，有民沈超者，负罪逃匿。禁其母，凡百日不出。及追妻鞫之，当日来首。判之曰：'母禁十旬，屡追不到，妻縶半日，不召自来。倚门之义稍轻，结发之情太重。领于市心，军令处分。'"

《全唐文补编》卷一一四据《南部新书》辑录，拟题《沈超匿出判》。

按：此判词在显德（954—960）年间，唯不知此等小案是否需要国王亲拟判词。

14.《施行雪峰规制帖》一篇，存。

晚明林弘衍编《雪峰真觉禅师语录》卷下载此文，末署"时乾德三年岁次乙丑五月十二日，天下兵马大元帅守尚书吴越国王俶建"。

《全唐文补编》卷一一四据《雪峰真觉禅师语录》辑录，拟题《施行雪峰规制帖》。

按：此文在乾德三年（965）所撰，为施行雪峰规制所下制帖。

15.《梵天寺经幢记》一篇，存。

倪涛（1669—1752）编《六艺之一录》（杭州：浙江人民美术出版社，2015 年）卷一一〇载之，末曰："乾德三年乙丑岁六月庚子朔十五甲寅日立，天下大元帅吴越国王钱俶建。"

董诰（1740—1818）等修《全唐文》（北京：中华书局，1983 年）卷一三〇载之，署名钱俶。

《两浙金石志》卷五《宋梵天寺经幢二》载此文。阮元跋语："右在梵天寺门，东西各一。按：《西湖游览志》，寺为乾德中吴越王建，治平中改今额。东坡、朱子皆有诗咏。幢即立于建寺时，吴越尚未纳土，故与奉先二幢皆书'天下大元帅'而去尊号已久，故仍书中原乾德也。"

按：此记时间在乾德三年（965），《全唐文》当据《六艺之一录》收录。

16.《新建佛国宝幢愿文》一篇，存。

《两浙金石志》卷五《宋云林寺经塔二》载此文，两石幢所刻愿文相同，末曰："天下大元帅吴越国王建，时大宋开宝二年己巳岁闰五月日。"其右幢上又有："灵隐寺住持传法慧明禅师延珊于景祐二年十一月，内移奉先废寺基上石幢东西二所，归寺前，添换重建。止四年四月十日毕工，谨题志耳。"阮元跋语："右在云林寺门，东西各一。"云云。

《全唐文》卷一三〇载之，然无景祐年间刻字。

按：钱俶开宝二年（969）仍为吴越国王，此愿文当即此年所撰。慧明于景祐四年（1037）所刻字，则记移置之事。

17. 上表一篇，佚。

《吴越备史》补遗：开宝五年（972）"秋九月，王遣元帅府掌书记黄彝简入贡。太祖谓彝简曰：'汝归语元帅，当训练兵甲。江南倔强不朝，我将讨之。元帅当助我，无信人言唇亡齿寒。'王密表谢且请师期。"

18. 与赵普书一篇，佚。

《宋史》卷二五六《赵普传》："（开宝）六年，帝又幸其第。时钱王俶遣使致书于普，及海物十瓶，置于庑下。会车驾至，仓卒不及屏，帝顾问何物，普以实对。上曰：'海物必佳。'即命启之，皆瓜子金也。普惶恐顿首谢曰：'臣未发书，实不知。'帝叹曰：'受之无妨，彼谓国家事皆由汝书生尔！'"

按：钱俶致书赵普，亦见司马光（1019—1086）《涑水纪闻》（北京：中华书局，1989年）卷三，时间在开宝六年（973）。

19. 上表一篇，佚。

《吴越备史》补遗：开宝八年（975）十一月，"是月，王乃表贺之，复遣大将孙承祐上表，请入觐"。

20. 福州大华严寺庆寺疏一篇，存。

梁克家（1127—1187）《淳熙三山志》（宋元方志丛刊本，北京：中华书局，1990年）卷三七《寺观》："钱氏起废为寺，号大华严。有开宝九年十一月天下大元帅吴越国王钱俶庆寺疏刻石，今存。疏云：……"

《全唐文补编》卷一一四据《淳熙三山志》辑录，题《福州大华严寺庆寺疏》，陈尚君按："此疏开宝九年（976）作。"

21. 令一篇，佚。

《吴越备史》补遗：太平兴国二年（977）"夏五月，王下令，以文轨大同，封疆无患，凡百御敌之制,悉命除之,境内诸州城有白露屋及防城物,亦令撤去之"。

22.《黄妃塔记》一篇,存。

潜说友(1216—1288)《咸淳临安志》(宋元方志丛刊本,北京:中华书局,1990 年)卷八二《寺观八》载之,末云"吴越国王钱俶拜手谨书于经之尾"。

明人吴之鲸《武林梵志》(杭州:杭州出版社,2006 年)卷三载之,题《黄妃塔记》。

《吴越顺存集》卷一据《十国春秋》辑录此文。

《全唐文》卷一三〇载之,题《黄妃塔记》。

按:此文无纪年信息,据黎毓馨、路秉杰等人考证,在太平兴国二年(977),参见黎毓馨《杭州雷峰塔遗址考古发掘及意义》、路秉杰《雷峰塔创建记——关于吴越王钱俶所书雷峰塔跋记的解读》等文。[①]

23. 别先王陵庙词一篇,存。

释文莹《玉壶清话》(北京:中华书局,1997 年)卷七:"俶最后入觐,知必不还,离杭之日,遍别先王陵庙,泣拜以辞,词曰:'……'拜讫,恸绝,几不能起,山川为之惨然。"

《全唐文补编》卷一一四据《玉壶清话》辑录此文,题《别先王陵庙词》。

按:据《吴越备史·补遗》,钱俶于太平兴国三年(978)二月六日发国城,则此词当即此前所撰。

24. 上表一篇,佚。

《宋史》卷四八〇《钱俶传》:太平兴国三年三月,"上又尝召俶及其子惟濬宴后苑,泛舟池中,上手酌酒以赐俶,俶跪饮之。其恩待如此"。

元人陶宗仪《说郛》(上海:上海古籍出版社,1988 年)卷二九引《家王故事》"隆遇"条:"太平兴国三年入朝,太宗诏赴苑中宴先臣,时独臣兄安僖王惟濬侍焉。因泛舟于宫池,太宗手奉御杯赐先臣,跪而饮之。明日,奉表谢,其略曰:'御苑深沉,想人臣之不到;天颜咫尺,惟父子以同亲。'"

《全唐文补编》卷一一四据《说郛》辑录此句,题《谢宋太宗表》。

25. 上表一篇,存。

《吴越备史》补遗:太平兴国三年(978)夏四月二十七日,"王进拜表谢恩,仍请以吴

---

① 黎毓馨:《杭州雷峰塔遗址考古发掘及意义》,《中国历史文物》2002 年第 5 期,第 4—12 页;路秉杰:《雷峰塔创建记——关于吴越王钱俶所书雷峰塔跋记的解读》,《同济大学学报》(社会科学版)2000 年第 2 期,第 1—5 页。

越封疆归于有司,优诏不允。表略曰:……"

《宋史》卷四八〇《钱俶传》:太平兴国三年"四月,会陈洪进纳土,俶上言曰:……优诏不许"。

《全唐文补编》卷一一四据《宋史》辑录此文,题《请罢吴越国王及天下兵马大元帅表》。

26.上表一篇,存。

《吴越备史》补遗:太平兴国三年(978)"五月三日,遣内使赐王汤药四金盒,金器二百两,银三千两。次日,王再上言请之。略曰:'……'是月六日,乃下诏从之"。

《宋史》卷四八〇《钱俶传》:太平兴国三年"五月乙酉,俶再上表:'……'诏答曰:'……所请宜依。'"

《全唐文补编》卷一一四据《宋史》辑录此文,题《请纳土表》。

27.上表一篇,佚。

《宋史》卷四八〇《钱俶传》:太平兴国三年(978)"八月,……杭州贡俶乐人凡八十有一人,诏以三十六人还杭州,四十五人赐俶。俶上表谢,上亲画'付中书送史馆'"。

28.上表一篇,存。

李焘(1115—1184)《续资治通鉴长编》(北京:中华书局,2004)卷二四太平兴国八年十二月条:"淮海国王钱俶三上表乞解兵马大元帅、国王、尚书中书令、太师、开府仪同三司等官,诏止罢元帅,余不许。"

《宋史》卷四八〇《钱俶传》:太平兴国八年(983)"十二月,上言曰:'……'不许。表三上,下诏曰:……"

《全唐文补编》卷一一四据《宋史》辑录此文,题《求解职表》。

29.上表一篇,佚。

《吴越备史》补遗:雍熙三年"春二月,太宗以王疾未瘳,诏免入朝,改封南阳国王,仍赐领南阳节钺,加食邑二千户,实封一千户,麻降。王复抗表陈让国事,表四上……王四上表让国王。四年春二月,敕遣给事中崔灏改封王为许王,加食邑一万户,实封二千户"。

《宋史》卷四八〇《钱俶传》曰:雍熙"四年春,出为武胜军节度,改封南阳国王。俶久被病,诏免入辞。将发,赐玉束带、金唾壶、碗盎等。俶四上表让国王,改封许王"。

按:此表当撰于雍熙三年(986)二月,《宋史》误,且改封南阳国王亦在三年,四年方改封许王。

30.《宗镜录序》一篇,存。

《吴越顺存集》卷一据《净慈寺志》辑录此文。

《全唐文》卷一三〇载之。

按:《宋史·艺文志》有"僧延寿《宗镜录》一百卷",则此文当即钱俶为永明延寿（904—975）所撰《宗镜录》而作序文也。后文所列钱俶《答永明智觉禅师延寿》,亦二人交往之证。

31.《〈进安养赋奉制文〉答书》一篇,存。

宋人释宗晓（1151—1204）《乐邦文类》（金程宇主编《和刻本中国古逸书丛刊》第三十六册,南京:凤凰出版社,2012 年）卷五载此文,署名"吴越国王钱俶",题《进安养赋奉制文》。

《全唐文补编》卷一一四据《乐邦文类》辑录。

释延寿《永明延寿大师文集》（北京:九州出版社,2014 年）据《敕建净慈寺志》卷二七辑录,题《〈进安养赋奉制文〉答书》,可从。

32.《赐净光法师制》三篇,存。

释元悟编《螺溪振祖集》（《四明尊者教行录》附录一,上海:上海古籍出版社,2010 年）载之,第一道署"十三日",第二道署"二十九日",第三道署"九月日"。

《全唐文补编》卷一一四据《罗溪振祖集》辑录。

33.判赞宁进状一道,存。

洪迈（1123—1202）《容斋四笔》（北京:中华书局,2005 年）卷一〇《钱忠懿判语》:"王顺伯家有钱忠懿一判语,其状云:'……'判曰:'便要吾人宣读后,于真身塔前焚化。廿七日。'而在前花押。"

《全唐文补编》卷一一四据《容斋四笔》辑录,拟题《判赞宁进状》。

34.与子书五篇,佚。

《刘克庄集笺校》卷一〇三《钱忠懿王帖》:"后于墨林方氏见忠懿与其子遗墨五幅,草圣奇古,简而不烦,得锺王意。时忠懿方自杭朝京师,每书必云:'吾极无事。'又云:'不用忧心,事已如此。识天下之有归,知王者之无敌。'"

35.遗重曦第一书、第二书两篇,存。

《吴越顺存集》卷一据《绍兴府志》辑录此文。

《唐文拾遗》卷一一据《绍兴府志》辑录《报重曜书二首》。

按：重曜当即越州云门重曜，为天台山德韶国师法嗣，北宋释道原《景德传灯录》（北京：中华书局，2022 年）卷二六仅存其名，此二书可补相关史实。

36.《答永明智觉禅师延寿》一篇，存。

《吴越顺存集》卷一据《净慈寺志》辑录此文。

37.《报叔帖》一篇，存。

《吴越顺存集》卷一据《表忠谱》辑录此文。末题"十月七日早"，不知是何年。

38. 词一首，残。

陈师道（1053—1102）《后山诗话》（何文焕辑《历代诗话》，北京：中华书局，2004 年）："吴越后王来朝，太祖为置宴，出内妓弹琵琶。王献词曰：'金凤欲飞遭掣搦。情脉脉，看取玉楼云雨隔。'太祖起拊其背，曰：'誓不杀钱王。'"

39. 北上途中诗作十二首，存。

《吴越钱氏传芳集》录有钱俶诗作，其中据陈尚君《从存世诗歌看吴越钱氏的文化转型》认为"多数作于入宋途中"的有十二首，童养年《全唐诗续补遗》卷一二据《吴越钱氏传芳集》载之。分别题为：《过平望》《读圣寿诗》《感皇子远降见迎》《感降内夫人赐家室药物金器》《金陵》《过楚州》《陈国》《路次再感圣恩》《小窗》《舟中偶书》《村家》《渔者》。今总叙于此，不备录。

附　见：

1.《观音自在菩萨尊像赞》一则，存。

《两浙金石志》卷四《后汉》，即《后汉朱知家镌观音像赞》，曰："（上缺）大夫朱知家发心舍净财，镌写观音自在菩萨尊像一躯，并装彩龛室等，因而赞曰：'乾祐三年岁在己酉九月十四日记。'"其中"乾祐三年"为"乾祐二年"之误。阮元跋语："右赞在石屋洞，摩崖，文九行，行书，径四分。《西湖志》所录，无末二句。又'郢手'讹'鄙手'，年月上记文亦失书。"

陈鸿墀（1758—?）《全唐文纪事》（北京：中华书局，1962 年）卷一○六："乾祐凿佛赞。吴越王于石屋洞凿观音自在菩萨尊像一躯，制赞，用小行书摩崖，计六十二字。赞云：'……乾祐二年岁在己酉九月十日记。'"

《全唐文补编》卷一一四据《全唐文纪事》辑录，题《观音自在菩萨尊像赞》，归于钱俶名下。

按：《全唐文纪事》所收赞文与《两浙金石志》同，唯日期陈鸿墀有误，则此赞文并非吴越王所赞，而是吴越国人朱知家所赞。《全唐文纪事》误为吴越王，《全唐文补遗》进一步误系于钱俶名下。

八、钱亿（929—967）

散　篇

1. 诗，佚。

崔仁冀《奉国军节度使彭城钱公碑铭》："公即武肃王之孙，文穆王之第十子，今大元帅吴越国王之大弟也，讳亿，字延世，钱唐人也……以乾德五年春二月丁卯，薨于府城之正寝，享寿凡二百二十六甲子……谥曰康宪。以其年四月庚申葬于本军奉化县禽孝乡白石里之原，礼也。"

《吴越备史》卷四《钱亿传》：乾德五年春二月"戊辰，王弟奉国军节度使亿卒。亿，字延世，文穆王第十子……性俊拔，善属文……显德中，王命括民丁将益军旅，州县长吏因之多所残毙。亿乃手疏之，辞理切直。王感悟，遂寝其事。王尝与丞相以下论及时务，且言民之劳逸，率由时君奢俭，因为诗二章以言节俭之志，命亿应和。亿以北方侯伯多献淫巧，乃因诗以风刺，王嘉叹久之，仍赐诗以美其意……寝疾三日而终，年三十九。谥曰康献"。

按：钱亿善属文，其中疏一篇撰于显德（954—960）年间，诗作撰写时间未知。墓志铭全文收载于《延祐四明志》（《宋元方志丛刊》第六册，中华书局，1990 年），志石现藏宁波奉化文物保护管理所，收录于章国庆编《宁波历代碑碣墓志汇编》（唐五代宋元卷）（上海：上海古籍出版社，2012 年），然亦无记载其著述详情，惜哉。

2. 疏一篇，佚。

详见上。

九、钱俨（937—1003）

诗文集

1-2.《钱俨集前集》、《钱俨集后集》（拟）二种，佚。

《宋史》卷四八〇《钱俨传》："俨字诚允，俶之异母弟也。本名信，淳化初改焉……所著有前集五十卷、后集二十四卷。"

杂　著

1.《戊申英政录》，佚。

司马光《资治通鉴》（北京：中华书局，1956 年）卷二七二后唐庄宗同光元年二月条"考异"："刘恕以为，钱元瓘子信撰《吴越备史》《备史遗事》《忠懿王勋业志》《戊申英政录》。"

王尧臣（1003—1058）等纂《崇文总目》（上海：商务印书馆，1937 年）卷二"伪史类"："一卷。钱俨撰。"

陈振孙（1179—1262）《直斋书录解题》（杭州：浙江古籍出版社，2021 年）卷七："一卷。婺州刺史钱俨撰，记其兄俶事迹。俶以戊申正月嗣位。"

《通志·艺文略》："《钱氏戊申英政录》，一卷。钱俨编。"

《宋史·艺文二》"传记类"："钱俨《戊申英政录》一卷。"

刘兆祐《宋史艺文志史部佚籍考》（台北：编译馆，1984 年）按语："戊申即乾祐元年也。俶，元瓘之子，倧之异母弟也。倧既为军校所幽，时俶为温州刺史，众以无帅，遂迎立之，时汉乾祐元年正月十五日也。其年八月始授检校太师兼中书令，充镇海镇东等军节度使，东南面兵马都元帅，周广顺中累官至守尚书令中书令，吴越国王，建隆初复加天下兵马大元帅。事迹具《五代史》（卷一三三）、《新五代史》（卷六七）本传。"

按：戊申虽指乾祐元年（948），然此书撰写时间不知何时也。张兴武《补五代史艺文志辑考》（上海：上海古籍出版社，2016 年）认为："《忠懿王勋业志》之成书应与《钱氏戊申英政录》同时，即均在入宋之前。"可备一说，不敢遽断。

2.《吴越备史》，存。

《资治通鉴》卷二七二后唐庄宗同光元年二月条"考异"："刘恕以为，钱元瓘子信撰《吴越备史》《备史遗事》《忠懿王勋业志》《戊申英政录》。"

《崇文总目》卷二"伪史类"："十五卷。范坰、林禹撰。"

近人赵士炜《中兴馆阁书目辑考》（《宋元明清书目题跋丛刊》第一册，北京：中华书局，2006 年）"霸史类"："十五卷。其初十二卷，尽开宝三年，后又增三卷，至雍熙四年。"赵士炜按："《解题》云，今书止石晋开运，比初本尚阙三卷。《宋·志》云吴越钱俨托名范坰、林禹。《选崇文目》亦十五卷。今本四卷，讫开宝六年。补遗一卷，讫雍熙四年。起石晋开运，《解题》云止石晋开运者，误也。记钱氏旧事。俨别有《吴越备史遗事》五卷。"

《通志·艺文略》"霸史"："十五卷。宋朝范坰、林禹撰，记钱氏据有吴越事。"

《直斋书录解题》卷五："九卷。吴越掌书记范坰、巡官林禹撰。按《中兴书目》，其初十二卷，尽开宝三年，后又增三卷，至雍熙四年。今书止石晋开运，比初本尚阙三卷。"

《宋史·艺文三》"霸史"："《吴越备史》十五卷。吴越钱俨托名范坰、林禹撰。"

按：此书实为钱俨所撰，初次结集在开宝三年（970）之后，最后一次结集在雍熙四年（987）之后。今人李最欣在张兴武《五代艺文志》等基础上有详考，参见《钱氏吴越国文献和文学考论》（北京：中国社会科学出版社，2007 年）第一章第一节第一段《〈吴越备史〉作者认定上的纠纷考辨》。此外，关于此书的流传过程和题跋、著录，皆可参见李书第一章，此处不赘。

3.《吴越备史遗事》，佚。

《资治通鉴》卷二七二后唐庄宗同光元年二月条"考异"："刘恕以为，钱元瓘子信撰《吴越备史》《备史遗事》《忠懿王勋业志》《戊申英政录》。"

《直斋书录解题》卷五："五卷。全州观察使钱俨撰。俶之弟也。其序言《备史》亦其所作，托名林、范，而遗名坠迹，殊闻异见，阙漏未尽者，复为是编。时皇宋平南海之二年，吴兴西斋序。盖开宝五年也。俨以三年代其兄偡刺湖州。"

《宋史·艺文三》"霸史"："钱俨《备史遗事》五卷。"

刘兆祐《宋史艺文志史部佚籍考》按："《吴越备史》（一五卷）一书，旧本题宋武胜军节度使掌书记范坰、巡官林禹撰，载钱氏据有吴越事，今犹有传本，《遗事》则不之见矣。"

按：此书撰于开宝五年（972），即补遗《吴越备史》开宝三年结集本所作。

4.《皇猷录》，佚。

《通志·艺文略三》"杂史"："《皇猷录》，一卷。钱信撰，记太平兴国以后事。"

王应麟（1223—1296）《玉海》（扬州：广陵书社，2007 年）卷五八："淳化元年十月庚午，金州观察使判和州钱俨献《皇猷录》一卷，优诏答之。"

《宋史·艺文志二》"别史类"："钱信《皇猷录》一卷。"

《宋史》卷四八〇《钱俨传》："淳化初，尝献《皇猷录》。"

刘兆祐《宋史艺文志史部佚籍考》按语曰："《宋史·钱信传》云：'淳化初尝献《皇猷录》。'《通志·艺文略》三"杂史"著录《皇猷录》一卷，云：'钱信撰。记太平兴国以后事。'然则，兹编所载，起太平兴国元年（976）至端拱二年（989）间之事也。"

按：则此书当撰于淳化元年（990）或稍前。

5.《光圣录》，佚。

《秘书省续编到四库阙书目》（《宋元明清书目题跋丛刊》第一册，北京：中华书局，2006 年）卷一："钱俨进《光圣录》一卷。"

《通志·艺文略三》"杂史"："《光圣录》，一卷。钱俨撰。"

《玉海》卷五八：钱俨"咸平初，又献《光圣录》"。

《宋史》卷四八〇《钱俨传》："咸平，又献《光圣录》，并有诏嘉答。"

按：《光圣录》当撰于咸平（998—1003）年间或稍前。

6.《忠懿王勋业志》，佚。

《资治通鉴》卷二七二后唐庄宗同光元年二月条"考异"："刘恕以为，钱元瓘子信撰《吴越备史》《备史遗事》《忠懿王勋业志》《戊申英政录》。"

《秘书省续编到四库阙书目》卷一："钱俨撰《忠懿王勋业志》三卷。"

《通志·艺文略》："三卷。钱俨撰。"

《宋史》卷四八〇《钱俨传》："《忠懿王勋业志》三卷。"

按：张兴武《五代艺文考》认为："《忠懿王勋业志》之成书应与《钱氏戊申英政录》同时，即均在入宋之前。"可备一说，不敢遽断。

7.《贵溪叟自叙传》，佚。

《宋史》卷四八〇《钱俨传》："又作《贵溪叟自叙传》一卷。"

按：此书不知何时所撰，或暮年回顾生平之作。

附　见：

1.《历代鸿名录》。

《崇文总目》卷二"传记类"："八卷。"钱绎（1770—1855）按："《通志略》作李远撰。"

《宋志》，钱信撰。"

《通志·艺文略》"名号"："八卷。伪蜀李远撰，记帝王称号。"

《宋史·艺文志二》"别史类"于"钱信《皇猷录》一卷"后著录"《历代鸿名录》八卷"。刘兆祐《宋史艺文志史部佚籍考》按语曰："兹编宋志不著撰人，今据《通志》题李远撰。"

按：钱信或即钱俨，俨初名弘信，后避吴越王讳去"弘"名信，入宋后不久更名俨，则此书若是钱信所撰，当在吴越国时期。然而刘兆祐已经指出，《宋史·艺文志》所载此书不著撰人，盖钱绎误以前书《皇猷录》作者钱信系之耳。今附见之。

2－6.《武肃王年表》《文穆王年表》《忠献王年表》《忠逊王年表》《忠懿王年表》。

按：刘琳、沈治宏《现存宋人著述总录》（成都：巴蜀书社，1995 年）史部传记类年谱之属据《钱氏家书》第三集辑录《武肃王年表》《文穆王年表》《忠献王年表》《忠逊王年表》《忠懿王年表》五种，皆署钱俨所编，然诸家书目并无，且钱俨传记亦未曾提及，则此五种年表或为后人依据钱俨曾撰《吴越备史》而取其中相关内容分别编排所成。今不取。

散　篇

1.《平望蚊》一首，存。

周密（1232—1298）《齐东野语》（北京：中华书局，1983 年）卷一〇《多蚊》："吴兴独江子汇无蚊蚋，旧传马自然尝泊舟于此所致。故钱信《平望蚊》诗云：'安得神仙术，试为施康济。使此平望村，如吾江子汇。'"

《全唐诗》卷八七七、厉鹗（1692—1752）《宋诗纪事》（上海：上海古籍出版社，1983 年）卷二四收录此诗。

按：钱信即钱俨。平望村，据《吴郡志》卷五〇，当在苏州境内，则此诗为钱俨某年夏天在苏州时所撰，或即开宝三年（970）督漕运助攻常州之时。

2.《建传教院碑铭》一篇，存。

《螺溪振祖集》载之，前题"忠果雄勇功臣金州管内观察使判和州军州事光禄大夫特进检校太傅兼御史大夫上柱国彭城郡开国公食邑六千户食实封一千一百户钱俨撰"，末曰："时雍熙三年丙戌岁十一月十日文。"

《全宋文》卷六〇据《螺溪振祖集》载之。

3.《咸平观音禅院碑铭》一篇，存。

郑虎臣（1219—1276）《吴都文粹》（文渊阁四库全书本）卷八载之，末曰："时大宋咸平六年六月,忠果雄勇功臣金州管内观察使判和州军州事光禄大夫检校太傅兼御史大夫上柱国彭城郡开国公食邑六千户实食封一千一百户钱俨撰。"

《全宋文》卷六〇据《吴都文粹》载之。

壬寅除夕日改定

长安城南述黄阁

《景文集》文渊阁本与文津阁本辑纂考异

清华大学　袁　涛

宋祁与其兄庠"俱以辞赋妙天下",所撰诗文"博奥典雅,具有唐以前格律",不过其文集自明代以来便已不见传本。清乾隆年间编修《四库全书》时从《永乐大典》(以下简称《大典》)中辑出《景文集》六十二卷,"名章巨制,谅可得十之七八矣"①。此后虽有日本所藏宋刻残本三十二卷得到发现与流布,但更为完备的四库辑本仍属现行研究中最为重要的的基础版本,在宋祁集的版本系统中具有无可替代的地位。

四库本系统《景文集》为学界所习见者有文渊阁本与文津阁本两种,俱属内廷四阁抄本,其中又以文渊阁本最为通行。二者虽同出《大典》一源,但辑纂而成的面貌却不可等而视之。杨讷、李晓明先生在《〈四库全书〉文津阁文渊阁本宋别集录异(上)》(以下简称《录异》)中已经指出,文渊、文津阁本《景文集》不但存在编次上的不同,而且各自篇目的数量也出现了巨大差异,文津阁本较文渊阁本多出佚文竟达四百七十余篇。② 唯《录异》限于撰作体例,仅仅只是罗列了佚文篇题,未及进行更为深入的探讨。本文考察文渊、文津阁本的抄纂时间及其先后关系,进而比较二者在卷次与篇目上的具体差异以揭示其中的改易过程,并对各自佚文的来源与性质进行确认,冀有助于提供四库本《景文集》辑佚工作的更多细节,提供对文津阁本《景文集》文献价值更为充分的认识。

一、文渊、文津阁本的抄成时间及其先后关系

文渊、文津阁本俱由四库馆从《大典》中辑出,故需简单回顾《大典》辑佚工作的基本

---

① 以上引语皆来自(清)永瑢:《四库全书总目》卷一五二,北京:中华书局,1965年,第1310页。

② 杨讷、李晓明:《〈四库全书〉文津阁文渊阁本宋别集录异(上)》,《北京图书馆学刊》1996年第1期,第36—39页。

情况。四库馆于乾隆三十八年(1773)二月正式开馆,起初的工作即是从《大典》中辑录佚书。根据张升先生的研究,《大典》辑佚工作大致包括以下几个程序:四库馆将《大典》原书分派给各纂修官,由纂修官用签条标出佚文,交付誊录官誊录。纂修官将誊录好的条目黏连、校订,形成初辑稿本;初辑稿本由誊录官按照四库格式抄定,发还纂修官校正,形成二次修改稿本;二次修改稿本又由誊录官按照四库格式抄定,发还纂修官校正,形成三次修改稿本;最后誊录为定本。其中初辑稿本的面貌较为庞杂,二次修改稿本时改动最多,至三次修改稿本时则已极少改动,与后来的四库阁本相差无几。① 根据武英殿聚珍本《景文集》卷前提要落款署名可知,大典本《景文集》的纂修官由吴寿昌担任,其亦曾负责子部张淏《云谷杂记》一书的辑佚工作。不过由于《景文集》初辑稿本及二次、三次修改稿本皆已不存,关于吴氏纂修《景文集》的具体细节,目前尚难详考。

　　文渊、文津阁本全书分别抄成于乾隆四十六年(1781)十二月与乾隆四十九年(1784)十一月,文渊阁在前而文津阁在后。② 但就《景文集》而言,情况却有所不同。根据卷前提要的落款时间,文渊、文津阁本《景文集》分别抄成于乾隆四十九年十月与乾隆四十一年(1776)六月,然则文津阁本实成书于文渊阁本之前。这一先后关系亦可从二者篇题的差异中得到证明。考察发现,文津阁本篇题往往更加接近刚从《大典》中辑出时的面貌,而文渊阁本篇题则存在着二次修改的情形,其中部分篇题直接依据文津阁本所附馆臣按语进行了修改,如:

　　(1)文津阁本卷八第 57 篇《肃简燕鲁公挽歌四首》题下馆臣按语曰:"题中'燕'字疑衍。"检文渊阁本同篇在卷九第 47 篇,题作《肃简鲁公挽歌四首》,恰无"燕"字,且无此按语。此即文渊阁本依据文津阁本按语进行了删衍。

　　(2)文津阁本卷一〇第 37 篇《西楼夕坐》题下馆臣按语曰:"《宋诗存》'坐'作'望'。"按《宋诗存》即清曹庭栋所编《宋百家诗存》。检文渊阁本同篇在卷一一第 16 篇,题作《西楼夕望》,且无此按语。此即文渊阁本直接改用了文津阁本按语所提供的异文。

　　(3)文津阁本卷二六第 27 篇《谢起复表》题下馆臣按语曰:"本集第六十一卷祁有其父《荆南府君行状》,据云母钟夫人早卒,荆南府君卒于天禧元年,继母朱夫人后十三年终,当在仁宗天圣七年。王珪作《宋庠碑录》所云丁母忧,即继母朱也。但表内'宥府缺员''召还故职'云云,与祁事不符,当属代作。"检文渊阁本同篇在卷四一第 3 篇,题作《代谢起复表》,且无此按语。文渊阁本补一"代"字,显然也是按照文津阁本按语所做出

①　详参张升:《〈永乐大典〉流传与辑佚研究》,北京:北京师范大学出版社,2021 年,第 126—180 页。
②　参见黄爱平:《〈四库全书〉纂修研究》,北京:中国人民大学出版社,1989 年,第 151 页。

的处理。①

部分篇题则根据《大典》保留佚文的实际情况进行了修改，这一情形亦可通过文津阁本按语得到揭示，如：

（1）文津阁本卷一七第34篇《除夕二阕》题下馆臣按语曰："今缺一首。然查《宋诗存》，其第二系七言绝句，见下十八卷内。"检文渊阁本同篇在卷二二第34篇，题作《除夕》，无"二阕"，且无此按语。然则《大典》原题有二阕，但仅存一阕。文渊阁本遂根据《大典》的实存情况删改篇题，从而隐去了原有的篇数信息。

（2）文津阁本卷一七第6篇《句院三咏》题下馆臣按语曰："今仅存《水虹》一首，余并题无可考。"后列小题《水虹》。检文渊阁本同篇在卷二二第6篇，题作《咏水虹》，无小题，且无此按语。文津阁本因《大典》中《句院三咏》仅存《水虹》一咏，余下二咏连同篇题皆已亡佚，遂直接修改篇题，同时隐去了原有的篇数信息。

（3）文津阁本卷三二第1篇《待对瞽言》题下馆臣按语曰："《永乐大典》原注云：'公作《待对瞽言》八篇：《诋五代篇》一，《议刑篇上》二，《议刑篇下》三，《选郡牧篇》四，《本风俗篇》五，《绝禁忌篇》六，《孝治篇》七，《诋虚名篇》八，词意□切，有足感激人君。'今从各韵中□次，已阙《议刑》上、下二篇。"②后列《诋五代篇》《选郡牧篇》《本风俗篇》《绝禁忌篇》《孝治篇》《诋虚名篇》六篇小题。检文渊阁本同篇在卷二五第1—6篇，无大题《待对瞽言》，而将六篇小题俱升格为大题，且无此按语。文渊阁本亦因《待对瞽言》原有八篇已缺两篇，从而删去了六篇原属的大题，并将原有篇数一并隐去。

文津阁本《景文集》抄成于乾隆四十一年，上距乾隆三十八年开四库馆仅隔三年，其面貌更为接近《大典》辑佚稿本自属无疑。而文渊阁本全书虽然一般认为是乾隆四十六年十二月抄成，但经浙江大学图书馆古籍部程惠新老师告示，文渊阁本全部三千余种书中约有一百二十余种卷前提要的落款时间在乾隆四十七年二月以后，最晚已至乾隆五十四年四月，所占比例约 6.8%③，可见文渊阁本在乾隆四十六年十二月抄成之后仍有少量修改，抄成于乾隆四十九年十月的《景文集》即是其中一例。以上关于文渊、文津阁本成书时间先后关系的确定，将是我们进行后续研究的基本前提。

---

① 当然文渊阁本也存在着直接根据文义而增加"代"字的情况，详见后文关于从文津阁本到文渊阁本的篇题改易的讨论。

② 笔者所据文津阁本乃国家图书馆文献传递之复印件，其中按语小字有模糊难识之处，然此处缺字于文义并无大碍，姑以"□"符标识。

③ 这一数据来自程惠新老师的私人统计，谨致谢忱。

二、从文津阁本到文渊阁本的辑纂改易

以下我们详细考察文渊、文津阁本《景文集》的具体差异,由此全面地展现四库辑纂工作从文津阁本到文渊阁本的改易过程。

(一)卷次

1.目录及序

文津阁本《景文集》卷前有《宋景文集目录》、唐庚序及陈之强序。按北宋元符二年(1099),唐庚从宋祁之子宋裒臣处得宋祁集九十九卷,有《书宋尚书集跋》以记之,见《眉山唐先生文集》卷二八。文津阁本盖辑取此跋以为序。陈之强序则是南宋嘉定二年(1209)陈之强合刊李令尹家藏宋庠、宋祁二集缮写本时所撰之序。此序亦见于四库所辑大典本宋庠《元宪集》卷首,但不见有辑本之前的更早出处,则其极有可能是从《大典》之中辑得。文渊阁本则将目录、唐庚序及陈之强序一并删去。又文津阁本《景文集》陈序下馆臣按语曰:"按此序已载《元宪集》,因系合刊二宋文集之序,故并载于此。"文渊阁本显然没有遵循这一处理。

2.六十二卷的编次

文津、文渊阁本正文虽然都是六十二卷,但具体的编次情况却存在很大差异。黄宽重先生曾利用杨讷、李晓明先生所编《文渊阁四库全书补遗》中的文津阁本佚文与文渊阁本进行卷次的对比,从而对两者的编次差异做出了一定程度的揭示。[1] 不过编次差异其实不止局限在文津阁本佚文所在的卷次,因而黄先生所得出的比勘结果并不完整。今通检文渊、文津阁本六十二卷,将各自小类的编次情况一并制表对比如下:

表 1 文渊、文津阁本小类编次情况

	文津阁本	文渊阁本
1	赋(卷一·1—卷四·11)	赋(卷一·1—卷四·11)
2	风雅体诗(卷五·1—2)	风雅体诗(卷五·1—2)
3	五言古诗(卷五·3—卷六·46)	五言古诗(卷五·3—卷七·30)
4	七言古诗(卷六·47—49)	七言古诗(卷七·31—40)

---

[1] 黄宽重:《文津阁本宋代别集的价值及其相关问题》,《文献》1998 年第 3 期,第 187—188 页。

续　表

	文津阁本	文渊阁本
5	五言律诗(卷七·1—卷一〇·82)	五言律诗(卷八·1—卷一二·60)
6	七言律诗(卷一一·1—卷一四·84)	七言律诗(卷一三·1—卷一八·64)
7	五言长律(卷一五·1—卷一六·56)	五言长律(卷一九·1—卷二一·38)
8	七言长律(卷一六·57)	七言长律(卷二一·39—40)
9	五言绝句(卷一七·1—43)	五言绝句(卷二二·1—47)
10	七言绝句(卷一八·1—135)	七言绝句(卷二三·1—卷二四·72)
11	国书(卷一九·1—3)	春帖子词(卷二四1·73—76)
12	诏(卷一九·4—36)	奏疏(卷二五·1—卷二九·13)
13	口宣(卷二〇·1—71)	奏状(卷三〇·1—28)
14	批答(卷二〇·72—101)	外制(卷三一·1—54)
15	制(卷二一·1—卷二二·62)	内制(卷三二·1—卷三三·43)
16	祝文(卷二三·1—卷二四·30)	颂(卷三四·1—卷三五·5)
17	表(卷二五·1—卷三〇·18)	表(卷三六·1—卷四一·18)
18	奏疏(卷三一·1—卷三二·1)	议(卷四二·1—卷四三·8)
19	札子(卷三三·1—14)	论(卷四三·9—卷四四·2)
20	状(卷三四·1—卷三五·55)	序(卷四五·1—14)
21	议(卷三六·1—11)	记(卷四六·1—15)
22	颂(卷三七·1—卷三八·4)	赞(卷四七·1—63)
23	赞(卷三九·1—卷三九·65)	说(卷四八·1—4)
24	春帖子词(卷四〇·1—4)	对(卷四八·5)
25	序(卷四一·1—13)	述(卷四八·6)
26	记(卷四二·1—18)	题辞(卷四八·7)
27	论(卷四三·1—7)	戒(卷四八·8)
28	启(卷四四·1—卷五二·30)	祝文(卷四八·9—26)
29	书(卷五三·1—卷五五·58)	祭文(卷四八·27)
30	碑(卷五六·1—4)	书(卷四九·1—卷五一·43)
31	墓志(卷五七·1—卷五九·9)	启(卷五二·1—卷五六·32)
32	行状(卷六〇·1—卷六一·4)	碑(卷五七·1—5)
33	祭文(卷六二·1—4)	志铭(卷五八·1—卷六〇·9)

	文津阁本	文渊阁本
34	杂著(卷六二·5—12)	行状(卷八一·1　卷六二·4)
35	句(卷六二·13—19)	

根据表 1 信息并结合其中所收篇目的具体情况,从文津阁本到文渊阁本的六十二卷编次改易大致集中在以下两个方面:

(1)文类的改易。文津阁本全书共分三十五文类,至文渊阁本则调整为三十四文类。文津阁本三十五文类中,赋、风雅体诗、五言古诗、七言古诗、五言律诗、七言律诗、五言长律、七言长律、五言绝句、七言绝句、制、祝文、表、奏疏、状、议、颂、赞、春帖子词、序、记、论、启、书、碑、墓志、行状、祭文共二十八类为文渊阁本所承袭(其中制改称外制,状改称奏状,墓志改称志铭)。不过名称虽然基本一致,但其中的篇目却存在着一小部分的归类更改,主要出现在七言律诗、状两类中:

表 2　七言律诗、状从文津阁本到文渊阁本的文类改易情况

文津阁本文类	文津阁本篇序	文渊阁本文类
七言律诗	卷一二·68、70、71、80	七言古诗
状	卷三四·5—12	奏疏
	卷三五·32	表

按状与奏疏、表体式皆相近似,文渊阁本的调整尚可理解;而七古、七律则存在明显的诗体差异,不可随意置换,文渊阁本此处所改实以不误为误。钱锺书先生《容安馆札记》已经指出:"(四库本《景文集》)《罗承制自戎州罢归》《高亭驻眺招宫苑张端臣》《嘉祐庚子秋七月余还明年始对家圃春物作》《登齐云亭》。按四首皆七律,误编入七古。"所指即此卷一二第 68、70、71、80 四篇。

文津阁本旧有的国书、诏、口宣、批答、札子、杂著、句共七类则为文渊阁本所取缔,相应篇目或不存于文渊阁本,或归入文渊阁本其他文类,具体情况如下表所示:

表 3　国书、诏、口宣等从文津阁本到文渊阁本的文类改易情况

文津阁本文类	文津阁本篇序	文渊阁本文类
国书	卷一九·1—3	无对应篇目
诏	卷一九·4—16	无对应篇目
	卷一九·17—36	内制

续　表

文津阁本文类	文津阁本篇序	文渊阁本文类
口宣	卷二〇·1—14	内制
	卷二〇·15—71	无对应篇目
批答	卷二〇·72	无对应篇目
	卷二〇·73—101	内制
札子	卷三三·1	奏状
	卷三三·2—14	奏疏
杂著	卷六二·5	题辞
	卷六二·6	记
	卷六二·7	对
	卷六二·8	述
	卷六二·9—11	无对应篇目
	卷六二·12	戒
句	卷六二·13—19	无对应篇目

文渊阁本又新增内制、说、对、述、题辞、戒共六类,相应篇目皆来源于文津阁本旧有文类,具体情况如下表所示:

表 4　文渊阁本新增文类与文津阁本旧有文类对应状况

文津阁本文类	文津阁本篇序	文渊阁本文类
内制	卷三二·1—21	诏
	卷三二·22	敕(补遗)
	卷三三·1—14	口宣
	卷三三·15—43	批答
说	卷四八·1—4	论
对	卷四八·5	杂著
述	卷四八·6	
题辞	卷四八·7	
戒	卷四八·8	

据表 3、表 4 所示,文渊阁本对文类的改易大致可以分为文类删除与文类转换两种形式。文类删除包括国书→0、句→0、诏→0、口宣→0、批答→0、杂著→0 六组,其中前两

组所涉篇目全被删除,余下四组则仅涉及部分篇目。文类转换则包括了札子→奏状、札子→奏疏、说→论、诏→内制、批答→内制、口宣→内制、杂著→对、杂著→述、杂著→题辞、杂著→戒十组,其中前三组来自旧有文类间的转换,后七组则是从旧文类到新文类的转换。这些转换或将原本模糊笼统的文类加以细化,如杂著一类原本收载分类不明的篇目,文渊阁本则根据具体情况,又将其明确为题辞、记、对、述、戒五类,其中辞、对、述、戒俱属新设;或将原本性质相近的文类加以归并,如诏、口宣、批答三类俱属皇帝制文,文渊阁本遂将其归入新设的内制一类。至如说→论这类变化,则仍属相近文类之间的改置。

(2)次序的改易。这里的次序主要是指相对次序。共有的二十八小类中,文渊阁本前十类赋、诗二体的相对次序与文津阁本完全一致。按赋、诗列于文集之首是《文选》以降文类编排的一贯方式,文渊阁本自然无烦改作。余下的十八类则出现了不少次序上的调整。这种调整大致出于对属性近似文体加以并置的目的。如春帖子词原本放置在赞、序之间,编次颇为无据,文渊阁本则将其调整至七言绝句之后,更好地突出了其诗体属性;又如祝文原本放置在制、表之间,但作为祭祀之作,祝文实与祭文颇为接近,故文渊阁本将其调整至祭文之前。这些调整显然都使得文类的编排更趋合理。

各自文类中的篇目也同样存在着相对次序的改易。这种改易多是出于以时间为序的考虑。如文津阁本卷一的前四篇赋为《陈州瑞麦赋》《上苑牡丹赋》《皇太后躬谒清庙赋》《皇帝后苑燕射赋》,但是根据赋文信息及馆臣按语的考证,《陈州瑞麦赋》《皇帝后苑燕射赋》俱作于天圣六年(1028),《上苑牡丹赋》作于天圣七年(1029),《皇太后躬谒清庙赋》作于明道二年(1033),文津阁本的编排显然不合时次。文渊阁本则将这四篇赋列于卷一第2—5篇,相对次序变成了《陈州瑞麦赋》《皇帝后苑燕射赋》《上苑牡丹赋》《皇太后躬谒清庙赋》,严格以时间为序进行了调整。又如宋祁为杨崇勋代作的表文《代杨太尉让加节度使第一表》《代杨太尉谢加节度使表》,文津阁本中分别位于卷二八第7篇及卷二七第16篇,明显存在时次上的颠倒,而文渊阁本则调整至卷三八第2、3篇,亦是基于时次作出的修正。不过,文渊阁本的调整有时也并非完全遵循以时间为序。如文津阁本卷二八第8篇为《代章集贤让拜相第二表》,列于《代杨太尉让加节度使第一表》之后,而文渊阁本却将其列于卷三八第1篇,反在《代杨太尉让加节度使第一表》之前,按章得象同平章事在宝元元年(1038),而杨崇勋改山南东道节度使尚在明道元年(1032),且在景祐二年(1035)就已去世,是就时次而言,文渊阁本的调整并不妥当。

3.《补遗》《附录》

文津阁本卷末附有《补遗》二卷、《附录》一卷。卷前提要曰："兹就《永乐大典》所载，汇萃裒次，厘为六十有二卷。又旁采诸书，纂成《补遗》二卷。并以轶闻余事，各为考证，附录于末。"《补遗》二卷，是馆臣对《大典》以外文献中宋祁佚文的分类辑录，共分为二十三文类，辑得八十六篇诗文。文类中诏、敕、札子三类为文津阁本独有，敕类更为《补遗》所独有。诗文则辑自以下十七种文献：《宋文鉴》《宋百家诗存》《文翰类选》《蟹略》《古今岁时杂咏》《宋人小集》《邵氏闻见后录》《词综》《词律》《草堂诗余》《历代名臣奏议》《名臣碑传琬琰集》《六一诗话》《侯鲭录》《东轩笔录》《优古堂诗话》《宋景文公神道碑》。

《附录》一卷，是馆臣对文献中有关宋祁著述卷帙及旧闻轶事记载的辑证汇编。题下馆臣按语曰："祁著述卷帙，记载错出，旧闻轶事，传述兹多。今撮举三十余条，稍加考证，以附于集。"其中著述卷帙共十条，分别从《宋史·宋祁传》《宋史·艺文志》《宋景文公神道碑》《隆平集》《眉山唐先生文集》《通志》《文献通考》《文渊阁书目》《国史经籍志》《宋人小集》中摘出；旧闻轶事共二十一条，分别从《续资治通鉴长编》《郡斋读书志》《直斋书录解题》《新编古今姓氏遥华韵》《侯鲭录》《挥麈录》《东原录》《六一诗话》《宋朝事实类苑》《石林诗话》《邵氏闻见录》《邵氏闻见后录》《优古堂诗话》《能改斋漫录》《西清诗话》《东轩笔录》《旧闻证误》《龙川别志》《遁斋闲览》《宋景文笔记》中摘出。

文渊阁本则《补遗》《附录》皆不见存，卷前提要仅曰："兹就《永乐大典》所载，汇萃裒次，厘卷六十有二。"实则《补遗》中除了词、启、句三类篇目为文渊阁本所删外，余下篇目都被拆散放入了文渊阁本的正文之中。其中赋、五言古诗、七言古诗、五言律诗、七言律诗、五言长律、七言长律、五言绝句、七言绝句、表、疏、状、议、颂、序、论、启、碑类篇目被放置在相对应的文类中，惟诏、敕二类改入内制，札子以及状类中《论引武舞所执九器各有所用状》一篇改入奏疏。而《附录》则确被文渊阁本全部删去。

《四库全书总目》与文津阁本卷前提要内容相同，亦言"旁采诸书，纂成《补遗》二卷。并以轶闻余事，各为考证，附录于末"①。前辈学者因未能亲见文津阁本，或以为《总目》著录不确，如沈治宏先生在《〈四库全书总目〉集部着录图书失误原因析》中以为《景文集》本无《补遗》《附录》而《总目》误予著录。实则较早抄成的文津阁本确有其文。《总目》初稿完成于乾隆四十六年二月，其著录应当直接承袭自文津阁本。文渊阁本则将《补遗》绝大部分内容散入正文，又将《附录》删除，遂致与《总目》歧互。

---

① （清）永瑢：《四库全书总目》卷一五二，第1310页。

（二）篇目

1.佚文

文渊阁本对文津阁本原有篇目进行了大量的删减，同时也补入了一小部分文津阁本所无的篇目。杨讷、李晓明先生在《录异》中统计所得文津阁本多于文渊阁本的佚文共四百七十九篇，文渊阁本多于文津阁本的佚文共三篇，并详细列出了具体的篇题。笔者通过核对，发现《录异》统计稍有失误。文津阁本多于文渊阁本的佚文中，卷九所列《早春》（一首）《西园早春二首》《答翁愈赋卷》《池上》《北园池上》五篇见于文渊阁本卷一〇，非佚文；卷一〇遗漏《积水》一篇；卷二七遗漏《代赐生饩表》一篇；卷二九所列《代参政生日诏书赐牲饩谢表》见于文渊阁本卷四〇，非佚文；卷五二遗漏《上相知温卷启》一篇；《补遗上》遗漏《好事近》《浪淘沙》《玉楼春》《缠绵道》《玉漏迟》五篇，《补遗下》遗漏《贺吕相公兼枢密启》《省试咏采侯》《题阙》《寄梁丞相》《遗奏》五篇。文渊阁本多于文津阁本的佚文中，卷七遗漏《谢提点刑狱李郎中赠扇》《咏西湖上寄颖州相公》二篇；卷八所列《奉和圣制清明日》见于文津阁本《补遗上》，非佚文。今统计所得文津阁本多于文渊阁本的佚文共四百八十四篇，文渊阁本多于文津阁本的佚文共四篇，列目于下，以供参考。卷次后标出该卷中的佚文数与该卷的篇目总数；佚篇之前标出该篇在该卷中的篇序。

文津阁本多于文渊阁本（484 篇）

卷一（1/8）：8 感玉赋。

卷七（6/82）：4 元会诗六首（渊本仅存第一首，缺后五首）；8 挽真宗文明章圣元孝皇帝诗四首；9 庄懿皇太后哀挽应制二首；10 庄献明肃皇太后哀挽应制二首；11 庄惠皇太后哀挽应制二首；82 读史。

卷一〇（2/82）：7 积水；55 休日出城寓郊墅。

卷一四（2/84）：67 送澶渊李太傅；84 乐语口号三首。

卷一九（16/36）：1 皇帝贺契丹皇帝生辰书；2 皇帝回契丹太后贺正［旦］书；3 皇帝回契丹皇帝贺正旦书；4 贝州赐契丹国信使茶药诏；5 赐韩琦赴阙茶药诏；6 赐田况赴阙茶药诏；7 贝州赐契丹皇帝贺乾元节使茶药诏；8 贝州赐契丹皇帝贺乾元节副使茶药诏；9 贝州赐契丹太后贺乾元节使茶药诏；10 贝州赐契丹太后贺乾元节使茶药诏；11 恩州赐契丹皇帝贺正旦使茶药诏；12 恩州赐契丹皇帝贺正旦副使茶药诏；13 恩州赐契丹皇太后贺正旦使茶药诏；14 恩州赐契丹皇太后贺正旦副使茶药诏；15 贝州赐契丹皇太后贺正旦使茶药诏；16 贝州赐契丹皇太后贺正旦副使茶药诏。

卷二〇（58/101）：15 北京赐契丹国信使御筵口宣；16 赐契丹贺正旦人使回至雄州白沟驿御筵口宣；17 赐契丹人使银钞锣唾盂盂子锦被褥等口宣；18 南郊礼毕赐宰臣已下御筵口宣；19 就驿赐契丹人使御筵酒果口宣；20 赐契丹人使回至班荆馆御筵口宣；21 赐契丹人使回至雄州御筵兼抚问口宣；22 赐契丹人使回至瀛州御筵口宣；23 赐高阳关副都部署感德军节度观察留后王信赴阙生料口宣；24 抚问鄜延路知州已下口宣；25 赐契丹国信使茶药口宣；26 雄州抚问契丹人使口宣；27 就驿使赐契丹两蕃使副贺正旦生饩口宣；28 雄州抚问契丹人使贺乾元节口宣；29 抚问道州等处捉蛮贼使臣并知州转运提刑等口宣；30 故令公柴宗庆碑文赐姪孙贻正口宣；31 贝州赐契丹皇太后贺正旦人使茶药口宣；32 赐晏殊生日礼物口宣；33 抚问梓夔益利路知州已下俵散特支传宣口宣；34 雄州抚问契丹皇太后皇帝两蕃贺正旦人使口宣；35 赐张耆致仕告敕口宣；36 赐德文生日口宣；37 宣召新学士口宣；38 赐章得象杜衍贾昌朝王贻永让恩命不允口宣；39 赐陈执中让恩命不允批答口宣；40 赐王德用加恩告敕口宣；41 赐契丹人使银钞锣唾盂盂子锦被褥等口宣；42 抚问接伴契丹国信人使口宣；43 抚问河北沿边诸州军寨榷场臣寮口宣；44 阁门赐宰臣杜衍官告贾昌朝充枢密使官告敕牒口宣；45 赐新除授尚书工部侍郎参知政事陈执中口宣；46 赐杜衍让恩命第一批不允口宣；47 赐贾昌朝让恩命第一批不允口宣；48 赐贾昌朝让恩命第二批不允断来章口宣；49 赐杜衍让恩命第二批不允断来章口宣；50 班荆馆赐契丹贺正旦人使回酒果口宣；51 赐陈执中陈让恩命不允断来章口宣；52 赐契丹人使到阙生饩口宣；53 赐新除东平郡王德文让恩命第一表不允口宣；54 雄州白沟驿抚问贺正旦契丹人使兼赐御筵口宣；55 朝辞讫就驿赐契丹人使御筵口宣；56 就驿赐契丹人使内中酒果口宣；57 赐契丹人使回至班荆馆酒果口宣；58 赐新除汝南郡王允让陈让恩命第二表不允断来章口宣；59 贝州赐契丹皇帝贺正旦人使茶药口宣；60 赐契丹人使回至北京御筵口宣；61 抚问河东等路臣寮将校口宣；62 雄州抚问契丹人使口宣；63 贝州赐契丹人使茶药口宣；64 就驿赐契丹人使朝辞酒果口宣；65 贝州赐契丹皇太后贺正旦副使茶药口宣；66 南郊礼毕宣德门肆赦宣劳将士口宣；67 赐宣州观察使郭承佑赴阙生料口宣；68 阁门赐宰臣章得象杜衍枢密使贾昌朝枢密副使王贻永加恩告敕口宣；69 赐德文允让允弼允迪口宣；70 赐李用和口宣；71 赐新除汝南郡王允让陈让恩命不允第一表口宣；72 赐王贻永第四表批答。

卷二一（12/31）：3 晏殊曾祖加赠开府仪同三司制；4 曾祖妣追封魏国太夫人李氏改封郑国太夫人制；5 祖加赠开府仪同三司制；6 祖妣傅氏改封许国夫人制；7 父加赠开府仪同三司制；8 母吴氏改封唐国太夫人制；20 唃厮啰光禄大夫加食邑实封

制；21 孙瑜父奭赠太尉制；22 母赵氏追封宁国郡太夫人制；29 降晏殊行工部尚书知新州制；30 郑从政可内殿承制制；31 庞克恭可内殿承制制。

卷二二（28/62）：12 吃咩族军主吃埋将授银酒监武制；13 尚舍奉御李震可尚药奉御制；14 张昭吉复尚药奉御制；15 刘宾可中允致仕制；16 章文度可奉礼郎致仕制；17 游开可太常博士制；18 彭思永可太常博士制；19 杨至可太常博士韩纲张式并可国子博士制；20 李百川可安国军节度使推官权知磁州昭德县事制；21 张宪可供备库副使制；22 高惟庆可供备库副使制；23 东方辛堂除薄尉制；24 李庆宗可苏州吴江县尉兼主簿制；25 卫尉寺丞钱彦远可大理寺丞制；26 卫尉寺丞监福州临河盐税务杜彬可大理寺丞制；27 卫尉寺丞监延州盐税李丕旦可大理寺丞制；28 卫尉寺丞监在京富国仓盛化成可大理寺丞制；29 奏举人前衡州耒阳县令陈丹可大理寺丞制；30 奏举人前亳州司理参军王中立可大理寺丞制；31 奏举人前权许州观察推官张遵可大理寺丞制；32 奏举人前濠州司理参军高惟几可大理寺丞制；33 十二考人前雅州军事判官张拱奏举人前开封府扶沟县主薄苏舜元并可大理寺丞制；50 王球可工部郎中张叔詹卢安并比部员外郎制；51 袁抗可益州转运使制；52 陈靖可少府监丞依旧翰林待诏制；53 暗苏等充军副军主制；61 书令史刘仲立授梓州司户制；62 汝州团练副使董仲言监扬州商税制。

卷二三（32/32）：1 奏告天地灵祇密祠祝文；2 延福官开启为水灾祈晴文；3 天地社稷祝文；4 太庙七室祝文；5 皇帝朝飨太庙祭七祠祝文；6 太祖太宗祝文；7 后庙四室祝文；8 皇后庙并奉慈庙祝文；9 诸皇后陵祝文；10 在京诸神庙祝文；11 安陵永昌永熙永定陵祝文二道；12 朱雀门抬拔展阔拆拽修盖祭告祝文；13 九宫贵神祝文；14 太庙太祝奉礼位并太尉厅行墙舍屋等拆修盖造告土地祝文；15 景灵宫里域真官祝文；16 修朱雀门楼了毕挂牌告土地祝文；17 告后土祝文；18 朱雀门上梁告土地诸神祝文；19 牧地神祝文；20 祈马步神文；21 兖州莱州定州澶州祈雨雪祝文；22 江州九天使者越州禹庙祈雨祝文；23 外州等处祈雨祝文；24 北郊坛望祭山川祈雨雪文；25 天地大社等处祈雨雪文；26 西京无畏三藏祈雨雪密祠祝文；27 祈雨祝文；28 北岳祈雨文；29 大茂山祈雨文；30 请诸庙谢雨文；31 大雨祭北岳文；32 长源公庙祈雨文。

卷二四（11/30）：4 谢雨文；5 密祷南岳文；6 祈南岳文；7 密祷淮渎文；14 诸庙谢雨文；15 檜龙祈雨文；16 里社龙神祈雨文；27 祭土牛文；28 祈福祝文；29 知益州祝文；30 禳谢文。

卷二五（22/33）：1 冬节贺西京应天禅院太祖表；2 冬节贺西京应天禅院太宗表；3 冬节贺西京应天禅院真宗表；4 冬节贺永定陵真宗表；5 冬节贺永定陵章献明

肃章懿章惠皇太后表;6 冬节贺永定陵章献明肃章懿章惠皇太后表;7 十月一日西京应天禅院奏告太祖表;8 十月一日西京应天禅院奏告太宗表;9 十月一日西京应天禅院奏告真宗表;10 十月一日奏告永定等三陵并诸后表;11 十月一日奏告永定陵真宗表;12 永定陵贺章献章懿章惠皇太后表;13 上永安陵昭宪永昌陵孝明懿德孝惠孝章永熙陵明德元德章穆章怀永定陵章献章懿章惠皇太后表;14 贺西京应天禅院太祖表;15 贺西京应天禅院太宗表;16 西京应天禅院永定陵贺真宗表;27 慰鄂王薨表;28 慰皇兄汝南郡王薨表;29 慰安寿公主薨表;30 慰温成皇后大葬表;31 慰张贵妃薨表;32 慰魏国公主薨表。

卷二七(6/19):1 代石少傅贺南郊礼毕表;2 代石少傅贺表;3 代石少傅贺正表;4 代上尊号表;8 代赐生饩表;15[同前上皇太后]第二表。

卷二八(6/16):10[代昭文为飞蝗乞罢免]第二表;11[代昭文为飞蝗乞罢免]第三表;13[代中书为飞蝗乞降官]第二表;14[代中书为飞蝗乞降官]第三表;15 代杨枢密让邑封第二表;16 同前上皇太后第二表。

卷二九(2/17):11 代宋参政生日谢赐羊酒米麦表;17 代杨相公谢赐生日银器衣物鞍马表。

卷三〇(9/18):1 代谢敕设上皇帝表;3 谢御笔批表;4 谢皇太后表;5 代上皇太后谢出外表;6 代谢敕设上皇太后表;7 代谢表;10 代杨枢密谢第三表;11 谢皇太后第三表;15[代郑公乞外任]第三表。

卷三五(33/55):22 谢赐夏药状;23 代人乞存殁臣僚纳家集状;24 代石太尉谢宣妻入内状;25 代石太尉谢移蔡州安置状;26 代郑公谢参政状;27 代前谢两地状;28 代人谢大王两地状;29 代谢两地状;30 殿前李都尉谢状;31 代上大王两地谢状;33 回李给事谢加集贤状;34 回王太傅谢状;35 回王参政让状;36 回贺转左丞前两地谢状;37 回陈州杨相公问候状;38 回张侍中问候状;39 攀韦侍郎状;40 上李相公状;41 代郑公谢参政状;42 代郑公让参政状;43 代上许州柳公状;44 代上大王让状;45 代上两地谢状;46 代上两府让状;47 代前回两地状;48 代河阳王资政到任状;49 代到任状;50 代张侍中回吕相公谢状;51 代回副枢侍郎让状;52 代回宗正状;53 代回皇族状;54 代回薛资政状;55 代回胥李二舍人状。

卷三九(2/65):10[蜀人李仲元赞]又赞;11 襄州大悲真容赞。

卷四二(4/18):1 宋皇女故保和公主赠越国公主石记;2 宋皇从侄女故江华郡君石记;3 宋皇从侄左千牛卫大将军殇女石记;16 台州白云山北净名庵般若台记。

卷四四(12/49):12 见任两府贺冬启;13 外任两府贺冬启;14 高观文贺冬启;15

致政杜相公贺冬启；16 上陈相公贺冬启；17 贺冬启；18 回外任贺冬启；19 外两府贺冬启；20 上知府贺冬启；21 卜晏尚书启；22 上充州尚书启；23 上宋尚书启。

卷四五（9/41）：15 回昭潭知府司勋启；16 上两府贺正启；17 上致政相公贺正启；18 回外任贺正启；19 外任两地贺正启；20 回外任贺正启；21 代回前两地贺正启；22 外两府贺正启；23 贺杨三司启。

卷四六（10/43）：10 上夏太尉启；11 上狄太尉启；12 上宣徽太尉启；13 上殿前太尉启；14 上韩相州太尉启；15 上附马李太尉启；16 贺安抚夏太尉启；41 回问候启；42 迎体量杂端启；43 迎安抚杂端启。

卷四七（16/36）：3 上集贤相公启；4 上青州相公启；5 上陈州相公启；6 上集贤相公启；7 回提刑舍人启；20 代回大王谢转官启；21 回定州部署王步军启；22 回王大卿启；23 回诸官启；24 回韩观文远迎启；25 回陈州杨相公启；30 回潭州王相公启；31 回曹留后谢转官启；32 代回枢密王太傅启；34 贺秸舍人启；35 贺韩舍人启。

卷四八（16/23）：1 回杨舍人启（其二）；2 回赵舍人启；3 回三舍人启；4 回秘舍人启；7 代回王舍人启；8 代回彭舍人启；12 代谢荆王并两地启；13 代人谢改京官启；14 代到任谢两地启；15 谢大名王相公启；16 代张问谢解启；17 益州谢上启；18 谢相公启；21 上陈州张相公攀违启；22 贺曾参政启；23 回吕赞善启。

卷四九（31/47）：4 回晁参政启；5 上西洛宋资政启；6 回韩资政谢到任启；7 河南资政启；8 代回韩资政启；9 代回薛资政启；10 上范资政启；11 回亳州韩资政；12 同前；13 上程左丞启；6 回盛右丞启；17 回盛右丞谢改职启；18 上三司王右丞启；19 上永兴王右丞启；20 回扬州盛右丞启；21 上程左丞启；22 贺资政范侍郎启；23 回安州范侍郎启；27 代郑公回枢密侍郎启；28 上三司杨侍郎启；29 回韩侍郎启；30 陈州胡侍郎问候启；31 回安州范侍郎谢上启；32 回韩侍郎谢加职启；33 上外任启；34 代回外任贺入两地启；35 回通事李舍人启；36 贺资政侍郎启；37 提刑转运置制到任启；46 回李中允启；47 回致政郎中启。

卷五○（32/44）：1 回制置林郎中启；2 回江郎中启；3 回知郡郎中谢改官启；5 龙图给事启；6 上寇给事复官启；8 枢密孙给事启；9 回张给事谢上启；13 判府侍中启；14 回贾侍中启；16 上王鼎都官启；17 上杨都官启；18 九江知郡都官启；19 贺薛参政生日启；20 回贺冬启；21 彭州知郡朱职方启；23 驸马柴相公启；24 回柴相公谢到任启；28 又镇府部署团练太傅启；29 太傅相公启；30 代回签枢王太傅启；31 代回枢密太傅启；32 魏府太傅启；33 观察太傅启；35 提点王太保启；36 益州刘太保启；38 回交代王大卿启；39 到任上两制启；40 定州回两制贺端明启；41 谢两制启；42 谢

在京两制启;43 谢两地两制间候启;44 代谢外任两制启。

卷五一(45/51):3 与陈待制启;4 与吕待制启;5 与周待制启;6 与陕西都运田待制启;7 回钱待制启;8 回发运蒋待制启;9 回成德军鱼待制谢上启;10 回瀛州陈待制启;11 谢王待制启;12 代贺初入两府启;13 又代回贺入两府启;14 代上大王谢入两府启;15 又上外两府启;18 又两府谢启;19 代谢两府启;20 上外任两府贺正启;21 两府问候启;22 上两府谢转官启;23 两府问候启;24 镇府谢上任上两府启;25 与陈州杨相公;26 与陈相公启;27 与亳州陈相公启;28 与梁相公启;29 与青州李相公启;30 与昭文相公启;31 与官师相公启;32 与王端公启;33 与渭州戴屯田启;34 与张沧州启;35 与诸同年启;36 与权磁州启;37 上龙图启;39 回姚龙图谢改职启;40 回王龙图启;41 上许州孙龙图启;42 青州田龙图启;43 回庐州慎龙图启;44[回庐州慎龙图启]又启;45[回庐州慎龙图启]又启;46 高密龙图启;48 知府龙图启;49 上吕龙图启;50 钱龙图启;51 回南京蔡龙图谢上启。

卷五二(19/30):2 代姚待制谢转官启;3 回都运庞待制谢转官启;4 贺王待制启;5 贺陈待制转官启;6 回贺改待制启;7 回贺改待制启;8 回狄侍郎谢转官启;9 上相知温卷启;11 与转运兵部启;12 回状元监丞启;20 代回太师相公谢转官启;21 代上集贤相公启;22 上金陵相公启;23 代上荆王生日驰礼启;26 上外任旧两地启;27 代上王相公启;28 代上大王谢拜相启;29 代郑公回张侍中启;30 代谢知制浩启。

卷五三(2/37):7 上王内翰书;8 撰埋铭让物书。

卷五五(16/58):7 代回谢吕相公书;8 回晏相公书;9 上庞相公书;10 上文相公书;11 上官师相公书;8 吕梓州书;49 彭州朱职方书;50 枢密张谏议书;51 上枢参书;52 兴元府句郎中书;53 谢两地书;54 张工部书;55 武六宅书;56 与人论六书;57 上南阳王安抚密学简;58 上安抚杂端简。

卷五七(1/8):3 皇从侄孙赠左领军卫将军墓志铭。

卷六二(13/19):1 故皇叔祭文;2 故鄂王祭文;3 王晖祭文三道;9 补乡贡进士刘杰充堂长词;10 补诸生牒词;11 补乡贡进士赵肃元充州学教授词;13 定陵赋;14 礼为政兴赋;15 研雕为朴赋;16 仁器赋;17 无弦衣赋;18 仲尼五十学易赋;19 汉滨览古诗序。

补遗上(5/76):56 好事近;57 浪淘沙(别刘原父);58 玉楼春(春景);59 缠绵道(春景);60 玉漏迟(春景)。

补遗下(5/10):5 贺吕相公兼枢密启;7 省试咏采侯;8 题阙;9 寄梁丞相;10 遗奏。

文渊阁本多于文津阁本（4 篇）

卷七(2/40)：34 谢提点刑狱李郎中赠扇；35 咏西湖上寄颍州相公。

卷五一(1/43)：43 致工篆人书。

卷五四(1/38)：21 到任上两制启。

2.共有篇目

共有篇目的辑纂改易主要体现在篇题与馆臣按语两个方面。

(1)篇题的改易。上节讨论文渊、文津阁本抄纂时间的先后关系时所举二本篇题存在差异的例子，已经为我们展示了文渊阁本篇题改易的部分情形。今综合全书而言，文渊阁本的篇题改易大致可以分为以下三种类型：

甲、改易体裁。体裁的改易伴随着篇目归类的改置而产生。文津阁本状类篇目中卷三四第 5—12 篇及《补遗上》第 72 篇被文渊阁本改置于奏疏类，卷三五第 32 篇被改置于表类，其中大多数篇题亦随之而改：

状→奏疏

礼院议祖宗配侑状（津三四·5）→礼院议祖宗配侑（渊二六·2）

议乐状（津三四·6）→议乐疏（渊二七·2）

奏乞减编磬事状（津三四·7）→奏乞减编磬事（渊二六·3）

又论太乐置雷鼓灵鼓路鼓备而不击及无三籔状（津三四·8）→论太乐置雷鼓灵鼓路鼓备而不击及无三籔（渊二六·4）

又论太乐署有春牍之名而无春牍之器状（津三四·9）→论太乐署有春牍之名而无春牍之器（渊二六·5）

又论竽及巢笙和笙状（津三四·10）→论竽及巢笙和笙（渊二六·6）

乞开治淠河状（津三四·12）→乞开治淠河（渊二八·1）

论引武舞所执九器各有所用状（补遗上·72）→论引武舞所执九器各有所用（渊二六·7）

状→表

代宰相谢传宣入伏月令午正归私第状（津三五·32）→代宰相谢传宣入伏月令午正归私第表（渊四〇·3）

又卷三三札子类或改入奏疏类，或改入奏状类，个别篇题亦随之更改：

札子→状

荐刘绛札子（津三三·1）→荐刘绛状（渊三〇·26）

札子→奏疏

　　乞置太庙神御库札子(津三三·3)→乞置太庙神御库(渊二七·7)

　　乞禁便俗字札子(津三三·12)→乞禁便俗字(渊二七·5)

　　乙、增加或明确题义。有些改易增加了篇目信息,如:

　　　　送张清臣学士(津一三·24)→送张清臣学士省侍金陵(渊一八·36)

　　　　皇帝狩近郊(津一五·5)→孟冬驾狩近郊(渊一九·5)

　　　　谢文(津二四·8)→谢雨文(渊四八·12)

　　　　代让枢密使第一表(津二八·1)→代杨太尉让枢密使第一表(渊三九·7)

　　　　谢启(津四四·11)→谢生日馈物启(渊五二·11)

　　　　章公墓志铭(津五八·1)→文宪章公墓志铭(渊五九·1)

　　以上盖皆据篇义而增补,如《皇帝狩近郊》题下馆臣按语曰:"《仁宗本纪》系庆历五年十月事。"十月即孟冬;《代让枢密使第一表》题下馆臣按语曰:"即杨崇勋。"又同卷后有《代杨太尉让枢密使第二表》;《章公墓志铭》即章得象墓志,《铭》曰:"太常谥曰'文宪'。"

　　有些改易则是改换或明确撰作的性质,如:

　　　　谢夏药表(津二六·29)→代谢夏药表(渊四一·6)

　　　　韩果州启(津五二·17)→致韩果州启(渊五六·21)

　　　　代上许州张相公陈州晏尚书启(津四四·35)→上许州张相公陈州晏尚书启(渊五二·23)

　　　　贾相公书(津五五·26)→上贾相公书(渊五一·21)

　　以上《表》前"代"字之增删盖皆馆臣以文义理校所致,应为代作而无"代"字则补,应非代作而有"代"字则删。至于《书》前增"上"字、《启》前增"致"字,则仅仅是为了篇题表义显得更为明确完整而已。

　　丙、不涉及体裁与题义的改易,如:

　　　　早秋咏(津九·43)→早秋(渊一〇·43)

　　　　秋日得书(津一〇·27)→秋日书怀(渊一一·26)

　　　　和伯氏小疾之什(津一〇·66)→和伯氏小疾原韵(渊一一·64)

　　　　回李舍人谢知制诰启(津四五·36)→答李舍人谢知制诰启(渊五三·27)

　　以上改易则似与体裁或题义皆无关涉。

　　(2)馆臣按语的改易。馆臣在从《大典》辑出佚篇之后,有时会在篇题之下附有考证性质的简短按语。这些按语也存在着从文津阁本到文渊阁本的改易。一方面,文渊阁本或对文津阁本的部分按语加以删节。其中一小部分的删节涉及篇题的改易，如上节所举文渊阁本篇题因文津阁本按语或《大典》实存内容而进行修改的例子中，文渊阁本既已吸收按语，或者与按语相合，故相关按语自然无需保留。类似的情况还有《补遗上》第 48 篇《潨红石榴》与第 49 篇《蜀葵》，馆臣在《蜀葵》篇题下有按语曰："此与前一首皆系《漱玉斋八咏》之内。"文渊阁本将这两篇恢复到正文卷二二第 10 篇《漱玉斋八咏》之内，这段按语自然也无需保留。然而，多数情况下的删节则并无明确的理由：

　　　　夜分不寐二首（津一八·107；渊二四·40）：文津阁本按语曰："第二首见《老学庵笔记》，题作《秋夜》。"文渊阁本无按语。

　　　　谢班次状（津三五·7；渊三〇·14）：文津阁本按语曰："按祁于庆历五年罢翰林，改龙图，八年复翰林，此状与下《谢宣诏》俱是时。"文渊阁本无按语。

　　　　谢直馆启（津四八·20；渊五六·8）：文津阁本按语曰："《仁宗本纪》修内告成在明道元年十一月，祁于此时试直史馆。"文渊阁本无按语。

　　　　次江都（津七·23；渊八·20）：文津阁本按语曰："江都疑当作成都。"文渊阁本无按语。

　　　　回襄倅张著作启（津四六·30；渊五四·30）：文津阁本按语曰："《启》内有'三易寒温'语，祁官复州当历三载。"文渊阁本无按语。

以上按语中，《夜分不寐二首》属据他书校异；《谢班次状》《谢直馆启》俱属考订撰作时间；《次江都》属理校考疑；《回襄倅张著作启》属据篇义证史。文渊阁本则未作任何说明，皆予以径删。

　　另一方面，文渊阁本也存在着增补按语的情况，这些增补的按语则大多与考证或者明确诗文的撰作时间有关。如部分文津阁本原无按语而文渊阁本予以增加之例：

　　　　代杨太尉让加节度使第一表（津二八·7；渊三九·2）：文津阁本无按语；文渊阁本按语曰："杨崇勋，字宝臣，明道元年授检校太尉，山南东道节度，加枢密。二年同中书门下平章事。"

　　　　寿州到任谢两地启（津四九·38；渊五五·3）：文津阁本无按语，文渊阁本按语曰："《启》内年月与本集《谢上任表》相符。"

　　按《续资治通鉴长编》卷一一〇明道二年十一月癸未："（枢密）副使杨崇勋改山南东道节度使。"①宋祁作《代杨太尉让加节度使第一表》盖于此时；《寿州到任谢两地启》内言"奉去年（引按：庆历元年）六月十一日敕差知寿州"，与《谢上任表》内"奉伏去岁六月

————————————————
①　李焘：《续资治通鉴长编》卷一一〇，明道元年十一月癸未，北京：中华书局，2004 年，第 2592 页。

十一日敕书差臣知寿州"时间正同。

又如部分篇题原有按语而文渊阁本予以补充之例：

> 景灵宫颂（津三七·3；渊三四·3）：文津阁本按语曰："《宋史》作景灵宫在大中祥符五年，奉真宗御容在天圣二年。"文渊阁本按语曰："《宋史》真宗大中祥符五年作景灵宫，仁宗天圣二年奉真宗御容，此篇当是祁登第后所作。"

> 皇帝后苑燕射赋（津一·4；渊一·3）：文津阁本按语曰："《赋》系天圣六年祁改国子时事，《本纪》失载。"文渊阁本按语曰："《仁宗本纪》不载后苑燕射事。此《赋》首云'执徐统岁'，当是天圣六年祁改国子监时上。"

> 上许州吕相公嗣崧许康诗（津五·2；渊五·2）：文津阁本按语曰："吕相公即夷简。"文渊阁本按语曰："《宋史·吕夷简传》：夷简封申国公。景祐四年夏四月，以镇安军节度使同平章事判许州。"

《景灵宫颂》"祁登第后所作"：检《长编》卷一〇二天圣二年三月癸卯："郊与其弟祁俱以辞赋得名，礼部奏祁名第三，太后不欲弟先兄，乃推郊第一，而置祁第十。"[①]是祁登第亦在天圣二年，与奉真宗御容于景灵宫同时；《皇帝后苑燕射赋》"执徐统岁"，"执徐"意谓岁次于辰，天圣六年即戊辰年。

惟少数增补的按语似与撰作时间并无直接联系，如：

> 同小姪珪璞溪上泛舟（津九·59；渊一〇·59）：文津阁本无按语；文渊阁本按语曰："祁兄庠有子五人，三早卒，惟充国、均国二人见王珪所作《神道碑》。此名珪璞，或系小字也。"

此盖对篇题所涉人物加以考实而已。

三、文渊、文津阁本佚文的来源与性质

上节所述的辑纂改易中，从文津阁本到文渊阁本的篇目增删无疑是最为引人注意的现象。而在揭示这一现象之后，我们有必要进一步确认的是相关佚文的来源与性质，这些佚文是否是从《大典》之中辑得？是否具备作为宋祁诗文的可靠性？回答以上问题不但有助于我们认识四库本《景文集》辑佚整理的更多细节，对于揭示四库本尤其是文津阁本的文献价值而言同样具有重要的意义。

先看文津阁本的四百八十四篇佚文。明永乐年间所编《大典》原二二八七七卷，自

---

① 李焘：《续资治通鉴长编》卷一〇二，天圣二年三月癸卯，北京：中华书局，2004 年，第 2354 页。

清乾隆年间开四库全书馆以来屡遭劫难,现仅存八百卷左右,约占原书的 4%。今覆核中华书局 1986 年影印本《大典》七百九十七卷及上海辞书出版社 2003 年影印本《海外新发现永乐大典十七卷》,发现佚文中有七篇可以在《大典》中找到明确来源:

表 5　文津阁本佚文在《永乐大典》中的来源

	文津阁本佚文(卷·序)	永乐大典卷次(页)
1	吃咩族军主吃埋将授银酒监武制(二二·12)	一三五〇六制字韵(页 16B)
2	王球可工部郎中张叔詹卢安并比部员外郎制(二二·50)	一三四九八制字韵(页 16B)
3	牧地神祝文(二三·19)	二九五〇神字韵(页 14A)①
4	祈马步神文(二三·20)	二九五一神字韵(页 9B)
5	代赐生饩表(二七·8)	一三九九二饩字韵(页 5B)
6	故皇叔祭文(六二·1)	一四〇四六祭字韵(页 9B)
7	王昹祭文三道(六二·3)	一四〇五〇祭字韵(页 21B)

以上七篇佚文皆不见有除《大典》以外的其他出处,可见其辑自《大典》当无疑问。这些例子应当足以提示我们,文津阁本的佚文确实存在源于《大典》的可能性,其作为宋祁撰述的文本性质不容轻易否定。

受限于《大典》的缺失,我们目前还难以在仅存的《大典》残卷中找到更多的佚文。不过幸运的是,日本所藏宋刻残本《景文宋公文集》可以为我们提供关于佚文来源与性质的间接线索。该本属南宋建安麻沙刊本,原藏金泽文库,现残存三十二卷,归宫内厅书陵部所有。比勘残宋本,发现佚文中有六十六篇可以在残宋本中找到对应的篇目:

表 6　文津阁本佚文在残宋本中的对应卷次

	文津阁本佚文	残宋本卷次
1	元会诗六首(七·4)	二九
2	庄懿皇太后哀挽应制二首(七·9)	二八
3	庄献明肃皇太后哀挽应制二首(七·10)	二八
4	庄惠皇太后哀挽应制二首(七·11)	二八
5	读史(七·82)	三〇
6	慰皇兄汝南郡王薨表(二五·28)	八五
7	慰温成皇后大葬表(二五·30)	八五

---

① 　大典本题作《祭牧地神文》。

续　表

	文津阁本佚文	残宋本卷次
8	代石少傅贺南郊礼毕表(二七·1)	八一
9	[同前上皇太后]第二表(二七·15)	八四
10	代杨枢密让邑封第二表(二八·15)	八四
11	同前上皇太后第二表(二八·16)	八四
12	谢御笔批表(三〇·3)	八二
13	代上皇太后谢出外表(三〇·5)	八五
14	代杨枢密谢第三表(三〇·10)	八四
15	谢皇太后第三表(三〇·11)	八四
16	代人乞存殁臣僚纳家集状(三五·23)	八四
17	攀违①侍郎状(三五·39)	一二〇
18	贺冬启(四四·17)	一二三
19	回外任贺冬启(四四·18)	一二三
20	回昭潭知府司勋启(四五·15)	一二一
21	回盛右丞启(四五·16)	一二五
22	回外任贺正启(四五·18)	一二四
23	外任两地贺正启(四五·19)	一二五
24	贺安抚夏太尉启(四六·16)	一二五
25	上集贤相公启(四七·3)	一二二
26	上集贤相公启(四七·6)	一二一
27	回王大卿启(四七·22)	一二二
28	回陈州杨相公启(四七·25)	一二一
29	回潭州王相公启(四七·30)	一二五
30	代回枢密王太傅启(四七·32)	一二〇
31	回杨舍人启(四八·1)	一二五
32	回赵舍人启(四八·2)	一二四
33	代回王舍人启(四八·7)	一二四
34	代回彭舍人启(四八·8)	一二四

---

① "违"原误作"韦"，今据残宋本改正。

	文津阁本佚文	残宋本卷次
35	代人谢改京官启（四八·13）	一二三
36	代到任谢两地启（四八·14）	一二四
37	谢大名王相公启（四八·15）	一二五
38	代张问谢解启（四八·16）	一二〇
39	上陈州张相公攀违启（四八·21）	一二四
40	回吕赞善启（四八·23）	一二二
41	河南资政启（四九·7）	一二〇
42	上程左丞启（四九·13）	一二二
43	代郑公回枢密侍郎启（四九·27）	一二五
44	陈州胡侍郎问候启（四九·30）	一二〇
45	代回外任贺入两地启（四九·34）	一二五
46	贺资政侍郎启（四九·36）	一二五
47	提刑转运置制到任启（四九·37）	一二一
48	回李中允启（四九·46）	一二二
49	回制置林郎中启（五〇·1）	一二一
50	回江郎中启（五〇·2）	一二五
51	上寇给事复官启（五〇·6）	一二四
52	贺薛参政生日启（五〇·19）	一二〇①
53	魏府太傅启（五〇·32）	一二〇
54	谢两制启（五〇·41）	一二一
55	谢两地两制间候启（五〇·43）	一二五
56	回成德军鱼待制谢上启（五一·9）	一二四
57	上外任两府贺正启（五一·20）	一二四
58	与梁相公启（五一·28）	一二〇
59	与渭州戴屯田启（五一·33）	一二〇
60	回王龙图启（五一·40）	一二五
61	上许州孙龙图启（五一·41）	一二二

---

① 残宋本题作《薛参政生日持礼》。

续　表

	文津阁本佚文	残宋本卷次
62	回庐州慎龙图启（五一·43）	一二一
63	与转运兵部启（五二·11）	一二一
64	回状元监丞启（五二·12）	一二〇
65	代郑公回张侍中启（五二·29）	一二五
66	上安抚杂端简（五五·58）	一二〇

宋祁文集的中土传本在乾隆年间已经难以寻觅，编纂《四库全书》时日本残宋帙亦尚未发现，馆臣自无可能从原集之中辑取佚文，而以上六十六篇佚文又无法在其他传世文献中找到出处，其来源显然只能是现已散佚不存的《大典》。例证数量的增加愈发使我们相信，文津阁本四百八十四篇佚文应当全部来自《大典》的辑佚，都是可靠的宋祁撰述。

再看文渊阁本的四篇佚文。覆核《大典》残卷，有一篇可以找到来源：

表 7　文渊阁本佚文在《永乐大典》中的来源

	文渊阁本佚文（卷·序）	永乐大典卷次（页）
1	咏西湖上寄颍州相公（二二·12）	二二六三模字韵（页 19B）

比勘残宋本，亦有一篇找到了对应的篇目：

表 8　文渊阁本佚文在残宋本中的对应卷次

	文渊阁本佚文（卷·序）	残宋本卷次
1	到任上两制启（五四·21）	一二二

与文津阁本的情况类似，这两篇佚文同样无法在其他传世文献中找到出处，必然也是馆臣从《大典》中辑得。由此亦可推知，文渊阁本中四篇佚文的来源与性质应与文津阁本四百八十四篇佚文并无二致，亦是辑自《大典》的宋祁撰述无疑。

确认了文津、文渊阁本佚文的来源与性质，我们可以得出以下结论：

作为更加接近《大典》辑佚稿本的四库抄本，文津阁本较文渊阁本的内容更为完备，而且多出来的四百八十四篇佚文与其他篇目一样，都是从《大典》中辑出，具有相当的可靠性，其中诏书、制文、表状、书启占据大半，对于我们考订宋祁事迹以及北宋仁宗间史实尤有不可忽视的史料价值。而文渊阁本在改易的过程中虽然从《大典》中找出了文津阁本漏辑的四篇佚文予以增益，但同时对这四百八十四篇诗文的删削却毫无文献层面的依据可言。因此,就文献的保存情况而言,文津阁本要明显优于文渊阁本。

在以往的整理与研究中,由于文渊阁本影印时间更早,通行度更高,学者大多习惯性地采用文渊阁本,并将其直接等同于"四库本"。如《全宋文》在整理宋祁文时,对文献的来源有以下说明:

> 祁集久佚。今本《宋景文集》六十二卷乃四库馆臣自《永乐大典》辑出,《宋景文集拾遗》二十二卷乃清人孙星华所辑(此书重收误收甚多)。本书以《湖北先正遗书》本(含以上两种)为底本,校以《佚存丛书》第六帙所收宋残本《景文宋公集》(简称佚存)、《文渊阁四库全书本》(简称库本)。辑得佚文七十余篇,合编为五十卷。①

按《湖北先正遗书》本以光绪二十二年(1896)广雅书局刊本为底本,而广雅书局本即武英殿聚珍本《景文集》六十二卷与孙星华《景文集拾遗》二十二卷之合刊。比较聚珍本与文渊阁本可知,聚珍本除了卷前较文渊阁本多出《御制题武英殿聚珍版十韵》、《御制题元宪景文集并各书其卷首》、唐庚序、陈之强序以及目录以外,余下的编次以及篇目数量与文渊阁本完全一致,可见聚珍本与文渊阁本同属一系,亦是删节篇目后的产物。因此,《全宋文》既以《湖北先正遗书》本作为底本,虽又利用到了残宋本加以补益,但四库本系中却仅取文渊阁本对校,就必然会导致文津阁本中的大量篇目为其所失收。这足以提醒我们,无论是日后对于《景文集》更为深入的点校整理,还是利用《景文集》进行相关的研究,我们都必须给予文津阁本足够的重视。

四、余论

以上论证了文渊、文津阁本《景文集》的抄成时间及其先后关系,考察了从文津阁本到文渊阁本各个方面的辑纂改易,并对文渊、文津阁本中佚文的来源与性质进行了确认。此外,还有三个问题值得我们留意。

一、文津阁本虽然较文渊阁本更为完备,但这并不意味着作为从《大典》中辑佚出来的本子,文津阁本就已经尽善尽美。检核现存的《大典》残卷,我们发现其中尚有文津阁本未予辑录的若干佚文。栾贵明先生《四库辑本别集拾遗》已就现存《大典》对馆臣漏辑的篇目加以辑佚,共得二十二条。不过栾先生所据底本为聚珍本,未能参考文津阁本,因此所辑中尚有七篇实见于文津阁本(见上节),并非佚文,而余下十五篇则确为文津阁

---

① 曾枣庄、刘琳:《全宋文》卷四八二,上海:上海辞书出版社,合肥:安徽教育出版社,2006 年,第 23 册,第 86 页。

本所失辑。

二、本文进行的辑纂考异主要围绕文津阁本与文渊阁本展开,但事实上,文渊阁本所改易的面貌并非直至乾隆四十九年十月文渊阁本抄成之时方才出现。聚珍本《景文集》卷前提要的落款时间为乾隆四十六年七月。而如上节所述,聚珍本正文的卷次以及篇目情况与文渊阁本完全一致,可见文渊阁本所据的经过大量删节的辑纂底本至少在乾隆四十六年就基本完成,并且较早地被聚珍本所使用。

三、虽然本文仅对《景文集》的文渊、文津阁本进行了考异,但文渊、文津阁本之间存在差异的大典本宋人别集却绝非仅此一例。《四库全书》中共收录大典本宋人别集128种,除了《景文集》以外,在杨讷、李晓明先生的《录异》中存在文渊、文津阁本编次或者篇目差异的尚有49种之多,这些别集的文渊、文津阁本之间很可能也经历过类似的辑纂改易。更进一步而言,傅增湘先生曾在《雪山集残本跋》中指出:"余尝谓《大典》辑出之书,要以得馆中初编本为贵,缘其尚未经馆臣之笔削,则去古犹未远耳。余昔年曾获见法梧门藏宋、元人集四十种,皆馆中初钞本,偶取勘数帙,知其胜于聚珍版本者实多。"①傅增湘先生虽然仅取法式善所藏四库底本与聚珍本加以比勘,未能措意文渊、文津阁本,但却足以提醒我们,大典本宋人别集在四库系统中的辑纂改易又绝非仅限于文渊、文津阁本之间,而是从辑佚稿本、四库底本到内廷阁本、聚珍本甚至外廷阁本都会存在的普遍现象。而这些改易所牵涉到的不仅是四库关于宋人别集辑纂工作的具体细节,对于我们认识并利用这些宋人别集的文本也将产生一定的影响,亟需更为全面而深入的研究。

---

① 傅增湘:《雪山集残本跋》,《藏园群书题记》卷一四,上海:上海古籍出版社,1989年,第731页。

南宋文集误收诏令考

浙江大学　胡潮晖

　　诏令，或曰诏、诏书、诏策等，是中国古代王朝以皇帝名义发布的文书的统称。除少数特别重要的诏令由宰执起草以外，宋代的诏令一般由两制官起草。两制官离任后可从相关部门获取自己任职期间所起草诏令的底稿，①因此现存的宋代诏令有相当一部分是通过两制官的文集流传至今的。宋代文集偶有误收诏令的情况，王智勇《宋人文集误收诏令考》《宋人文集误收诏令续考》二文已分别举出十一例、十七例，②何玉红、史广超、仝相卿、刘冲等学者亦有所获。③　笔者近因编撰《南宋诏令编年》之故，在南宋文集中陆续又有新的发现，现积有二十七则，兹考辨如下，不当之处祈请方家批评指正。④

---

①　欧阳修、周必大对这一点均有提及，参见《欧阳修全集》卷四一《内制集序》，北京：中华书局，2001 年，第598 页；（宋）周必大撰，王瑞来校证：《周必大集校证·掖垣类稿序》，上海：上海古籍出版社，2020 年，第 1326 页。

②　参见王智勇：《宋人文集误收诏令考》，《古籍整理研究学刊》1995 年第 4 期；王智勇：《宋人文集误收诏令续考》，《宋代文化研究》第 21 辑，成都：四川大学出版社，2014 年。

③　参见何玉红：《马廷鸾〈碧梧玩芳集〉误收文一则》，《文献》2006 年第 3 期；史广超：《〈全宋文·翟汝文〉重出误收文考》，《古籍整理研究学刊》2015 年第 2 期；史广超：《汪藻〈浮溪集〉重出误收文补考》，《中国典籍与文化》2016 年第 4 期；仝相卿：《〈全宋文〉辨误札记》，《宋学研究》第 3 辑，杭州：浙江大学出版社，2022 年；刘冲：《〈全宋文〉正误九则》，《忻州师范学院学报》2023 年第 1 期。

④　同一文集不同版本的诏令篇名及诏文有时会稍有区别，本文所引诏令篇名、诏文如无说明均以曾枣庄、刘琳主编《全宋文》（上海：上海辞书出版社、合肥：安徽教育出版社，2006 年）为准，以下不再一一注明出处。

一、张扩《东窗集》

张扩，绍兴十一年（1141）七月由礼部郎中迁起居舍人，[1]十月疑已兼权中书舍人，[2]绍兴十二年（1142）正月由起居舍人迁起居郎，[3]九月迁中书舍人，[4]绍兴十三年（1143）六月提举江州太平观。[5]

1.《蒋璨除淮南东路转运副使制》（《东窗集》卷六）

《建炎以来系年要录》卷一一一："（绍兴七年六月）乙未，罢江、淮营田司，以直徽猷阁、淮东转运判官蒋璨，直秘阁、淮西转运判官韩珫，直秘阁、江东转运副使俞俟，直显谟阁、两浙转运副使汪思温并兼提领本路营田。"[6]《建炎以来系年要录》卷一一九："（绍兴八年五月）庚子，直徽猷阁、淮南东路转运副使蒋璨升直宝文阁、知扬州。"[7]孙觌《宋故右大中大夫敷文阁待制赠正议大夫蒋公墓志铭》："进直秘阁、淮南东路转运判官，又直徽猷阁，升副使。逾年，直宝文阁、知扬州。"[8]因此蒋璨淮南东路转运副使之除命应在绍兴七年六月至绍兴八年五月间，此制当为《东窗集》误收。

2.《前权雄州防御推官张天占前天平军节度推官知遂州遂宁县事韩铎前权府州军事判官张禧可并大理寺丞制》（《东窗集》卷九）

此制又见苏颂《苏魏公文集》卷三〇。[9] 张天占、韩铎、张禧均为北宋人。据《咸淳

<hr>

[1]　（宋）李心传：《建炎以来系年要录》卷一四一，绍兴十一年七月辛酉，北京：中华书局，1988年，第2266页。

[2]　《东窗集》中时间最早的诏令为《知秀州方滋除直秘阁制》，作于绍兴十一年十月十九日，李心传《建炎以来系年要录》卷一四六绍兴十二年七月戊申条始称张扩为"起居郎、权中书舍人"（第2336页）。

[3]　（宋）李心传：《建炎以来系年要录》卷一四四，绍兴十二年正月庚申，第2308页。

[4]　（宋）李心传：《建炎以来系年要录》卷一四六，绍兴十二年九月辛亥，第2357页。

[5]　（宋）李心传：《建炎以来系年要录》卷一四九，绍兴十三年六月甲辰，第2399页。

[6]　（宋）李心传：《建炎以来系年要录》卷一一一，绍兴七年六月乙未，第1803—1804页。

[7]　（宋）李心传：《建炎以来系年要录》卷一一九，绍兴八年五月庚子，第1927页。

[8]　（宋）孙觌：《鸿庆居士集》卷三七《宋故右大中大夫敷文阁待制赠正议大夫蒋公墓志铭》，《景印文渊阁四库全书》，台北：台湾商务印书馆，1986年，第1135册，第394页。

[9]　（宋）苏颂：《苏魏公文集》卷三〇《前权雄州防御推官张天占前天平军节度推官知遂州遂宁县事韩绎前权府州军事判官张禧可并大理寺丞》，北京：中华书局，1988年，第434—435页。按，"绎"字当为"铎"字之误。

毗陵志》记载，张天占乃皇祐五年（1053）进士。① 韩铎、张禧生平事迹散见于《续资治通鉴长编》等书，《王安石文集》收有《韩铎试大理评事充天平军节度推官知遂州遂宁县制》。② 故此制当为《东窗集》误收。

3.《宣德郎宗正丞杨畏可权发遣提举夔州路刑狱公事制》（《东窗集》卷九）

杨畏（1044—1112）于元丰六年（1083）除宗正寺丞，③张扩任两制官时杨畏早已去世，此制当为《东窗集》误收。

4.《李宝节度使制》（《东窗集》卷一四）

《建炎以来系年要录》卷一九五："（绍兴三十一年十二月）辛丑，右武大夫、宣州观察使、添差两浙西路马步军副总管兼提督海船李宝为靖海军节度使、两浙西路通泰海州沿海制置使、京东东路招讨使……赏胶西之捷也。"④张扩卒于绍兴十七年（1147），⑤此制当为《东窗集》误收。

二、刘一止《苕溪集》

刘一止，绍兴八年（1138）九月由知常州迁秘书少监，⑥十月疑已兼权中书舍人，⑦十一月由秘书少监迁起居郎，⑧十二月由起居郎迁中书舍人，⑨绍兴九年（1139）九月由中书舍人迁给事中。⑩

1.《贾进贼党自首补承信郎制》（《苕溪集》卷三四）

《宋会要辑稿》兵一二《捕贼二》："（宣和七年）三月十二日，中奉大夫、徽猷阁待制、

---

① （宋）史能之纂修：《咸淳毗陵志》卷一一《科目·国朝》，中华书局编辑部编：《宋元方志丛刊》，北京：中华书局，1990 年影印本，第 3046 页。

② 《王安石文集》卷五二《韩铎试大理评事充天平军节度推官知遂州遂宁县制》，北京：中华书局，2021 年，第 881 页。

③ 《宋会要辑稿》职官二〇《宗正寺丞》，上海：上海古籍出版社，2014 年，第 3566 页。

④ （宋）李心传：《建炎以来系年要录》卷一九五，绍兴三十一年十二月辛丑，第 3290 页。

⑤ （宋）李心传：《建炎以来系年要录》卷一五六，绍兴十七年七月丙戌，第 2536 页。

⑥ （宋）李心传：《建炎以来系年要录》卷一二二，绍兴八年九月庚寅，第 1968 页。

⑦ 《苕溪集》中时间最早的诏令为《知洪州李光除吏部尚书制》，作于绍兴八年十月二十二日，李心传《建炎以来要录》卷一二四绍兴八年十二月癸亥条始称刘一止为"起居郎、权中书舍人"（第 2012 页）。

⑧ （宋）李心传：《建炎以来系年要录》卷一二三，绍兴八年十一月癸卯，第 1995 页。

⑨ （宋）李心传：《建炎以来系年要录》卷一二四，绍兴八年十二月丁丑，第 2022 页。

⑩ （宋）李心传：《建炎以来系年要录》卷一三二，绍兴九年九月甲申，第 2118 页。

知海州钱伯言奏：招收山东贼贾进等静尽。诏补官有差。"①此制疑为《苕溪集》误收。

2.《右朝议大夫直徽猷阁李弼孺可落职永不与堂除差遣制》(《苕溪集》卷三九)

《建炎以来系年要录》卷四四："(绍兴元年五月己亥)直徽猷阁、主管江州太平观李弼孺勒停。初，范宗尹荐弼孺使领营田，遂召赴行在，而右谏议大夫黎确奏弼孺淫污狡妄，媚事朱勔。宗尹曰：'固知弼孺小人，然但欲委之劝耕，故有此命。'上曰：'君子易疏，小人易亲。不知者无如之何，既知弼孺小人，安可不疏？今日知田事者，应别有之，可勿召也。'弼孺怒，上疏讼确所言诬诞，故有是命。"②此制时间或稍晚于此，疑为《苕溪集》误收。

3.《杨迈知夔州制》(《苕溪集》卷四六)

《建炎以来系年要录》卷九六："(绍兴五年十二月)甲寅，尚书刑部员外郎杨迈直秘阁、知夔州，兼本路安抚使。自渡江后，由朝士出为川陕帅臣者始此。"③刘一止时任两浙东路提点刑狱公事，④此制疑为《苕溪集》误收。

三、李正民《大隐集》

李正民，建炎三年(1129)正月疑已兼权中书舍人，⑤四月由吏部员外郎迁左司员外郎，⑥七月由左司员外郎迁中书舍人，⑦建炎四年(1130)五月由中书舍人迁给事中。⑧

---

① 《宋会要辑稿》兵一二《捕贼二》，第 8849 页。
② (宋)李心传：《建炎以来系年要录》卷四四，绍兴元年五月己亥，第 797 页。
③ (宋)李心传：《建炎以来系年要录》卷九六，绍兴五年十二月甲寅，第 1590 页。
④ 参见(宋)李心传：《建炎以来系年要录》卷八六、卷一〇二，绍兴五年闰二月丙辰、绍兴六年六月庚戌，第 1419、1669 页。
⑤ 《大隐集》卷一有《刘洪道除直显谟阁制》，而李心传《建炎以来系年要录》卷一九建炎三年正月十六日乙未条称刘洪道为"直显谟阁、新知青州"(第 382 页)，由是可知《刘洪道除直显谟阁制》作于建炎三年正月十六日之前。李心传《建炎以来系年要录》卷二三建炎三年五月一日条始称李正民为"左司员外郎、兼权中书舍人"(第 481 页)。傅璇琮、张剑主编《宋才子传笺证·北宋后期卷》将李正民除兼权中书舍人之日系于建炎三年五月一日(沈阳：辽海出版社，2012 年，第 556 页)，不确。《大隐集》中有多篇诏令作于建炎三年三月、四月，如《康允之除徽猷阁待制制》《朱胜非观文殿大学士知洪州制》《颜岐资政殿学士宫祠制》《胡安国除给事中制》《周望给事中制》《刘珏吏部侍郎制》《叶份户部侍郎制》《黄概兵部侍郎制》《凌唐佐升职知应天府制》《谢克家徽猷阁学士知泉州制》《宋彦通待制知筠州制》等。
⑥ (宋)李心传：《建炎以来系年要录》卷二二，建炎三年四月戊午，第 473 页。
⑦ (宋)李心传：《建炎以来系年要录》卷二五，建炎三年七月庚子，第 513 页。
⑧ (宋)李心传：《建炎以来系年要录》卷三三，建炎四年五月壬子，第 643 页。

1.《何志同复待制制》(《大隐集》卷一)

《建炎以来系年要录》卷五九:"(绍兴二年十月戊子)集英殿修撰何志同、宋伯友并复徽猷阁待制。"①李正民此时未任两制官且已出知吉州,②此制疑为《大隐集》误收。

2.《王循友知建康府制》(《大隐集》卷二)

此制又见周麟之《海陵集》卷一九。③《建炎以来系年要录》卷一六四:"(绍兴二十三年正月)戊午,右朝散郎、知镇江府王循友知建康府。"④《景定建康志》系于绍兴二十三年二月二十一日,当是王循友到任之日。⑤ 李正民此时未任两制官,此制当是《大隐集》误收。周麟之时以正字兼权中书舍人。⑥

3.《中大夫起居舍人赵纶除右文殿修撰知庆元府兼沿海制置副使制》(《大隐集》卷三)

赵纶主要活动于理宗朝。《宝庆四明志》卷一《郡守·国朝》:"赵纶:以中奉大夫、起居舍人兼国史院编修官、实录院检讨官除右文殿修撰、知庆元府兼沿海制置副使,于淳祐四年八月初七日交割司印,当月十二日交割府事,五年四月□日准省札奉祠。"⑦故此制当为《大隐集》误收。

4.《皇兄沂州防御使权主奉吴王祭祀多才磨勘转明州观察使制》(《大隐集》卷三)

按:此制又见陈傅良《止斋集》卷一一。⑧ 赵多才主要活动于孝宗、光宗朝,《金史》卷六一《交聘表中》载:"(大定二十七年)正月癸卯朔,宋遣试刑部尚书李巘、漳州观察使赵多才贺正旦。"⑨《止斋集》又收有《皇兄故吴王府□奉利州观察使多才上遗表妻令人

---

①　(宋)李心传:《建炎以来系年要录》卷五九,绍兴二年十月戊子,第1017页。

②　(宋)李心传:《建炎以来系年要录》卷四九,绍兴元年十一月丙辰,第878页。

③　(宋)周麟之:《海陵集》卷一九《外制·王循友知建康府》,《景印文渊阁四库全书》,第1142册,第147页。

④　(宋)李心传:《建炎以来系年要录》卷一六四,绍兴三十二年正月戊午,第2678页。

⑤　(宋)马光祖修,(宋)周应合纂:《景定建康志》卷一四《建康表十》,中华书局编辑部编:《宋元方志丛刊》,第1499页。

⑥　参见(宋)李心传:《建炎以来系年要录》卷一六二、卷一六五,绍兴二十一年九月己未、绍兴二十三年九月壬辰,第2644、2697页;(宋)周必大撰,王瑞来校证:《周必大集校证》卷二〇《周茂振枢密海陵集序》,第292页。

⑦　(宋)胡榘修,(宋)方万里、罗濬纂:《宝庆四明志》卷一《郡守·国朝》,中华书局编辑部编:《宋元方志丛刊》,第5007页。

⑧　(宋)陈傅良:《止斋集》卷一一《外制·皇兄沂州防御使权王奉吴王祭祀多才磨勘转明州观察使》,《景印文渊阁四库全书》,第1150册,第575页。

⑨　《金史》卷六一《交聘表中》,北京:中华书局,1975年,第1446页。

高氏特封硕人》《多才上遗表亲弟二人乞比换南班训武郎多艺修武郎多见并特授太子右监门率府率》二制。① 故此制当为《大隐集》误收。

四、綦崇礼《北海集》

綦崇礼，建炎三年七月（1129）由起居郎迁中书舍人，②建炎四年（1130）五月由中书舍人迁吏部侍郎，同月以吏部侍郎兼直学士院，③十月出知漳州，④绍兴二年（1132）二月由知漳州迁吏部侍郎，⑤后以吏部侍郎兼权直学士院，七月除兵部侍郎，依旧兼权直学士院，九月除翰林学士，绍兴四年（1134）七月出知绍兴府。⑥

1.《左朝奉大夫魏安行除尚书户部员外郎制》（《北海集》卷三）

《建炎以来系年要录》卷一八三：“（绍兴二十九年七月）丁酉，左朝奉大夫、知吉州魏安行为尚书户部员外郎。”⑦綦崇礼卒于绍兴十二年（1142），此制当为《北海集》误收。

2.《赐尚书左仆射同中书门下平章事吕颐浩等为火灾待罪不允诏》（《北海集》卷一三）

《建炎以来系年要录》卷四八：“（绍兴元年九月二十三日丙戌）是晚，行在越州火，燔民居甚众。”⑧綦崇礼此时已出知漳州，此诏当为《北海集》误收。

① （宋）陈傅良：《止斋集》卷一二《外制·皇兄故吴王府□奉利州观察使多才上遗表妻令人高氏特封硕人》《外制·多才上遗表亲弟二人乞比换南班训武郎多艺修武郎多见并特授太子右监门率府率》，《景印文渊阁四库全书》，第 1150 册，第 584 页。

② （宋）李心传：《建炎以来系年要录》卷二五，建炎三年七月庚子，第 513 页。

③ （宋）李心传：《建炎以来系年要录》卷三三，建炎四年五月壬子，第 643 页。

④ （宋）李心传：《建炎以来系年要录》卷三八，建炎四年十月丁亥，第 724 页。

⑤ （宋）李心传：《建炎以来系年要录》卷五一，绍兴二年二月丁卯，第 902 页。按，“吏部侍郎”，《建炎以来系年要录》作“礼部侍郎”，据何异《宋中兴学士院题名》（《续修四库全书》，上海：上海古籍出版社，2002 年影印本，第 748 册，第 399 页）及綦崇礼《北海集》附录上《綦崇礼再除尚书吏部侍郎制》改。

⑥ （宋）何异：《宋中兴学士院题名》，《续修四库全书》，第 748 册，第 399 页。

⑦ （宋）李心传：《建炎以来系年要录》卷一八三，绍兴二十九年七月丁酉，第 3043 页。

⑧ （宋）李心传：《建炎以来系年要录》卷四八，绍兴元年九月丙戌，第 867 页。按，“二十三日”，诏文作“二十二日”。

五、张纲《华阳集》

张纲,绍兴三年(1133)二月由左司员外郎迁起居舍人,①同月疑已兼权中书舍人,②五月由起居舍人迁中书舍人,③绍兴四年(1134)六月由中书舍人迁给事中。④

1.《显应侯加封普惠侯制》(《华阳集》卷八)

《宋会要辑稿》礼二〇《诸神庙·山神祠》:"思灵山神祠在浔州桂平县。宋神宗熙宁八年十月,诏明达庙特封显应侯。徽宗大观元年赐庙额'广佑'。高宗绍兴五年三月,加封'普惠'二字。"⑤张纲此时未任两制官,此制或为《华阳集》误收。

2.《蒙光仲等加上柱国制》(《华阳集》卷八)

蒙光仲主要活动于神宗朝。《宋史》卷四九五《蛮夷传三·抚水州》:"熙宁初,知宜州钱师孟、通判曹觌擅裁损侵剥之,土人罗世念、蒙承想、蒙光仲等为乱。"⑥《续资治通鉴长编》卷三三一:"(元丰五年十一月乙巳)安化州蛮人蒙光仲、光赵等六人内附,各除官有差。"⑦《宋会要辑稿》蕃夷五《西南溪峒诸蛮》:"(元丰六年正月二十日)知安化州及思广等五十二峒首领罗世念为内殿承制,蒙承想、蒙全圣、蒙光仲、蒙光赵并为西头供奉官,蒙全叫、蒙令件、蒙怀思、蒙光速、潘曹并为右侍禁,潘全剑为奉职。"⑧此制疑为《华阳集》误收。

3.《皇伯祖承显加食邑诏》(《华阳集》卷二三)

王智勇已指出此诏"与《司马公文集》卷五六《除皇伯祖承显制》实为同一诏文,作者为谁,当考"。⑨ 赵承显为北宋人,《续资治通鉴长编》卷二六五载:"(熙宁八年六月)丙辰,昭化节度使、康国公承显卒,申王德文子也。上自临奠,赠太尉、乐平郡王。"⑩故此

---

① (宋)李心传:《建炎以来系年要录》卷六三,绍兴三年二月壬辰,第 1070 页。
② 《华阳集》收有多篇作于绍兴三年二月的诏令,如《邵溥复徽猷阁待制制》《檀悼复徽猷阁待制制》等。
③ (宋)李心传:《建炎以来系年要录》卷六五,绍兴三年五月己巳,第 1105 页。
④ (宋)李心传:《建炎以来系年要录》卷七七,绍兴四年六月乙未,第 1264 页。
⑤ 《宋会要辑稿》礼二〇《诸神庙·山神祠》,第 1034 页。
⑥ 《宋史》卷四九五《蛮夷传三·抚水州》,北京:中华书局,1985 年,第 14208 页。
⑦ (宋)李焘:《续资治通鉴长编》卷三三一,元丰五年十一月乙巳,北京:中华书局,2004 年,第 7979 页。
⑧ 《宋会要辑稿》蕃夷五《西南溪峒诸蛮》,第 9891 页。
⑨ 王智勇:《宋人文集误收诏令续考》,第 257 页。
⑩ (宋)李焘:《续资治通鉴长编》卷二六五,熙宁八年六月丙辰,第 6516 页。

诏当为《华阳集》误收。

六、刘才邵《楱溪居士集》

刘才邵，绍兴十三年（1143）八月以军器监迁起居舍人兼权中书舍人，[①]十二月兼权直学士院，[②]同月由起居舍人迁中书舍人兼权直学士院，[③]绍兴十四年（1144）二月出知漳州，[④]绍兴二十六年（1156）三月以工部侍郎兼权直学士院，[⑤]绍兴二十七年（1157）四月提举江州太平兴国宫。[⑥]

1.《韩京除观察使制》（《楱溪居士集》卷五）

《建炎以来系年要录》卷一〇五："（绍兴六年九月庚午）起复右武大夫、文州团练使、广南东路兵马钤辖、都督府摧锋军统制韩京领和州防御使。以掩杀岭南诸盗之劳，故有是命。"[⑦]同书卷一二七："（绍兴九年三月辛丑）诏殿前司诸军统制统领将官二百十二人，用讲和赦书各进秩一等，其后摧锋军统制、左武大夫、华州观察使韩京等十五人亦如之。"[⑧]故此制当作于绍兴六年九月至绍兴九年三月间。刘才邵此时未任两制官，此制疑为《楱溪居士集》误收。

2.《奉议郎直秘阁权发遣阆州蒲泽之除直宝章阁利州路提刑兼提举制》（《楱溪居士集》卷五）

蒲泽之主要活动于理宗朝，例如《癸辛杂识》载"（淳祐二年）六月，御笔李曾伯以资政殿学士节制四川边面，召回程逢辰。既而余晦召赴行在，蒲泽之除军器监，暂充四川制置，权司护印……八月，除蒲泽之四川制置副使兼宣抚判官，以吕文德权知江陵，总统边事，于是蜀事略定矣"，[⑨]《元史》卷三《宪宗纪》载"（宪宗八年二月）宋四川制置使蒲泽之攻成都"，[⑩]故此制当为《楱溪居士集》误收。

① （宋）李心传：《建炎以来系年要录》卷一四九，绍兴十三年八月丙午，第 2406 页。
② （宋）李心传：《建炎以来系年要录》卷一五〇，绍兴十三年十二月庚寅，第 2418 页。
③ （宋）李心传：《建炎以来系年要录》卷一五〇，绍兴十三年十二月己亥，第 2419 页。
④ （宋）李心传：《建炎以来系年要录》卷一五一，绍兴十四年二月己酉，第 2427 页。
⑤ （宋）李心传：《建炎以来系年要录》卷一七二，绍兴二十六年三月丁未，第 2824 页。
⑥ （宋）李心传：《建炎以来系年要录》卷一七六，绍兴二十七年四月辛丑，第 2914 页。
⑦ （宋）李心传：《建炎以来系年要录》卷一〇五，绍兴六年九月庚午，第 1706 页。
⑧ （宋）李心传：《建炎以来系年要录》卷一二七，绍兴九年三月辛丑，第 2064 页。
⑨ （宋）周密：《癸辛杂识》别集下《余玠》，杭州：浙江古籍出版社，2015 年，第 277—278 页。
⑩ 《元史》卷三《宪宗纪》，宪宗八年二月，北京：中华书局，1976 年，第 51 页。

3.《朝请郎权湖南提刑曾宏正除广西运判兼提举制》(《橄溪居士集》卷五)

曾宏正主要活动于理宗朝。曾宏正淳祐三年(1243)在静江府留下了数则题名、题诗,①而永州祁阳县有曾宏正淳祐二年九月十二日的题诗,②当是曾宏正作于赴广西运判兼提举之任的途中。刘才邵卒于绍兴二十八年(1158),此文当为《橄溪居士集》误收。

4.《显济庙加封灵信昭应侯制》(《橄溪居士集》卷五)

《宋会要辑稿》礼二〇《诸神庙·杂神祠》:"扬州江都县瓜洲镇有迎潮大王祠,封灵信侯。徽宗政和二年赐庙额'显济'。光尧皇帝绍兴十二年九月加封灵信应昭侯。"③宋徽宗梓宫于绍兴十二年八月抵行在,④诏文所述"乃者梓宫言还,经涉川途"与《宋会要辑稿》所载相合。然刘才邵时任军器监,似未兼任两制官,⑤此制或为《橄溪居士集》误收。

七、沈与求《沈忠敏公龟溪集》

沈与求,绍兴二年(1132)七月由御史中丞迁吏部尚书兼权翰林学士,⑥十二月除湖南安抚使兼知潭州,⑦绍兴四年(1134)八月以吏部尚书兼权翰林学士,⑧九月由吏部尚书兼权翰林学士迁参知政事。⑨

1.《赐张深程唐刘子羽奖谕诏》(《沈忠敏公龟溪集》卷四)

此诏又见《三朝北盟会编》卷一四五,《三朝北盟会编》系于绍兴元年(1131)三月十二日。⑩ 沈与求此时未任两制官,此诏或为《沈忠敏公龟溪集》误收。

① 参见(明)张鸣凤:《桂胜》卷二《漓山·题名》、卷四《南溪山·诗》、卷一一《西山·诗》,北京:中华书局,2016 年,第 25、42、188 页。

② 道光《永州府志》卷一八下《金石略》,清同治六年刻本,第 59 页 b—60 页 a。

③ 《宋会要辑稿》礼二〇《诸神庙·杂神祠》,第 1057 页。

④ (宋)李心传:《建炎以来系年要录》卷一四六,绍兴十二年八月己丑,第 2347 页。

⑤ 参见(宋)李心传:《建炎以来系年要录》卷一四一、卷一四九,绍兴十一年八月辛未、绍兴十三年八月丙午,第 2267、2406 页。

⑥ (宋)李心传:《建炎以来系年要录》卷五六,绍兴二年七月乙酉,第 987 页。

⑦ (宋)李心传:《建炎以来系年要录》卷六一,绍兴二年十二月甲午,第 1047 页。

⑧ (宋)李心传:《建炎以来系年要录》卷七九,绍兴四年八月戊戌,第 1299 页。

⑨ (宋)李心传:《建炎以来系年要录》卷八〇,绍兴四年九月甲戌,第 1318 页。

⑩ (宋)徐梦莘:《三朝北盟会编》卷一四五,《景印文渊阁四库全书》,第 351 册,第 324 页。

2.《赐韩世忠诏》(《沈忠敏公龟溪集》卷四)

此诏又见《三朝北盟会编》卷一六七、《建炎以来系年要录》卷一一七、《中兴两朝圣政》卷二二、《宋史全文》卷二〇上以及《名臣碑传琬琰集》上集卷一三《韩忠武王世忠中兴佐命定国元勋之碑》等。① 《三朝北盟会编》卷一六七系于绍兴五年(1135)四月，然《韩忠武王世忠中兴佐命定国元勋之碑》将此诏系于"金人废刘豫，中原军溃盗起，王以为机不可失，奏乞全师北讨……既而秦桧议和，诸帅已屯建康及武昌，诏王徙屯京口。王上奏极论虏情叵测，其将以计缓我师，乞独留此军蔽遮江淮"②之后，然韩世忠"徙屯京口"事发生在绍兴七年(1137)秋冬之际，③与《三朝北盟会编》所载不合。《建炎以来以来系年要录》等书均将此诏系于绍兴七年十二月十三日，姑从之。然沈与求卒于绍兴七年六月，此诏疑为《沈忠敏公龟溪集》误收。

八、胡寅《斐然集》

胡寅，绍兴四年(1134)十二月由知永州迁起居郎，④绍兴五年(1135)二月疑已兼权中书舍人，⑤四月由起居郎迁中书舍人，⑥七月兼权直学士院，⑦十一月出知邵州，⑧绍

---

① 参见(宋)徐梦莘：《三朝北盟会编》卷一六七，《景印文渊阁四库全书》，第 351 册，第 481—482 页；(宋)李心传《建炎以来系年要录》卷一一七，绍兴七年十二月庚午(原书误作"庚子")，第 1892 页；(宋)佚名撰，孔学辑校：《皇宋中兴两朝圣政辑校》卷二二，绍兴七年十二月庚午，北京：中华书局，2019 年，第 720 页；佚名：《宋史全文》卷二〇上，绍兴七年十二月庚午，北京：中华书局，2016 年，第 1524 页；(宋)杜大珪编，顾宏义、苏贤校证：《名臣碑传琬琰集校证》，上海：上海古籍出版社，2021 年，第 288 页。

② (宋)杜大珪编，顾宏义、苏贤校证：《名臣碑传琬琰集校证》上集卷一三《韩忠武王世忠中兴佐命定国元勋之碑》，第 288 页。

③ 参见(宋)李心传：《建炎以来系年要录》卷一一三、卷一一七，绍兴七年八月丁巳、绍兴七年十二月庚子，第 1835、1892 页。

④ (宋)李心传：《建炎以来系年要录》卷八三，绍兴四年十二月乙酉，第 1362 页。

⑤ 《斐然集》中时间最早的诏令为《张宗颜转四官制》《戚方再兴再加两官制》，作于绍兴五年二月十二日。李心传《建炎以来系年要录》卷八七绍兴五年三月甲戌条始称胡寅为"起居郎兼权中书舍人"(第 1436 页)。

⑥ (宋)李心传：《建炎以来系年要录》卷八八，绍兴五年四月庚午，第 1475 页。

⑦ (宋)李心传：《建炎以来系年要录》卷九一，绍兴五年七月甲戌，第 1514 页。按，《建炎以来系年要录》载："(绍兴五年七月甲戌)中书舍人胡寅权直学士院。时江西制置使胡世将请奉祠，而直院胡交修引亲嫌，乞时暂差官撰述答诏，故有是命。"由是可知胡寅此次权直学士院只是特殊情况下的临时任命，理当事毕即还。

⑧ (宋)李心传：《建炎以来系年要录》卷九五，绍兴五年十一月戊子，第 1574 页。

兴八年(1138)四月以礼部侍郎兼直学士院,①五月丁父忧。②

1.《张守侍读醴泉观使制》(《斐然集》卷一三)

《建炎以来系年要录》卷五四:"(绍兴二年五月戊子)资政殿学士、知绍兴府张守提举醴泉观,兼侍读。"③胡寅此时未任两制官,此制或是胡寅父胡安国(时任中书舍人)④所作而为《斐然集》误收。

九、王之望《汉滨集》

王之望,隆兴元年(1163)十一月以权户部侍郎兼权直学士院,同年十二月除权吏部侍郎,隆兴二年(1164)四月除左谏议大夫。⑤

1.《刘宝可特授安庆军节度使依前捧日天武四厢都指挥使充镇江都统制兼淮东路招抚使节制本路军马食邑实封如故制》(《汉滨集》卷三)

《建炎以来系年要录》卷一六八:"(绍兴二十五年二月)乙酉,捧日天武四厢都指挥使、镇江府驻札御前诸军都统制刘宝为安庆军节度使,龙神卫四厢都指挥使、建康府驻札御前诸军都统制王权为清远军节度使,皆以总戎十年故也。"⑥《汉滨集》卷三又有《赐刘宝告口宣》《赐安庆军官吏军民僧道耆寿等示谕敕书》二诏,亦当作于同时或稍后不久。王之望此时未任两制官,此制以及《赐刘宝告口宣》《赐安庆军官吏军民僧道耆寿等示谕敕书》当为《汉滨集》误收。

一〇、葛立方《归愚集》

葛立方,绍兴十七年(1147)六月除正字,⑦同年九月疑已兼权中书舍人,⑧绍兴十九

---

① (宋)李心传:《建炎以来系年要录》卷一一九,绍兴八年四月癸酉,第1921页。
② (宋)李心传:《建炎以来系年要录》卷一一九,绍兴八年五月己丑,第1925年。
③ (宋)李心传:《建炎以来系年要录》卷五四,绍兴二年五月戊子,第963页。
④ 参见(宋)李心传:《建炎以来系年要录》卷四九、卷五五,绍兴元年十一月乙未、绍兴二年六月戊申,第869、972页。
⑤ (宋)何异:《宋中兴学士院题名》,《续修四库全书》,第748册,第401页。
⑥ (宋)李心传:《建炎以来系年要录》卷一六八,绍兴二十五年二月乙酉,第2742页。
⑦ (宋)佚名:《南宋馆阁续录》卷八,北京:中华书局,1998年,第121页。
⑧ 《归愚集》中时间最早的诏令为《王镃兼侍讲制》,作于绍兴十七年九月二十三日。

年(1149)六月除校书郎,绍兴二十一年(1151)六月除考功员外郎,①同年九月"尚书考功员外郎兼权中书舍人葛立方罢,以右正言章厦论其轻恣也"。②

1.《向子固知扬州制》(《归愚集》卷七)

向子固曾两知扬州。《建炎以来系年要录》卷一五二:"(绍兴十四年七月)壬申,直秘阁、知扬州许中主管台州崇道观,从所请也。直秘阁、知盱眙向子固知扬州。"③同书卷一九五:"(绍兴三十一年十二月)乙丑,直显谟阁向子固复知扬州。"④此制制文有曰"尝镇是邦,习其风俗",当是向子固复知扬州之制。葛立方此时未任两制官,此制疑为《归愚集》误收。

一一、洪适《盘洲文集》

洪适,隆兴二年(1164)四月以太常少卿兼权直学士院,九月除中书舍人,十一月兼直学士院,⑤十二月假翰林学士差充金国贺生辰使,⑥乾道元年(1165)五月除翰林学士,同年六月除签书枢密院事。⑦

1.《王瀹浙西提点刑狱窦敷潼川运副制》(《盘洲文集》卷二四)

如据《盘洲文集》前后文时间,此制当作于乾道元年四月前后。然《吴郡志》卷七《官宇》载:"王瀹:左朝散郎,乾道二年六月二十八日到任(浙西提点刑狱),当年八月初七日改除吏部郎官。"⑧据《宋会要辑稿》记载,乾道元年六月四日"潼川府路转运判官窦敷"曾上奏言事,⑨亦可旁证此制并非作于乾道元年四月前后。乾道二年三月,洪适罢右仆射,以观文殿学士提举江州太平兴国宫,⑩同年十月知绍兴府,⑪此制疑为《盘洲文集》误收。

---

① (宋)佚名:《南宋馆阁续录》卷八,第112页。

② (宋)李心传:《建炎以来系年要录》卷一六二,绍兴二十一年九月戊申,第2644页。

③ (宋)李心传:《建炎以来系年要录》卷一五二,绍兴十四年七月壬申,第2445页。

④ (宋)李心传:《建炎以来系年要录》卷一九五,绍兴三十一年十二月乙丑,第3302页。

⑤ (宋)何异:《宋中兴学士院题名》,《续修四库全书》,第748册,第401页。

⑥ 《宋会要辑稿》职官五一《国信使》,第4428页。

⑦ (宋)何异:《宋中兴学士院题名》,《续修四库全书》,第748册,第401页。

⑧ (宋)范成大纂修,(宋)汪泰亨等增订:《吴郡志》卷七《官宇》,中华书局编辑部编:《宋元方志丛刊》,第738页。

⑨ 《宋会要辑稿》职官四五《监司》,第4246页。

⑩ 《宋史》卷二一三《宰辅表四》,第5573页。

⑪ (宋)沈作宾修,(宋)施宿等纂:《嘉泰会稽志》卷二《太守·皇朝》,中华书局编辑部编:《宋元方志丛刊》,第6758页。

一二、汪应辰《文定集》

汪应辰,乾道四年(1168)十一月以吏部尚书兼权翰林学士,乾道六年(1170)四月出知平江府。①

1.《右朝议大夫曾怀辞免除龙图阁学士知婺州恩命乞一宫观差遣不允诏》(《文定集》卷八)

本诏又见周必大《玉堂类稿》卷四,系于"八月二十二日"。②《宋会要辑稿》选举三四《特恩除职二》:"(乾道六年八月)十九日,诏户部尚书曾怀除龙图阁学士、知婺州。从其请也。"③汪应辰此时未任两制官,本诏当为《文定集》误收。周必大时以秘书少监兼直学士院。④

---

① (宋)何异:《宋中兴学士院题名》,《续修四库全书》,第 748 册,第 402 页。
② (宋)周必大撰,王瑞来校证:《周必大集校证》卷一〇四《赐右朝议大夫曾怀辞免除龙图学士知婺州恩命乞一宫观差遣不允诏》,第 1522 页。
③ 《宋会要辑稿》选举三四《特恩除职二》,第 5921 页。
④ (宋)周必大撰,王瑞来校证:《周必大集校证》附录卷六《年谱》,第 3182 页。

哲学与宗教

浅论北山四先生对朱熹"格物致知"思想的继承与发展

浙江大学　余柯嘉[*]

何基、王柏、金履祥、许谦四位学者,因直承黄榦之学并能奉守师说,促进了理学的北传,直接对元明时期理学的发展产生影响,被后世推为"理学正宗",先后在地方入祠享祀,并于雍正二年九月(1724)从祀孔庙,足见北山一脉之学在理学史中的重要意义。同时,北山四先生成长于婺州,成为继吕祖谦、陈亮、唐仲友之后的第二代金华学派扛鼎人物。对"四书"的诠释,是四先生及其后学传承与重振朱子学的主要手段。"四书"之中,又以《大学》为入德之门户。学者当先讲习,得知为学次第规模,乃可读《语》《孟》《中庸》。[①]北宋以来,程朱重订《大学》文本,也使得《大学》研究的重点由"政教"转向"修身","格致诚正"作为修身工夫,也成为了学者关注的焦点。

就学界现有研究而言,对于北山四先生"格致"思想的讨论主要集中在具有突破性且富有创造力的王柏与金履祥之上,对何基、许谦的研究尚为缺乏。这与一直以来学界对于四先生的评价直接相关,即"勉斋之学,得金华而益昌。说者谓北山绝似和靖,鲁斋绝似上蔡,而金文安公尤为明体达用之儒,浙学之中兴也"[②]。正因如此,学者们对于北山四先生的考察,大多缺乏一贯性。在将"北山四先生"或"北山学派"作为研究对象时,又鲜少将《大学》文本或"格致"观念在四先生思想中的继承与发展脉络进行明确梳理,

---

* 作者简介:余柯嘉,浙江大学哲学学院博士生,研究方向为宋元理学、浙东学派。

① (宋)朱熹:《晦庵先生朱文公文集》卷二六《与陈丞相别纸》,《朱子全书》第21册,朱杰人等主编,上海:上海古籍出版社,2010年,第1180页。

② (清)黄宗羲:《宋元学案》卷八二《北山四先生学案》,《黄宗羲全集》,沈善洪主编,杭州:浙江古籍出版社,1992年,第215页。

稍显遗憾。① 基于此,本文试图以"整体"的眼光去探讨北山四先生在"格致"思想上的
演进与变化,并延伸至对于其学术特点以及宋元之际理学视域下"四书学"研究新形势
的讨论。

一、"致知":穷理与明心并重

从朱子学自身的思想体系来看,"格物致知"是以"性即理"与"理一分殊"为理论前
提的。前者肯定了每个人都生而具有认识天理的能力,后者则赋予人能通过"格物"达
到知晓"天理"的神圣性的保证。形上形下之域经由"格物致知"被打通,本体论与工夫
论之间得到了呼应。

从"格物致知"的具体解释来看,程、朱训"格"为至,训"致"为尽,物至者,知亦尽。
朱子曰:"所谓致知在格物者,言欲致吾之知,在即物而穷其理也。盖人心之灵,莫不有
知,而天下之物,莫不有理。惟于理有未穷,故其知有不尽也。"②"知"即"性","性"即
"理","格物"之目的,对人而言是"致知""尽性",对物而言是"穷理",实为一事。朱子言
"理",有时是指事物内部所禀得的天理,即仁义礼智之性;有时则是指具体事物的规律,
本质。③ 若以"知"作分类,前者即"义理之知",后者则"闻见之知"。

而北山四先生循着程、朱的诠释路径作出了进一步发挥。何基则将"理"解释为:

> 理者,乃事物恰好处而已。天地间惟有一理,散在事事物物,虽各不同,而就其
> 中,各有一恰好处。所谓万殊一本,一本万殊也。三圣所谓中,孔子所谓一贯,大学

---

① 相关研究可参考孙克宽:《元代金华之学述评》,《幼狮学志》1969 年第 4 期;程元敏:《王柏之生平与学
术》,上海:华东师范大学出版社,2011 年;何淑贞:《金履祥的生平及经学》,台湾大学 1975 年博士学位
论文;廖云仙:《元代〈四书〉学的继承与开创——以元儒许谦为例》,《东海中文学报》2009 年第 21 期;
唐宇元:《元代的朱陆合流与元代的理学》,《文史哲》1982 年第 3 期;徐远和:《理学与元代社会》,北京:
人民出版社,1992 年;刘海泉:《许谦与金华朱学》,湖南大学 2009 年硕士论文;王锟:《朱学正传——北
山四先生理学》,上海:上海三联书店,2010 年;高云萍:《扩展中异化的后朱熹时代的道学话语——以
北山学派为例》,《浙江学刊》2009 年第 5 期;连凡:《〈宋元学案〉视域下浙东朱子学的源流与评价——
以金华朱学与四明朱学为中心》,《河池学院学报》2017 年第 4 期;唐宇元:《元代的朱陆合流与元代的
理学》,《文史哲》1982 年第 3 期;何植靖:《许谦评传》,南京:南京大学出版社,1995 年;魏艳枫:《试论
王柏思想的入世倾向》,《思想与文化》2017 年第 1 期;金晓刚、王锟:《"朱子世嫡"北山四先生研究的流
变与走向》,《浙江师范大学学报》(社会科学版)2017 年第 1 期。
② (宋)朱熹:《四书章句集注》,北京:中华书局,2011 年,第 7 页。
③ 陈来:《朱子哲学研究》,上海:华东师范大学出版社,2000 年,第 114 页。

所谓至善,皆是此意。圣贤相去数百年而谓以是传之者,皆是做到此耳。①

所谓"恰好处"者,即为"中",亦即"至善"。但以"恰好处"论"理",有强烈的体察之意,是就事物的形下维度而言。它强调"理"必须通过"事物"才能彰显,亦必须在"实践活动"中才能得到认识。在对"分殊之理"的认识中,升华为对"一本之理"的把握,同时也实现对己之"性"的充分展开。这也遭到了一些学者的反对。清代学者王崇炳认为在这种趋势之下,"理之用"得到了重视,但"理"作为最高本体的价值却没有很好的表达出来。其言:"明道先生云:心也,性也,天也,一理也,亦与朱子异。朱子释戒慎不睹,恐惧不闻,所以存天理之本,然而不使离于须臾之顷也,岂止是事物恰好处乎。"②换言之,以"恰好处"言"理",过于强调了分殊之理,而忽略了"一本之理"。但这一批评并不客观,因为何基依然重视"理"的本体论维度,只是他将"理"与"人"作了更紧密的系联。

何基从天人关系的角度出发,强调"性"与"理"的本质同一性,所谓:

> 然自然之理,初无声臭之可名也,必其阳动阴静,消息盈虚,万化生生,其变不穷,而道因可得而见;盖虚底物事在实上见,无形底因有形而见,故曰由气化有道之名。至就人身看,则必气聚而成人,而理因亦聚于此,方始有五常之名,故曰合虚与气,有性之名。所谓合虚与气者,非谓性中有理,又有气,不过谓气聚而理方聚,方可指此理为性尔,合字不过如周子二五妙合之意。③

在何基看来,单就"性"而言,为天所赋,合"理""气"共名之。"理"不仅是宇宙自然之理,更包括了基本的道德伦理,如此才能实现人作为主体的完整存在,不仅仅是作为生存的个体,更是道德的主体。性非理非气,而是二者汇聚之处,因此"性"就是"天人之际"。故必先有人之实体的存在,才能有"性","性"之常与"气"之动相结合而生"仁义礼智信"五常,此"人"之所以异于他者之处。何基又承程朱之说,认为"合性与知觉有心之名,盖心统性情,性者,理也;情者,气之所为也"。"性"即理,"情"则是人对世界的知觉。"知觉"不是寂静之本体,而是指动态的认识和感知世界的能力。这说明"心"兼具动静、亦即性情两个面向,是主客体间的直接媒介。"致知"所指,乃就推拓心之"性"与"知觉"共言之。"性"虽然使人具备了与客观世界相交往的能力,是"致知"的基础所在,但并不直接对外界起作用,且在理学家看来,"性"不能包含"情"之面向。

在何基处,"知"的内涵由"理"扩充出"知觉"之面向,"心"是理气相合之处,成为"致

---

①　(宋)何基:《何北山遗集》卷四《何文定公传》,《金华丛书》。

②　(宋)何基:《何北山遗集》卷四《何文定公传》,《金华丛书》。

③　(宋)何基:《何北山遗集》卷三《孟子集注考》,《金华丛书》。

知"的发动者。何基尝言："善恶分明虽两歧，念端差处只毫厘，怕将私意为天理，所以先民贵致知。"①旨在说明"格物致知"之目的在于使"心"辨明是非善恶，这也为"诚意正心"奠定了基础。因此"穷理"是"尽性"，也是"明心"。

至于王柏，引《易传》之文，以"太极"释"理"，回归朱子之意。太极即"一本之理"，是"造化之渊微"，天、地、人均源于太极，并由之派生出世界万物，而事事物物上又各有一太极，此为"分殊之理"。推之于人，则"天赋是理，为人之性，有仁、有义、有礼、有智……天赋是气，为人之形，有清、有浊、有厚、有薄"②，这强调了"理"不仅是存在本体，更是道德本体。理气不相离，故性之外，还有情。他认为孟子论"性"之所以不够完善，是因为没能很好的说明"情之恶"的由来，而问题就在于忽视了杂次于其中的"气"。所谓：

> 孟子以性不可见，以其情之善，知其性之善，至于不善者，罪无归宿，此方微发其机，而终欠道一"气"字出……自性而言，则性与才无不善；自气而言，则情有所徇、才有所徇，然后有不善。③

所以"格致"必须同时考虑到"性"与"气"两方面的作用，不能顾此而失彼。

区别于朱子，王柏提出"格致传未亡"④的观点。王柏于《大学沿革论》及《大学沿革后论》二文中提出数十条证据，认为从《大学》全文结构来看，圣人之论或是循序递进，简言作结；或是反复顿进，加强语意；亦或是正反结合，双向论证，尽用原文，无需增删。可见，王柏并非猎奇求异而改经，恰恰是他认为此举才是恢复经典原貌，维护圣人之意。王柏与朱子的主要不同之处，在于他将《大学》分一经十传，但不从朱子分为三十三章和程子所分三十七节，而是合"知止……则近道矣"与"听讼"两段为一章，以之为"格致传"，定为三十二章。王柏指出古本《大学》本就出现了文本错简，使"知止"一章从"止于至善传"之后误入"止于至善"经之后，故使后世学者疑其有失。因此，他也对朱子补格致传的心意加以肯定，言曰："朱子详陈其穷理致知之条目，见于大学或问之中，谓极其心之本体无不尽，然后谓之知至。学者苟有志于致知，固不患其不知用力之方。"⑤王柏认为，朱子早悔于补传，故言"知止"至"能得"，是谓知至与意诚中间事，而欲移之，其谓"《或问》又曰：'格物致知'，所以求知'至善'之所在；自'诚意'以至于'平天下'，所以求

---

①　（宋）何基：《何北山遗集》卷三《孟子集注考》，《金华丛书》。

②　（宋）王柏：《王鲁斋集》卷一〇《原命》，《金华丛书》。

③　（清）王梓材、冯云濠编撰，沈芝盈、梁运华点校：《宋元学案补遗》卷八二《北山四先生学案补遗》，北京：中华书局，2012年，第4697页。

④　在王柏之前，已有董槐、吴盈、叶梦鼎和车若水等人提出"格致传"未亡的观点。

⑤　（宋）王柏：《王鲁斋集》卷二《上蔡书院讲义》，《金华丛书》。

得夫'至善'而止之也。此固已分明以'知止'章为'致知'传矣,但未决于迁也。"①

易言之,王柏拟定的"格致传"为"知止而后有定,定而后能安,安而后能静,静而后能得",以此为"物格知至"之状态。又"知者,心之神明,妙众理而宰万物者也,物之理有所不明,则心之知有所未尽,大学所以使人穷物之理,极吾之知"②。这事实上将朱子的"理之知"转化为了"心之知",并以之为无所不包、无所不识之本体,明确表达出"致知"活动的关键在于"尽心"。又谓:

> 诚能知其所当止,则思虑不杂,意向不偏,气质不得而胜,物欲不得而迁,此所谓"定"也。方事之未至也,则此心寂然不动。寂然,言其静也;不动,言其安也。及其事之感通也,必审而后发,发必中节矣。审其虑之谓中节,则"得所止"之谓非"物格""知至",能如是乎!③

因为"心"的活动包含了"性"的恒常运动与"情"的变化表达,因此"致知"必须有向外求索之过程,即格物。"格物"亦即主体之心与万事万物建立联系之方式,并以此获得"处己应物之方"。

金履祥继何基之后,亦以"至善"、"极好处"释"理"。他认为:

> 盖天理散在事物。则莫不各有本然一定之则在焉。是其极好处也。吾之所以明于己者,不可有一之不造其极。所以新乎人者,不可有一之不用其极,到得十分极好处,便是尽得天理之极。④

因此格物之目的,是要在事物的具体现存之中推致其"恰好处"。同时,履祥又与王柏一样,强调"知"作为人之本体。但他也进一步提出:

> 知犹识也,所谓知识者,言人心之灵觉也。推极吾之知识,欲其所知无不尽者,盖心之灵觉,莫不有知,在乎推极其知,使凡所知者,无不至于尽而已。⑤

"吾心"不仅有"知",还有"识","知识"不可割裂。"知"是根源于心的认识能力,而这种"能力"之内原本就包含了"内容",这便是"识"。他认为"知识"原本存乎人,但未展露于实践之时皆为"未知",惟有将"已有之知"呈现出来,心之灵觉完全展开,人之明德与事物之理在人的认识中契合一处,方是"知至","格物即所以致知,非二事也"⑥。故

---

① (宋)王柏:《王鲁斋集》卷二《大学沿革后论》,《金华丛书》。
② (宋)王柏:《王鲁斋集》卷二《上蔡书院讲义》,《金华丛书》。
③ 程元敏:《王柏之生平与学术》,上海:华东师范大学出版社,2011年,第473页。
④ (元)金履祥:《大学疏义》,《丛书集成初编》,上海:商务印书馆,1937年,第3页。
⑤ (元)金履祥:《大学疏义》,《丛书集成初编》,第5页。
⑥ (元)金履祥:《大学疏义》,《丛书集成初编》,第6页。

"心之所知者即事物之理，而事物之理本具于吾心之知，唯夫不能格事物之理，则不能充吾心之知耳"①。"格物致知"事实上是内在之"知"的"呈现"，而非外在之"理"的"接纳"。

董平先生认为：

> 履祥显然是将个体生活世界的全部内容都纳入于格物的基本义域的，其中既有主观情意与行为之理则，亦有国家政务的恰当措置与事物存在的本质原理。但在履祥看来，就所有这一切"所当格之物"而言，其理的还原或知的获得，原不过是"本具于吾心之知"的一种实现而已，是人心本具之理的开显。这一观点显然已经转移了朱熹格物说的实际内容，反而在某种意义上似乎成了阳明"致吾心之良知于事事物物"之说的理论前导。②

事实上，这一倾向在何基、王柏处已见其端，只是金履祥的表达更为明确，并直接改变了格物只"向外"的工夫路径。因为"致知"必须包含另一层意义——回归对自身本体的确认。若只是求一般性客观知识，可能会达成"不覆其实，是以识愈多而心愈窒"③，唯有"立其本，反身穷理为主，而必究其本末是非之极挚，究其极，是以知愈博而心愈明"④。所以王柏反对汉唐以来的学术风气，即：

> 专门之学兴，而各主其传；训诂之义作，而各是其说；或胶于浅陋，或骛于高远，援据传会、穿凿支离，诡受以节，私驾古以借重势，其词而害于意者有之、袭其讹而污其义者有之、遂使圣人之道反悔蚀残毁，卒不得大明于天下。⑤

致知之要，惟当求"至善"之所在。当然，"至善"同时包含着"真理"的把握与纯粹的"道德"的获得。

在前人的基础上，许谦进一步发挥："性是单说理，德是就泊在气上说。（德）不可离气言之，盖此理搭在正通气上，方能如此明。"⑥"德"是中国传统思想中的重要观念。张东荪先生认为：

> 德是体，亦是性，乃是兼就人在全宇宙中所处的地位以及对于其他各物所发的作用而言。人之理为仁，即等于水之理为就下；水之就下，水之性也；人之仁，亦人

---

① （元）金履祥：《大学疏义》，《丛书集成初编》，第5页。
② 董平：《浙江思想学术史：从王充到王国维》，北京：中国社会科学出版社，2005年，第210—211页。
③ （宋）王柏：《王鲁斋集》卷二《大学沿革后论》，《金华丛书》。
④ （宋）王柏：《王鲁斋集》卷二《大学沿革后论》，《金华丛书》。
⑤ （宋）王柏：《王文宪公全集》卷一五一《诗十辨》，《续金华丛书》。
⑥ （元）许谦：《读四书丛说》卷一《读大学丛说》，《金华丛书》。

之性也。强调人与水都必须在全宇宙中方现其职能,由职能而始有存在。这便是以"职能"观念在先而以"存在"观念在后。①

即"德"先于"形"而在,赋之于人,必须表现为人之"职能"。人惟有完整的将应有之"职能"表现出来,人的主体性"存在"才真正确立起来。许谦则进一步说明为何"明德"兼具体用。其言:

> 人之初生,禀天地之气以为形,禀天地之理以为性,理无有不善,则其性亦皆善,所谓德也。以其虚灵,而能具万物之理,而可应万事,故谓之明德。②

德与气之结合,使"明德"能在日用伦常之间发挥作用,无有停滞。与此同时,有生之初的气质差异与后天心动所生物欲,使得明德昏昧,从而影响其"具众理、应万事"的功能的实现,也造成了人在认识及复归本有明德上的滞碍。因此"穷理尽性"便是"明明德",这需要经由实践活动达成对内心的修正。故"明明德"者,乃"学者凭开发磨莹之功,变化其气质,消去其物欲,使此德复明"③。

因此从"物格"到"知至",是一个身心内外相贯通的过程,需要推极我之心知,以穷究事物之理,穷理便是"推极吾之心知",但在我在物为不同耳。故"聪明不专在耳目,盖主于心而言也。听得精审,见得明了,皆是心上事"④。许谦强调"心"在"格致"过程中的作用,"致知"能力本于心,"致知格物,先言致知,就心上说,格物是此心去格,故先言其本"⑤,这也是四先生的共识。

但同时,许谦又试图综合朱子"格物"的知识论倾向,强调"格致"活动是内外兼举而不遗的。因为"心"本身就具有本体与构成两个面向:心不正,以义理言;心不在,以知觉言。因此既有自内而外的"反思",亦有由外而内的"启发"。"自浅以至深,自表以至理,直究至其极处"⑥"省察克治,至于私欲净尽,天理流行,直行至极处"⑦。因为"天下事物之多,固不可件件穷格,但格得物多后不拣见什么物来,只把此道理格将去,自然贯通"⑧。这意味着"致知"必须转化为一种持续的、经验性的活动,而在此过程中,获得的又不仅是事物之理,更有"道德之几"。

---

① 张东荪著,张汝伦编选:《理性与良知》,上海:上海远东出版社,1995 年,第 592—593 页。
② (元)许谦:《读四书丛说》卷一《读大学丛说》,《金华丛书》。
③ (元)许谦:《读四书丛说》卷一《读大学丛说》,《金华丛书》。
④ (元)许谦:《读四书丛说》卷一《读大学丛说》,《金华丛书》。
⑤ (元)许谦:《读四书丛说》卷一《读大学丛说》,《金华丛书》。
⑥ (元)许谦:《读四书丛说》卷一《读大学丛说》,《金华丛书》。
⑦ (元)许谦:《读四书丛说》卷一《读大学丛说》,《金华丛书》。
⑧ (元)许谦:《读论语丛说》,《丛书集成初编》,上海:商务印书馆,1937 年,第 30 页。

简言之，相较于朱子谈"格致"贵在"穷理"，四先生发展为"明心"与"穷理"并重，可谓宋元之际浙东地区"心学"之回应。也正说明了中国哲学家多未有以知识之自身为自有其好，故不为知识而求知识。不但不为知识而求知识也，即直接能为人增进幸福之知识，中国哲学家亦只愿实行之以增进人之幸福，而不愿空言讨论之，所谓"吾欲托之空言，不如见之行事之深切著明也"①。

二、格物："持敬"与"推类"共举

通过对"致知"内涵的转化，北山四先生提出了以"持敬"与"推类"为主要手段的工夫论。而"持敬"或"推类"之法，皆需以"学"为首务。这流露出北山四先生坚守"道统"之志，也体现了"为学以致用"的学术宗旨。

何基为学，"于圣经贤传及诸子百史制度象数，莫不究其源委，此先生之力学以致其知也"②。他认为"格致"必须重视博览泛观，"先熟读四书，使胸次浃洽，道理自见，遂终身服习，顷刻不忘，一室危坐，万卷横陈，每于圣贤微辞奥义，有疑而未释者，必平心易气，勿忘勿助，待其自然贯通，不立异以为高，不徇人而少变，充其所知而反之于身，无不允践"③。从经典的研讨之中直阐义理，并且作为获得"义理之知"的首要途径。他以"发挥"之形式对"经典"作解读，如《易学启蒙发挥》、《大学发挥》、《中庸发挥》、《易系辞发挥》、《太极通书西铭发挥》、《近思录发挥》、《语孟发挥》（未脱稿）等。所谓"发挥"，即"遍阅文集语录诸书，凡讲辩及此者，随章条附于本义之后，首尾毕备，毫析缕解，疑义罔不冰释"④。王柏亦言：

> 初学者，且当以读书为主，虽事事物物，固皆有当然之理与欤？其所以然之故，不读书则无以识其事事物物之则也。自尧舜以来，圣贤千言万语载在方策，皆经世之准度，为学之纲领。⑤

王柏认为"读书"是明道最为重要的途径，人的"知识"正是在"教"与"学"的过程之中得到了扩充。人必须以接受圣贤之教作为对外认识事物、对内反思自身的必要前提。金履祥则以传统注疏的形式注解《四书集注》，并融摄史学之特长进行疏证。许谦也以

---

① 张岱年：《中国哲学大纲》，北京：昆仑出版社，2010 年，第 7 页。
② （宋）何基：《何北山遗集》卷四《何北山四先生正学编序》，《金华丛书》。
③ （宋）何基：《何北山遗集》卷四《何文定公传》，《金华丛书》。
④ （宋）何基：《何北山遗集》卷一《易辞发挥序》，《金华丛书》。
⑤ （宋）王柏：《王鲁斋集》卷二《上蔡书院讲义》，《金华丛书》。

《四书章句集注》为基础进行阐释,其作《读大学丛说》,"把《章句》深奥的文句说得明白,把《章句》简约的地方阐释清晰,既以《章句》与经文相互呼应,更以'体''用'解说朱子注文各句关系,如此为之作会通,为之析关联,真是极其详尽之能事"①。

这事实上反映出北山四先生由"述经"转向"述朱",由"传经"过渡为"明道",展现出"文字与义理并重""以史证经""经世致用"的"四书学"特色。积极地看,这有利于程朱学统之延续发展,反之,这一思路也使他们的思想在某种程度上陷于"窠臼"。孙克宽先生曾对此提出批评:"金履祥、许谦多重于以《四书集注》教人,发扬程朱之遗绪,也因此而使科举考试以朱注为本,开有明一代八股讲章的习,不能不说是金华诸老传习的流弊了。"②侯外庐先生也认为:"提倡读书,考索名物,训释经典,对自然和社会乃至个人广泛进行研究。但由此又把朱学推到了另一个极端,导致沉埋于故纸而忽视理论的支离烦琐学风。"③但在四先生看来,"读书"绝非"空疏",其目的主要有二:

第一,为"致知"之活动预备出良好的心理状态。人必须通过圣人之教,涵养出"敬"之状态来展开"格致"之活动。反之,则"格致"亦不能行。孟子提出"陈善闭邪谓之敬"④,明确了"敬"之目的在于存善去恶。宋明理学家对"敬"的论述正是传承了这一理路。降至宋代,自二程起,"敬"之地位进一步提高,内涵也更加丰富。至于朱子,狭义的主敬专指未发工夫而言,广义的主敬则贯通修养的全过程。因此朱子也强调在"大学"之教前要进行"小学"阶段的涵养,所谓"入道莫如敬,未有能致其知而不在敬者。盖涵养本原之功,所以为格物致知之本"⑤。此后黄榦以"居敬持志"教何基,何基则进一步解释道:

> 古人教养童蒙,教之事亲之节,教之敬事之方,正其心术之微,谨其言行之常,虽未,便进以大学,然其细大,必谨内外交持,所以固其筋骸之刺。澄其义理之源,有此质朴,及长而进之大学,自然不费力也。发轫且勿忙者。盖小学且欲收拾身心。涵养德性,以为大学基本。故欲其且尽其小,而无猎进其大也。及时起高翔者,盖大学则当进德修业,穷理尽性,以收小学之成功,故又欲其进为其大,而不苟安其小也。⑥

---

① 廖云仙:《元代〈四书〉学的继承与开创——以元儒许谦为例》,《东海中文学报》2009年第21期,第67页。

② 孙克宽:《元代金华之学述评》,《幼狮学志》1969年第8卷第4期,第10页。

③ 侯外庐、邱汉生、张岂之主编:《宋明理学史》,西安:西北大学出版社,2018年,第622页。

④ (宋)朱熹:《四书章句集注》,第259页。

⑤ (宋)王柏:《王鲁斋集》卷二《大学沿革后论》,《金华丛书》。

⑥ (宋)何基:《何北山遗集》卷三《解释朱子斋居感兴诗二十首》,《金华丛书》。

"小学"阶段之所以重要,是因为"敬"被作为一种具有普遍性的道德修养工夫。必须从日用伦常之中循序渐进地培养一种由诚敬之心主导的处理具体事务的实践能力。何基也以"诚明两进,敬义偕立"勉励王柏,是以北山一脉所传"列圣相传心学之妙,惟在一敬"①。王柏认为:"居敬则无私心,而枉直无所蔽。穷理则有真见,而枉直不难知。此合内外之道,又辨枉直之要法也。"②又言:"敬者,心之贞也,此彻上彻下之道,圣贤之本也。"③金履祥言:"敬以直之,然后此心常存,而身无不修者。"④许谦则言:"若有一事有之于心,则应他事,皆不合理,即是心不得其正。"⑤故"定静在事至先,安在事至之际,虑在处事之时,得在应事之后"⑥,但定、静本身,就需要涵养,而非必然。这都在强调"敬"是动态之心的理,是即存有即活动的理,不是静态的理,敬是作用的(工夫的),同时亦是实体的。⑦ 也可以说,敬存于心是"格致"的必要前提。

第二,"读书以讲明义理"本就是"格物"的一部分,在具体展开的过程中,也就实现了"知至"——知识之扩充与道德之完善。由于"理一而分殊",事物之无穷,在"格致"的过程之中,人必须学会"推类而通其余矣",掌握"推类"的方法需自"读书"而始。何基便认为,"一本"乃虚而无限,故难以求知;而"分殊"作为其在现实中的表现形式,散于事事物物,尽力求证则可知其理之所在。又因形上之"理"必须依靠形下之"用"才得以显现,故必在现实生活中求知于具象活动。王柏曾作譬喻:"目视耳听,手持足行,口言心维,不可以通用,待头目必厚于手足,卫胸腹必重于四肢,足不可加于首,冠不可同于履,何者?分殊故也。"⑧因此,从实践角度进行考量,王柏提出"分殊所以最切于学者"。具体而言,"惟能随事以观理,故于天下之理无有不察,又能即理以应事。故于天下之事无有不明,如鉴照人,如衡称物,自有以尽其公且平之德矣"⑨。这实际上已初具阳明"致良知"之意义,都认为"理"的呈现是内心之"知"的当下表达,而通过生活经验的不断积累,人的道德境界也得到提升,最终人能反求于己,洞彻"一本之理"在于人心,建立起自身的主体性,实现人作为主体的完整存在。金履祥则认为,分殊之理"的"积累"并不能直

---

① (宋)何基:《何北山遗集》卷三《解释朱子斋居感兴诗二十首》,《金华丛书》。
② (宋)王柏:《王文宪公全集》,《德夫弟史断跋》,《续金华丛书》。
③ (宋)王柏:《王文宪公全集》,《德夫弟史断跋》,《续金华丛书》。
④ (元)金履祥:《大学疏义》,《丛书集成初编》,第24页。
⑤ (元)许谦:《读四书丛说》卷一《读大学丛说》,《金华丛书》。
⑥ (元)许谦:《读论语丛说》,《丛书集成初编》,第17页。
⑦ 牟宗三:《心体与性体》(中册),长春:吉林出版集团有限责任公司,2015年,第93—96页。
⑧ (宋)王柏:《金华王鲁斋先生正学编》,《理一分殊》,《率祖堂丛书》。
⑨ (宋)王柏:《王鲁斋集》卷二《上王右司书》,《金华丛书》。

达"一本之理"而豁然贯通,关键还在于"推类触长",它既指要基于"一物"之认识而推至"万物","万事虽殊,理只是一,晓理之在此事如此,便可晓理之在彼事亦如此,到此须有融会贯通,脱然无碍,如冰消雪释,怡然焕然处,格物工夫,至此方极"①;也指对于"一事一物"的考究必得见于"精微之蕴",因为"格物"不只在多,更应"于一物之中,须推明得到底透彻,全无疑碍方是(格物),然后又去格一物,不可于一事之中作半节工夫,了便且住"②。同时,"推类"必须"知"作为条件的介入:因为它不是重复模仿,而是要经由"反思""总结"得到具有普遍性的真理,再通过心之"知"的肯定,转化为现实行动之依据。如此一来,知行之间便无疑碍,而能"求诸外以明诸内",使身心内外合为一体。这事实上是对朱子分致知与诚意为知行两段的纠正,使一体之工夫通贯而成。因为"天理"的普遍必然只有落实到人物无不根源和依归的本性上,才具有现实的生命力。③ 许谦则提出:"所谓致知,当求其所以知,而思得平知之至,非但奉持'致知'二字而已也。非谓好理之一而不必求之于分之殊也。"④是致知必自分殊始,并由此引出对于"格物致知"方法的进一步介绍。他提出:

> 礼虽同,须是就一事一物上看得透,行得彻,及万事万物上皆如此,然后可见总会处……若于事物上不曾见得道理,便说一贯,只是虚谈,穷事物之理既多,不知一贯之义,却又窒塞。⑤

即在致知的次序上,应由事物之所当然,到了解事物之所以然,这便需要"推类"。因此在实践中要以分殊之理为落脚点,"盖于天下事物之理,逐一穷究,积累之多,至于天理流行融会贯通处……方是闻道"⑥。

可以说,北山四先生所言"格致",以"圣人之学"为起点,包含了"知行合一"的内涵、"持敬"与"推类"为工夫。一方面,较朱子而言,四先生更强调在"事上说理",更重"分殊之理"的拣择与阐释,表达为对"形下"事物的充分观照,并试图以现象之呈现去证明本体之真实;另一方面,四先生强调"心"的主体地位,并将"格致"之过程视作"己知"之表达,人之本性必须通过现实生活中的对象性交往关系逐一呈现,从存在论的维度解释了"体用一源"。因此,四先生同时表达出对客观实践的重视,鼓励人们身体力行,经由笃

---

① （元）金履祥:《大学疏义》,《丛书集成初编》,第 7 页。
② （元）金履祥:《大学疏义》,《丛书集成初编》,第 7 页。
③ 向世陵:《宋代经学哲学研究》(基本理论卷),上海:上海科学技术文献出版社,2015 年,第 143 页。
④ （元）许谦:《白云集》卷二《答吴正传书》,《金华丛书》。
⑤ （元）许谦:《读论语丛说》,《丛书集成初编》,第 147 页。
⑥ （元）许谦:《读论语丛说》,《丛书集成初编》,第 25 页。

…的积累导向质变,以明至善之所在。这充分展现出浙东务实经世之精神,使《大学》文本的义理诠释呈现出向"形下"之域回落的趋势,构建出独特的金华朱子学的"四书学"思想体系。

同时,这也与朱子将《大学》作为学者入门之书的意义指向保持了一致。朱子认为,《大学》足以定为学之基,乃因其从体用两个层次对"如何成圣",亦即"人如何在形而下的世界中达成与形而上之本质的统一"这一问题作出了系统的阐释。《大学》之关键在于"学",所言诸事,皆必以"学"方可贯通。理学家相信,通过"学",我们最终能把本然的自我与逐渐意识到的真理合而为一。① "物格知至"与"穷理尽性",只是从不同角度对"至善"状态进行描述。正如朱子所言:

> 人之有是生也,天固与之以仁义礼智之性,而教其君臣父子之伦,制其事物当然之则矣。以其气质之有偏,物欲之有蔽也,是以或昧其性以乱其伦,败其则而不知反。必其学以开之,然后有以正心修身,而为齐家治国之本。此人之所以不可不学,而其所以学者,初非记问词章之谓,而亦非有圣愚贵贱之殊也。②

故朱子从二程言"新民",而不用古本之"亲民"。北山四先生则认为二者并无绝对矛盾,"亲民"之旨在于"使人各明其德",而"新民"亦即"教民""使民学",必使"天下之人,皆已得其本心,皆已复其本性。书所谓黎民于变时雍,诗所谓人有士君子之行"③。因此,"学"就不仅是修身的关键,更是成就理想社会的基础。也因为对于"学"的重视,"教"的地位与价值被充分提升,书院文化和师道力量的壮大在宋代达到顶峰便是一个极好的例证。宋代士大夫甚至能以"师道"抗衡"君道",试图形成一种"君与士大夫共治天下"的局面。宋儒的"师道"精神不仅代表着宋代士大夫的学术使命和政治责任,并且推动了宋代义理之学的创造性建构。④ 而《大学》地位之提升,与这一社会思潮亦有密切关联。

"格致"恰是"学"的最先入手处。它既是"明明德"之基础,使个体能在精神上达成"天人合一"之境,同时作为可以传递的知识性手段,达成"新民"之进阶,所谓"我之明理,即救于他人"⑤。如此,可说人之存在是具体的,但其所创造的价值却是无可限量的。故《大学》之根本精神,实在于"下学而上达"。朱子言:"不得于天而不怨天,不合于

---

① ［美］包弼德著,王昌伟译:《历史上的理学》,杭州:浙江大学出版社,2010年,第137页。

② （宋）朱熹:《朱熹集》,成都:四川教育出版社,1996年,第546页。

③ （元）金履祥:《大学疏义》,《丛书集成初编》,第9页。

④ 朱汉民:《师道复兴与宋学崛起》,《哲学动态》2020年第7期,第33页。

⑤ （元）金履祥:《大学疏义》,《丛书集成初编》,第11页。

人而不尤人,但知下学而自然上达。此但白言其反己自修,循序渐进耳,无以甚异于人而致其知也。"①又曰:"学者须守下学上达之语,乃学之要。盖凡下学人事,便是上达天理。然习而不察,则亦不能以上达也。"②为学者,不仅要"习"于诸事而求理,更需有"察",所谓"察",《说文解字》云"复审也"③,既言"复",必是先有切磋启其端,再有琢磨成其功。许谦认为:"切磋"者,此就知上说,乃"自浅以至深,自表以至理,直究至其极处"④,"琢磨"者,是就行上说,"止至善,谓修行者,省察克治,至于私欲净尽,天理流行,直行至极处"⑤。仅靠向外探索知识,无益于促进个人身心的健全统一。要实现道德层面的提升,就必须经过内在的自我省察,才能获得真知,于人格有所进益。

因此,必须通过"格物致知"与"诚意正心"工夫之贯通,亦即知行之统一才能完成。故朱子强调:"序之不可乱者,盖欲诚其意必致其知,非谓知未至而意可实也;功之不可阙者,盖致知而又诚其意。非谓知既至,则意不待诚而自诚也。"⑥即格致诚正之工,不能舍此而取彼,否则便沦为异端。一方面,人之存在,绝不可能独立于社会,所以人之本性必须通过现实生活中的对象性交往关系逐一呈现;另一方面,人也必须于外在实践及万事万物之中汲取知识,充实自我,王柏亦言,为学者必先"开其是非善恶之见,令其通透不惑,持守不迁,然后进之以细密工夫可也"⑦。虽必以格致为先,但不可以此为足。金履祥谓之:"盖知之不过知之而已,诚意是果然行之,乃为君子之实地。"⑧于物格知至之后,善恶是非已明,只待行而正之,故"不先于致其知,则必不能诚其意"⑨。"物"是客观之存在,"知"是自外而内充盈天理的过程,"知既尽,则意可得而实矣。盖见理也真,则其好善恶恶也实。意既实,则心可得而正矣。盖好善恶恶也实,则心之本体纯乎善,而私欲不能动矣。修身以上,正心、诚意、致知、格物,皆所以明明德也"⑩。"物格知至"后,亦必"诚意正心",才可能达成"修身"之目的,可谓"合于内外之道"。此亦北山四先生所着力强化的"格致"之内涵。

---

① (宋)朱熹:《四书章句集注》,《新编诸子集成》本,北京:中华书局,2012年,第158—159页。
② (宋)朱熹:《四书章句集注》,《新编诸子集成》本,第159页。
③ (汉)许慎撰、(清)段玉裁注:《说文解字注》,上海:上海古籍出版社,1988年,第339页。
④ (元)许谦:《读四书丛说》卷一《读大学丛说》,《金华丛书》。
⑤ (元)许谦:《读四书丛说》卷一《读大学丛说》,《金华丛书》。
⑥ (元)金履祥:《大学疏义》,《丛书集成初编》本,第22页。
⑦ (宋)王柏:《王鲁斋集》卷二《大学沿革后论》,《金华丛书》。
⑧ (元)金履祥:《大学疏义》,《丛书集成初编》本,第22页。
⑨ (元)金履祥:《大学疏义》,《丛书集成初编》本,第22页。
⑩ (元)金履祥:《大学疏义》,《丛书集成初编》本,第25页。

三、知识与道德活动之统一

从北山四先生对"格物致知"内涵或方式的理解上看,它不能被简单地归纳为纯粹的"知识论"问题,北山四先生将朱子的"理之知"扩充为"心之知",避免了将人的一切活动转化为知识活动之弊,而是将知识活动与道德活动统合为主体存在之表现。同时,四先生以"心"为致知之主体,"内外兼举""知行并进"为致知之工夫。致知不仅包含客观求知,更指向本心之复归。"格物"必以读书为先,其本质上是一个"下学而上达"的过程。经由"学"而能"持敬"与"推类",前者为"格物"之前提,确保"心"之活动的正当性;后者乃"格物"之方法,自内而外、由本及末、以一推万,强调通过实践的积累与反思,使"知"无不尽,"理"无不穷。"格物致知"中已经蕴含了对世界真、善与美统一的向往与追求。当人从根本上认识了万物之理,则了解到了事物最真实的样态。此时所得之理,推之至极,便是至善。至善之所在,可充分呈现出天地大德之美,人亦因此回归天赋之"明德",则人性之美亦显。

北山四先生对于"格致"的理解,不仅呈现出学术中理学与婺学合流的趋势,表现出博综汇通、求真务实之学风,同时充分彰显了儒学明体达用之精神。① 四先生思想中所呈现出的多元性,也表明理学、心学与婺学的为学目的之上并无根本矛盾,只是对于外在呈现的客观知识如何转化为主体意识形态的路径选择有所不同。包弼德先生《历史中的理学》曾提及:宋明理学不仅是一场儒学复兴运动,还是一场影响深远的社会政治运动。宋儒所追求的并非空谈心性,而是要创立一种明体达用的"实学"。② 这可以说是朱陆及宋明士人的共同追求。北山四先生关于《大学》的讨论,就充分展现了他们以重振朱子学自任,希冀借助理学思想的力量,为达成移风化俗、肃清人心,匡扶社稷之目的所作出的努力。

---

① 董平先生认为:北山四先生在思想之拣择与理论的一般表现形态上,均以宗朱为本,而在为学的方法与学术价值的一般指向上,则更多地倾向于婺学,在某种意义上,北山四先生是以浙东史学的精神及其实践性格去研究朱熹理学的。详见《陈亮的哲学与事功学》,载《宋明儒学与浙东学术:董平学术论集》,贵阳:孔学堂书局,2015年,第77页。

② [美]包弼德著,王昌伟译:《历史上的理学》,第137页。